Josef Sinkovits / Ulrich Winkler (Hg.)
Weltkirche und Weltreligionen

Salzburger Theologische Studien *interkulturell 3*

herausgegeben von „Theologie interkulturell und Studium der Religionen"
Katholisch-Theologische Fakultät der Universität Salzburg

in Verbindung mit den Professoren der Theologischen Fakultät

Anton A. Bucher • Franz Nikolasch • Friedrich Reiterer
Heinrich Schmidinger • Werner Wolbert

Salzburger Theologische Studien Band 28

Josef Sinkovits / Ulrich Winkler (Hg.)

Weltkirche und Weltreligionen

Die Brisanz des Zweiten Vatikanischen Konzils
40 Jahre nach *Nostra aetate*

2007
Tyrolia-Verlag · Innsbruck-Wien

Der vorliegende Band wurde gedruckt mit Förderung
des Bundesministeriums für Bildung, Wissenschaft und Kultur in Wien,
der Österreichischen Forschungsgemeinschaft (ÖFG),
der Paris Lodron Stiftungs- und Förderungsgesellschaft der Universität
Salzburg.

Umschlagfoto:
© Katholische Nachrichten Agentur Pressebild GmbH
Archivnummer KNA_33289-1
Papst Johannes Paul II. hat am 23. März 2000 die Holocaust Gedenkstätte
Yad Vashem in Jerusalem besucht und in der Halle der Erinnerung die
Ewige Flamme wieder entzündet.

Mitglied der Verlagsgruppe „engagement"

Bibliographische Information Der Deutschen Bibliothek
Die Deutsche Bibliothek verzeichnet diese Publikation in der Deutschen
Nationalbibliographie; detaillierte bibliographische Daten sind im Internet
über http://dnb.ddb.de abrufbar.

2007
© Verlagsanstalt Tyrolia, Innsbruck
Druck und Bindung: Alcione, Trento
ISBN: 978-3-7022-2744-9
E-Mail: buchverlag@tyrolia.at
Internet: www.tyrolia.at

Inhaltsverzeichnis

Geleitworte
Alois Kothgasser SDB 9
Josef Neuner SJ 13
Petrus Bsteh 17

Vorwort der Herausgeber 19

1. Teil
Nostra aetate – Die Entdeckung der Weltkirche auf dem Zweiten Vatikanischen Konzil

Michael L. Fitzgerald
Die Erklärung *Nostra aetate*. Die Achtung religiöser Werte
durch die Kirche 29

Hans-Joachim Sander
Der eine Gott der Juden, Christen und Muslime und seine Heterotopien
der Macht – der unmögliche Lebensraum des religiösen Dialogs 45

Roman A. Siebenrock
Zum Dienst an der Gottesbeziehung aller Geschöpfe gerufen.
Nostra aetate als Ausdruck einer evangeliumsgemäßen
Bestimmung von Identität und Sendung der Kirche zu den
nichtchristlichen Religionen 67

Michael Staikos
Der Beitrag des interreligiösen Dialogs zum Frieden.
Eine orthodoxe Perspektive 91

2. Teil
Die katholische Kirche und das Judentum

Michael A. Signer
40 Jahre nach *Nostra aetate*. Gibt es im Dialog neue Inhalte? 97

Ernst Ludwig Ehrlich
Fortschritte im christlich-jüdischen Dialog 115

Hans Hermann Henrix
Katholische Kirche und Judentum. 40 Jahre nach *Nostra aetate* –
am Ende eines bedeutenden Pontifikats 123

Josef Wohlmuth
40 Jahre *Nostra aetate*. Versuch einer theologischen Bilanz 143

3. Teil
Die katholische Kirche und der Islam

Dirk Ansorge
Differenz und Anerkennung. Herausforderungen des
christlich-islamischen Dialogs 161

Carla Amina Baghajati
„Mit Hochachtung dem Islam begegnen". Unterwegs zwischen
Haltung und Handeln 181

Barbara Huber-Rudolf
Die katholische Kirche, die Muslime und der Geist von
Nostra aetate 197

4. Teil
Die katholische Kirche und der Hinduismus

Francis X. D'Sa SJ
Der Hinduismus und das Zweite Vatikanische Konzil 213

Anand Amaladass SJ
Die Begegnung zwischen Hinduismus und Christentum in Indien.
Anstöße und Erfahrungen 231

Sebastian Painadath SJ
Das eine Wort und die vielen heiligen Schriften 247

5. Teil
Die katholische Kirche und der Buddhismus

Michael Fuss
40 Jahre *Nostra aetate*. Die katholische Kirche und der
Buddhismus 257

6. Teil
Focus Balkan: Der interreligiöse Dialog und sein Beitrag zum Frieden
Offene Fragen und Zumutungen

Vinko Kardinal Puljić
Der interreligiöse Dialog und sein Beitrag zum Frieden 283

Reisu-l-Ulema Mustafa Čerić
Der interreligiöse Dialog und sein Beitrag zum Frieden am Balkan 299

Valeria Heuberger
Umbrüche, Transformationsprozesse und sozialer Wandel
in Südosteuropa 303

Anne Herbst-Oltmanns
Der Balkan – Europäischer Kulturraum. Katholiken, Orthodoxe
und Muslime auf der religiösen Wasserscheide 313

Anne Herbst-Oltmanns
Religionen und Kirchen in Krieg und Frieden.
Versöhnungsbemühungen in Bosnien-Herzegowina 321

Thomas Seiterich-Kreuzkamp
Gibt es einen Weg zur Versöhnung? 339

Ivo Markovic OFM
Der interreligiöse Chor „Pontanima". Eine Kurzgeschichte
der Versöhnung in Bosnien-Herzegowina 345

Die Autorinnen und Autoren 358

Geleitwort

Erzbischof Alois Kothgasser SDB, Salzburg

> In unserer Zeit, da sich das Menschengeschlecht von Tag zu Tag enger zusammenschließt und die Beziehungen unter den verschiedenen Völkern sich mehren, erwägt die Kirche mit umso größerer Aufmerksamkeit, in welchem Verhältnis sie zu den nichtchristlichen Religionen steht (NA 1).

Unsere gegenwärtige Lebenswelt ist geprägt von einer tiefgreifenden Pluralität, die zur konkreten Herausforderung in der Bewältigung des alltäglichen Lebens wird. Hintergründig, jedoch stetig und in seinen Auswirkungen manifest, hat sich unser gesellschaftlicher Kontext in den letzten Jahrzehnten gewandelt. Die Konturen religiöser, kultureller und gesellschaftlicher Milieus sind eher verschwommen, die Selbstverständlichkeit biographischer Bahnen ist aufgebrochen. Das Individuum steht vor neuen und in ihrer Fülle oft überfordernden Optionen, in denen es scheint, dass eine Zusammenschau und Perspektivität nicht mehr zu erreichen ist.

Die Grundlagen und Bedingungen unseres Zusammenlebens, die vielfach als selbstverständlich erachtet wurden, werden zur Diskussion gestellt und rücken wieder deutlich in den Horizont der Wahl und der bewussten Übernahme. Was sind die unabdingbaren Voraussetzungen gesellschaftlichen Zusammenlebens? Welche Werte und welche kulturellen Errungenschaften gelten als unaufgebbar? Welche Kompetenzen benötigen wir, um mit den Herausforderungen unserer Zeit, der Globalisierung von Kulturen und Religionen und eines in Vielfalt geeinten und erweiterten Europas nicht nur zurechtzukommen, sondern auch innovativ gestaltend zu sein?

> Die Menschen erwarten von den verschiedenen Religionen Antworten auf die ungelösten Rätsel des menschlichen Daseins (NA 1).

Die Gründe unseres Glaubens, unserer Hoffnung sowie die Grundlagen unseres gesellschaftlichen Zusammenlebens werden in Diskussion gestellt. So verwundert es nicht, dass sich Religion gerade in unserem multikulturellen Zusammenleben oft in bedrängender Weise in Erinnerung ruft. Nur in einem gemeinsamen „Zittern und Beben" um der Erkenntnis der Wahrheit und der Gründe unseres Daseins willen, in gegenseitigem Respekt und Wohlwollen kann der Dialog geführt werden und gelingen.

In seinen Beiträgen versucht der Sammelband den gegenwärtige Stand und die Genese des Dialoges der katholischen Kirche als Weltkirche mit den Weltreligionen in Eigen- und Fremdwahrnehmung zu erheben. Schwierigkeiten, Differenzen, aber auch Gemeinsamkeiten und Perspektiven werden dabei zur Sprache gebracht.

> Die katholische Kirche lehnt nichts von alledem ab, was in diesen Religionen wahr und heilig ist. Mit aufrichtigem Ernst betrachtet sie jene Handlungs- und Lebensweisen, jene Vorschriften und Lehren, die zwar in manchem von dem abweichen, was sie selber für wahr hält und lehrt, doch nicht selten einen Strahl jener Wahrheit erkennen lassen, die alle Menschen erleuchtet (NA 2).

Es kann den Religionen nicht um die Eroberung der Welt oder den Sieg über Menschen gehen. Der Beitrag der Religionen besteht vielmehr darin, zur Entfaltung der Humanität beizutragen und die Grenze zum Abgrund der Barbarei klar zu markieren.

Die Wegmarken einer lebensförderlichen Religiosität lassen sich an folgenden Fragen festmachen:
– Wie steht es um die Gewalt in meinem Gottesbild?
– Führt mein Glaube zu einer Annahme meines kontingenten Selbst?
– Befreit mich mein Glaube zur rechten Hingabe im Dienst am Nächsten?
– Fördert mein Glaube den verantwortlichen und nachhaltigen Umgang mit der Schöpfung?
– Eröffnet mir mein Glaube Zukunft?

Die „Koinonia-Gestalt" seit der frühen Kirche, die sich in vielfältiger Weise aufbaute und bewährte, hatte zwei folgenschwere Defizite, welche durch die geschichtliche Entwicklung mitbedingt und durch das jüngste Konzil vor 40 Jahren ausdrücklich eingemahnt wurden: Das ist die Beschäftigung mit dem Judentum, dessen Nichtbeachtung die Wurzeln des Glaubens Jesu und der Apostel abschnitt, und mit den anderen Religionen, einschließlich dem Islam, deren Gläubige als solche faktisch vom Heil überhaupt zumeist ausgeschlossen wurden.

Das Konzil hat in seiner Erklärung *Nostra aetate* eine radikale Umkehr vollzogen und insbesondere das Judentum wie auch die übrigen Weltreligionen ausdrücklich als Teilhaber des einen Heilswirkens Gottes anerkannt. Alle Weltreligionen wurden exemplarisch mit Namen genannt, in ihren Eigenheiten anerkannt und in eine lebendige partnerschaftliche Auseinandersetzung einbezogen, die nun mit dem Auftrag „Dialog" wieder einmal und hoffentlich für alle Male in der Kirche fortleben wird. Darin wird die Kirche zur Weltkirche, die sich diesen Fragen im Dialog der Religionen und Kulturen stellt.

Geleitwort

Der Dialog ist ein Weg, der nur von jedem und jeder Einzelnen beschritten werden kann. Er kann sinngemäß nicht nur von oben her ausgeübt werden, sondern muss auch von unten her wachsen und tragend werden. Aus dem sublimen und unersetzlichen Geschehen kontextuellen Erfahrens, Lebens und Denkens muss die Kirche immer neu um ihr eigenes Verstehen und ihre eigene Darstellung ringen. Diese Vielfalt der Umwelt und Mitwelt menschlicher Kulte und Kulturen darf unter keinen Umständen mit medialem Firnis übertüncht oder mit ideologischem Beton zugemauert werden.

Wenn die Wahrheit zugleich konkret und universal ist, so braucht sie die Analogie von Ort zu Ort, die Übertragungsmöglichkeit von Sprache zu Sprache, die Übereinstimmung von Herz zu Herz. In diesem Sinn ist sie „symphonisch" (Hans Urs von Balthasar), polyphon in Spannungen der Rhythmik und Melodik, der Instrumentation und Interpretation. Diese universale, oft kontrapunktisch durchsetzte Harmonie ist sicher nur in einer endzeitlichen Orchestrierung Gottes gegeben, darf aber als Ouvertüre bereits zeichenhaft aufgeführt werden. Im Jahr der 250. Wiederkehr des Geburtstags von Wolfgang Amadeus Mozart darf dies so formuliert werden.

Ich freue mich über die Initiative der Herausgeber zu diesem Sammelband und wünsche ihm, dass er zur weiteren Klärung und Intensivierung wertschätzender Beziehungen der katholischen Kirche zu den anderen Religionen beiträgt, die vor 40 Jahren mit der Erklärung *Nostra aetate* des II. Vatikanischen Konzils in so beeindruckender Weise als unausweichliche Aufgabe der Kirche erkannt worden sind.

Geleitwort

Josef Neuner SJ, Pune / Indien

Das Verhältnis der Kirche zu den Weltreligionen ist heute ein zentrales Problem der Theologie und der missionarischen Pastoral geworden. Die ältere Generation erinnert sich noch an die Besorgnis, mit der die Eröffnung des II. Vatikanischen Konzils 1962 erwartet wurde. In zwei Jahren intensiver Arbeit wurde das Material, das dem Konzil vorgelegt werden sollte, zusammengestellt: Es bestand aus 75 Schemata auf 2038 Seiten: Wie kann ein so unerhört großes Material ernstlich diskutiert werden?

Die meisten dieser Dokumente kamen nie in die Hände der Konzilsväter. Schon in den ersten Wochen des Konzils wurden sich führende Kardinäle der dringenden Aufgabe bewusst, die aktuellen Probleme einer neuen Epoche der Geschichte aufzugreifen und so die Sendung der Kirche tiefer zu verstehen. Das Konzil fand seine eigene Dynamik. So entstand während der ersten Sitzungsperiode des Konzils der Plan der Pastoralen Konstitution über „Die Kirche in der Welt von heute" *Gaudium et spes*. Erst langsam aber wurde erkannt, dass diese Sendung der Kirche nicht erfüllt werden kann, wenn sie nicht ihr Verhältnis zu den anderen Religionen neu versteht und mit ihnen zusammenarbeitet. In ihrer langen Geschichte hat die Kirche diese Aufgabe vielfach versäumt. Oft sah sie in anderen Religionen nur menschliches Machwerk, oder sogar ein Werk des Teufels, um Menschen in die Irre zu führen.

Unser Text entstand im Zusammenhang mit einer Konzilserklärung über das Verhältnis der Kirche zum Judentum. Ein solcher Text schien notwendig nach der Vernichtungspolitik des Nationalsozialismus gegen die Juden (Auschwitz) und der kontroversen Gründung des Staates Israel. Der Text wurde im Konzil gut aufgenommen, aber aus politischen Gründen wurde er vom Vatikan zurückgehalten, weil man die eventuell feindliche Reaktion der islamischen Staaten fürchtete.

Ich erinnere mich an den Morgen, als ich eingeladen wurde vor dem Konzilsbeginn in die Sakristei von St. Peter zu kommen. Theologen aus verschiedenen Ländern waren dort, die auch nicht wussten, wozu sie gerufen wurden. Da kam Kardinal Franz König: „Sie sehen, dass die Erklärung über das Judentum nicht weiterkommt. Die einzige Chance es zu retten scheint zu sein, es in eine breitere Erklärung zur Stellung der Kirche zu allen Weltreligionen zu erweitern." Wir erklärten uns bereit für diese Erweiterung zu arbeiten. So kam es zu *Nostra aetate*.

Josef Neuner SJ

Wir waren uns wohl bewusst, dass wir theologisches Neuland betraten. Andere Religionen wurden immer nur apologetisch gesehen – das Christentum als die einzig wahre Religion – oder missionarisch: sie sollten zum wahren Glauben geführt werden. Aber die Anerkennug ihrer eigenen Bedeutung, die Möglichkeit, oder gar Dringlichkeit der Zusammenarbeit im Dienst der Gesellschaft war kein Thema. Wie soll so eine Erklärung aussehen? Wie wird sie von den Bischöfen aufgenommen werden? Wir mussten also im Licht der tieferen Einsicht in das Wesen und die Sendung der Kirche, und im volleren Verständnis der göttlichen Offenbarung, der Einladung zum Heil, die sich an alle Menschen wendet, den Sinn anderer Religionen anerkennen, dabei aber sorgfältig alle kontroversen Fragen vermeiden, die die Annahme des Textes verhindern könnten. So ist also *Nostra aetate* bei weitem das kleinste Dokument des Konzils geworden. Aber trotz aller Bemühung, kontroverse Fragen zu vermeiden, hatte es bei der Schlussabstimmung noch 86 negative Stimmen (gegen 2221 positive Voten) gegeben, während die meisten Konzilsdokumente nahezu einstimmig angenommen wurden. Nicht nur Bischöfe aus den islamischen Staaten, auch Missionsbischöfe konnten sich nicht zu einer positiven Wertung anderer Religionen durchringen, die ja nicht unsere Feinde sind, sondern Verbündete sein sollen im Aufbau einer erneuerten, versöhnten und geeinten menschlichen Gesellschaft. So verurteilte *Nostra aetate* jede soziale Diskriminierung auf Grund von Religion und fordert alle Gläubigen auf, „soviel an ihnen liegt, mit allen Menschen Frieden zu halten, so dass sie in Wahrheit Söhne des Vaters sind, der im Himmel ist" (NA 5). Es hat sich eben die neue Sicht der Kirche zu eigen gemacht, in ihrer Sendung ihr eigenes Wachstum nicht als Selbstzweck zu sehen, sondern als Medium, die Botschaft Jesu vom Reich Gottes zu verkünden und zu verwirklichen. Sie hat vom auferstandenen Herrn den Auftrag erhalten „das Reich Christi und Gottes anzukündigen und in allen Völkern zu begründen". Sie kann das aber nur tun, wenn sie selbst in ihrer Gemeinschaft und in ihrer Sendung „Keim und Anfang dieses Reiches auf Erden darstellt" (LG 5). Wir waren uns wohl bewusst, dass dieses Bewusstsein in langen Jahren verdunkelt war. Die Kirche hatte sich eben mit Europa identifiziert und fühlte sich verpflichtet die ganze Welt zu umfassen. Das Konzil hatte erkannt, dass Gott in allen Nationen, Kulturen und auch Religionen wirksam ist und durch seine Gnade Menschen zum Heil führt. Aber die Verbundenheit aller Menschen in Gott, im „Reich Gottes", muss heute in unserer globalen Welt neu erfasst und im Leben der Menschen wirksam werden. So beginnt unsere Erklärung mit einem Blick auf die heutige Welt und die Dringlichkeit unserer Sendung:

> In unserer Zeit, da sich das Menschengeschlecht von Tag zu Tag enger zusammenschließt und die Beziehungen unter den verschiedenen Völ-

Geleitwort

kern sich mehren, erwägt die Kirche mit um so größerer Aufmerksamkeit, in welchem Verhältnis sie zu den nichtchristlichen Religionen steht. Gemäß ihrer Aufgabe, Einheit und Liebe unter den Menschen und damit auch unter den Völkern zu fördern, fasst sie vor allem das ins Auge, was den Menschen gemeinsam ist und sie zur Gemeinschaft untereinander führt (NA 1).

Nostra aetate hat also seinen einzigartigen Platz im Konzil, in dem sich die Kirche in ihrer Sendung für die Erneuerung der Welt neu versteht. Wichtig war sicher ihre Verantwortung für Kultur, soziale Ordnung, Wirtschaft und Politik. Aber sie kann diese Sendung nur im Verbindung mit den Weltreligionen erfüllen in Toleranz und Achtung, in wachsendem gegenseitigem Verstehen, und in verantwortlicher Zusammenarbeit für die Erneuerung der menschlichen Gesellschaft.

Es war die Gnade des Konzils, gerade in dieser Zeit der Globalisierung, ein neues Bewusstsein weltweiter Verbundenheit zu entwickeln, wie es besonders bei Katastrophen spürbar wird. Es ist die Aufgabe der Kirche, die spirituellen Wurzeln dieser Verbundenheit zu erfassen und fruchtbar zu machen. In den Beiträgen dieses Buches werden Sie sehen, wie in den Jahrzehnten nach dem Konzil an dieser Aufgabe weitergearbeitet wurde.

GELEITWORT

Petrus Bsteh, Wien

Zum Gedenken des 40-jährigen Abschlusses des Zweiten Vatikanischen Konzils sei hingewiesen, dass alle Dokumente dieses epochalen Ereignisses untrennbar zusammengehören. Die Erklärung *Nostra aetate* zum Dialog mit den nicht-christlichen Religionen setzt den gesamten Reformprozess der Kirche voraus, und das im Geist eines urkirchlichen Aufbruchs in die heutige Welt. Die Kontaktstelle für Weltreligionen will durch ihre Arbeit in Erinnerung bringen, dass die eigentlichen Träger des Dialogs die jeweiligen Ortskirchen in ihrer integralen Zusammensetzung und mit ihren interreligiösen und interkulturellen Kontexten sind.

Von Anfang an haben wir uns in dieser ortskirchlichen Gründung im Generalsekretariat der Österreichischen Bischofskonferenz die Frage nach der gesamtkonziliaren Reform, die nach unserer Überzeugung Voraussetzung des interreligiösen Dialoges ist, gestellt. Nur in ihrem Kontext gelingt es nämlich, die Bedeutung der Ortskirche als letztverantwortliche Trägerin der identitätsstiftenden Auseinandersetzung mit den sie umgebenden Religionsgemeinschaften zu erheben. Auf vielerlei Ebenen und zu verschiedenen Zwecken werden heute Dialogprogramme mit einzelnen oder mehreren Religionsgemeinschaften zusammen abgehalten. Es muss jedoch eine fortsetzbare Zielrichtung geben, soll das wertvolle Potential der Dialogbereitschaft und -erfahrungen nicht erschöpft, sondern schöpferisch angelegt werden. Für anlassbedingte Einzelveranstaltungen (Feiern) oder themengebundene Veranstaltungsreihen mögen fachgerichtete Institutionen nützlich sein. Der Dialog der Ortskirchen mit anderen Glaubensgemeinden sucht sich aber keinen Sonderzweck, sondern steht im Dienst des ganzen von Gott gestifteten Lebens der Menschen selbst in allen verschiedenen Gestalten: Zum Heil und Frieden der Menschheit bzw. hier der Mitbürger sind die Religionen ja alle gegründet und zur Wohlfahrt aller sollen sie beitragen, daher auch einander erbauen.

Mit Sorge wird heute ein Zerfallprozess der großen Religionsgemeinschaften, die sich im Laufe ihrer Geschichte als Verantwortungsträger für Gesellschaft und Staat eingesetzt und bewährt haben, in verschiedene sektiererische Gruppen und Bewegungen beobachtet. Mit Nachdruck sollte man daher die organischen Gliederungsprozesse globaler religiöser Organisationen wahrnehmen: Was menschliche Verfügung nicht (mehr) zu erreichen vermag, was geschlossene Systeme nicht (mehr) überwachen können, das vermag, mit entsprechender Infrastruktur und echten Vollmachten ausgestattet, die mündige Familie der Ortsgemeinden. Aus ihrer Authentizität ergeben sich spontan jene schöpferischen Regungen, die Elemente eines fruchtbaren Dialogs darstellen. Die Analogiefähigkeit der Sprache des Lebens – die immer wieder in verkürzter und beengter Form als Basis des Dialogs unter Laien betont wird – kommt hier voll, d.h. integral mit allen seinen Funktionen und Institutionen, zum Tragen. Die gelebte, nicht die herstellbare „Erkenntnis durch gemeinsames Erfahren" (die „cognitio per connaturalitatem" des Thomas von Aquin), die in ihrer Individualität (Unizität) zur Bürgin der Universalität wird, ist in der Ortskirche und nur in ihr beheimatet. In diesem Sinne dürfen wir die Botschaft der Kontaktstelle für Weltreligionen als Versuch, Ortskirchen in ihrem Auftrag des interreligiösen Dialogs zusammenzuführen, überbringen.

Vorwort der Herausgeber

Josef Sinkovits / Ulrich Winkler

Die katholische Kirche nimmt eine in ihrem Wesen begründete positive Haltung (habitus) gegenüber den anderen Religionen ein, um der Aufgabe gerecht zu werden, Gemeinschaft in Liebe unter der gesamten Menschheit zu stiften (NA 1). Durch den Auftrag, den die Kirche von den Menschen in der Welt von heute empfängt, sich ihre Freude und Hoffnung, Trauer und Angst zu Eigen zu machen (LG 1), wird die Kirche zur Welt-Kirche. Es wäre entschieden zu kurz gegriffen, würde man darin nur ihre globale geografische Verbreitung ausgedrückt sehen. Vielmehr ist mit *Weltkirche* Wesen und Sendung der Kirche bezeichnet, die Menschenrechte zu realisieren, da sie dem Geist Christi entsprechen, und ihre Umsetzung einen Erweis der Gotteskindschaft bedeutet (NA 5). Die Religionsfreiheit ist ausdrücklich darin eingeschlossen, sie entspringt der Personenwürde (DH 1).

So könnte im Telegrammstil der hermeneutische Rahmen des Zweiten Vatikanischen Konzils für die Erklärung *Nostra aetate* „Über das Verhältnis der Kirche zu den nichtchristlichen Religionen", wie die erste deutsche Übersetzung wenig glücklich lautet, ausgewiesen werden.

Vor vier Jahrzehnten hat damit erstmals ein Konzil eine wertschätzende Erklärung über andere Religionen abgegeben. Nicht mehr nur der einzelne Fromme, sondern andere Religionen als solche erfahren eine theologische Würdigung. Israel ist nach wie vor Gottes geliebtes und erwähltes Volk. Damit wird eine fast 2000-jährige Tradition der Judenfeindschaft beendet. Den Muslimen wird „Hochachtung" entgegengebracht, Hinduismus, Buddhismus und andere Religionen werden als Wege und Antworten auf die „Unruhe des menschlichen Herzens" anerkannt. Das „Wahre und Heilige" in den anderen Religionen, das von Gott kommt, erfordert eine „Anerkennung, Wahrung und Förderung" der „geistlichen und sittlichen Güter" der Religionen.

Eine wichtige Aufgabe der Kirche ist die Förderung der Menschheitssolidarität, und sie hat besonders gegen religiös motivierte Ideologien aufzutreten (NA 5). Nicht nur wegen ihrer weltweiten Präsenz muss sie sich auf andere religiöse Realitäten beziehen. Vielmehr hat sie gelernt, sich selbst von den anderen Religionen her zum Thema zu machen. Sie fragt sich, ob und was diese ihr zu sagen haben.

Deshalb hat sich die Kirche mit *Nostra aetate* nicht mit dem zufrieden gegeben, was sie über andere religiöse Ansichten hinaus den Menschen mitzuteilen hat, sondern was sie gemeinsam mit anderen Religionen den Menschen in der Welt von heute als bestärkenden Segen in ihren bedrängenden Nöten und als mögliche Antwort auf ihre tiefsten Fragen anbieten kann. Sie hat dabei die starken Seiten der anderen religiösen Gemeinschaften zu schätzen gelernt, um eine weltweit verständliche Sprache für ihre eigenen religiösen Stärken zu finden.

Das hat die katholische Kirche nachhaltig verändert. Sie ist zu einem regelrechten global player in Sachen Religion geworden, der auch anderen Traditionen einen Ort anbieten kann, um sich und die eigenen Wahrheiten zu präsentieren. Das ist der interreligiöse Dialog. Er dient nicht nur dazu, die anderen besser kennen zu lernen, sondern stellt selbst eine tiefe religiöse Herausforderung dar. Relativiert die Auseinandersetzung mit anderen religiösen Wahrheiten die Wahrheit des eigenen Glaubens? Bestärkt oder schwächt dieser Dialog, auf dem eigenen religiösen Weg weiter voran zu gehen? Bedeutet er mehr als eine Selbstbeschäftigung der Religionsvertreter, um eine zunehmend drohende Marginalisierung von institutionell verfassten Religionsgemeinschaften in der kulturellen und religiösen Pluralität spätmoderner Gesellschaften zu überdecken? Nach *Nostra aetate* kann die Kirche solchen Fragen nicht mehr ausweichen, sondern muss nach Antworten suchen, die sie sprachfähig über die Lehre ihrer eigenen Erklärung machen.

Dieser Sammelband ist aus den Vorbereitungen eines Symposiums hervorgegangen, das vom 18.–19. April 2005 in Salzburg geplant war und vom Fachbereich Systematische Theologie der Universität Salzburg und St. Virgil Salzburg initiiert wurde. Der Tod jenes Papstes, der sich wie kein anderer zuvor um eine Aussöhnung mit Juden und Muslimen verdient gemacht hatte und die Gemeinsamkeiten mit den anderen Religionen suchte, erforderte ein Konklave zur Wahl eines neuen Papstes, das just mit dem Termin des Symposiums zusammenfiel. Da wichtige kirchliche Vertreter und Würdenträger nicht anreisen konnten, musste die Veranstaltung abgesagt werden. Das Tagungskonzept wurde hierauf für eine Publikation erweitert, die wir hier vorlegen. Neue Autoren/innen wurden dazu gewonnen, und geplante Vorträge wurden an anderen Orten abgehalten, wie in den Anmerkungen öfters ausgewiesen.

Mit der Konzeption des Bandes sind folgende Ziele verbunden:

1. Mit der umstrittenen Textgeschichte von *Nostra aetate* war die erfolgreiche Rezeption dieser Erklärung keineswegs eine gesicherte Angelegenheit. Deshalb soll nach 40 Jahren nach der Autorität von *Nostra aetate* in der katholischen Kirche gefragt werden. Drückt sich die Kirche verstohlen um *Nostra aetate*, oder hat sie den Weg der Religionenerklärung mit Entschiedenheit fortgesetzt? Unterschiedlichste Perspektiven einer Relecture des Konzilsdekretes geben darauf eindeutige Antworten.

2. *Nostra aetate* nennt vier Weltreligionen, von denen dem Judentum eine herausragende Stellung zukommt. Entlang dieser Religionen werden die

Konzilsaussagen rekapituliert und im Licht der Rezeption gewürdigt. Leistungen und Defizite können aus dem zeitlichen Abstand und mit den gewonnenen Erfahrungen klarer zu Tage treten. Erfolgreich gelöste Probleme wie noch ausstehende Fragen kommen zur Sprache. Damit wird der jeweilige Stand der Beziehungen im interreligiösen Dialog erhoben.

3. Dieser Dialog zwischen Religionen wird anhand eines prekären Problems auf die Probe gestellt. Leistet die Erklärung auch vor Ort einen konkreten Beitrag zur Entschärfung brisanter Konflikte, oder wird bei einer Konfrontation zwischen Menschen unterschiedlicher Religionszugehörigkeit der interreligiöse Dialog sprach- und hilflos? Der Krisenherd im ehemaligen Jugoslawien wird als Ernstfall der Bewährung theologischer Errungenschaften beleuchtet. Denn die Balkankriege und der steinige Weg zu einem friedlichen Wiederaufbau der Zivilgesellschaften in Bosnien-Herzegowina sind ein solcher Ernstfall und spiegeln eine gemeinsame Not von christlichen Kirchen und Muslimen mitten in Europa.

Nach der einleitenden Hinführung des Salzburger Erzbischofs ALOIS KOTHGASSER SDB eröffnen wir den Band mit großer Freude mit einem Geleitwort, mit dem uns im hohen Alter von 98 Jahren Pater JOSEF NEUNER SJ aus Indien grüßt. Er ist nicht nur Zeitzeuge des Konzils, sondern hat als offizieller Konzilsberater maßgeblich zu *Nostra aetate* beigetragen. Ein weiteres Grußwort formuliert für die österreichische Kontaktstelle für Weltreligionen PETRUS BSTEH. – Das erste Kapitel eröffnet Erzbischof MICHAEL L. FITZGERALD MAfr, damaliger Präsident des Päpstlichen Rates für den Interreligiösen Dialog und sehr hochrangiger Vertreter der katholischen Kirche unter den Autoren/innen. Er ist von Amts wegen der Berufenste unter ihnen, um nach 40 Jahren die Position der Kirche in der Haltung zu den anderen Religionen zu beschreiben. Die Religionenerklärung ist alles andere als eine verschämte Episode einer euphorischen Konzilsdynamik, sondern maßgeblich für ein neues Selbstverständnis der Kirche. In enger Anlehnung an den Konzilstext zeigt Erzbischof Fitzgerald, wie die katholische Kirche konsequent auf diesem Weg fortgeschritten ist. Dabei ist schon der Modus seiner Darstellung signifikant für die Nachhaltigkeit dieses Prozesses der katholischen Kirche. Neuere Entwicklungen werden in einer sympathisch darstellenden Weise beschrieben, frei von Ressentiments, Abwertung oder Belehrung, wenn er beispielsweise von postmodern synkretistischen Kompositionen, von der westlichen Rezeption des Buddhismus oder der Suche nach einem inkulturierten Christentum im Bereich Traditioneller Religionen spricht. Teilnehmende Beobachtung und gefestigte, zeugnisbereite christliche Identität sind vereinbar. In diesem Sprachduktus lassen sich auch Defizite des Konzilstextes wie offene Fragen gegenüber anderen Religionen ansprechen. Nicht aus Anbiederung an den Zeitgeist sondern aus innerer Glaubensüberzeugung ist die katholische Kirche seit dem II. Vatikanum den Weg des Dialogs mit den anderen Religionen gegangen, nicht nur, um in der Welt einen Dienst für den Frieden zu leisten – was nicht hoch genug veranschlagt werden kann –, sondern um in der Wahrheit voran zu schreiten. So sind mitunter aus Feinden nicht nur Nachbarn geworden, sondern „Brüder" und Schwestern, als die zuvor nur die Mitchristen gegolten haben.

Nachdem HANS-JOACHIM SANDER jüngst eine innovative, topologische Gotteslehre vorgelegt hat (Darmstadt 2006), kann er zeigen, dass die Unterscheidung von Wer- und Wo-Identität Gottes einen entscheidenden Fortschritt für den interreligiösen Dialog im Sinn von *Nostra aetate* bedeutet: Anstelle ihrer Innenorientierung hat sich die Kirche am Konzil zu einer Weltkirche gewandelt, die sich von der religiösen Wahrheit außerhalb ihrer selbst herausfordern lässt. Doch damit wird die Frage nach der Relativierung der eigenen Identität virulent. Für Juden, Christen und Muslime wäre eine Übereinkunft auf den einen gemeinsamen Gott denkbar, doch seine Identifizierung an den je unterschiedlichen, voneinander abgegrenzten und einander ausschließenden Orten der Offenbarung und der damit verbundene Machtanspruch bringen die drei monotheistischen Religionen in Konkurrenzdruck. Ein gemeinsamer religiöser Raum bleibt unmöglich: Jerusalem ist dafür das beste Beispiel. Gerade das Unmögliche jedoch zu erschließen, ist das ureigenste Anliegen der Religionen. Das Unmögliche aller Religionen schlechthin ist das uneinholbare Mysterium. Der Ort des Dialogs könnte somit die Sprachlosigkeit sein, die nicht gegeneinander ausgespielt werden kann. Bisher feindselige religiöse Gegensätze müssen sich vom Mysterium her eine Relativierung und eine Umwandlung in Relativität gefallen lassen. In den anderen religiösen Wahrheiten wird eine Bestärkung erfahrbar, und am Ort des Zankes wächst Sprachfähigkeit über die eigene Schuld: In Jerusalem legt Johannes Paul II. an der „Klagemauer" ein Schuldbekenntnis nieder und entfacht die Ewige Flamme in Yad Vashem.

Nach einer jahrelangen intensiven Forschungstätigkeit zu *Nostra aetate* für den neuen Herderkommentar zum II. Vatikanum zieht der Innsbrucker Systematiker ROMAN A. SIEBENROCK eine sehr engagierte und persönliche Bilanz, indem er einerseits das Ausmaß der Umstellung der Identitätsfrage der Kirche in Form einer neuen Haltung gegenüber den Anderen und andrerseits die entschlossene Rückbindung an die Christologie hervorhebt. Die Haltung der Anerkennung und wertschätzenden Wahrnehmung hat von der Erneuerung der Israeltheologie und der Überwindung des christlichen Antijudaismus ihren Ausgangspunkt genommen, wurde auf die anderen Religionen ausgedehnt und eingebettet in eine positive und nicht apologetische Sicht der Welt. Die Kirche kann nicht mehr jenseits der Religionen und der Welt, aber auch nicht jenseits des Evangeliums von sich reden. Eine Verbindung von Israeltheologie und Religionstheologie und eine christologische Intensivierung der Identitätsfrage sieht er als uneingelöste Desiderate.

Vorwort der Herausgeber

Der griechisch-orthodoxe Metropolit von Österreich und Exarch von Ungarn und Mitteleuropa MICHAEL STAIKOS erachtet als Repräsentant eines geografisch weiträumigen Gebietes den interreligiösen Dialog neben dem ökumenischen als wichtiges Programm für eine Integration Europas.

Die dramatische Textgeschichte von *Nostra aetate* ereignete sich im Ringen um eine so genannte „Judenerklärung". Eine gründlichste Revision des Verhältnisses zu den Juden nahm die katholische Kirche als längst überfällige Aufgabe in Angriff und überdachte dabei ihr Verhältnis zu den anderen Religionen. Neben der allgemein positiven Wertschätzung der Religionen gehört die Läuterung des jüdisch-christlichen Verhältnisses zum zentralen Charakteristikum der Erklärung. Entgegen der Reihenfolge von *Nostra aetate* kommt deshalb hier dieses Verhältnis als erstes zur Sprache.

Es ist eine nicht überschätzbare Auszeichnung, nicht weil MICHAEL A. SIGNER nach der federführenden Publikation von *Dabru emet* einer der weltweit bekanntesten Rabbiner und jüdischen Gelehrten ist, vielmehr dass ein Jude in voller Kenntnis der christlichen antijüdischen Tradition und Theologie mit großer Wertschätzung einen Text eines katholischen Konzils kommentiert. Dieser jüdische Kommentar zu *Nostra aetate* ist vielleicht einer der bedeutungsvollsten Zeichen und Früchte des durch *Nostra aetate* gewandelten Verhältnisses zwischen Juden und Christen, auch wenn die Erklärung selbst Ambiguitäten enthält, wenn ausgerechnet der Artikel 4 mit einer „Missionsproklamation" schließt. Eine kleine Systematik einer Theologie der jüdisch-christlichen Beziehungen schafft weiterführende Klarheit.

Aus jüdischer Perspektive zieht ERNST LUDWIG EHRLICH eine Bilanz des jüdisch-christlichen Dialogs. Nach der Katastrophe der Shoah war es ein weiter Weg, auf dem erst langsam theologische Kompetenz ausgebildet wurde. Durch sie wurde ein qualifizierter Dialog eröffnet, bei dem nicht nur historische oder christlich-apologetische Sichtweisen der Juden sondern viel mehr auch ihr heutiges Selbstverständnis an Bedeutung gewonnen hat. Das Erreichte macht ihn hoffnungsvoll, ohne dass er die großen Desiderate verschweigen würde.

Die beiden katholischen Theologen und Exponenten im jüdisch-christlichen Dialog, HANS HERMANN HENRIX und JOSEF WOHLMUTH, geben mit unterschiedlichen Schwerpunkten jeweils einen Überblick über Stationen, Themen und Probleme der jüdisch-christlichen Beziehungen seit *Nostra aetate*. In kompakten Zusammenfassungen wird der systematische Ertrag für eine Israeltheologie vorgestellt. Auch wenn es den theologisch erzielten Ergebnissen an Breitenwirkung mangelt, auch wenn entscheidende Fragen wie die der Schuld der Kirche und nicht nur einzelner „Söhne", der Judenmission oder der konkreten Aufarbeitung der Theologie-, Konzilien- und Kirchengeschichte unbeantwortet sind, haben die nachkonziliaren Dokumente und

Handlungen *Nostra aetate* autoritativ fortgesetzt und verhindert, dass die umstrittene Erklärung eine konsequenzenlose Marginalie geblieben ist. Der Dialog in Deutschland (Wohlmuth) und das Pontifikat von Johannes Paul II. (Henrix) werden besonders gewürdigt.

Das dritte Kapitel widmet sich dem Islam: Der weit verbreiteten Wahrnehmung des Islams mit seiner Defizitvermutung gegenüber der Unterscheidung von Religion und Politik und mit einer wesensgemäßen Affinität zur Gewalt tritt DIRK ANSORGE mit einer profunden Studie zum unterschiedlichen Differenzbegriff in Islam und Christentum entgegen. Eine Reflexion über die kulturell geformte Grundkategorie der Sprache bildet eine wichtige Voraussetzung, damit ein wirklicher Dialog unter Respektierung der religiösen Identität des Anderen stattfinden und eine Verständigung über Fragen des Zusammenlebens in pluralen Gesellschaften möglich sein können. *Nostra aetate* stellt hierfür einen Begriff von Differenz bereit, der nicht von Exklusion, sondern von Anerkennung und Gleichwertigkeit bestimmt ist. *Nostra aetate* steht damit in einer langen trinitarischen und christologischen Tradition, die Differenz mit Einheit zusammen denken kann. Theologie und Geschichte des Islams bieten für eine diesbezügliche Verständigung mit dem Christentum hoffnungsvolle Anknüpfungspunkte.

CARLA AMINA BAGHAJATI schöpft als Sprecherin der islamischen Glaubensgemeinschaft in Österreich aus ihren profunden Kenntnissen und reichen Erfahrungen und vermittelt einen lebendigen Eindruck von der sehr speziellen Situation der Muslime in Österreich, die von der seit fast einem Jahrhundert bestehenden rechtlichen Anerkennung als offizielle Religionsgemeinschaft geprägt ist. Erfordernisse des alltäglichen Zusammenlebens vor Ort und die persönlichen Kontakte der Verantwortlichen bilden eine wichtige Voraussetzung für die Entwirrung von Nichtwissen, Vorurteilen und Verständigungsbereitschaft.

BARBARA HUBER-RUDOLF, langjährige Leiterin von CIBEDO-Frankfurt stellt zahlreiche Initiativen der Beziehungen mit den Muslimen her, die sich dem Geist von *Nostra aetate* verdanken. In vielen pastoralen Bereichen wird Kompetenz angeboten. Die praktischen Konsequenzen eines berechtigten Zusammenlebens werden in unserer Gesellschaft noch viele, auch schmerzhafte Veränderungen für die Kirchen mit sich bringen. Wichtige Desiderate ortet sie in theologischen Fragen.

Das vierte Kapitel über den Hinduismus eröffnet FRANCIS X. D'SA SJ, der seinen Beitrag mit drei Beispielen von missachtetem hinduistischen Interesse am Christentum aus dem 19. Jahrhundert beginnt, um ihnen mit Schmerz die Ungleichzeitigkeit gegenwärtigen, ebenfalls unerwiderten christlichen Bemühens um ein Verständnis des Hinduismus gegenüber zu stellen. Scharf

Vorwort der Herausgeber

beurteilt er die Passagen von *Nostra aetate* über den Hinduismus als naiv, paternalistisch und blind für seine Offenbarungsqualität. Trotz dieses Ungenügens hatten sich durch das Konzil fruchtbare Folgen ergeben, genau dieses Defizit zu beheben und die Anderen in ihrem eigenen Glaubensverständnis ernst zu nehmen, um auch Gehör zu finden für das eigene Selbstverständnis unseres Glaubens.

ANAND AMALADASS SJ reflektiert die Geschichte und Strukturen der Begegnungen zwischen Hinduismus und Christentum und stützt sich dabei sowohl auf seine reiche persönliche Erfahrung als auch auf seine vielfältigen Studien zur Geschichte dieses Dialogs.

SEBASTIAN PAINADATH SJ vertieft das Thema der Offenbarungsqualität der Heiligen Schriften der Religionen explizit und nimmt damit die Anfragen der anderen Religionen gegenüber unserem Verständnis ihrer Schriften als defizitär ernst. Wenn Religion ein kultur- und zeitgemäßer Ausdruck von gläubiger Antwort auf eine geschichtlich konkrete und heilsame Offenbarung als Selbstmitteilung Gottes ist, dann eröffnet sich für die gesamte Geschichte der Menschheit der Horizont von Heil und Offenbarung. So gewinnen die Heiligen Schriften der Religionen eine Erschließungsqualität für die je eigene Heilige Schrift. Die Religionen hören voneinander das Wort Gottes.

Das fünfte Kapitel zum Buddhismus wird mit einem ausführlichen Artikel von MICHAEL FUSS bestritten. Er ist einer der profundesten christlichen Kenner des Buddhismus und des buddhistisch-christlichen Dialogs, ordnet den einzigen Satz von *Nostra aetate* über den Buddhismus in die theologische Anlage der gesamten Erklärung ein und demonstriert auf diese Weise exemplarisch eine Hermeneutik von *Nostra aetate*, die von einer pneumatologischen, anthropologischen und trinitarisch-soteriologischen Dimension geprägt ist. Durch die lange Geschichte zwischen Buddhismus und Christentum, die Verbreitung des Buddhismus in der westlichen Welt und durch viele inhaltliche Komplementaritäten ist der Buddhismus zu einer weltweiten Herausforderung für die katholische Kirche geworden, die mit einem neuen Kirchenverständnis aufgegriffen wurde. So gibt Fuss nicht nur einen tiefen Einblick in die buddhistisch-christlichen Beziehungen, sondern entwickelt dabei überzeugende Perspektiven für eine systematische Theologie der Religionen.

Nach den theologischen Überlegungen am grünen Tisch wagen wir eine Stellprobe: sind die Religionen in der Lage, in einem konkreten Konfliktherd am Balkan aus den Dialogerfahrungen hilfreiche Ressourcen für eine Deeskalation zu mobilisieren?

VINKO KARDINAL PULJIĆ, der katholische Erbischof von Sarajevo, befindet sich erst recht nach dem Bürgerkrieg (1991–1995) mit seiner Kirche in einer

Minderheitenposition gegenüber einer immer mehr erstarkenden muslimischen Mehrheit. Obwohl die Religionen nicht die direkten Gegner und Mitstreiter waren, haben sie sich vielfach für Gewalt instrumentalisieren lassen. Trotz aller Bitternisse setzt Kardinal Puljić auf den Dialog, der im Land jahrhundertelanger Spannungen den Religionen viel kostet und eine echte Via Dolorosa bedeutet.

Für REISU-L-ULEMA MUSTAFA ČERIĆ, Großmufti von Sarajevo (wörtlich: („Haupt der Gottesgelehrten"), ist Europa nicht ein rein christlich geprägtes Abendland, sondern zeichnet sich auch durch jüdische und muslimische Einflüsse aus. Gegenwärtig ist ein differenzierteres Bild und eine bessere Kenntnis des Islams eine wichtige Voraussetzung für eine hoffnungsvolle Zukunft, die er nicht in einer weiteren Säkularisierung sieht. Vielmehr müssen sich die Religionen vor ihrem Misstrauen schützen, Demut und Reue zeigen gegenüber ihren Verfehlungen, um Verantwortung für das Gemeinwohl in Liebe und Gerechtigkeit zu übernehmen.

VALERIA HEUBERGER vom österreichischen Ost- und Südosteuropa-Institut nimmt eine „Land- und Zeitvermessung" der jüngsten Geschichte der Balkanregion vor und erinnert an sehr unterschiedliche aber auch ziemlich einheitlich verlaufene Umbrüche. So spielen die Religionen eine überraschend große Rolle für die Ausformung von Identitäten in postkommunistischer Zeit. Deshalb kommt den Kirchen und Religionen auch eine große Verantwortung beim Übergang von der kommunistischen Uniformität in eine plurale Zivilgesellschaft angesichts geschürter Nationalismen zu, zumal die staatlichen Autoritäten nicht selten unter Misstrauen leiden und eine Fragmentierung zugunsten clanartiger Gesellschaftsstrukturen ausgesetzt sind.

Noch weiter greift die Wiener Slawistin und Osteuropa-Expertin ANNE HERBST-OLTMANNS aus und ordnet die zeitgeschichtlichen Ereignisse am Balkan in einem umfassenden historischen Rahmen ein, aus dem sichtbar wird, wie sehr sich die durch den Balkan verlaufende Differenzierung oft als Grenze und Trennlinie und viel zu wenig als Brücke und Nahtstelle erwiesen hat. In Folge der fast 500-jährigen osmanischen Herrschaft verfestigte sich die konfessionelle Trennung der Christen und ihre nationale Zuordnung zu Serbien und Kroatien. Der Balkan war abgeschnitten von den Entwicklungen Resteuropas und umgekehrt.

In einem zweiten Beitrag beleuchtet ANNE HERBST-OLTMANNS die Rolle der christlichen Kirchen und der Muslimen im Bosnienkrieg. Die verschwiegene Geschichte des Zweiten Weltkriegs einerseits und die nivellierende kommunistische Ideologie andererseits haben die Kirchen in eine weitgehend unreflektierende Rolle als Trägerinnen von Nationalbewusstsein gestellt. Herbst-Oltmann sieht die Kirchen tief verstrickt in die nationale Demagogie und berichtet von einer theologischen Untermauerung des großserbischen Nationalismus. Kirchliche Verständigungsbereitschaft versagte im Bosnienkrieg fast vollständig, trotz unzähliger Vermittlungsbemühungen von außen. Insbesondere diejenigen des Ökumenischen Weltkirchenrates betrachtet Herbst-Oltmann besonders kritisch, da sie der Ursachenanalyse und der Eigenverantwortlichkeit aus dem Weg gegangen sei. Vor allem die Kirchenleitungen setzen nach dem Krieg versöhnliche Schritte, möglicherweise auch unter dem Druck eines erstarkenden Islams. Die Analyse ist leidenschaftlich und wird Widerspruch ernten. Sie berichtet aber von einer blutenden Wunde, die vielleicht noch gar nicht objektiv distanziert beschrieben werden kann.

Die Frage des Journalisten und Bosnienkenners THOMAS SEITERICH-KREUZKAMP nach einem möglichen Weg der Versöhnung wird von ihm nicht weniger leidenschaftlich behandelt. Der Bericht ist noch gezeichnet von den inneren Gräuelbildern, die er von den Reisen mitgenommen hat. Seine Einschätzung der Religionen fällt noch zwiespältiger aus, wären da nicht vereinzelte Lichtblicke.

Das Buch schließt mit einem starken Kontrast zu den beiden vorhergehenden Beiträgen, einem Paukenschlag auch im wörtlichen Sinn. Der Gründer des interreligiösen Chores „Pontanima" in Sarajevo, Bruder IVO MARKOVIC OFM setzt mit dem musikalischen Repertoire aus katholischen, protestantischen, orthodoxen, jüdischen und muslimischen Traditionen auf die spirituelle Kraft und die vielfältige Schönheit der Religionen, um gegen alle realpolitische Skepsis eine Ahnung von tiefem gegenseitigen Respekt und ehrlicher Wertschätzung aufkeimen zu lassen. Den Prozess, den die Chormitglieder mitgemacht haben, mit den ehemaligen Feinden die Lieder der Feinde in deren Gottesdiensten zu singen, also nicht nur trotzig und verletzt die Anderen zu ignorieren um eines Waffenstillstandes willen, sondern sich weit auf die religiöse Intimität des Anderen einzulassen, vermittelt einen Hoffnungsfunken, wozu Religionen fähig sein können, wenn sie sich von dem in *Nostra aetate* formulierten gemeinsamen Ursprung und Ziel der gesamten Menschheit in Anspruch nehmen lassen.

Das Konzept der geplanten Tagung ist in Zusammenarbeit mit Prof. Hans-Joachim Sander, Fachbereich Systematische Theologie der Universität Salzburg, und Mag. Denis Stürzl, Bildungszentrum St. Virgil Salzburg, erarbeitet worden. Ihnen sei herzlich für ihre Ideen und Beiträge gedankt, wie nicht minder Dr. Christian Hackbarth-Johnson für die Übersetzungen und Mag. Paul Arzt, Mag. P. Maximilian Bergmayr OSB, Dr. Alois Halbmayr und Alexandra Kunstmann-Hirnböck für zahlreiche Redaktionshilfen.

1. Teil
Nostra aetate – Die Entdeckung der Weltkirche auf dem Zweiten Vatikanischen Konzil

Die Erklärung Nostra aetate
Die Achtung religiöser Werte durch die Kirche[*]

Michael L. Fitzgerald MAfr, Kairo

Einführung

Nostra aetate, die *Erklärung über das Verhältnis der Kirche zu den nichtchristlichen Religionen*, wurde von den Vätern des Zweiten Vatikanischen Konzils am 28. Oktober 1965 feierlich angenommen und verabschiedet. Das Ergebnis war vermutlich überraschend. Nachdem Papst Johannes XXIII. das Konzil einberufen hatte, wurde ein vorläufiger Fragebogen an die Regionalkirchen versandt. Doch sehr wenige Bischöfe erwähnten das Thema der anderen Religionen in ihren Antworten, weshalb kein Schema zu diesem Thema vorbereitet wurde. Dass es auf der Tagesordnung erschien, war purer Zufall. Es war ein französischer Rabbi, Jules Isaac, der Johannes XXIII. vorschlug, es wäre an der Zeit, dass die Kirche eine offizielle Erklärung abgibt, die die „Lehre der Verachtung" gegenüber den Juden widerruft. Der Vorschlag wurde angenommen und Kardinal Augustin Bea, der Leiter des Sekretariats für die Einheit der Christen, wurde mit der Vorbereitung eines Textes beauftragt, der dem Konzil vorgelegt werden sollte. Der Widerstand gegen diese Initiative, vor allem von Bischöfen aus dem Mittleren Osten, sowie Vorschläge der Bischöfe aus Afrika und Asien bewirkten dann eine Erweiterung des Textes, der nicht nur die Haltung der Kirche gegenüber den Juden, sondern gegenüber den Anhängern aller Religionen umfassen sollte. So wurde *Nostra aetate* geboren, ein Geschenk des Heiligen Geistes an die Kirche.

Es ist interessant, das Dokument 40 Jahre danach neu zu lesen und zu sehen, dass es nichts von seiner Aktualität verloren hat. In diesem Beitrag möchte ich unterstreichen, wie das Dokument in der Lage war, die Glieder der Katholischen Kirche auf verschiedenen Ebenen zu inspirieren, um Be-

---

[*] „The church's respect for religious values". Aus dem Englischen von Christian Hackbarth-Johnson.

ziehungen der Wertschätzung und des Dialogs mit Menschen anderer Religionen voranzutreiben.

1. Die grundlegende Einheit der Menschen

Nostra aetate ist ein realistisches Dokument. Es berücksichtigt sowohl die Tatsache der religiösen Pluralität wie auch die Sehnsucht nach Einheit: „In unserer Zeit, da sich die Menschheit von Tag zu Tag enger zusammenschließt".[1] Religiöser Pluralismus ist kein neues Phänomen. Man könnte sagen, dass es ihn schon immer gab. Man muss nur die Schriften lesen, insbesondere das Erste Testament, um sich zu vergegenwärtigen, wie sehr die Juden mit Menschen anderer Religionen in Berührung waren. Doch das Dokument erkennt zurecht ein wachsendes Bewusstsein dieser Pluralität in der heutigen Welt, eine Folge der Migration und auch der größeren Kommunikationsmöglichkeiten. Die Anwesenheit religiöser Minderheiten hat neue Fragen aufkommen lassen in Bezug auf die Religionsfreiheit und die legitimen Bedürfnisse der religiösen Gemeinschaften. Das Konzil untersuchte diese Fragen in *Dignitatis humanae*, der Erklärung über die Religionsfreiheit. Ich erwähne dies, um daran zu erinnern, dass *Nostra aetate* nicht isoliert gesehen werden darf, sondern in Verbindung mit anderen Dokumenten des II. Vatikanums gelesen werden muss.

Man könnte sagen, dass *Nostra aetate* als ersten Wert den der Einheit hervorhebt. Der einführende Artikel des Dokuments denkt darüber nach, was den Menschen gemeinsam ist. Es wird Bezug genommen auf die christlichen Schriften, um zu zeigen, dass die gesamte Menschheit einen gemeinsamen Ursprung hat und dass Gottes erlösender Plan alle umfasst. Diese Wahrheit ist ein sich durchziehendes Element in der offiziellen Lehre der Katholischen Kirche seit dem letzten Konzil geworden. Um nur ein Beispiel zu geben: Als Papst Johannes Paul II. über den Weltgebetstag der Religionen für den Frieden nachdachte, der am 27. Oktober 1986 in Assisi abgehalten wurde, hat er sich auf den gemeinsamen Ursprung und das gemeinsame Schicksal der Menschheit bezogen. Er sagte:

---

[1] Wo keine Quellenangabe gegeben wird, stammen die Zitate aus dem Text von *Nostra aetate*. Im englischen Text heißt es „when *men* are drawing more closely together". Eine der Veränderungen, die in den letzten vier Jahrzehnten stattgefunden haben, ist die größere Aufmerksamkeit für die Notwendigkeit inklusiver Sprache. (Darum gibt der Autor diesen ersten Halbsatz von *Nostra aetate* wieder: „When *people* are drawing more closely together". Anm. d. Übersetzers)

> Deshalb gibt es *nur einen* göttlichen Plan für jedes Menschenwesen, das in diese Welt kommt (vgl. Joh 1,9), einen einzigen Ursprung und ein einziges Ziel, wie immer auch seine Hautfarbe, der geschichtliche und der geographische Horizont, in den es hineingestellt ist, zu leben und zu handeln, und die Kultur sein mögen, in der der Mensch aufgewachsen ist und sich ausdrückt. Die Unterschiede sind ein weniger bedeutendes Element, wenn man auf die Einheit blickt, die wurzelhaft und bestimmend ist.[2]

Die Unterschiede lassen sich nicht leugnen. Einige spiegeln den Charakter verschiedener Völker wider, doch gibt es auch die spirituellen Reichtümer, die in den verschiedenen Traditionen aufbewahrt werden, Reichtümer, die man dem Heiligen Geist zuschreiben kann. Selbstverständlich gibt es auch Unterschiede, die aus menschlichen Begrenzungen resultieren, die aus der Sündhaftigkeit entspringen, denn wir müssen zugeben, dass die Menschheit nicht vollkommen ist. Dennoch, die grundlegende Einheit ist als wichtiger anzusehen als die Unterschiede. Diese grundlegende Einheit, so kann man sagen, entspringt aus der Natur der menschlichen Person selbst. So stellt der *Katechismus der Katholischen Kirche* fest:

> Das Verlangen nach Gott ist dem Menschen ins Herz geschrieben, denn der Mensch ist von Gott und für Gott erschaffen. Gott hört nie auf, ihn an sich zu ziehen [...] Von jeher geben die Menschen durch ihre Glaubensanschauungen und religiösen Verhaltensweisen (wie Gebet, Opfer, Kult und Meditation) ihrem Suchen nach Gott mannigfach Ausdruck. Diese Ausdrucksweisen können mehrdeutig sein, sind aber so allgemein vorhanden, dass man den Menschen als ein *religiöses Wesen* bezeichnen kann. KKK 27-28.

Nostra aetate listet die fundamentalen Fragen auf, mit denen die Menschen ringen: Was ist der Sinn des Lebens, was der Sinn von Leiden und Tod, worin besteht wirkliches Glück? Es wird anerkannt, dass sich die Menschen an die Religionen wenden, um Antworten „auf die ungelösten Rätsel des menschlichen Daseins" zu finden. Die Fähigkeit zur Sinnstiftung wird als einer der allen Religionen gemeinsamen Werte angesehen.

Diese grundlegenden Fragen stellen sich noch immer. Wissenschaftlicher Fortschritt hat sie nicht eliminiert. Er hat sie vielleicht sogar nur noch drängender gemacht. Die Möglichkeiten, die durch das Bio-Engineering eröffnet wurden, müssen im Lichte der grundlegenden Einsicht in die Würde der menschlichen Person beurteilt werden. Die Auswirkungen der Industriali-

---

2 *Weihnachtsansprache an die Kardinäle und die Römische Kurie* am 22. Dezember 1986, Nr. 3; Der Apostolische Stuhl 1986, 1727.

sierung auf die Umwelt stellen die Frage, welchen Ort die menschliche Person innerhalb des geschaffenen Universums hat. Wenden sich die Menschen immer noch an die Religionen, um Antworten zu finden? Wohl gibt es in unserem Zeitalter etliche, die der Religion misstrauen, und einige, die sich eine andere Religion bzw. Religionen erschaffen möchten, die mehr nach ihrem Geschmack sind. Die postmoderne Mentalität mit ihrem Misstrauen gegenüber fertigen Synthesen bringt jenen eklektischen und synkretistischen Zugang des New Age hervor, in dem die Menschen sich gerne vieler Religionen zugleich bedienen. Dem positiven Aspekt der Religiosität tut dies keinen Abbruch.

Man könnte sagen, dass es noch einen weiteren Aspekt dieser Einheit gibt, etwas, das man als ihre mystische Dimension bezeichnen könnte. Die pastorale Konstitution über die Kirche in der Welt von heute, *Gaudium et spes*, stellt fest, dass sich der Sohn Gottes in seiner Inkarnation gewissermaßen mit jedem Menschen vereinigt hat (vgl. GS 22). Diese Folge der Inkarnation erhöht die Würde der menschlichen Person, unabhängig davon, zu welcher Nation oder Religion diese Person gehört. Diese theologische Überlegung, die in der Lehre Johannes Paul II. von seiner ersten Enzyklika *Redemptor hominis* an zentral war, findet sich nicht in *Nostra aetate*, das in erster Linie ein pastorales Dokument ist. Noch einmal müssen wir festhalten, dass dieses Dokument in Zusammenschau mit den anderen Dokumenten des Konzils, *Lumen gentium*, *Gaudium et spes*, *Ad gentes* usw. zu lesen ist, welche die theologischen Begründungen für dessen mehr praktischen Ansatz bereit stellen.

Nostra aetate sieht die Einheit als etwas Gegebenes an, doch sie ist auch etwas, worauf die Menschheit sich hinbewegt. Wir könnten uns also fragen: Welche Einheit steht uns für die Zukunft in Aussicht? Beim Versuch, diese Frage zu beantworten, empfiehlt sich die Unterscheidung zwischen interreligiösem und ökumenischem Dialog, wobei der letzere Ausdruck für die Beziehung unter Christen vorbehalten bleibt. Ökumenische Bemühungen zielen auf eine Einheit im Glauben, der die Basis für Gemeinschaft sein kann, während man zugleich die Unterschiedlichkeit der Traditionen und Riten anerkennt. Zwischen den verschiedenen Religionen kann eine derartige Einheit trotz ihrer Gemeinsamkeiten nicht erreicht werden. Es bleiben wesentliche Unterschiede im Glauben bestehen. Tatsächlich endeten jene Bewegungen, die versucht haben, alle Religionen in einer einzigen zu vereinen, damit, dass sich neue Religionen gebildet haben. Deshalb scheint es, dass ein religiöser Pluralismus ein dauerhaftes Merkmal dieser Welt bleiben wird, bis am Ende der Zeit die Unterschiede aufgehoben werden, wenn Gott alles in allem sein wird (vgl. 1 Kor 15,28).

2. Der Dialog mit den verschiedenen Religionen

Der zweite Artikel von *Nostra aetate* beginnt mit dem Hinweis auf Menschen, die „eine gewisse Wahrnehmung jener verborgenen Macht haben, die dem Lauf der Welt und den Ereignissen des menschlichen Lebens gegenwärtig ist". Der religiöse Ausdruck, der hier geprägt wird, könnte klassifiziert werden als traditionelle Religion.[3] Diese wird in einem positiven Licht gesehen, insofern sie oft den Glauben an ein höchstes Wesen enthält, das manchmal als Vater erkannt wird. Auch wird die Aufmerksamkeit auf den „tiefen religiösen Sinn" gelenkt, der in einem derartigen Glauben entsteht. Diese positive Haltung brachte das Sekretariat für Nicht-Christen schon im Jahr 1969 dazu, eine Broschüre mit dem Titel *Meeting the African Religions* zu erstellen.

Man könnte fragen, warum man diesen religiösen Traditionen Aufmerksamkeit entgegen bringen sollte, wo man doch immer glaubte, sie würden mit der sich ausbreitenden Modernität bzw. der Globalisierung, wie man heute sagt, verschwinden. Tatsache ist, dass diese Religionen nicht verschwinden. Sie beeinflussen weiterhin das Leben vieler Menschen. Auch jene, die sich Weltreligionen wie dem Christentum oder dem Islam angeschlossen haben, wenden sich in Situationen der Anspannung und Belastung oft wieder angestammten Praktiken zu. Manche kehren zu ihrer traditionellen Religion zurück und lehnen das Christentum ab, das ihnen durch den Kolonialismus übergestülpt wurde. Andere nehmen ihre alten Praktiken so weit wieder auf, wie sie mit dem Evangelium vereinbar sind.

Johannes Paul II. ermutigte bei seinen Begegnungen mit amerikanischen Ureinwohnern 1984 in St. Anne de Beaupré, Kanada, und 1987 in Phoenix, Arizona, ebenso wie bei einem Treffen mit australischen Aborigines 1986 in Alice Springs zum inneren Dialog derjenigen, die gleichzeitig authentische Christen und volle Mitglieder ihrer angestammten Kulturen sein möchten. Dieselbe Botschaft richtete er an südamerikanische Indianer und Afro-Ame-

---

3   Ein Dokument des *Päpstlichen Rates für den interreligiösen Dialog* gibt die folgende Definition: „Mit traditionellen Religionen bezeichnen wir jene Religionen, die – im Gegensatz zu den in vielen Ländern und Kulturen vertretenen Weltreligionen – nicht über ihre sozio-kulturelle Umgebung hinausgegangen sind. Das Wort »traditionell« bezieht sich nicht auf etwas Statisches oder Unveränderliches, sondern deutet auf diesen ortsgebundenen Ursprung hin [...] Während man in Afrika diesen Religionen im allgemeinen den Namen »Traditionelle Afrikanische Religion« gibt, nennt man sie in Asien »Volksreligionen« (Folk Religions), in Amerika »Indianerreligion und afroamerikanische Religion« (Native Religions and Afro-American Religions) und in Ozeanien schließlich »Einheimische Religionen« (Indigenous Religions)." (*Pastorale Aufmerksamkeit für die traditionellen Religionen*, 1993, Nr. 1; Der Apostolische Stuhl 1993, 1476.)

rikaner 1992 in Santo Domingo. Kardinal Francis Arinze, der selbst aus einem von traditioneller Religion geprägten Milieu stammt, schrieb in seiner Zeit als Präsident des Päpstlichen Rates für den interreligiösen Dialog zwei *Briefe der Pastoralen Aufmerksamkeit für die traditionellen Religionen*, 1988 bezogen auf Afrika und 1993 bezogen auf Asien, Amerika und Ozeanien. Der Rat wendet diesen Religionen auch weiterhin seine Aufmerksamkeit zu, zum Beispiel durch das im Januar 2005 abgehaltene Symposium über die Ressourcen der traditionellen Religionen für den Frieden.

Die erste in *Nostra aetate* mit Namen genannte Religion ist der Hinduismus. In sorgfältig gewählten Begriffen werden die verschiedenen *marga* (Wege) dessen, was die Hindus selbst *sanatana dharma* (ewiges Gesetz des Lebens) nennen, vorgestellt. Die Erforschung des göttlichen Mysteriums durch Mythos und Philosophie wird erwähnt, die Suche nach *moksha* (letzte Befreiung) durch asketische Praktiken, Meditation oder Frömmigkeit (*bhakti*). Diese verschiedenen Wege werden aufgezählt, ohne dass versucht wird, sie zu bewerten.

Eine ähnliche Behandlung wird dem Buddhismus gewährt. Dass der Buddhismus eigens erwähnt wird, mag manche überrascht haben, insofern er oft eher als eine Philosophie denn als eine Religion angesehen wird. Das Dokument nennt ihn eine „Lebensweise". Wenn man ihn in seinen Manifestationen untersucht, wird sichtbar, dass der Buddhismus, wenn er auch keine Theologie besitzen mag – denn Buddhisten sprechen normalerweise nicht von Gott –, doch wie eine Religion handelt. Daher erscheint es durchaus gerechtfertigt, dass das Konzil ihn in diesem Kontext abhandelt. *Nostra aetate* beschreibt kurz, wie diese Tradition vorschlägt, „das radikale Ungenügen der veränderlichen Welt" zu übersteigen. Es spricht davon, „den Zustand vollkommener Befreiung" zu erlangen oder die „höchste Erleuchtung" zu erreichen durch persönliche Anstrengung oder mit der Unterstützung höherer Hilfe. Darin zeigt sich eine implizite Bezugnahme auf die verschiedenen Schulen des Buddhismus, Theravada (der Lehre der Alten folgend) mit seinem Beharren auf der strengen Beachtung der Vorschriften, Mahayana (der Buddhismus des Großen Fahrzeugs) und Vajrayana (der tibetische Buddhismus), die übernatürliche Hilfe zulassen. Es hätte vielleicht auch das Mönchtum erwähnt werden können, welches ein zentrales Charakteristikum des Buddhismus ist, insofern dieses sich als fruchtbarer Boden für den Dialog mit dem katholischen Mönchtum erwiesen hat.

Ein anderer Zug des Buddhismus, der stärker hervorgehoben hätte werden können, ist sein missionarischer Charakter. Er kam von Indien nach Sri Lanka und weiter nach Indochina in der Form des Theravada, nach China und von dort nach Japan und Korea als die Mahayana-Schule, und in Tibet wurde er zum Vajrayana Buddhismus. Bei jedem Übergang gab es eine Inkulturation, ein Prozess, der wohl weitergehen wird, da sich der Buddhismus nun

Die Erklärung Nostra aetate

in die westliche Welt ausbreitet. Fest steht, dass heute viele Menschen im Westen vom Buddhismus angezogen werden, der sich als eine Schule der Meditation erwiesen hat, was vielleicht als notwendiges Gegengewicht zur Hektik des modernen Lebens gesehen wird.

Nach seinen zwei Sätzen zum Buddhismus spricht *Nostra aetate*, ohne eigens Namen zu nennen, von „anderen Religionen", die darauf zielen, das menschliche Herz zu befrieden, „indem sie Wege weisen: Lehren und Lebensregeln sowie auch heilige Riten". Seit der Veröffentlichung von *Nostra aetate* haben sich eine Reihe von Religionen im Glaubensdialog engagiert und verdienen somit eine besondere Erwähnung. Man könnte an die Baha'i Religion denken, den Shintoismus (als eine Form traditioneller Religion, die in Japan zur Staatsreligion geworden ist), der Sikhismus, Tenrikyo (eine japanische Religion, die in der zweiten Hälfte des 19. Jahrhunderts gegründet wurde) und der Zoroastrismus.

Der beschreibende Ansatz wird am Ende des zweiten Artikels abgelöst von einer wichtigen Feststellung: „Die katholische Kirche lehnt nichts von alledem ab, was in diesen Religionen wahr und heilig ist." Beide Begriffe verdienen Aufmerksamkeit. In den verschiedenen religiösen Traditionen gibt es Elemente der Wahrheit. Das Konzil sieht diese als Widerspiegelungen der Wahrheit, die im menschgewordenen Sohn Gottes vollständig offenbart wurde, denn Jesus Christus hat sich als „der Weg, die Wahrheit und das Leben" (Joh 14,6) gezeigt. Es sind dies „Samen des Wortes", die in den mannigfaltigen religiösen Traditionen verborgen sind (vgl. *Ad gentes* 11), Teile jener göttlichen Mitteilung, die ihren Höhepunkt in der Inkarnation finden. Doch sollte die Fülle der in Jesus Christus empfangenen Offenbarung bei Christen nicht eine Haltung der Überlegenheit hervorrufen. Als Individuen haben sie keine Garantie, die Wahrheit vollständig erfasst zu haben. Den Dialog kann man sehen als ein gemeinsames Voranschreiten zur Wahrheit, die in ihrer Fülle dem menschlichen Geist immer voraus ist. Daher ist es möglich, die Teilwahrheiten, die in den verschiedenen Religionen enthalten sind, anzuerkennen und sich an ihnen zu freuen.

Auch der zweite der verwendeten Begriffe, „heilig", verdient es, hervorgehoben zu werden. Sein Sinn ist ohne Zweifel der, dass in diesen Religionen Elemente der Gnade enthalten sind, die ihren Anhängern erlauben, zum Heil zu gelangen. Die genaue Rolle der Religionen in Bezug auf das Heil ist in *Nostra aetate* nicht spezifiziert, aber die Lehrautorität der Katholischen Kirche hat im Dokument *Dominus Iesus* deutlich festgestellt, dass die Religionen nicht als alternative Heilswege betrachtet werden. Es gibt nur *ein* Heil, nämlich den Weg des österlichen Mysteriums, wenngleich das Konzil lehrt, dass der Heilige Geist allen die Möglichkeit gibt, auf Wegen, die nur Gott kennt, in dieses Ostermysterium einzutreten (vgl. *Gaudium et spes* 22). Wie dies geschehen kann, ist etwas, das untersucht werden muss, und *Dominus*

Iesus ermutigt dazu. Die oben erwähnten Elemente, asketische Praktiken, Gebet und Meditation, das Befolgen moralischer Vorschriften, sind es alle wert, in diesem Licht betrachtet zu werden, wobei jede religiöse Tradition für sich untersucht werden muss. Dazu ist eine ausgewogene Haltung nötig. Alle Religionen haben auch ihre Schattenseite, doch ist der Schluss sicherlich legitim, ihnen eine bestimmte, wenn auch untergeordnete, Heilsfunktion zuzuerkennen.

Der zweite Artikel von *Nostra aetate* ermutigt die Katholiken, „mit Klugheit und Liebe" „sowie im Zeugnis des christlichen Glaubens und Lebens" mit den „Bekennern anderer Religionen" in „Gespräch und Zusammenarbeit" zu treten. Diese Zusammenarbeit kann die Form annehmen, Werte zu bekräftigen. Es wird Bezug genommen auf „geistliche und sittliche" Wahrheiten, die anerkannt und bewahrt werden sollen. In einer pluralistischen Welt kann es eine gegenseitige Befruchtung geben, die nur dazu dienen kann, die entstehende gemeinsame Kultur zu bereichern, denn Kultur ist niemals statisch, sondern immer in Entwicklung.

Zum Abschluss sollte herausgestellt werden, dass diese letzten beiden Absätze des zweiten Artikels von *Nostra aetate* nicht nur als relevant in Bezug auf das Vorhergehende gesehen werden sollten, sondern auch in Bezug auf die folgenden Artikel über Islam und Judentum, denen wir uns nun zuwenden.

3. Der Dialog mit Muslimen

Nostra aetate stellt fest, dass die Kirche die Muslime „mit Hochachtung betrachtet". Dies bezeichnet mit Sicherheit eine vollständige Wandlung der Einstellung, denn zuvor wurden Muslime im Allgemeinen als Feinde betrachtet. Es mag vielleicht gefragt werden, ob diese „Hochachtung" noch aufrechterhalten wird nach den Ereignissen des 11. September 2001. Ohne Zweifel haben diese Ereignisse wieder Angstgefühle geweckt im Hinblick auf den Islam, der oft mit Terrorismus gleichgesetzt wird. Diese Angst wird verstärkt, wenn der Islam als monolithischer Block betrachtet wird. Es ist dringend nötig, mehr über den Islam zu wissen, und zum Glück war ein Nebeneffekt des 11. September, dass bei vielen Menschen das Interesse gewachsen ist, mehr über den Islam zu erfahren.

Das Konzil hob in zusammenfassender Weise die Werte hervor, die sich im Islam finden. Was sein Glaubenssystem betrifft, ist da zuerst und zuvorderst die Tatsache, dass er eine monotheistische Religion ist. Tatsächlich weist *Lumen gentium* dem Islam den ersten Rang unter den nicht-biblischen Monotheismen zu. Es stellt fest, dass die Muslime „mit uns [Christen] den einen Gott anbeten, den barmherzigen, der die Menschen am Jüngsten Tag richten wird" (*Lumen gentium* 16), beschrieben mit Worten, die an den Qu'rân erinnern, als der „alleinige [...] lebendige und in sich seiende, barmherzige und allmächtige", wird dieser Gott nicht als ein fernes Wesen gesehen, sondern als einer, „der zu den Menschen gesprochen hat". Dies ist eine positive Tatsache, wenn auch das Konzil keine weitere Angabe macht zur Art der göttlichen Mitteilung, und in der Tat unterscheiden sich Christen und Muslime in ihrem Verständnis von Offenbarung. Indem bemerkt wird, dass die Muslime Jesus „als Propheten [...] verehren", wird implizit Bezug genommen auf die Prophetie. In diesem Zusammenhang finden wir einen sonst seltenen negativen Hinweis in *Nostra aetate*, die Erinnerung, dass die Muslime Jesus nicht als Gott anerkennen. Dies war kaum zu vermeiden, weil in der Ablehnung der Inkarnation und folglich auch der Erlösung durch Leiden, Tod und Auferstehung Jesu der fundamentale Unterschied zwischen den beiden Religionen besteht.

Der Islam ist nicht bloß ein Bündel an Glaubensüberzeugungen. Er ist in erster Linie eine Lebensweise. Muslime benutzen häufig vier Begriffe, um den Fortschritt auf dem Weg zu Gott anzugeben: *sharî'a*, der Weg des Gesetzes, in dem der Wille Gottes konkrete Form gewinnt; *tarîqa*, der mystische oder devotionale Weg, der zu einer tieferen Assimilation der Werte des Gesetzes führt; *haqîqa*, eine Verwirklichung der Wahrheit, die in gewisser Weise eine Art Partizipation an der absoluten Wahrheit, *al-Haqq*, einem der Namen Gottes, ist; *ma'rifa*, der Weg erfahrungsmäßigen Wissens, Gott nahe zu sein. Auf der Ebene des Gesetzes gibt es die Säulen des Islam, von denen *Nostra aetate* drei erwähnt: Gebet, Almosen und Fasten. Die erste und letzte der fünf Säulen werden nicht erwähnt, vermutlich weil die erste, *shahâda*, das Glaubensbekenntnis, die Anerkennung Mohammeds als „Boten Gottes" beinhaltet, und die fünfte, *hajj*, die Pilgerschaft nach Mekka, als zu eng mit dem Leben Mohammeds verbunden empfunden wurde. Es findet sich auch der Hinweis auf die „sittliche Lebenshaltung", die ihren Antrieb durch die Überzeugung bekommt, dass am Jüngsten Tag alle Taten durch den Gerechten Richter, jeweils entsprechend mit Belohnung oder Strafe, vergolten werden.

Betont wird der fundamentale Wert des Islam, wie er durch den Namen selbst angegeben wird: „Sie mühen sich, auch seinen verborgenen Ratschlüssen sich mit ganzer Seele zu unterwerfen" – das ist es, was das Wort *islâm* bedeutet. Die Wahl des Wortes „mühen" ist ein Hinweis, dass es nicht ein bloßer Fatalismus ist, wie manche von Vorurteilen geleitet vermuten, sondern eine echte Haltung der Hingabe, die Achtung verdient. Abraham wird als Modell gesehen für diese grundlegende Disposition des Menschen in Beziehung zu Gott, ein Modell, das von Juden, Christen und Muslimen geteilt wird, trotz ihres unterschiedlichen Verständnisses der Rolle, die Abraham durch Gottes Berufung zu spielen hat. Dasselbe trifft in geringerem Grad auch auf Maria zu. *Nostra aetate* erwähnt, dass die jungfräuliche Mutter Jesu geehrt und bisweilen auch in Frömmigkeit angerufen wird. Die Fürbitte Marias zu suchen, wie auch die anderer als heilig erachteter Menschen, ist bei strengen Muslimen verpönt. Dennoch spielt dies eine herausragende Rolle im volkstümlichen Islam. Das Bedürfnis nach Hilfe und Unterstützung durch jene, die als näher bei Gott betrachtet werden, kann als ein grundlegender Zug der Menschen in ihrem Zugang zu Gott angesehen werden.

Der letzte Absatz dieses kurzen Artikels illustriert erneut die realistische Natur des Dokuments. Es wird Bezug genommen auf die vielen „Zwistigkeiten und Feindschaften", die über die Jahrhunderte zwischen Christen und Muslimen entstanden sind. Jeder, der mit Muslimen in Beziehung steht, ist sich des Widerstandes bewusst, der durch das Wort „Kreuzzug" hervorgerufen wird. Ereignisse der Vergangenheit können immer noch schwer auf gegenwärtigen Beziehungen lasten. Das Konzil sagt, die Vergangenheit beiseite zu lassen. Hier findet sich vielleicht ein leichtes Abweichen vom Realismus, denn es erscheint unmöglich, und sogar unweise, sich von der Geschichte ablösen zu wollen. Was nötig ist, ist eine Reinigung der Erinnerung, ein Wieder-Lesen der Geschichte von beiden Seiten gemeinsam, mit einer Bereitschaft, Ungerechtigkeiten, wo sie aufgetreten sind, einzugestehen. Durch eine solche „aufrichtige Bemühung" kann „gegenseitiges Verstehen" erreicht werden. Ein solches Verständnis kann dann die Grundlage für eine neue Beziehung sein. Johannes Paul II. war sich der Notwendigkeit zur Versöhnung zutiefst bewusst, damit Spannungen beseitigt werden und Menschen harmonisch zusammen leben können. In einer seiner Botschaften zum Weltfriedenstag erklärte er, dass es keinen Frieden ohne Gerechtigkeit geben könne und keine Gerechtigkeit ohne Vergebung. Die so schwierige und anstrengende Haltung der Vergebung ist aber doch eine, die tiefe Wurzeln sowohl im Christentum als auch im Islam hat. Jesus lehrte seine Jünger, barmherzig zu sein, wie der himmlische Vater barmherzig ist (vgl. Lk 6,36). Islamische Spiritualität lädt die Muslime ein, sich mit den Attributen Gottes zu bekleiden, der im Qu'rân häufig *al-Rahman* (der Allerbarmer) und *al-Ghaffûr* (der Allvergebende) genannt wird. Solche Lehren könnten als Teil der „gemeinsamen spirituellen Bande" angesehen werden, die, wie Johannes Paul II. im November 1979 gegenüber der kleinen katholischen Gemeinde in Ankara sagte, verstärkt werden müssen.

Das Konzil ermahnt Christen und Muslime sich gemeinsam zu bemühen, danach zu streben, dass soziale Gerechtigkeit in der Gesellschaft verwirklicht und moralische Werte beibehalten werden. Sie sollen gemeinsam die Freiheit verteidigen, und besonders die Religionsfreiheit, die sich auf die Würde der menschlichen Person gründet (vgl. *Dignitatis humanae* 2). All dies kann als ein Beitrag angesehen werden, den Frieden zu fördern. Insofern Christen etwa ein Drittel und Muslime ungefähr ein Fünftel der Weltbevölkerung ausmachen, ist es offensichtlich, dass harmonische und friedliche Beziehungen zwischen diesen beiden Gemeinschaften einen immensen Wert für die Menschheitsfamilie haben würden.

4. Der Dialog mit Juden

Der vierte Artikel ist der längste in *Nostra aetate*. Dies ist nur natürlich, insofern er den ursprünglichen Kern dieses kurzen Dokuments bildet. Die Erklärung hat den Blick der katholischen Kirche auf das Judentum radikal erneuert. Es ist interessant festzustellen, dass der Artikel unmittelbar mit einer Bezugnahme auf Abraham einsetzt, indem er an das Band, „wodurch das Volk des Neuen Bundes mit dem Stamme Abrahams geistlich verbunden ist", erinnert. Durch den Gebrauch des Ausdrucks „Stamm Abrahams" wird die physische Abstammung der Juden von Abraham anerkannt. Im Gegensatz dazu haben die Christen als „das Volk des Neuen Bundes" nur „geistliche Bande" mit ihnen. Die Erklärung stellt sowohl die Kontinuität als auch die Diskontinuität heraus.

Auf der Seite der Kontinuität steht die Tatsache, dass die Anfänge des Glaubens und der Erwählung der Kirche in der Geschichte des erwählten Volkes zu finden sind: „bei den Patriarchen, bei Mose und den Propheten". Deshalb wird anerkannt, dass Christen „als Söhne Abrahams dem Glauben nach in der Berufung dieses Patriarchen eingeschlossen sind". Die Kirche und ihre Heilssendung sind in dieser Geschichte mystisch vorgebildet, insbesondere im Exodus. Zudem kann die Kirche niemals vergessen, dass sie die Offenbarung des Ersten Testamentes durch das Volk empfangen hat, mit dem Gott den „Alten Bund" geschlossen hatte. Es werden die Worte des Paulus an die Römer zitiert: „Sie sind Israeliten; damit haben sie die Sohnschaft, die Herrlichkeit, die Bundesordnungen, ihnen ist das Gesetz gegeben, der Gottesdienst und die Verheißungen, sie haben die Väter, und dem Fleisch nach entstammt ihnen der Christus" (Röm 9,4-5). Weiters wird festgestellt, dass „die Juden nach dem Zeugnis der Apostel immer noch von Gott geliebt [sind] um der Väter willen; sind doch seine Gnadengaben und seine Berufung unwiderruflich". Die Kirche der Heiden, der Völker, ist in diese Wurzel eingepfropft worden, woraus eine lebendige und Leben spendende Verbindung entstanden ist.

Doch es gibt auch eine Diskontinuität. Obwohl Jesus und seine ersten Jünger Juden waren, hat „ein großer Teil der Juden [...] das Evangelium nicht angenommen". So kam es zu einer Trennung, die weiter bestehen wird bis zu dem Tag, den die Kirche erwartet, „an dem alle Völker mit einer Stimme den Herrn anrufen". Für die Zwischenzeit werden Juden und Christen ermahnt, eine Beziehung der gegenseitigen Kenntnis und Achtung zu kultivieren. Den Christen wird die Pflicht auferlegt, eine offensive Sprache zu vermeiden. Die Rede, dass Juden „verworfen oder verflucht" seien, dürfe es nicht mehr geben. Jede Form der Verfolgung, jede Manifestation eines Antisemitismus wird streng verurteilt. Es wird zu gemeinsamen Studien aufgerufen, sowohl zur Bibel wie zu theologischen Fragen. Man kann die bereits erwähnte Ermahnung, die in allgemeineren Begriffen in Artikel 2 von *Nostra aetate* gegeben wurde, auf die jüdisch-christlichen Beziehungen anwenden: dass Christen „mit Klugheit und Liebe, durch Gespräch und Zusammenarbeit mit den Bekennern anderer Religionen sowie durch ihr Zeugnis des christlichen Glaubens und Lebens jene geistlichen und sittlichen Güter und auch die sozial-kulturellen Werte, die sich bei ihnen finden, anerkennen, wahren und fördern."

Die Erwähnung des Zeugnisses ist hier von Bedeutung. Im Dialog müssen die Partner ihrer eigenen Identität treu bleiben. Dies trifft auch auf die Christen zu. Es ist daher nicht überraschend, dass der letzte Absatz des Artikels über das Judentum den Glauben noch einmal bekräftigt, dass Christus für das Heil aller gestorben ist, die Juden eingeschlossen, und dass es daher für die Kirche eine Pflicht ist, „das Kreuz Christi als Zeichen der universalen Liebe Gottes und als Quelle aller Gnaden zu verkünden."

Diese Zusammenfassung der Lehre von *Nostra aetate* illustriert, wie ich hoffe, die solide Grundlage, die das II. Vatikanum den jüdisch-christlichen Beziehungen gegeben hat.

Die Beachtung des ersten Dokuments, das verfasst wurde, um die Anwendung der Lehre des Konzils zu erleichtern, dürfte sehr nützlich sein: die *Richtlinien und Hinweise für die Konzilserklärung „Nostra Aetate" Artikel 4 vom 1. Dezember 1974.*[4] Die *Richtlinien* nehmen Kenntnis von der Schuld des Christentums gegenüber dem Judentum, wie auch von dem sich vergrößernden Abstand zwischen beiden. Es wird festgestellt, „dass die Christen danach streben [müssen ... zu] lernen, welche Grundzüge für die gelebte religiöse Wirklichkeit der Juden nach ihrem eigenen Verständnis wesentlich sind."[5] Ein

---

4 Dieses Dokument wurde von der neu errichteten *Kommission für die religiösen Beziehungen mit den Juden* (*Commission for Religious Relations with Jews* – CRRJ) veröffentlicht. Im Jahr 1966 war ein Büro für katholisch-jüdische Beziehungen innerhalb des *Sekretariats zur Förderung der Einheit der Christen* geschaffen worden, welches dieses Anliegen seit den Vorbereitungen zum II. Vatikanischen Konzil getragen hatte. Paul VI. bestimmte 1974, die CRRJ als ein eigenes Organ einzurichten, das aber noch verbunden ist mit dem *Päpstlichen Rat zur Förderung der Einheit der Christen*. Inzwischen war, im Jahr 1970, auf jüdischer Seite das *International Jewish Committee on Interreligious Consultations* (IJCIC) entstanden. Im selben Jahr einigte man sich zwischen dem IJCIC und verschiedenen Vertretern der Römischen Kurie auf ein Memorandum des Verstehens, mit dem Ziel, ein *International Catholic-Jewish Liaison Committee* (ICL) zu errichten.

5 Nachkonziliare Dokumentation 49, Trier 1976, 33.

wichtiges Prinzip des interreligiösen Dialogs steht hier auf dem Spiel. Man muss dem anderen erlauben sich selbst zu definieren. Sie sollen nicht leiden unter einer Projektion, die ihnen von anderen, die ihren Glauben nicht teilen, aufgedrängt wird. Angewandt auf das Judentum heißt das, dass es nicht nur vom Ersten Testament her verstanden werden kann. Es darf nicht als etwas Statisches betrachtet werden, als ob es zur Zeit Jesu und der Geburt der Kirche eingefroren worden wäre. Im Gegenteil, das Judentum muss anerkannt werden als eine unabhängige und sich weiter entwickelnde Religion.

Das Dokument fährt damit fort, für die katholischen Christen gewisse Bereiche zu skizzieren, die der Aufmerksamkeit bedürfen. Es ermuntert zum *Dialog*, der hilft, das Wissen voneinander zu erweitern. In diesem Prozess sollte nicht auf die eigene Identität verzichtet werden. Für Christen heißt das, dass Christus zu verkünden ist, aber in Übereinstimmung mit den Prinzipien, die von der Erklärung des Konzils zur Religionsfreiheit, *Dignitatis humanae*, festgelegt wurden. Dort wird deutlich festgestellt, dass die Wahrheit angeboten, aber nicht aufgedrängt werden soll. In Bezug auf die Liturgie wird als wichtig erachtet, die Elemente festzuhalten, die aus dem jüdischen Gottesdienst übernommen wurden. Insofern das II. Vatikanum dazu ermuntert hat, das Erste Testament stärker in den Lesungen zu verwenden, wird Gewicht darauf gelegt, dass diese Texte auch in angemessener Weise verstanden werden. In den Übersetzungen dürfen diese Texte aufgrund von Schwierigkeiten, die sie aufgeben mögen, nicht verändert werden. Es muss aber in der Predigt Sorge getragen werden, dass die Bedeutung der Texte nicht verzerrt wird. Im Bereich der *Bildung* wird die Akzeptanz des Judentums als sich entwickelnde Tradition und als eine eigenständige Religion betont. Doch wird die Warnung ausgesprochen, nicht zwischen Judentum und Christentum falsche Gegensätze zu schaffen, indem man etwa die erstere als Religion des Gesetzes und die letztere als Religion der Liebe darstellt. Ermutigt wird zur Zusammenarbeit von Wissenschaftlern und zur Einrichtung von Lehrstühlen für Judaistik an katholischen Universitäten. Schließlich findet sich ein Aufruf zu *soziale Engagement*, zu gemeinsamen Bemühungen um Gerechtigkeit, Frieden und das Wohl der Menschheit auf allen Ebenen. Es tut gut zu sehen, dass viele dieser Vorschläge umgesetzt wurden und dass es eine wirkliche Verbesserung in den christlich-jüdischen Beziehungen gegeben hat, auch wenn noch nicht alles bereinigt ist und noch Raum für weitere Fortschritte besteht.

Ein Mangel von *Nostra aetate* ist es, dass es die verschiedenen Religionen getrennt behandelt. Dies erweckt den Eindruck, dass Dialog sich in erster Linie auf bilaterale Beziehungen beschränkt. Dies spiegelt in der Tat nicht die tatsächliche Praxis wider. Im Blick auf die Beziehungen zu Juden könnte man gut ein Wort über trilaterale Beziehungen hinzufügen, in denen Juden, Christen und Muslime zusammenkommen. Die Bedeutung, die in *Nostra aetate* Abraham gegeben wird, sowohl im Artikel über den Islam wie in dem über das Judentum, ist bereits erwähnt worden. Trotz Unterschiede im Verständnis ist Abraham als eine Figur, die Juden, Christen und Muslime verbindet, in der Tat ein Merkmal des Dialogs, der sich in den letzten 40 Jahren entwickelt hat. Viele Vereinigungen sind unter dem Patronat Abrahams erwachsen, von denen die *Fraternité d'Abraham* in Frankreich vermutlich die älteste ist. Das *International Council of Christians and Jews* schließt manchmal auch Muslime in seine Aktivitäten ein, wenngleich es sie nicht als Mitglieder aufnehmen wollte. Aus diesem Grund entstand im Vereinigten Königreich das *Three Faiths Forum*. Es gilt daher, die guten Beziehungen anzuerkennen, die in vielen Ländern zwischen den drei abrahamitischen Religionen bestehen. Dennoch muss zugegeben werden, dass der andauernde israelisch-palästinensische Konflikt ein ernsthaftes Hindernis auf dem Weg zu einem entspannten Dialog ist. Eine Menge Mut ist nötig, sich gegenüber jemandem zu öffnen, der oft als Feind angesehen wird, aber es ist mit Recht anzuerkennen, dass es selbst in den Konfliktzonen Juden, Christen und Muslime gibt, die einen solchen Mut aufbringen. Sie verdienen sicherlich alle erdenkliche Unterstützung, die gegeben werden kann.

5. Universale Geschwisterlichkeit

Nach der Verdammung des Antisemitismus im vorangehenden Artikel schließt Nostra aetate mit einer expliziten Verurteilung aller Arten von Diskriminierung. Es muss leider gesagt werden, dass dieser Artikel auch heute noch seine Relevanz besitzt. In verschiedenen Ländern Europas gibt es ein Wiederaufflackern des Antisemitismus, was manchmal die Form von Angriffen auf Synagogen oder die Schändung jüdischer Gräber annimmt. Aber auch Muslime haben ähnliche Angriffe erlitten, und in manchen Teilen der Welt haben christliche Kirchen gebrannt. Wo religiöse Führer gegenseitige Kenntnis und Wertschätzung aufgebaut haben, war es für sie häufig möglich zu intervenieren, um Spannungen abzubauen. Dies ist gewiss ein Dienst, den der interreligiöse Dialog für die Welt beitragen kann.

Die starke Ablehnung von Diskriminierung gründet in der Vorstellung einer universalen Geschwisterlichkeit. Christen werden daran erinnert, dass sie, wenn sie zu Gott als Vater beten, alle Menschen als Kinder Gottes behandeln müssen. Papst Johannes Paul II. gebrauchte bewusst den Begriff „Brüder", wenn er zu Muslimen sprach. Bereits 1981 sagte er in einer Rede auf den Philippinen:

> Ich spreche Euch absichtlich als „Brüder" an: Denn das sind wir zweifellos, weil wir zu derselben Menschheitsfamilie gehören, die nun ein-

mal – ob es die Menschen wahrnehmen oder nicht – Gott und seiner Wahrheit zustreben. Aber wir sind besonders Brüder in Gott, der uns geschaffen hat und den wir, jeder auf seine Weise, durch Glaube, Gebet und Kult, durch die Einhaltung seines Gesetzes und durch Gehorsam gegenüber seinen Plänen zu erreichen versuchen.[6]

Dies mag banal erscheinen, doch war in der frühen christlichen Tradition der Begriff „Bruder" oft den Mitchristen vorbehalten. Selbst heute gibt es in einigen christlichen Kreisen die Tendenz, in Bezug auf andere Religionen von „Nachbarn" statt von „Brüdern" zu reden. Dass wir alle zu derselben menschlichen Familie gehören, ist der Gedanke, mit dem die Erklärung *Nostra aetate* beginnt und endet. Er ist ein machtvoller Anreiz für den interreligiösen Dialog. *Nostra aetate*, das die Katholiken ermutigt, sich im Dialog zu engagieren, ist immer noch eine starke Quelle der Inspiration und Orientierung.

---

6 „*Kein Mensch ist eine Insel*". Ansprache an die Vertreter der islamischen Gemeinden in Davao City [Philippinen] am 20. Februar 1981, in: Verlautbarungen des Apostolischen Stuhls 29, Bonn 1981, 88.

DER EINE GOTT DER JUDEN, CHRISTEN UND MUSLIME UND SEINE HETEROTOPIEN DER MACHT – DER UNMÖGLICHE LEBENSRAUM DES RELIGIÖSEN DIALOGS

Hans-Joachim Sander, Salzburg

Mit *Nostra aetate* hat sich erstmals ein Konzil über das Verhältnis zu den nichtchristlichen Religionen erklärt. Das hat für die katholische Kirche große Folgen. Zusammen mit der Pastoralkonstitution *Gaudium et spes* und der Erklärung über die Religionsfreiheit *Dignitatis humanae* hat dieser Text die Kirche zur Weltkirche geführt; sie ging in ihnen nicht einfach von dem aus, was ihre Themen waren, sondern von solchen Themen, die ihr von anderen gestellt werden und denen die Christen ebenso wenig wie die anderen Menschen ausweichen können. Die Probleme hinter diesen Themen, so die Absicht dieser drei Konzilstexte, müssen die Menschen gemeinsam lösen, zumindest die „Menschen guten Willens", wie es die Adresse der Enzyklika *Pacem in terris* formuliert, die diese Texte mit möglich gemacht hat.

Die ganze Welt ist damit zum kirchlichen Lebensraum geworden, und dieser Raum wird insbesondere davon geprägt, dass die Kirche den anderen Religionen nicht ausweichen kann und ein positives Verhältnis zu ihnen gestalten muss. Darin liegt eine Potenz, allen Menschen auf der Welt Vorteile zu bringen, weil die traditionelle Gewaltbereitschaft von Religionen gegeneinander löchrig wird. An der Stelle des alten Frontverlaufs, der zwischen einander misstrauisch bis feindlich gesonnenen religiösen Weltanschauungen über Jahrhunderte aufgebaut wurde, öffnet sich ein Raum des Dialogs. In ihn ragt die alte Tradition der Gegnerschaft jedoch nach wie vor als eine gefährliche Option hinein und könnte ihn in ziemlich kurzer Zeit wieder unbewohnbar machen. Dieser Gefahr muss eine katholische Theologie ins Auge sehen, die das jüngste Konzil ihrer Kirche ernst nimmt und in seinen Lehren einen Lebensraum des christlichen Glaubens begreift.[1]

Die Ressource für diese Gefahr liegt in den Differenzen der diversen Religionsgemeinschaften der Welt; diese Differenzen sind eine Realität, die

---

1   Für die einschlägige Literatur zu *NA* vgl. Siebenrock, Roman A., Theologischer Kommentar zur Erklärung über die Haltung der Kirche zu den nichtchristlichen Religionen Nostra aetate, in: Peter Hünermann/Bernd Jochen Hilberath (Hg.), Herders Theologischer Kommentar zum Zweiten Vatikanischen Konzil, Bd. 3, Freiburg/Basel/Wien 2005, 591-693. v.a. 679-693.

nicht schon damit bewältigt sind, dass man sie für unwichtig erklärt. Sie sind eine Macht zwischen den Religionsgemeinschaften, auch wenn diese zum Dialog bereit sind. Um den neuen Raum des Dialogs nachhaltig zu sichern, muss NA deshalb theologisch auf eine Differenz der Religionen hin erweitert werden, die deren Feindschaft hinter sich lässt.

Mit NA hat sich die katholische Kirche hochrangig für den Dialog entschieden. Dieser Text steht entschieden gegen die Brunnenvergiftung, die in diversen religiösen Traditionen den jeweils anderen religiösen Überzeugungen den Lebensraum bestreitet und die eben auch in der Religionsgeschichte der christlichen Kirchen anzutreffen ist. Eine Feindschaft hat immer klare Handlungsanweisungen parat; sie gibt eindeutige Orientierungen und stiftet Sicherheit für die jeweils eigenen Überzeugungen. An ihre Stelle muss deshalb eine andere Orientierung treten, die nicht weniger Sicherheit bietet, die aber eine Handlungsanweisung ausgibt, die Gewalt der Feindschaft aufzulösen. In NA liegt ein Ansatz dafür vor, weil dieser Text die Kirche ernsthaft fragt, ob und was die anderen Religionen ihr selbst zu sagen haben. Dafür ist eine Sprache nötig, um gemeinsam mit anderen Religionsformen sagen zu können, was das religiöse Unternehmen des Dialogs den Menschen heute als bestärkenden Segen in bedrängenden Nöten und als überzeugende Antwort auf tiefste Fragen anbieten kann.

Als Kirche allein verfügen die Katholiken noch nicht über diese Sprache, weil sie nicht für die anderen sprechen können. Als Weltkirche können sie diese Sprache aber lernen, weil die anderen zu einem Faktor ihrer eigenen religiösen Identität werden; sie sind eine Ressource ihres christlichen Glaubens geworden, die sie nicht mit den Größen ersetzen können, über die sie im eigenen Innen bereits verfügen. Die räumliche Ausweitung, die mit der Weltkirche verbunden ist, bringt entsprechend eine sprachliche Pluralisierung mit sich, die eine große theologische Herausforderung darstellt. Eine Weltkirche kann sich nicht mehr allein mit dem verständlich machen, was in ihrem eigenen Innen gesagt wird, sondern muss sich gegenüber Positionen zu Wort melden, mit denen sich religiöse Wahrheiten außerhalb von ihr identifizieren lassen. Der Ort dafür ist eben der Dialog mit anderen Religionsgemeinschaften, speziell der Dialog mit jenen, zu denen eine Kultur der Feindschaft und des Misstrauens bestanden hat.

Diese Entgrenzung des eigenen Inneren stellt für die katholische Kirche eine nachhaltige Zumutung dar. Sie hat darin zum einen den Mut gefunden, zu einem regelrechten *global player* in Sachen Religion zu werden, der auch anderen religiösen Traditionen einen Ort anbieten kann, um sich und die eigenen Wahrheiten zu präsentieren. Der religiöse Dialog dient deshalb zum anderen nicht nur dazu, die anderen besser kennen zu lernen, sondern markiert eine tiefe religiöse Herausforderung an die christliche Religionsgemeinschaft selbst. Sie wird mit dem Misstrauen der eigenen Religionsgeschichte gegenüber anderen religiösen Wahrheiten konfrontiert und sich selbst fragen, ob sie berechtigt sind oder ob sie diese Tradition um des neuen Lebensraumes willen opfern muss. Die Fragen, die sich dabei stellen, sind keine Kleinigkeiten. Relativiert die Auseinandersetzung mit anderen religiösen Wahrheiten die Wahrheit des eigenen Glaubens oder bringt er gar die Relativität der bisher als absolut aufgefassten eigenen Wahrheiten mit sich? Schwächt dieser Dialog die eigene religiöse Identität oder stärkt er die Identifizierbarkeit der Kirche? Bringt er die Chance mit sich, der drohenden Marginalisierung durch die kulturelle Pluralität der Nachmoderne zu wehren, oder schärft er dieses Problem nochmals an?

Diese Fragen sollen hier an einem spezifischen und zugleich neuralgischen Ort dieses Dialogs bearbeitet werden – dem Ort, den die drei großen monotheistischen Religionen Gott einräumen. Er wird von einer gewaltigen Diskrepanz durchzogen.

1. Das einende Wer Gottes und das trennende Wo Gottes

Juden, Christen und Muslime beziehen sich auf denselben Gott und sind sich zugleich durch eine gewalttätige Religionsgeschichte in Ablehnung und Misstrauen verbunden. Es gibt eine unvermeidbare Nähe zwischen ihnen und zugleich eine hohe Kultur der Distanzierung voneinander. Elementare und wegweisende Gründungsgeschichten der drei Religionsgemeinschaften finden sich im Tanach der Juden, der den Christen als Altes Testament heilig ist und auch den Muslimen als eine prophetische Autorität gilt. Diese Geschichten binden die drei Religionsgemeinschaften an denselben Gott.[2]

Zugleich gibt es markante Differenzen zwischen ihnen, die nicht nur historisch bedingt sind und entsprechend einfach in der Vergangenheit belassen werden könnten; die Differenzen werden systematisch begründet und bilden deshalb eine elementare theologische Herausforderung. In der Beziehung zu Gott wählen alle drei Religionsgemeinschaften den Weg des Namens, um Gottes Unsagbarkeit zu präsentieren. Die Entdeckung eines Namens, der in sich eine bleibende Unsagbarkeit freilegt, machen die Juden. „Jahwe – ich bin der ich bin da, oder: ich werde der sein der ich sein werde etc." (Ex 3,14) ist ein Name, der jeweils mit dem gefüllt werden muss, was er konkret in

---

2   Für eine weitergehende systematische Analyse vgl. Kuschel, Karl-Josef, Streit um Abraham. Was Juden, Christen und Muslime trennt – und was sie eint, Düsseldorf, ³2003 und Renz, Andreas/Leimgruber, Stephan, Christen und Muslime. Was sie verbindet – was sie unterscheidet, München, ²2005; für Dialogergebnisse in einer historisch prägenden Zeit vgl. Lutz-Bachmann, Matthias/Fidora, Alexander (Hg.), Juden, Christen und Muslime. Religionsdialoge im Mittelalter, Darmstadt 2004.

einer bestimmten Situation bedeutet. Keine Füllung kann als die für alle zu allen Zeiten hinweg als einzig zutreffende angesehen werden. Dieses Namensphänomen bleibt bei den Christen erhalten: Christus, der Sohn Gottes, fährt in den Himmel auf; er geht also weg und schickt den Geist, der bekanntlich weht, wo er will (Joh 3,8). Beide legen gemeinsam Zeugnis vom Vater ab, der sich in Christus gegenwärtig macht und durch den Geist wirksam bleibt; erst am Ende der Zeiten können die Gläubigen – und darunter auch nur die Auserwählten – auf eine *visio beatifica* dieses Vaters hoffen. Allah seinerseits ist für Muslime so heilig, dass sich jede Darstellung von ihm verbietet; die Frommen können und müssen mit dem Koran allein zu Recht kommen.

Diese Namensgebungen unterscheiden sich natürlich stark voneinander, aber wegen der bleibenden Unsagbarkeit sind sie zugleich nicht so sehr voneinander getrennt, dass sie sich im Weg stehen müssten. Mit Jahwe, Vater und Allah ist eigentlich noch nichts darüber gesagt, dass der eine Name die Identifizierungsmöglichkeiten der jeweils anderen Namen aus dem Feld schlägt. Je nach dem, wer Gott ist, ist es ja durchaus denkbar, dass er Jahwe, Vater oder Allah in einer Weise genannt werden könnte oder dass der eine Name die jeweils anderen in dessen eigenen Aussagemöglichkeiten bestärkt.[3] Das ist zugleich die elementarste Anfrage, die mit Gott an Juden, Christen und Muslime gestellt ist, wenn sie sich auf einen Dialog einlassen. Das ist aber das dornige Problem: Können die, die den Vater anbeten, ihn überhaupt anhand von Jahwe identifizieren, in dessen religiöser Herkunft Christus sicher noch nicht benannt wird? Bringt dieser Vater denen, die sich Allah unterwerfen, überhaupt einen religiösen Gewinn, wenn sie doch sein sprachliches Selbstzeugnis schon erhalten haben? Müssen sich jene, die Jahwe auf ihrem Exodus schon kennen gelernt haben, vom Vater oder durch Allah über die Befreiung aufklären lassen, die ihnen in seinem Namen geschenkt wurde? All das ist nicht nur ziemlich unwahrscheinlich, sondern wird in aller Regel als eine unangemessene Relativierung der eigenen Gottesfurcht angesehen. Der eigene Gottesname relativiert die anderen Namen durchaus, aber lässt sich nur höchst ungern von den anderen relativieren. Jeder der drei Namen wird als den anderen übergeordnet angesehen, aber es ist für alle undenkbar, sich gemeinsam auf nur einen übergeordneten Namen zu einigen. Es bleibt bei den Ansprüchen gegeneinander.

Im Offenbarungsanspruch gibt es trotz des gemeinsamen Gottes zwischen Juden, Christen und Muslimen entsprechend auch keinen gemeinsamen Nenner mehr. Jede der Religionsgemeinschaften bestreitet den jeweils anderen, über eine endgültige oder definitiv abgeschlossene Offenbarung Gottes an

---

3   So etwa versteht das Problem Knitter, Paul, Ein Gott – viele Religionen. Gegen den Absolutheitsanspruch des Christentums, München 1988.

die Menschen zu verfügen, und jede reklamiert diese Offenbarungsqualität eigens für die Offenbarung, mit der sie selbst arbeitet. Für jede der drei Religionsgemeinschaften ist in einer jeweils eindeutigen Weise klar, wo Gottes definitive Selbstmitteilung zu finden ist – in der Thora, in Christus, im Koran. Die Identifizierung dieses Wo macht es jeweils unmöglich, das Wer Gottes mit Hilfe der anderen Namen zu identifizieren und damit den anderen dieselbe Autorität im Hinblick auf die Gottesdarstellung zuzubilligen wie der eigenen Gottesbezeichnung. In gewisser Weise kann man sagen, dass Gott Juden, Christen und Muslime verbindet, dass sein Name sie unterscheidet und dass seine Offenbarung sie voneinander trennt.

Zwei Prozesse finden statt, wenn von Gott zu seinen Namen und zu seinen Offenbarungen gewechselt wird. Zum einen werden Theologien entwickelt, also Redeweisen von Gott; denn Namen sind sprachliche Konstruktionen und die Offenbarungen der drei monotheistischen Religionen beziehen sich ausdrücklich auf göttliche Sprachpräsentationen. Zum anderen findet ein Aufbau von Macht statt; denn die Offenbarungen werden jeweils mit Ansprüchen präsentiert, die auch die anderen mit einbeziehen und die für Gesellschaften weit reichende bis umfassende Ordnungen vorsehen. In diesen beiden Prozessen treten das Wer und das Wo Gottes auseinander und eine markante Differenz zwischen ihnen wird sichtbar. Das Wer Gottes, das im Grunde von allen als bei allen identisch angenommen wird, kann gerade in dieser Weise nicht identifiziert werden, sobald es konkret unter Menschen verortet verstanden wird.

Wem es nur um die göttliche Wer-Identität zu tun ist, wird natürlich auf die Idee kommen, auf das jeweilige Wo zu verzichten, also von Gott jenseits seiner jeweiligen Ortung in einer der drei Religionsgemeinschaften auszugehen. Das führt zu einem transzendenten Gott, dessen Namen und dessen Offenbarungen von seiner idealen Gestalt wegführen.[4] Das ist intellektuell verführerisch, weil es eine höhere Einsicht in das Wesen Gott suggeriert. Aber es ergibt nur einen reduzierten, seiner realen Potenz beraubten Gott; er ist ein sinnvolles Konstrukt, aber ohne konkrete Bedeutung. Dieser Gott kann keinen Raum mehr bereitstellen, an dem Machtansprüche gegen andere zu erheben wären. Das ist auf der einen Seite natürlich ein Friedensfaktor, weil er aus den realen Differenzen herausgeredet werden kann. Aber es bedeutet

---

4 In diese Richtung argumentieren jene Theologien der Religionen, die von einer pluralistischen Basisauffassung ausgehen. Vgl. Hick, John, Religion. Die menschlichen Antworten auf die Frage nach Leben und Tod, München 1996, und Schmidt-Leukel, Perry, Theologie der Religionen. Probleme, Optionen, Argumente, Neuried 1997, sowie ders., Gott ohne Grenzen. Eine christliche und pluralistische Theologie der Religionen, Gütersloh 2005. Zur Kritik vgl. Schwandt, Hans-Gerd (Hg.), Pluralistische Theologie der Religionen. Eine kritische Sichtung, Frankfurt 1998.

auf der anderen Seite ebenso, dass ein solcher Gott nicht mehr dazu taugt, sich gegen andere Machtansprüche zu verwahren. Dieser Gott ist durchaus ansprechbar, um intellektuell von der Religion und ihren gesellschaftlichen Ansprüchen los zu kommen. Aber seine Kraft reicht nicht aus, um gegenüber machtvollen religiösen Ansprüchen zu bestehen, wie immer sie auch intellektuell von ihm her diskreditiert werden mögen. Diese Gottesidee ist ein modernes Produkt und hat die Säkularisierungsphase zwischen der Aufklärung und dem Ende der Moderne geprägt. Aber sie hat es eben nicht verhindern können, dass religiös weiter von Gott in ausgesprochen machtvoller Weise politisch, gesellschaftlich und kulturell Gebrauch gemacht wird. Spätestens mit dem 11. September 2001 ist die globale Wirkungslosigkeit dieser Gottesidee offenbar geworden.

Wenn Gott als eine Macht verhandelt wird, die andere Mächte übersteigt, dann kommt man nicht umhin, die Differenz zwischen dem Wer und dem Wo Gottes zu bearbeiten. Diese Differenz ist unausweichlich, weil man dann zwangsläufig das Wer Gottes in realen Verhältnissen dieser Welt identifizieren muss. Und sie ist prekär, weil das Wer dann vom Wo her aufgefasst wird, an dem sich die Differenz zu jenen anderen Mächten stellt. Die Frage ist nun, ob die Spannung zwischen Wer und Wo von Gott wegführt oder zu seiner Wirklichkeit gehört. Die Differenz zwischen ihnen gehört in jedem Fall zur Theologie, die von Gott bedeutungsrelevant spricht, und zu den Machtperspektiven, die religiös auf Gott hin vertreten werden. Das erzeugt eine Pluralität, die offensichtlich nicht zu einer Einheit gebracht werden kann.

2. Die Frage der religiösen Pluralität – die Nicht-Einheit unter den Wahrheitsansprüchen der Religionsgemeinschaften

Seit einigen Jahren findet ein religiöser Aufbruch statt, der sich u.a. an der Wallfahrt zum aufgebahrten Johannes Paul II. 2005 gezeigt hat. Religion scheint die Epoche überwunden zu haben, die sie als Privatsache angesehen hat; sie ist wieder zu einem öffentlichen Faktor geworden.[5] Dabei werden aber die Religionsgemeinschaften einer wachsenden Pluralität ausgesetzt, die sie unter Druck setzt. Ihre überkommenen Plätze werden von anderen bestritten und ihre Überzeugungen dem Gesetz von Angebot und Nachfrage unterworfen. Diesem Konkurrenzdruck kann keine Religionsgemeinschaft ausweichen. Sie werden alle genötigt, neu zu bestimmen, was denn die eigene Identität unter diesen Bedingungen ausmacht. Als elementare Faktoren erweisen sich dabei ihre Wahrheitsansprüche.

---

5   Casanova, José, Public religions in the modern world, Chicago 1994, sowie ders., Der Ort der Religion im säkularen Europa, in: Transit 27 (2004) 86-106.

Bei den drei monotheistischen Religionen sind sie mit ihren jeweiligen Offenbarungsansprüchen gekoppelt; die Glaubenswahrheiten sind so unmittelbar mit Gott verbunden. Daraus ergibt sich nun, dass es für sie unmöglich ist, von den Wahrheitsansprüchen gegeneinander abzurücken. Sie würden damit die Beziehung zu dem Gott, von dem her sie sich verstehen, gefährden, wenn nicht sogar kappen. Eine Relativierung ihrer Wahrheitsansprüche gefährdet gerade jene Identität, die unter den Bedingungen religiöser Pluralität zu einem so wichtigen Gut geworden ist; es wird deshalb mit allem Nachdruck versucht, eine solche Relativierung zu vermeiden. Daraus ergibt sich eine ernüchternde Konsequenz: Es wird unmöglich bleiben, eine religiöse Wahrheit zu entwickeln, die eine vereinigende Kraft entfalten kann und die den einen Gott zwischen Juden, Christen und Muslimen zum Ausdruck bringt. Eine solche Vorstellung war eine schöne aufgeklärte Idee, wie sie etwa Lessings Ringparabel formuliert; sie taugt fürs Theater, aber nicht für die gesellschaftliche Realität. Im religiösen Pluralismus ist es strukturell ausgeschlossen, im Hinblick auf Gott eins zu werden.

Das trifft sich mit der Machtdimension, die in der Suche nach der eigenen Identität unter den pluralistischen Bedingungen von heute vorhanden ist. Für möglich werden jeweils die eigenen Wahrheitsansprüche und Offenbarungspositionen angesehen, für tendenziell unmöglich gelten dagegen die der anderen. Das Wo Gottes, das jeweils reale Macht einbringt, hält jenes gemeinsame Wer Gottes für nicht möglich, das zugleich aber von allen drei unterstellt wird. Der religiöse Pluralismus stellt es als Identitätsfrage, diese Differenz aufrecht zu erhalten.

Damit entsteht eine spannende theologische Aufgabe: Wenn eine Überwindung der Differenz von Wer und Wo Gottes nicht möglich ist, dann heißt das nicht, dass diese Differenz nicht über etwas Unmögliches bearbeitet werden kann. Die Differenz von Wer und Wo Gottes aus dem Gegensatz herauszuführen, mag nicht möglich sein – aber womöglich ist es gleichwohl unmöglich.[6] An dieses Unmögliche wird man herangeführt, wenn man sich gerade dem stellt, dass die Orte religiöser Macht eine Gegenkraft gegen Vereinigungstendenzen im Namen Gottes aufweisen. Sie machen es unmög-

---

6 Der Gedanke, mit dem Unmöglichen zu arbeiten, stammt von Bataille, Georges, Das Unmögliche, Frankfurt 1994,, und besetzt eine Schlüsselstellung in Batailles a-theologischer Religionstheorie; vgl. Boelderl, Artur, Georges Bataille. Über Gottes Verschwendung und andere Kopflosigkeiten, Berlin 2005. Der Gedanke hat auch Simone Weil beschäftigt, vgl. David Tracy, in: Doering, Jane/ Springsted, Eric (ed.), The Christian Platonism of Simone Weil, Notre Dame 2004, sowie Irwin, Alexander, Saints of the impossible: Bataille, Weil, and the politics of the sacred, Minneapolis 2002. Die Kategorie wird weitergeführt von Derrida, Jacques, Eine gewisse unmögliche Möglichkeit, vom Ereignis zu sprechen, Berlin 2003.

lich, dass Religionsgemeinschaften sich dem jeweils selben Gott wechselseitig unterwerfen, also sich dem Gott der jeweils anderen unterwerfen, weil es sich um denselben wie den eigenen Gott handelt. Aber mit diesem Unmöglichen wird ein Raum erzeugt, an dem diese Religionsgemeinschaften dem nicht mehr ausweichen können, dass sie stets eine Option auf einen unmöglichen Ortswechsel haben.[7] Deshalb zunächst zur trennenden Macht religiöser Orte:

3. Verortungen Gottes – Bollwerke gegen die Anerkennung des Gottes der anderen

Auch wenn das Wer Gottes Juden, Christen und Muslime miteinander verbindet, gibt es keine Einheit unter ihnen, die sich in einem gemeinsamen religiösen Lebensraum manifestiert. Juden werden in der Regel nach keinen Moscheen, Christen nach keinem Tempel, Muslime nach keinen Kirchen suchen, um ihrem Gott die Ehre zu erweisen – Ausnahmen bestätigen hier nur die Regel. Die Ansprüche auf das Wo Gottes in seinen vielen Namen und in den unterschiedlichen Offenbarungen trennen sie voneinander. Vielleicht muss man sogar sagen, dass die Trennung umso stärker in den Raum tritt, je mehr die Verbundenheit zum Thema wird. Das ist ein Machtphänomen; denn die Macht Gottes wird an den Orten erfahrbar, an denen Gott jeweils präsentiert wird. Macht gehört aber auch zum Wer Gottes und charakterisiert eine von Gottes primären Eigenschaften. Er ist allmächtig, was von allen drei Religionen bejaht wird; von daher kann es nach dem Selbstverständnis der drei Religionsgemeinschaften nicht ausgeschlossen werden, dass Gott ihre Vereinigung in einem Wo seiner selbst erzeugt. Aber erfahren wird auch diese Macht am Wo Gottes, das sich in der jeweiligen eigenen Religionsgemeinschaft finden lässt, also an jenem religiösen Erfahrungsraum, den man selbst kontrolliert.

Die Stadt Jerusalem ist dafür repräsentativ; für das Judentum, das Christentum und den Islam hat sie jeweils ihre besondere Bedeutung. Aber zugleich ist sie ein Ort, an dem sich der wechselseitige Unwille nur allzu deutlich zeigt, sich mit dem zu identifizieren, worauf es den anderen an diesem Ort ankommt. Für gläubige Juden haben die Angehörigen anderer Religionsgemeinschaften zwar durchaus Gastrecht in Jerusalem, aber können keinen religiösen Anspruch auf diese Stadt erheben. Nur allzu oft mussten Juden in ihrer Religionsgeschichte erleben, dass andere Mächte hier herrschten und heilige Stätten wie schon den Tempel Salomons zerstörten; heute darf sie

---

7   Das zeigt sich etwa dann, wenn es heißt „Eigentlich ist es doch derselbe Gott", oder einem ähnlichen Satz.

Der eine Gott der Juden, Christen und Muslime

entsprechend noch nicht einmal den Palästinensern als säkulare Hauptstadt zur Verfügung gestellt werden, obwohl sie hier unbestreitbar ihre Heimat haben. Ein Muslim wiederum erfährt Gottes Macht schlichtweg nicht an der Klagemauer wie ein frommer Jude, sondern auf der Plattform des Hügels mit den berühmten Bauwerken des Haram-ash-Sharif. Was für die Juden der Tempelberg ist und damit der frühere Platz des Allerheiligsten, bedeutet den Muslimen eine einzige Moschee und sie beherbergt zugleich den drittheiligsten Platz ihrer Religion, dessen Reinheit gegen die anderen gesichert werden muss.

Die Christen wiederum halten sich an die Grabeskirche in der Nähe zu diesen beiden Orten. Einem starken Traditionsstrang entsprechend ist Jesus hier begraben worden, nachdem er von den Herren des Tempels verworfen wurde. Dieser heilige Ort ist in gewisser Weise ein Gegenort zum Tempel, weil das leere Grab ganz anders als das leere Allerheiligste des Tempels dafür steht, dass Christus den Ort der Macht des Todes hinter sich gelassen hat. Kalif Omar hat nach der Eroberung Jerusalems 638 die erste Moschee – ein Holzbau, an deren Stelle heute die Al-Aksa-Moschee steht – genau an dem Ort bauen lassen, an dem die Ruinen des alten jüdischen Tempels lagen. Der Tradition nach geschah das auf Rat des Bischofs Sophronios, den der Kalif um Rat fragte, wo er wohl seinem Gott in Jerusalem ein Heiligtum errichten könnte.

Der Felsendom, die sog. Omar-Moschee, auf dem Haram-ash-Sharif 685 bis 691 im Auftrag eines Nachfolgers des siegreichen Kalifen erbaut, greift seinerseits nicht zufällig zur byzantinischen Bauweise. Es war das erste Monumentalgebäude der islamischen Welt und mehr als ein Bezugsort für Pilger konzipiert denn als Moschee. Entsprechend ist seine Bauweise auch eine Demonstration gegenüber der herrschaftlichen Architektur der christlichen Kirchen, die Kaiser Konstantin in Jerusalem eingeführt hat. Der Ort, an dem Muhammad auf dem Pferd in den Himmel geritten ist, hat mit einem Ort des Todes wie die Grabeskirche nichts mehr gemein; Muhammad musste ja auch nicht durch den Tod hindurch, um zu Gott zu gehen. Im Übrigen geht er auch nicht in den Himmel hinein, sondern reitet wie ein Sieger hinauf.

Jede der drei Religionsgemeinschaften, die Jerusalem bestimmen, wendet mit ihren heiligen Orten den anderen den Rücken zu und setzt sich damit von dem Erfahrungsraum der anderen für Gottes Macht ab. Das stabilisiert den eigenen Zugang zu Gott und ist insofern ein Ausdruck einer eigenständigen religiösen Identität. Jede der drei Religionsgemeinschaften hat ihre eigenen Orte, um Gott zu identifizieren; keine muss mit geborgten auskommen und jeder heilige Ort weist eine Gegengeschichte zu den anderen auf.

Damit entsteht aber zugleich eine gefährliche Ressource für religionspolitische Herrschaftsansprüche; denn man kann und muss sich angesichts dieser Pluralität fragen, an welchem dieser Orte das eigentliche Wer Gottes zu erfahren ist. Die jeweiligen Antworten setzen unweigerlich eine Rangliste der Religionsgemeinschaften fest. Wenn nun Juden öffentlich ihren Gott auf dem Jerusalemer Tempelberg suchen, was einige hoch politisierte religiöse Gruppierungen unter den Juden immer wieder versuchen, dann werden die Muslime aus gutem Grund so sehr empört, dass daraus eine Intifada entstehen kann wie vor einigen Jahren. Mit diesem Anspruch ist die religiöse Vorherrschaft über Jerusalem verbunden und damit die Relativierung der religiösen Rechte der anderen. Und wenn Christen das Kreuz am Karfreitag an die Klagemauer tragen würden, um an die Verwerfung Jesu durch die religiöse Obrigkeit seines Volkes zu erinnern, dann wäre das ein Affront, der jener Tempelbergbesetzung in nichts nachstünde. Papst Johannes Paul II. hat bei seinem Besuch an der Klagemauer entsprechend auch nicht mit dem Kreuz demonstriert, sondern einem frommen jüdischen Brauch folgend einen Zettel in eine Mauerritze gesteckt. Eine Messe, die vom Selbstanspruch an das gewaltsam erzwungene Opfer Jesu erinnert, hätte er dort unmöglich feiern können.

Wie eifersüchtig religiöse Menschen über heilige Orte wachen, zeigt die schon fast legendäre, aber zugleich beschämende Situation in der Grabeskirche zwischen den diversen christlichen Gemeinschaften dort; sie ist ein spezieller Ort der Rangelei der Christen untereinander. Die Relativierungsversuche der Liturgien der jeweils anderen, die dort fortlaufend zu sehen und zu hören sind, stellen durchaus eine Relativierung der Heiligkeit dieses Ortes dar. Die verschiedenen Denominationen, die Rechte in der Grabeskirche haben, sind sich untereinander so wenig gewogen, dass in den letzten Jahren die israelischen (also jüdischen) Sicherheitskräfte mehrmals um des lieben Friedens willen einschreiten mussten. Es ist zu regelrechten Schlägereien unter würdigen religiösen Repräsentanten gekommen.

Ein friedliches Zusammenleben der drei Religionsgemeinschaften ist in Jerusalem nur möglich, weil und sofern man jene Orte voneinander trennt, an denen die Gläubigen jeweils Gottes Gegenwart erfahren. Sobald sie vermischt werden, beginnt ein Gewaltzyklus. Am Wo Gottes kristallisiert sich eine Machterfahrung Gottes und diese Erfahrung ist sehr prekär; denn Macht trennt Menschen, sie verbindet nicht. Durch Macht wird Konkurrenz um ihren Gebrauch erzeugt. Dieser Gebrauch verbindet Menschen erst dann, wenn Über- und Unterordnungen zwischen ihnen eingezogen werden. Deshalb ist es in der religiösen Pluralität nicht nur nicht möglich, Gott an einem gemeinsamen Wo zu identifizieren. Vielmehr ist diese Pluralität selbst ein Ort, an dem der trennende Gehalt religiöser Macht demonstriert werden kann.

Für die Religionsgemeinschaften, die mit dem gleichen Gott identifiziert sind, bietet eine plurale religiöse Situation deshalb stets die Chance, sich mit den eigenen Wo-Identifizierungen Gottes zu profilieren und gegenüber den anderen religiösen Topologien öffentliche Macht anzusammeln – koste es, was es wolle. Wenn man diese Macht zivilisieren will, dann muss man sich mit der Unmöglichkeit der religiösen Ansprüche befassen.

4. Die Herkunft religiöser Macht – Ansprüche auf unmögliche Lebensräume

Keine Religion belässt es bei ihren eigenen Orten, um Gott zu identifizieren; jede ist immer auf die unmöglichen Ansprüche aufmerksam, die mit anderen, ihr fremden Orten verbunden sind. Eine solche Aufmerksamkeit kommt nicht von ungefähr. In der Unmöglichkeit der anderen Orte manifestiert sich stets eine mögliche Alternative zu ihr selbst. Es wäre deshalb auch illusionär, von Religionen zu erwarten, auf die Konkurrenz mit anderen zu verzichten und stattdessen einer Ortlosigkeit das Wort zu reden, die eine konkurrenzlose religiöse Idealität möglich machte. Wird eine Ortlosigkeit vorgeschlagen, dann geschieht das mit einem eigenen Machtanspruch, wie im Pantheismus oder Deismus.

Religionen müssen stets die Unmöglichkeit anderer Verortungen Gottes fürchten, weil ihre eigenen Wo-Identifizierungen selbst aus einem vergleichbaren unmöglichen Ortswechsel entstanden sind. Sie gäben sich also selbst auf, wenn sie von den Ansprüchen abrücken würden, anders als die unmöglichen Verortungen der anderen seien ihre eigenen möglich. So bestehen die Juden darauf, dass ihr Gott ein einziger ist, weil sie sich langsam dazu durchgerungen haben, vom Angebot der vielen Götter aus ihrer religiösen Umgebung abzurücken. Dieser einzige Gott, den die Juden als definitive Basis ihres Glaubens eigentlich erst im babylonischen Exil entdeckt haben, war im Verhältnis zu den anderen Göttern einfach unmöglich, speziell was seinen Machtanspruch angeht.

So bestehen die Christen darauf, dass ihr Gott ein Vater sei, der mit seinem Sohn Jesus in jeder metaphysisch einschlägigen Hinsicht identisch ist und sich im Heiligen Geist vollkommen wieder finden lässt. Dazu haben sie sich langsam durchgerungen, indem sie die philosophisch so überzeugenden Gottesangebote der hellenistischen Umgebung ihrer frühen geschichtlichen Erfolge sogar auf Kosten der geistigen Einheit ihrer eigenen Gemeinschaft entschieden ausgeschlagen haben. Im Verhältnis zu dieser und anderen hoch stehenden Intellektualitäten ist das Beharren auf einer Dreieinigkeit schlichtweg unmöglich.

So bestehen die Muslime darauf, dass der Gott, der den Juden und Christen verbunden ist, sich definitiv und als sein letztes Wort erst dem Propheten offenbarte. Dieser Anspruch war im Verhältnis zu den christlichen Kultur- und Militärmächten, die in Byzanz und anderswo das Feld beherrschten, schlichtweg unmöglich und stellte auch gegenüber der rabbinischen Gelehrsamkeit eine ziemliche Unmöglichkeit dar, die sich mit der konsequenten Bewahrung alternativer geistiger Traditionen der Antike ausweisen musste.

Religion ist geradezu elementar mit etwas Unmöglichem verbunden, woraus sie einen eigenen Lebensraum erzeugt; daraus gewinnen Religionsgemeinschaften jeweils eine starke Identität. Religionen arbeiten nicht bloß mit dem, was Menschen möglich ist, sondern bieten einen Zugang zu Lebensräumen an, die eigentlich unmöglich sind. Sie bearbeiten das, was in einer normalen Ordnung der Dinge ausgeschlossen ist, suchen Orte des Unmöglichen auf, an denen sie die Potenz zu neuen Lebensräumen demonstrieren können, und reagieren schließlich heftig auf die Fähigkeiten anderer, unmögliche Lebensräume hervorzubringen.

Eine wesentliche Herkunft der Anziehungskraft von Religionen liegt eben darin, unmögliche Lebensräume aufzuschließen. Sie stellen eine Sprache in jenen Erfahrungen bereit, bei denen Menschen die Sprache versagt und aus denen sie ausgeschlossen sind; sie bieten also Zugang in unzugängliche Gefilde. Sie bauen Wege zu Größen, zu denen es keine Wege gibt oder bei denen sich die üblichen Wege versagen; sie bieten also neue, unbekannte Welten. Sie erzeugen Zeichen, die das repräsentieren, was gar nicht dargestellt werden kann oder jede Repräsentation überfordert; sie bieten also Varianten des Jenseits auf, die zwar hier nicht vorhanden, aber gleichwohl anwesend sind und die es nicht gibt, sich aber gleichwohl durchsetzen.

Dafür seien nur drei Beispiele genannt: Befreiung aus der Unterdrückung, Leben nach dem Tod und eine weltumspannende Gemeinschaft. Diese Lebensräume sind jeweils für die jüdische, christliche und islamische Religionsgemeinschaft kennzeichnend. Der Exodus beschreibt etwas, was in dreifacher Hinsicht eigentlich unmöglich ist: Erstens gewinnen Sklaven eine Macht, die diejenige ihrer Herren in den Schatten stellt und schließlich untergehen lässt. Zweitens können sie diese Macht aber nicht zur Herrschaft über die so besiegten Herren gebrauchen. Und drittens lässt sich mit dem Momentum der Befreiung aber doch ein eigener, ihnen fremder Herrschaftsbereich erobern. Gegen diese Macht und den neuen Lebensraum sprechen alle Erfahrungen, welche die Sklaven mit der Unterdrückung gemacht haben. Entsprechend hatte Mose auch große Mühe, die Israeliten erstens in Ägypten davon zu überzeugen, diesen Exodus zu wagen, sie dann zweitens nach dem gelungenen Exodus von der Rückkehr nach Ägypten abzuhalten und ihnen drittens die Spur ins Gelobte Land weiter zuzumuten. Er konnte das nur, weil Gott ihm seinen Namen offenbarte – Jhwh (Ex 3,14). Der Exodus ist deshalb selbst ein Ort, an dem Juden bis heute Gott und seine Macht erfahren; seine Zumutung hat nichts von ihrem unmöglichen Charakter verloren und treibt immer noch sozio-politische Visionen vom Gelobten Land Israel an. Durch die eigene religiöse Erfahrung des Exils ist diese Erfahrungen den Juden sogar noch unmöglicher geworden und das bedeutet in diesem Fall: heiliger. Weil sie das Exil und seine Leiden kennen, ist der Lebensraum, der aus dem Exodus stammt, umso anziehender und politisch mächtiger. Aus der Unmöglichkeit dieses Lebensraumes ergibt sich eine wesentliche Basis, um ihren einzigartigen Gott zu identifizieren.

Das auferstandene Leben nach dem Tod beschreibt eine Lebensform, die Menschen unmöglich ist. Menschen existieren unter dem Zugriff der Macht des Todes, dem „Sein zum Tode", wie es Heidegger nennt; ihm erliegen sie am Ende. Es gibt keinen Lebensraum, auf den der Tod keinen Zugriff hätte – weder die Luxusvilla noch das Krankenhaus, weder der Vergnügungspark noch die Samenbank, weder der Banktresor noch der Untergrund. Gleich wohin Menschen gehen, um sich Mächten und Gewalten zu entziehen – vor dem Tod können sie nicht fliehen. Er ist unausweichlich. Entsprechend hatte der auferstandene Christus auch nicht wenige Schwierigkeiten, die eigenen Jünger davon zu überzeugen, er sei Jesus. Das gelang ihm letztlich erst dann, nachdem er in den Himmel aufgefahren war – sich also in einen unzugänglichen Lebensraum hinein entzogen hatte – und der Heilige Geist an Pfingsten über die verzagte Mannschaft gekommen war. Erst unter diesen beiden Vorzeichen wird die Botschaft von der neuen Lebensform, die nicht mehr im Bann der Macht des Todes steht, öffentlich virulent und verändert den menschlichen Lebensraum. Er wird zum Missionsraum, an dem die neue Botschaft die Macht des Todes besiegt und auflöst.

Die neue Lebensform bringt sehr bald danach den ersten Märtyrer hervor – Stephanus, der für die Botschaft vom Auferstandenen gesteinigt wird: „Ich sehe den Himmel offen und den Menschensohn zur Rechten Gottes stehen." (Apg 7,56) Ihm wird der Raum erschlossen, der den anderen, die ihn mit Gewalt bedrohen und ihn zum Opfer einer tödlichen Macht machen, verschlossen ist und der ihnen als unmöglich erscheint. Entsprechend der Botschaft von der Auferstehung verweigert sich das Opfer Stephanus jeden Zugriff auf die Täter, der die Macht des Todes nutzt, und das schließt auch den indirekten Zugriff über eine göttliche Rache ein: „Dann sank er in die Knie und schrie laut: Herr, rechne ihnen diese Sünde nicht an! Nach diesen Worten starb er." (Apg 7, 60) Stephanus verliert sein Leben, aber er hat sich und anderen einen Lebensraum erhalten, an dem die Macht des Todes keinen Zugriff mehr hat.

Unter der normalen Ordnung der Dinge erscheint es aberwitzig, dass ausgerechnet einer, der hingerichtet wird, für die Überwindung der Macht des Todes steht und einen davon unabhängigen Lebensraum erschließt. Das auferstandene Leben jenseits der Macht des Todes hat bis heute nichts von seiner Unmöglichkeit verloren. Die hauptsächlichen Zeugen für diese Botschaft sind immer noch diejenigen, die dafür ihr Leben in den Arenen der Machthaber verloren haben. Auf ihren Boden können sich diejenigen Menschen stellen, die sich von solchen Machthabern nicht knechten lassen, und dieser Raum ist dem Zugriff der Gewalt der Arenen verschlossen. In gewisser Weise sind die Arenen der räumliche Rohstoff, um diese Orte jenseits der Todesmacht zu bauen. Die Märtyrer zeigen, was die Unmöglichkeit solcher Lebensräume bedeutet – nämlich eine Lebensform, die sich der Gewalt des Todes nicht nur nicht für das eigene Leben beugt, sondern ihr auch in Form einer Gewalt gegen andere abschwört. Wenn die Gewalt keinen Zutritt mehr in eine menschliche Lebensform hat, dann löst sich auch die Macht des Todes auf, obwohl der Tod nach wie vor zugreift. Das ist der Lebensraum der Auferstehung.

Eine weltumspannende Gemeinschaft, die alle Gegensätze aus wirtschaftlichen, kulturellen, historischen und politischen Gründen überwindet, ist Menschen eigentlich unmöglich; einen solchen Lebensraum gibt es nicht, wie sich besonders deutlich in den globalisierten Welten von heute zeigt. Immer mehr Menschen teilen die gleichen Lebensgewohnheiten und Verknüpfungsressourcen wie Internet, Satellitenfernsehen, Währungen; trotzdem wurden die Gegensätze nicht abgebaut, sie haben sich untereinander sogar verschärft. Vermehrung von Verbindungen und Abbau von Gegensätzen scheinen nicht in einem direkten Verhältnis zu stehen. Entsprechend ist es Muhammad auch nicht leicht gefallen, unter den zerstrittenen Clans von Mekka Anhänger zu finden, in den Lebensraum einer übergeordneten Gemeinschaft zu übersiedeln. Das gelang ihm eigentlich erst, nachdem er im Konkurrenzort Medina als Friedensvermittler erfolgreich war, was die Leute von Medina denen von Mekka überlegen machte. Erst dann beugten sich auch die Gegner Muhammads in Mekka der überwältigenden religiösen Vision, für alle Frommen einen gemeinsamen Verehrungsraum Gottes zu schaffen. Je erfolgreicher diese Vision wurde und je mehr Territorium dafür erobert wurde, desto gefährdeter wurde ihre Sicherung durch konkrete Politik; es zeigte sich immer klarer, wie unmöglich das ist und wie dringend die Muslime dessen bedürfen. Die Trennung der Muslime in Sunniten und Schiiten ereignet sich sehr früh in der islamischen Religionsgeschichte mit der Ermordung Alis 661; die Spannung zwischen beiden ist bis heute politisch brisant. Es gibt in der muslimischen Welt nach wie vor keine Gemeinschaft, die fähig ist, die religiöse Gemeinschaft des Islam in eine Form zu gießen, die über Rivalitäten hinweg tragen würde. Sie ist unmöglich geblieben, aber gerade deshalb hat es an Versuchen speziell in den letzten fünfzig Jahren nicht gefehlt, diesen Lebensraum zu erschließen. Weil diese Gemeinschaft bis heute unmöglich ist, hat ihre Vision eine Anziehung, der sich alle Muslime weltweit unterwerfen. Das erzeugt einen nicht zu unterschätzenden Machtfaktor in der globalisierten Welt.

Den drei Religionsgemeinschaften ist es nicht möglich, den gleichen Gott, den sie alle verehren, an demselben Ort Präsenz zu geben. Einen gemeinsamen Lebensraum, der dem gemeinsamen Wer dieses Gottes entspräche, gibt es für sie nicht. Das heißt aber nicht, dass dieser Lebensraum aussichtslos wäre. Man muss dann allerdings an der Unmöglichkeit ansetzen, die zwischen den drei Religionen steht. *Nostra aetate* hat das für die christlich-katholische Seite entdeckt.

5. Das unaussprechliche Mysterium – das Unmögliche als gemeinsamer religiöser Lebensraum in Nostra aetate

Gottes Wo-Identität trennt die drei monotheistischen Religionsgemeinschaften, während seine Wer-Identität sie verbindet. Die Spannung dazwischen lässt sich nicht auflösen und der gemeinsame religiöse Raum bleibt unmöglich. Das bedeutet aber gerade nicht, dass dieser Lebensraum ausgeschlossen ist. Er ist unmöglich im Sinne von „lediglich unmöglich", d.h. seine Unmöglichkeit stellt etwas dar, was alle drei weiterbringt. NA hat das zum Thema des Dialogs entwickelt.

Die Erklärung hebt zunächst auf eine doppelte Einheit zwischen den Religionen ab, die eine zweifache Gemeinsamkeit zwischen ihnen erzeugt: „Alle Völker sind nämlich *eine* Gemeinschaft, haben *einen* Ursprung, da Gott das ganze Menschengeschlecht auf dem gesamten Antlitz der Erde hat wohnen lassen, haben auch *ein* letztes Ziel, Gott, dessen Vorsehung, Zeugnis der Güte und Heilsratschlüsse sich auf alle erstrecken, bis die Erwählten in der Heiligen Stadt, welche die Herrlichkeit Gottes erleuchten wird, vereint werden, wo die Völker in ihrem Licht wandeln werden." (NA 1) Diese erste Ebene einer religiösen Einheit wird von Gott her verstanden; sie wird also theologisch begründet. Daneben gibt es eine zweite Ebene durch den gemeinsamen Lebensraum aller Völker, die Erde. Kein Mensch kann (bisher) der Erde ausweichen; sie ist ein stabilisierender Faktor zwischen den Religionen. Zur Zeit des Konzils war diese Topologie, dass man sich in einer globalisierten Welt nicht mehr ausweichen kann, erst anfänglich erkennbar; sie wird nicht weiter ausgebaut.

Der Fokus von NA liegt dann auf einer dritten Ebene; hier wird ein weiterer Ort eingezogen, dem keine Religion ausweichen kann: „Die Menschen erwarten von den verschiedenen Religionen eine Antwort auf die verborgenen Rätsel der menschlichen Bedingung, die so wie einst auch heute die Herzen der Menschen im Innersten bewegen" (NA 1). Religionen können sich nicht damit begnügen, den Menschen äußerlich zu bleiben. Wenn sie nur noch kulturell gepflegte Anteilnahme erfahren und ihre Rituale nicht mehr innerlich abgedeckt sind, dann gehen sie unter; die altrömische Staatsreligion ist ein Beispiel dafür. Das menschliche Innere ist ein entscheidender Ort für eine Religion, um Einfluss zu gewinnen oder zu verlieren, aufzusteigen oder unterzugehen. An diesem Ort stellen sich unabweisbare Fragen: „was der Mensch sei, was der Sinn und das Ziel unseres Lebens, was gut und was Sünde, welchen Ursprung die Leiden haben und welchen Zweck, welches der Weg sei, um das wahre Glück zu erlangen, was der Tod, das Gericht und die Vergeltung nach dem Tod, was schließlich jenes letzte und unaussprechliche Mysterium, das unsere Existenz umfasst, aus dem wir unseren Ursprung nehmen und auf das wir zustreben." (NA 1)

Auf diese drei Größen – Gott als Ursprung aller Dinge, die Erde als gemeinsamer Lebensraum aller Völker, das menschliche Innere als Herkunft aller Rätsel – stellt NA sein Dialogangebot ab. Es handelt sich um drei Orte, die die Religionen ganz unterschiedlich herausfordern. Gott, Erde und menschliches Inneres habe jeweils unterschiedliche Qualitäten. Die Erde markiert den Lebensraum, den Menschen miteinander teilen; die Völker können sich nicht mehr ausweichen, was in den globalisierten Zeiten zu einer Selbstverständlichkeit geworden ist. Religionen müssen also Wege finden, wie diese unausweichliche Gemeinsamkeit zum Thema werden kann und zu gestalten ist. Das menschliche Innere stellt existentielle Fragen, die von den Religionen Antworten suchen; sie müssen also Perspektiven geben, die sich auf die Personen hin bewähren. Diese beiden Größen gehören zu dem Bereich, der den Religionen möglich ist.

Gott seinerseits stellt nochmals eine andere Art von Herausforderung dar. NA wagt es nach den eröffnenden Sätzen nicht mehr, ihn als eine Größe darzustellen, die Religionen auf einen gemeinsamen Punkt bringt und zur menschlichen Grundausstattung wie die Erde und das Innere gehört. Gott wird einem anderen Bereich zugesprochen: „was schließlich jenes letzte und unaussprechliche Mysterium, das unsere Existenz umfasst, aus dem wir unseren Ursprung nehmen und auf das wir zustreben." (NA 1) Diese Größe ist einerseits unausweichlich – „unsere Existenz umfasst" –, andererseits aber entzieht sie sich: „Mysterium". Aber dabei bleibt NA nicht stehen. Das Mysterium, das sich entzieht, findet in den Religionen noch nicht einmal eine Sprache, die es eben als Mysterium zu Wort kommen lässt. Dieses Mysterium ist unaussprechlich. Es gehört nicht in den Bereich, der Religionen möglich ist; sie können es noch nicht einmal hinreichend diskutieren. Es gehört zu dem, was ihnen unmöglich ist.

Daraus entsteht ein elementarer Dialog-Faktor. Das Mysterium, das den Religionen unmöglich bleibt, ist eine Größe, die Christen mit Juden, Muslimen und – so die Behauptung von NA – mit allen anderen religiösen Menschen verbindet. Das, von dem sich gerade nicht sagen lässt, was (oder wer) es ist, stellt eine Herausforderung dar, die allen gemeinsam ist. Das, was unmöglich ist und bleibt, bietet einen Ort, an dem der Dialog zwischen den Religionen stattfinden kann. Gott wechselt in der Darstellung von NA von einem Wesen, das sich mit den Mitteln des christlichen Glaubens identifizieren lässt: „Gott, dessen Vorsehung, Zeugnis der Güte und Heilsratschlüsse sich auf alle erstrecken", zu einer Größe, die die Möglichkeiten auch des christlichen Glaubens übersteigt – das unaussprechlich bleibende Mysterium. Der Dialog zwischen den Religionen wird deshalb nicht über die Möglichkeiten geführt, die der christliche Glaube zur Verfügung stellt. Er handelt vielmehr über die Unmöglichkeit, die jede Religionsgemeinschaft betrifft und der keine religiöse Darstellung ausweichen kann. Der Dialog findet seinen Ort in der Sprachlosigkeit.[8]

An diesem Ort ist auch der Lebensraum zu finden, der den drei monotheistischen Religionsgemeinschaften fehlt: Das Unaussprechliche lässt sich nicht gegeneinander stellen. Es gibt keine Möglichkeit, die eigene Unaussprechlichkeit über die der anderen zu stellen. Sie kann man mitteilen, aber nicht zuteilen. Aber das, was dabei mitgeteilt wird, ist ein Problem, das alle miteinander teilen. Alle sind vor ihm in einer ohnmächtigen Position, die sie so miteinander verbindet, dass die gemeinsame Wer-Identität Gottes davon nicht relativiert werden kann. Das, wer Gott ist, findet für alle eine Präsenz in dem, was nicht zu sagen ist. Über diese Art der Präsenz kann eine religiöse Begegnung stattfinden, die alle weiterführt und keinen gegen die anderen ausspielt. Sie führt auf der einen Seite dazu, dass man die Erfahrungen, die andere mit diesem Mysterium gemacht haben, zu schätzen lernt: „So bemühen sich auch die übrigen Religionen, die man auf der ganzen Welt findet, der Unruhe des Herzens der Menschen auf vielfältige Weisen zu begegnen, indem sie Wege vorlegen, nämlich Lehren und Lebensregeln sowie heilige Riten." (NA 2)

Diese Wege, die vorgelegt werden, führen in einen Raum des Unmöglichen, der sich nicht dazu eignet, die eigenen Möglichkeiten über die Unmöglichkeiten der anderen zu stellen. Deshalb lässt sich in einer neuer Weise von Gott sprechen, den Juden, Christen und Muslime verehren: „jener verborgenen Kraft, die dem Lauf der Dinge und den Ereignissen des menschlichen Lebens gegenwärtig ist" (NA 2). Das, was verborgen ist, lässt eine Begegnung zu, bei der sich die Religionsgemeinschaften wechselseitig befördern können. Das, was unmöglich bleibt, umschreibt den Raum eines Dialogs, für den NA zwei Eckpunkte formuliert. Diese orientieren sich an dem, dem man an diesem Ort des Unmöglichen nicht ausweichen kann: das, was die anderen dazu zu sagen haben, und das, was die eigene Tradition darüber zu sagen weiß. Deshalb heißt es auf der einen Seite: „Die katholische Kirche verwirft nichts von dem, was in diesen Religionen wahr und heilig ist. Mit aufrichtiger Hochachtung betrachtet sie jene Handlungs- und Lebensweisen, jene Gebote und Lehren, die, auch wenn sie von dem, was sie selber festhält und

---

8   Vgl. für die Sprache ermächtigende Kraft von etwas Unaussprechlichem Keul, Hildegund, Wo die Sprache zerbricht, Mainz 2005.

vorlegt, in vielem abweichen, nicht selten dennoch einen Strahl jener Wahrheit wiedergeben, die alle Menschen erleuchtet." Und unmittelbar daran anschließend heißt es auf der anderen Seite: „Unablässig aber verkündet sie und ist sie gehalten zu verkünden Christus, der „der Weg, die Wahrheit und das Leben" (Joh 14,6) ist, in dem die Menschen die Fülle des religiösen Lebens finden, in dem Gott alles mit sich versöhnt hat." (NA 2)

Diese beiden Größen – die Wahrheiten der anderen und Christus, die Wahrheit – werden in eine Wechselwirkung gesetzt, die ganz andere Perspektiven eröffnet als die, die über die Unmöglichkeiten der anderen die eigenen Möglichkeiten groß herausbringen will. Die beiden Positionen werden nicht getrennt; sie beziehen sich beide auf das unaussprechliche Geheimnis. Aber sie werden auch nicht vermischt; die Wahrheiten der anderen bleiben die der anderen. Christus, die Wahrheit, bleibt die christliche Position. Der Ort, an dem sie sich wechselseitig identifizieren, ist der Dialog über das, was den Religionen unmöglich ist. An diesem Ort sind beide Größen nicht von einander relativierbar und zwar gerade deshalb, weil sie beide relativ zu der Unmöglichkeit stehen, das Mysterium auszusprechen. Es handelt sich dabei um eine Relativität, die eine Beziehung ermöglicht, wo bisher nur Gegensätze aufgefasst wurden; es handelt sich nicht um eine Relativierung des jeweils einen durch das andere. Beide stärken sich vielmehr wechselseitig. Dieser Dialog befriedet, regt wechselseitig an und ist der Schlüssel zu einer Auseinandersetzung mit dem, was die anderen zu sagen haben und bei der keine der verschiedenen Wo-Identifizierungen Gottes die Gemeinsamkeit dieses Ortes überdeckt.

Daraus ergeben sich zugleich elementare Regeln für den Lebensraum, der aus dem Unmöglichen erschlossen wird. Die Regeln werden von den eigenen religiösen Möglichkeiten her bestritten, die jedoch die der anderen nicht bestreiten, sondern in den neuen Raum des Unmöglichen aufnehmen. „Wir können aber Gott, den Vater aller, nicht anrufen, wenn wir es ablehnen, uns gegenüber bestimmten Menschen, die doch nach dem Ebenbild Gottes geschaffen sind, brüderlich zu verhalten. Die Haltung des Menschen zu Gott, dem Vater, und die Haltung des Menschen zu den Menschenbrüdern sind so sehr verknüpft, dass die Schrift sagt: „Wer nicht liebt, kennt Gott nicht" (*1 Joh 4,8*). Also wird jeder Theorie oder Praxis die Grundlage entzogen, die zwischen Mensch und Mensch, zwischen Volk und Volk einen Unterschied bezüglich der menschlichen Würde und der Rechte, die sich daraus ergeben, einführt. Die Kirche verwirft folglich jedwede Diskriminierung oder Misshandlung von Menschen, die um ihrer Rasse oder Farbe, ihres Standes oder ihrer Religion willen geschieht, als dem Geiste Christi fremd. Daher beschwört die Heilige Synode, indem sie den Spuren der Heiligen Apostel Petrus und Paulus folgt, die Christgläubigen leidenschaftlich, dass sie, „indem sie einen guten Wandel unter den Völkern haben" (*1 Petr 2,12*), wenn es geschehen kann, soweit es an ihnen liegt, mit allen Menschen Frieden halten, so dass sie wahrhaft Kinder des Vaters sind, der in den Himmeln ist." (NA 5)

Der Dialog zwischen Religionsgemeinschaften, der am Unmöglichen ansetzt, respektiert nicht nur die Menschenrechte, sondern fordert diese Rechte für die anderen ein. Das verändert den Ort der Kirche. Durch diesen unmöglichen Dialog mit den anderen wird sie selbst in die Lage versetzt, ihren eigenen weltkirchlichen Ort einzunehmen. Aus einer Selbst-Zentrierung tritt sie damit prinzipiell heraus und erfährt einen tief greifenden Ortswechsel. Hatte man sich zuvor allein an den Möglichkeiten des eigenen Glaubens ausgerichtet, so entsteht über das, was dort unausweichlich unmöglich ist, eine Relation, bei der die anderen und ihre religiösen Wahrheiten zu einem elementaren Faktor der eigenen Wahrheit werden. Während man sich zu Christus als dem Weg, der Wahrheit und dem Leben bekennt, darf nichts von dem ausgeschlossen werden, was in anderen Religionen wahr und heilig ist, und muss diesen Größen ein Raum ermöglicht werden, an dem sie sich als sie selbst darstellen können.

Aus dem Kreis einer selbstzentrierten Kirche wird eine Weltkirche, die wie eine Ellipse mit zwei Brennpunkten arbeitet: Respekt vor den Wahrheiten der anderen Religionen und Bekenntnis zu Christus. Ohne diese beiden Pole ist der Glaube an das Evangelium sprachlos; er ist gleichsam selbst die Ellipse mit den beiden Brennpunkten. In jenem Kreis, der die anderen ausschließt, rotiert das Problem der Gewalt. In der Unwucht der Ellipse wird dagegen dem Frieden unter den Religionen ein Ort bereitgestellt. Dafür gibt es ein reales Beispiel zwischen den monotheistischen Religionen.

6. Von der Utopie zur Heterotopie – der Dialog zwischen Juden und Christen

Nach NA sind alle Religionen in der Unaussprechlichkeit des Mysteriums miteinander verbunden. Es ist ein unmöglicher Ort, der ihnen einen neuen Argumentationsraum eröffnet. Dieser Ort hat einen speziellen Charakter. Man kann ihn auf zwei Weisen auffassen, die ihn jeweils ganz anders begreifen. Die erste sagt: „Er ist einfach jetzt noch unmöglich und wird später dann zu erreichen sein." Die andere sagt: „Er bleibt prinzipiell nicht möglich und wird jetzt bereits bezogen."

Die erste Variante begreift den Ort als eine Utopie, einen Nicht-Ort, an den man bei entsprechenden Veränderungen aus eigenen Möglichkeiten gelangen könnte. Man kann den Dialog zwischen den Religionen durchaus utopisch beschreiben. Dann glaubt man etwa daran, dass Juden, Christen und Muslime irgendwann die Lücke, die sich zwischen Gottes Wer- und Wo-

Identität unter ihnen aufgetan hat, überwinden werden. Eine solche Utopie weicht jedoch dem Machtproblem zwischen ihnen aus und verdeckt die bleibende Unaussprechlichkeit des Mysteriums. Es wird im Dialog zu einer auszusprechenden Größe, zu der ein jetzt noch unabsehbarer Fortschritt hinführen wird.

Die zweite Variante setzt das Unmögliche dagegen jetzt als eine Macht ein, der gegenüber alle Religionen zurückbleiben und zwar prinzipiell zurückbleiben. Dieser Ort deckt deshalb sowohl auf, was ihnen verschlossen ist, als auch, worin sie an diesem Unmöglichen gescheitert sind. Sie sind dort daran gescheitert, wo sie jeweils die eigenen religiösen Möglichkeiten gegen andere verwendet haben, aber die eigenen Unmöglichkeiten geflissentlich oder verschämt verschwiegen haben. Ein solcher Ort ist eine Heterotopie, ein Anders-Ort, der etwas Unmögliches freilegt, was die herrschende Ordnung des Diskurses überschreitet und einen veränderten Diskurs nötig macht, der herrschende Gegensätze in Relativitäten überführt.[9]

Im Verhältnis von Juden und Christen lässt sich dieser zweite Vorgang nachvollziehen. Ihr Dialog ist nicht utopisch angesetzt; er hat sich heterotopisch entwickelt und die Kirchen zu einer Konfrontation mit eigenen verschwiegenen Schuldanteilen geführt.[10] Über Jahrhunderte hinweg haben sie die eigenen Möglichkeiten über die Unmöglichkeiten der anderen gestellt. Dabei waren die Christen seit dem frühen Mittelalter zugleich zu Gewalt gegen die Juden bereit; es gibt geradezu eine Tradition des kirchlichen Antijudaismus. Damit haben die Christen sich vor ihrem eigenen Evangelium unmöglich gemacht. Solange sie diese Unmöglichkeit, die einen empörenden Sinn in sich birgt, nicht anschauen wollten, waren sie nicht in der Lage, nachhaltige Widerstandspotentiale gegen den Antisemitismus zu entwickeln, der seit Ende des 19. Jahrhunderts immer gefährlicher zu werden begann. Entsprechend sprachlos standen sie dann vor dem Zivilisationsbruch der Shoa; die Ausnahmen, die es gottlob gab, bestätigen nur die Regel dieser Sprachlosigkeit. Nach der Shoa war deshalb für die Christen eine Umkehr angesagt, die sie in dreifacher Weise mit etwas Unmöglichem konfrontierte: mit der empörenden Unmöglichkeit, die ihre Überheblichkeit gegenüber den Juden über Jahrhunderte hinweg dargestellt hatte; mit der beschämenden Unmöglichkeit, die ihr Unvermögen, vor Gott die Gemeinsamkeit der Rede

---

9   Zum Begriff der Heterotopie vgl. Foucault, Michel, Dits et Écrits, vol. IV, Paris 1994, 752-762 (dt. Version in: Wentz, Martin (Hg.), Stadt-Räume, Frankfurt/New York 1991, 65-72 oder in: Engelmann, Jan (Hg.), Michel Foucault. Botschaften der Macht, Stuttgart 1999, 145-157).

10   Vgl. Rolf Rendtorff/Hans Hermann Henrix (Hg.), Die Kirchen und das Judentum. Bd. 1: Dokumente von 1945 bis 1985, Paderborn/Gütersloh ³2001; Hans Hermann Henrix/Wolfgang Kraus (Hg.), Die Kirchen und das Judentum. Bd. 2: Dokumente von 1986 bis 2000, Paderborn/Gütersloh 2001.

von Gott zum Ausdruck zu bringen, erzeugt hatte; und schließlich mit der bedrängenden Unmöglichkeit, einen Dialog mit den Juden über den eigenen christlichen Schuldanteil am Antisemitismus zu führen.

Auf dem Boden des unmöglichen religiösen Raumes, den NA eröffnet hatte, wurde es möglich, diese drei Formen der Unmöglichkeit anzugehen. Sie werden von der dritten Form her aufgeschlossen. Die Schuldbekenntnisse der evangelischen Christen direkt nach dem Zweiten Weltkrieg und von Johannes Paul II. zum Heiligen Jahr 2000 führen die Unmöglichkeit des Dialogs über den christlichen Anteil an der antijüdischen Gewalt ein. Das waren befreiende Akte, die ein neues Kapitel des Dialogs zwischen Juden und Christen aufgeschlagen haben. Damit wurde man die empörende Unmöglichkeit einer christlichen Überheblichkeit gegenüber den Juden im Grundsatz los. Und es wurde die entscheidende Unmöglichkeit möglich, die gemeinsame Sprachlosigkeit über das Wer des gemeinsamen Gottes zu bearbeiten, den Christen und Juden je für sich anbeten. Von jüdischer Seite ist mit der Erklärung *Dabru Emet* in dieser Richtung ein weiterer wichtiger Schritt gesetzt worden.[11] Er zeigt, dass der unmögliche Ort konstituiert ist, auf dem sich der interreligiöse Dialog als Lebensraum der Weltkirche präsentieren kann.

---

11 Dirscherl, Erwin/Trutwin, Werner (Hg.) Redet Wahrheit - dabru emet. Jüdisch-Christliches Gespräch über Gott, Messias und Dekalog, Münster u.a. 2004, sowie Kampling, Rainer/Weinrich, Michael (Hg.), Dabru Emet – Redet Wahrheit. Eine jüdische Herausforderung zum Dialog mit den Christen, Gütersloh 2003.

ZUM DIENST AN DER GOTTESBEZIEHUNG ALLER GESCHÖPFE GERUFEN

Nostra aetate als Ausdruck einer evangeliumsgemäßen Bestimmung von Identität und Sendung der Kirche zu den nichtchristlichen Religionen

Roman A. Siebenrock, Innsbruck

Um es gleich vorweg zu sagen: Mir kommt vor, dass selbst die eifrigsten Verfechter des Konzils die Tragweite und Radikalität des Konzils nicht adäquat ausdrücken. Vielmehr hat der instinktive Protest der Gruppe um den „Coetus internationalis patrum", zu dessen Wortführer neben Bischof Carli vor allem Erzbischof Lefebvre gehörte, vielleicht unklar, aber desto empfindsamer erahnt, welch radikalen Schritte in eine neue kirchengeschichtlichen Epoche mit diesem Konzil gewagt worden sind.[1] Zu Beginn möchte ich

---

1   Ich bin der Einladung der Herausgeber, denen ich auch hier für die Ermutigung zu dieser Form und die Geduld mit meinem Beitrag herzlich danken möchte, gerne gefolgt, hier nicht zu wiederholen, was an anderer Stelle umfassender und detaillierter nachzulesen ist, sondern zu versuchen, meine Erfahrungen mit dem „kleinsten" Text des Konzils nachzugehen. Zu genaueren Analyse des Textes mit ausführlichen Literaturangaben und Verweisen darf ich auf meinen Kommentar und anschließenden Reflexion verweisen: Siebenrock, Roman A., Theologischer Kommentar zur Erklärung über die Haltung der Kirche zu den nichtchristlichen Religionen *Nostra aetate,* in: Peter Hünermann/Bernd Jochen Hilberath (Hg.), Herders Theologischer Kommentar zum Zweiten Vatikanischen Konzil, Bd. 3, Freiburg/Basel/Wien 2005, 591-693. Zur Hermeneutik des Konzils vgl. ders., Das Senfkorn des Konzils. Vorläufige Überlegungen auf dem Weg zu einem erneuerten Verständnis der Konzilserklärung „Nostra Aetate", in: Wassilowsky, Günther (Hg.), Zweites Vatikanum – Vergessene Anstöße, gegenwärtige Fortschreibungen (QD 207), Freiburg/Basel/Wien 2004, 154-184. Zur Frage von Identität und Dialog vgl. ders., Identität und Dialog. Die Gestalt des Gotteszeugnisses heute. Einführung; Theologische Grundlegung des Dialogs; Was heißt Dialog; Dramatischer Dialog des Heils, in: Peter Hünermann/ Bernd Jochen Hilberath (Hg.), Herders Theologischer Kommentar zum Zweiten Vatikanischen Konzil, Bd. 5: Die Dokumente des Zweiten Vatikanischen Konzils. Theologische Zusammenschau und Perspektiven. Freiburg/Basel/Wien 2005, 311-329.340-349.372-374; sowie: ders., „… die Juden weder als von Gott verworfen noch als verflucht" darstellen (NA 4) – die Kirche vor den verletzten Menschenrechten religiös andersgläubiger Menschen, in: ebd. 415-423.

zunächst die Bedeutung dieses Konzils zu umschreiben versuchen, um nach einer kurzen Interpretation des Textes der Erklärung zu den nicht-christlichen Religionen einige abschließende Überlegungen zu jenem Erbe vorzulegen, das noch bei weitem nicht eingelöst, ja bisweilen nicht einmal wahrgenommen worden ist. Aus diesem Grunde bin ich der Meinung, dass dieses Konzil nicht nur nicht überholt ist, sondern erst in seiner ganzen Fülle entdeckt und rezipiert zu werden verdient. Damit meine ich nicht eine Eindämmung seiner Wirkung, sondern mir geht es um die Berührung mit der wirklich radikalen Tiefe seines Geschehens.

Beginnen wir mit einem viel zitierten Bild: den geöffneten Fenstern. Das Konzil habe die Fenster geöffnet, heißt es allenthalben. Das II. Vatikanische Konzil hat aber meiner Ansicht nach nicht einfach die Fenster einer Kirche geöffnet, die als feststehender Bau mit tiefen Fundamenten unerschütterlich im Sturm der Zeit steht und alles locker überdauert, wie es das bekannte Kirchenlied „Ein Haus voll Glorie schauet" in der Widerstandskraft des 19. Jahrhunderts beschwört. Das Bild von den geöffneten Fenstern verharmlost und verdeckt die Dramatik des Geschehens. Die Veränderung, die das Konzil im Blick auf die Situation und die eigenen Wurzeln wagte, entdeckte die wirklichen Wurzeln der Kirche neu; – dadurch aber erschütterte es jahrhundertealte Gewohnheiten, eingeschliffene Vorurteile, und was für die Identität einer Gemeinschaft unter den Bedingungen dieser Welt am gefährlichsten ist: den Katholiken wurden die gewohnten „Feinde" genommen.[2]

Immer wenn die Wahrheit ans Licht tritt, gefährdet sie Gewohnheit und Vorurteil. Gerade weil *Nostra aetate* (Nr. 4) mit den Worte beginnt: „mysterium ecclesiae perscrutans" (das Geheimnis der Kirche eingehend erforschend) ist das Bild von den geöffneten Fenstern zu korrigieren. Denn diese Vorstellung würde ja nur einen Luftaustausch im unberührten Gemäuer bei bestehender Einrichtung ansprechen. So werden heute Passivhäuser gebaut. Nein, die Veränderungen reichen weiter und tiefer; und können mit dem Bild des Hauses, das in dieser Hinsicht doch nur eine bürgerliche Adaptierung des klassischen Bildes von der Burg darstellt, nicht erfasst werden. Vielleicht ist das Bild von der Geburt eines Schmetterlings aus der Verpuppung einer Raupe zutreffender. Doch wir haben den kommenden Schmetterling noch

---

2   Vgl. dazu: Siebenrock, Roman A., Glauben ohne Feindbilder. Vom Christsein in Europa nach dem Ende des „Christlichen Abendlandes", in: ders. (Hg.), Christliches Abendland – Ende oder Neuanfang? (Theologische Trends 6), Wien/München 1994, 25-44. Auf dem Hintergrund der mimetischen Theorie René Girards ist damit die maßgebliche soziale Identitätsbildung unter den Bedingungen der Erbsünde angesprochen. Vgl. zu Girard: Palaver, Wolfgang, René Girards mimetische Theorie. Im Kontext kulturtheoretischer und gesellschaftspolitischer Fragen (Beiträge zur mimetischen Theorie 6), Münster u.a. 2003.

nicht wirklich gesehen. Vielleicht ist die gesamte Kirchengeschichte eine große Epoche der Verpuppung, weil die Kirche, wie LG 48 betont, in all ihren Institutionen noch der Erlösung harrt. Wenn Papst Paul VI. am Tag der Veröffentlichung unserer Erklärung ausrief, dass die Kirche lebe und jung sei, sollte dieser Verjüngungsprozess auch in seiner schmerzhaften Dramatik angeschaut und nicht verdrängt werden. Darauf können wir auch bis heute Stolz sein; – und für mich ist dies deshalb ein wesentlicher Grund, katholisch zu sein, weil sich keine andere Großinstitution dieser Zeit einer solchen Herausforderung bislang gestellt hat.

Aber vielleicht bleibt auch die Verpuppungsmetapher hinter der Wirklichkeit zurück. Ein von Papst Johannes XXIII. gern benutztes Bild für dieses Konzil war seine Vorstellung vom neuen Pfingsten. Dies kommt mit seinen Symbolen von Sturm und Feuer der Wirklichkeit wohl näher. Das Konzil, und das war Pfingsten schon damals in Jerusalem, hat die Kirche aus den gewohnten, durch die verschlossenen Türen gesicherten Gewohnheiten, hinausgeblasen, – hinausgetrieben auf die offenen Wasser der Zeiten und ihrer rasch sich wandelnden Foren – mit keinem anderen Halt ausgestattet als dem Blick auf Jesus Christus und dem Stehen auf seinem Wort. In ganz neuer Weise wird die Kirche so zum Abenteuer des wahren Glaubens gerufen, weil heute keine getroste Subjektivität mehr uns die Gewissheit wie zu Beginn der neueren Zeit vermitteln kann. Die Kirchenväter haben aber die einzig tragende Beziehung der Glaubenden zu ihrem Herrn in ein anderes, viel dramatischeres Bild gefasst. Die Getauften hingen in den Fluten der Zeit an jener hölzernen Planke, an denen das Heil der Welt einst selber hing. Nach dieser Allegorie stützten wir unsere Hoffnung und Zuversicht im Schifflein Petri allein auf dieses „Quasi-Nichts". Das Bild vom Holz über den Abgründen des alles verschlingenden Ozeans scheint mir ein gutes Bild für unsere eigene Situation zu sein: „Ans Kreuz geheftet – das Kreuz aber an nichts, treibend über dem Abgrund. Die Situation des Glaubenden von heute könnte man kaum eindringlicher und genauer beschreiben, als es hier geschieht. Nur ein über dem Nichts schwankender, loser Balken scheint ihn zu halten, und es sieht aus, als müsse man den Augenblick errechnen können, in dem er versinken muss"[3]. Das Konzil wird erste wahrgenommen, wenn es als radikale Zu-Mutung des Glaubens angenommen und verwirklicht wird.

Ein Zurück ist uns daher nicht mehr möglich. Von Anfang an war der Menschheit der Weg zurück ins Paradies verwehrt. Der Engel der Geschichte steht mit dem Flammenschwert davor und weist uns in die Zukunft, von der her allein Gott zu kommen gewillt ist. Auch uns hat der Geist Gottes

---

3   Vgl. Ratzinger, Joseph, Einführung in das Christentum. Vorlesungen über das Apostolische Glaubensbekenntnis, München [10]1969, 21.

durch das Konzil hinaus gerufen – und ein Engel verstellt uns ebenfalls den Weg zurück in die Nostalgie der Vergangenheit oder des konziliaren Triumphalismus. Tradition ist für die katholische Kirche nicht Bewahrung des Vergangenen, sondern kreative Aneignung und Verlebendigung des in der Geschichte Gewachsenen und Anvertrauten. Das Konzil hat uns den Weg in die Zukunft gewiesen: eine ungewohnte Öffentlichkeit, deren Dynamik wir nicht einfach bestimmen können, sondern deren Gesetz wir wesentlich unterworfen werden. Wir haben in Auseinandersetzung des Tages, in der Nacht und im Nebel, in der alle Konturen verschimmern, zu bestehen, ohne den Weg in seinen Schlängelungen und Abbrüchen übersehen zu können. Im Zwielicht des Tages, im Ansturm der Zeit und im Gespött der Klugen, aber auch im Wunsch um Orientierung, kulturelle Beheimatung und verborgene Gottessuche haben wir unsere Sendung zu gestalten. Für uns sind die festen Formen endgültig verlassen, verbraucht und aufgelöst. Die Moderne hat uns jetzt wirklich eingeholt. Wir haben bislang die Moderne viel zu harmlos ausgelegt und sie zumeist als Waffe gegen die inner- oder außerkirchlichen Gegner eingesetzt. Moderne bedeutet nicht nur den Verlust von festen Formen, sondern auch die Uminterpretation aller Wirklichkeit in formale Kategorien. Der Jargon der Reform dieser Tage, ohne dass irgendwelche Ziele genannt werden, müsste uns endlich aufwecken, dass unsere Wertkategorien im systemischen Denken wie Fremdkörper wirken.[4] Deshalb sollten wir uns nicht wundern, dass manche Hoffnungen der Konzilsväter nicht eingetroffen sind. Johannes XXIII. sprach von einem neuen Frühling für die Kirche, doch davon kann wohl (noch) nicht die Rede sein. Die Menschen würden, so meinte er, sich dadurch mehr nach dem ausrichten, was ewig sei: doch das kann ich nicht erkennen. Die erwartete neue Ankunft Gottes in unserer Zeit scheint ausgeblieben zu sein, vielmehr sind die traditionellen Berufungen mit ihren Wertvorstellungen nicht nur wegen ihres ständischen Kontextes in eine tiefe Krise geraten. Sie fordern ja nicht nur formal eine Lebensentscheidung ein, sondern basieren auf grundlegenden Werthaltungen.

Andererseits sind zwei epochale kirchengeschichtliche Bestimmungen des Konzils in Erinnerung zu rufen. Mit Karl Rahner wird nahezu einhellig das II. Vatikanische Konzil als erstes Konzil einer Weltkirche bezeichnet, die beginnt nicht nur eine europäische Exportkirche zu sein, sondern wirklich

---

4   Diese Differenz lässt sich an einem Vergleich zwischen den Analysen von Niklas Luhmann und Jürgen Habermas verdeutlichen. Während Habermas auf das unvollendete Projekt der Moderne im Blick auf Menschenrechte pocht, das vorzüglich mit Freiheitsbestimmungen und Gerechtigkeitsvorstellungen beschrieben werden muss, sind gerade solche moralische und ethische Optionen nach Luhmann der systemischen Logik nicht nur fremd, sondern von ihrer Selbstorganisation fern zu halten. Die Theologie scheint mir, diese Diskussion zu wenig wahrgenommen zu haben.

in den unterschiedlichen Kontexten inkulturiert zu werden.[5] Dieses Projekt kann aber nicht durch oberflächliche Anpassung des liturgischen Designs oder des amtlichen Outfits bestehen. Vielmehr wird der Glaube sich in neuen Kategorien ausdrücken, deren Grundgrammatik der traditionell europäischen völlig fremd sein wird. Diese künftige Welttheologie, so sagt Karl Rahner, müsse missionarisch sein, auf die Anderen hindenken, und die Gottesrede in der entsetzlichen Finsternis der Menschheitsgeschichte wagen.[6] In Anbetracht der kommenden Differenzen und der bleibenden Aufgabe, der Theologie als reflektiertem Glaubensausdruck der einen Kirche zu dienen, erscheinen mir die europäischen theologischen Debatten der ersten beiden Epochen der Kirchengeschichte wie Nachbarschaftsauseinandersetzungen.[7] Zum zweiten ist noch kaum wahrgenommen, dass dieses Konzil das erste wirkliche Konzil der nachkonstantinischen Epoche der Kirche darstellt. Dafür musste mit der Definition des I. Vatikanischen Konzils, dessen Möglichkeiten und Verantwortung für das Papsttum sich Papst Johannes XXIII. immer bewusst war, zunächst die Voraussetzung geschaffen werden. Was zuvor der Kaiser war, hatte nun neu bestimmt werden müssen. Bis zum Beweis des Gegenteils gilt daher: Ohne Papst kein Konzil! Die Tragweite dieser Feststellung lässt sich nicht nur an der Auseinandersetzung um die Erklärung zur Religionsfreiheit, *Dignitatis humanae,* eruieren, sondern vor allem an denen daraus folgenden Konsequenzen: den radikalen Pluralismus weltanschaulicher Orientierungen, die Unmöglichkeit auf staatliche Zwangsmaßnahmen zur Durchsetzung kirchlicher Interessen zurückzugreifen und die unausweichliche Besinnung der Kirche auf die ihr vom Evangelium allein zukommenden Mitteln zur Realisierung ihrer Sendung. In diesem Prozess sind die Anerkennung anderer Freiheit und die Bereitschaft, allein in der Achtung der Würde der Person das Evangelium zu verkünden, unbedingte Voraussetzung für kirchliches Handeln. Damit sah das Konzil sich zurück gerufen zur evangelischen Vorgehensweise (vgl. DiH 11). Statt diesen Prozess der Modernisierung als Rückruf in die Pastoral und in den Mut, allein auf die Überzeugungskraft des gelebten und nur so wahrhaft verkündeten Evangeliums zu setzen, wünschen wir uns im geheimen immer noch in eine Vor- oder Nach-

---

5   Rahner, Karl, Theologische Grundinterpretation des II. Vatikanischen Konzils, in: ders., Schriften zur Theologie 14. In Sorge um die Kirche, Zürich/Einsiedeln/Köln 1980, 287-302.
6   Rahner, Karl, Die bleibende Bedeutung des II. Vatikanischen Konzils, in: ebd. 303-318, hier 310.317.
7   Der theologische Lehrer von Papst Benedikt XVI., Gottlieb Söhngen, hat diese Entwicklung klar gesehen, wenn er schreibt, dass mit der Sprach- und Denkform eine bestimmte Grenze für die Problemauffassung und Problemlösung gegeben sei (Söhngen, Gottlieb, Der Weg der abendländischen Theologie. Grundgedanken zu einer Theologie des Weges, München 1959, 40).

zeit versetzt. In dieser nachkonstantinischen Epoche sind alle Religionen zueinander gleichzeitig und damit auch in einer Konkurrenz zueinander. Wir haben vor allem deshalb noch nicht gelernt, diese Differenz in guter Weise zu leben, weil wir es verabsäumt haben, die missionarische Identität der Kirche, die dem Konzil selbstverständlich war (vgl. AG 2), weiter zu entwickeln. Weil „Mission" ein Unwort geworden ist, können wir die Sendung und Identität unseres Christseins fast nur noch traditionell beantworten. Ich bin Christ, weil ich eben hier geboren worden bin. Zu dieser nachkonstantinischen Epoche aber gehört, dass Überkommenes zur freien Verantwortung wird, weil Überlieferung nur in eigener Entscheidung Zukunft haben kann. Deshalb ist der Wandlungsprozess einer „konstantinischen Kirche" noch lange nicht beendet. Vielmehr geht der radikale Umbau der Kirche im Blick auf ihre Strukturen und Erscheinungsformen, so gewinne ich den Eindruck, in Deutschland erst richtig los. Jahrzehntelang sprachen wir mit Emphase vom Minderheitenstatus, nun erleiden wir seine Genese. Schon lange macht das Wort von der Diaspora seine Runde, aber wir haben noch nicht erkannt, dass in einer wirklich pluralistischen Gesellschaft alle Minderheiten sind; – und deshalb der Versuch, sich anzugleichen oder gar anzupassen, der Strafe des Sisyphus gleicht. Die Größe der Herausforderung liegt dann vor Augen, wenn zudem gesehen wird, dass die entscheidende Bestimmungsmacht über das Denken und Fühlen der Menschen nicht persönliche geprüfte und gewachsene Überzeugungen, sondern durch die permanente Präsenz der modernen Weltanschauungsmaschinen, den Medien, gebildet wird. Bevor wir zu denken beginnen, sind unsere Gefühlte, Träume und Sehnsüchte bereits orientiert und ausgelegt. Nicht nur wegen Kopernikus, Darwin und Freud sind wir nicht mehr Herr im Hause Ich. Alle diese Fragen mussten zunächst aufgerissen werden, weil sie nicht nur akademischer Natur sind, sondern viele täglich berühren. In allen diesen Fragen schlummert eine große Anfrage und der Mut zu einem neuen Beginnen in der einzige bewegenden Frage des Glaubens: Warum und wie können wir heute glauben? Deshalb ist die Grundaussage Karl Rahners, dass das Konzil der Anfang eines Anfangs in ihrem ganzen Gewicht zu hören.[8] Dieser Anfang verweist auf den Anfang, den Gott selbst gelegt hat, Jesus Christus. Ihn können wir aber in dieser Welt von heute nur bezeugen, wenn wir seine Gegenwart mitten unter uns erkunden und erforschen. Das Forschen nach den Wurzeln der Kirche wird daher immer ein Suchen nach der Präsenz Christi dort, wo wir ihn nicht vermuten. An der Fähigkeit, den unbekannten Christus zu ehren, wird sich ja nach Matthäus (25. Kapitel) unser Heil einmal entscheiden. Die Lieblingsworte von Papst Johannes XXIII. in der Beschreibung des Konzils, „pastoral" und „aggiornamento" haben ihren Sinn gerade darin. Den Herrn nicht

---

8   Rahner, Karl, Das Konzil – ein neuer Beginn, Freiburg/Basel/Wien 1966.

in den Entdeckungen der Vergangenheit, sondern der Gegenwart zu erkunden. Denn er wird uns immer vorausgehen, damals nach Galiläa; – und heute …? *Nostra aetate* hat für diese Christuserkundungen neue Räume und Sichtweisen erschlossen. Darin liegen die Größe des kleinsten Textes und seine bleibende Bedeutung.

In dieser Kurzauslegung möchte ich drei Themen ansprechen. Im ersten soll Geschichte und Gehalt der konziliaren Erklärung prägnant präsentiert werden. Im zweten wird die Wirkungsgeschichte des Textes in seiner Bedeutung für die intendierten Adressaten an Einzelbeispielen zu verdeutlichen versucht. Im dritten Teil erlaube ich mir einige Fragen zu stellen, die mich derzeit umtreiben. Diese Fragen sind aufzuwerfen, auch wenn ich bislang keine Patentantwort gefunden habe. Aber es hilft nichts, die Aporien zu verschweigen, in die wir geraten sind. Meinen Aufsatz habe ich mit einem Bild überschrieben, das auf die ältesten soteriologischen Bilder verweist, in denen Kirche und Kreuz vereint wurden. Von einer Arche wollte ich nicht sprechen. Der Name dieses vorgeschichtlichen Wassergefährts über der Flut würde nicht nur zu viel Sicherheit vermitteln, sondern auch die Gegenwart zu Unrecht mit der Urflut verbinden. Im Grunde unterscheidet sich diese Zeit von keiner anderen zuvor. Die Kontur der Zeit überhaupt kommt vielleicht schärfer zum Ausdruck, und uns sind die alten Strategien der Verdrängung abhanden gekommen. Für uns Christinnen ergibt sich vielmehr eine ganz unerwartete Nähe zum Lebensgefühl des Evangeliums. Während Albert Schweitzer noch mit Weiss den eschatologischen und apokalyptischen Horizont des neuzeitlichen Geschichtsbildes als überholt und vergangen angesehen hatte, wissen wir heute mit Bestimmtheit, dass wir und jede künftige Generation auf Grund unserer technischen Fähigkeiten und unseres unverträglichen Lebensstils vielleicht die letzte Generation der Gattung Homo sapiens sapiens auf diesem Planet sein können. Im Blick auf Feuerbach – das ist vielleicht der kleine Raum, in dem wir in pervertierter Weise Gott spielen können – sind wir Menschen nicht Schöpfer Gottes aber Schöpfer des eigenen Untergangs.

Aus diesem Grunde möchte ich mein Bild vom Holz noch einmal neu aufgreifen. Im Bild vom Holz auf dem Wasser spiegelt sich auch die Erinnerung an zwei Episoden auf dem vertrauten See in Galiläa, der urplötzlich sein Gesicht verwandeln konnte. In der einen wecken die entsetzten Jünger mitten im Sturm den schlafenden Jesus. Sie schrieen trotz seiner Gegenwart aus Angst und Entsetzen auf (Mt 8 23-27). Jesus schalt ihren Kleinglauben, und ich bin immer auch damit gemeint. Die zweite Anspielung erinnert an jene Nacht als die Jünger allein im Boot, Jesus über das Wasser kommen sahen. Sie schrieen vor Angst auf (Mt 14,22-33). Nun verunstaltete aber ihre eigene Angst die Gestalt und ließen den Herrn zum Gespenst werden. Er kam ihnen auf ungewohnte Weise entgegen, unerwartet, nicht mit den gewohnten Ikonographien und Erkennungszeichen ausgestattet. Sie begegneten ihm, wo sie es zuvor nicht vermuteten; – und tiefer Schrecken durchfuhr sie. Petrus wagte sich hinaus und versank. Allein der Blick und der Ruf zum Herrn retteten ihn. Warum sollte nicht auch uns Christus auf unvermutete und ungewohnte Weise wie ein Dieb in der Nacht entgegenkommen? Ich stehe gewiss nicht über Petrus, ich bin noch mehr Kleingläubiger als er; und dennoch will Jesus mit solchen Jüngern sein Ziel erreichen.

1. Eine Sternstunde der konziliaren Glaubens- und Denkgeschichte: *Nostra aetate*

Ein Konzil ist ein liturgischer Vollzug. Ein Konzil wird gefeiert. Es findet im Rahmen eines Gottesdienstes im Angesichte Gottes und unter dem Anspruch und der Regie des Heiligen Geistes statt, der im verwobenen Ganzen des Konzils wirkt und nicht einseitig dieser oder jener Gruppe zugeschlagen werden darf. Als „vinculum amoris" erweist er sich, ja muss er sich innerhalb des konziliaren Prozesses auch als „vinculum veritatis" in der bisweilen ungeheueren Vielfalt der Positionen, Meinungen und Kontexten erweisen. Beide „vincula" zeigen sich in der Bereitschaft zum Konsens, in der Fähigkeit alle Höhen und Tiefen auf dem Weg zum Horeb auf sich zu nehmen, und in der Demut, sein Eigenes immer erneut in das gemeinsame Größere loszulassen, mitunter bitter und ungern, aber auch froh und voll unerwartbarer Erfüllung. Das Konzil als Versammlung in „An-Spruch" des Geistes zeigt sein wahres Gesicht immer dann, wenn neue Themen und Fragen aufgegriffen und hierfür Fenster, Türen und eine erste Geographie künftigen Handelns entworfen werden müssen. Alle diese prozesshaften Eigenschaften des Heiligen Geistes sind in hohem Maße in die „Erklärung über die Haltung der Kirche zu den nichtchristlichen Religionen – Nostra aetate" eingeflossen – und dazu vor allem der Mut und die Standhaftigkeit, den Weg von einer ersten Intuition Papst Johannes XXIII. bis zur Verabschiedung des Textes am 25. Oktober 1965 durchzuhalten.

1.1 Einige Eckpunkte aus der Genese der Erklärung

Welche Hindernisse sich in den Weg stellten, zeigt ein Blick in die Textgeschichte. Jene berühmte Audienz von Jules Isaac bei Johannes XXIII. im Juni 1962 brachte den kleinen Kiesel ins Rollen. Der französische Historiker, der im Untergrund während des Krieges im Angesicht von Auschwitz den christlichen Antisemitismus mit dem Verhältnis von Jesus und Israel verglich, hatte mit seinen Thesen seit Seelisberg (1947) wachsende Zustimmung gefunden. Dem Papst war die Reinigung der Sprache und der Herzen als Überwindung des christlichen Antijudaismus ein Herzensanliegen. Die Karfreitagsbitte („perfidi Judaei") ließ er nicht nur ändern, sondern schritt selbst gegen öffentliche Ignoranz ein. Die Frage nach einem Text „pro Judaeis" wurde alsbald von Initiativgruppen innerhalb der Kirche zum Thema gemacht. Kardinal Bea und das Einheitssekretariat wussten dieses Erbe des Papstes mit Mut und Ausdauer zu wahren.

Doch mit dieser Absicht geriet das Konzil in den Nahostkonflikt. Arabische Staaten wurden zu Exegeten und warfen dem Konzil Glaubensabfall vor. Die christlichen Minderheiten im vorderen Orient gerieten unter Druck. Gewalttätige Demonstrationen begleiteten die letzte Konzilsphase. Diese Opposition verband sich mit den Vorbehalten der Vertreter des traditionellen christlichen Antisemitismus, der die Substitutionstheorie vertrat, d.h. Israel habe wegen der Ablehnung Jesu die Verheißung an das „Neue Volk Gottes", die Kirche eingebüßt. Nur mit einer kurzen Einleitung zum Islam konnte der Text dem Konzil vorgelegt werden. In den großen Debatten geriet er, Gott sei Dank für diese List des Geistes, in die Logik einer Weltkirche, die in sehr unterschiedlichen Lebenswelten und religiösen Kontexten beheimatet ist. Wäre nicht, so sagten z.B. die indischen Bischöfe, ein Wort zu den großen Traditionen Asiens angebracht? Können die afrikanischen Religionen übergangen werden? Ist die Frage der Shoah nicht ein Problem der europäischen Christen, das mit dem Verhältnis der einheimischen Kirchen zum Judentum nicht verglichen werden könne? Wann hätten denn indische Christen systematisch und geplant Juden verfolgt, oder chinesische oder afrikanische? Der Text musste, um die Erklärung zum Judentum konzilsfähig zu machen, also zu allen Religionen zu sprechen versuchen – und zwar mit der Vorgabe: so kurz wie möglich und so wenig kontrovers wie möglich. Kardinal Bea verwendete für diese Ausweitung des Textes ein schönes Bild. Die Erklärung gliche einem Senfkorn, das ungeplant gewachsen war und nun allen Vögel des Himmels einen Platz gewähren könnte. Niemand hat das Dokument vorab entworfen. Es entstand im Prozess des Konzils: von außen angestoßen und ebenso vehement gefordert wie abgelehnt, immer umstritten und dennoch durch den Dialog von innen und außen getragen. Wie aber war dies möglich? Zunächst wurde nicht über oder zu den Anderen nur gesprochen. In verschiedenen Untergruppen saßen Glaubende anderer Religionen mit Periti und Bischöfen am Tisch; schon zuvor gingen viele Pioniere in die Schule der Anderen in fast allen Erdteilen und in vielen religiösen Traditionen. Immer wieder mussten aber auch die Motive geprüft werden. Ging es wirklich nur und ausschließlich um den Dienst am Evangelium in der Nachfolge Christi? Lag dieser Erklärung wirklich nur ein religiöses Glaubensanliegen zu Grunde. So schwer war bisweilen der Weg, dass Kardinal Bea am Ende bekannte, dass er nicht wisse, ob er den Mut gehabt hätte, den Weg zu beginnen, wenn er alle Schwierigkeiten hätte voraus sehen können. Das Einheitssekretariat hat aber hier wie bei anderen Texten alle Angriffe und Stolpersteine mit einer vorbildlichen Haltung beantwortet: dem Ringen um den besseren Text. Wie in der Natur, sind auch in der Muschel des Konzils aus den Verletzungen die wertvollsten Perlen entstanden.

1.2 Die wichtigsten Aussagen

Ich möchte hier nicht Nummer für Nummer kommentieren, sondern nach *Lumen gentium* von innen nach außen die Pole der Beziehung zu den anderen Religionen entfalten. Damit wird auch in der Interpretation des Textes seine Genese integriert. Ich meine, dass die Herkunft des Textes aus einer Erklärung zum Judentum nicht nur den hermeneutischen Schlüssel zu seinem Verständnis darstellt, sondern auch jedwedes Verhältnis der römisch-katholischen Kirche zu anderen Religionen zu prägen hat. Zwar scheint auf den ersten Blick *Nostra aetate* seine Einzelaussagen wie Mosaiksteine nebeneinander gestellt zu haben. Doch mit etwas Abstand kann ein deutliches Wirkmuster erkannt werden.

In besonderer Weise ist die Kirche in der Herkunft ihres Mysteriums, dem Heilsratschluss Gottes, mit dem Volk Israel verbunden (NA 4): Kirche und Israel verbinden ein geistliches Erbe. Der Anfang ihres Glaubens und der Kirche liegt hier: Jesus Christus und sein Evangelium ist ein Geschenk Israels an die Heiden – also an uns. Diesem Anfang kommt bleibende Bedeutung zu, wie das Konzil mit Paulus (Röm 9-11) betont: Die Wurzel trägt Dich! Israel bleibt daher das Volk der Verheißung, mit dem die Heidenchristen, so die eschatologisch noch ausstehende Hoffnung, einst das eine und vereinte Volk Gottes bilden werden. Angesichts dieser Sicht muss die Kirche die traditionellen Vorstellungen, die den christlichen Antisemitismus begründeten und im 20. Jahrhundert sich in der säkularen Ideologie des Rassenwahns in der Judenverfolgung des Nationalsozialismus verheerend auswirkte, entschieden revidieren. Für die deutschen Bischöfe und Kardinal Bea war Auschwitz im Konzil präsent. Die christliche „Theologie nach Auschwitz" begann in St. Peter; und nicht im Schatten der „Gott-ist-tot-Theologie". Zwar wurden in der letzten Textfassungen die klaren Töne (Verurteilung des Antisemitismus; ausdrückliche Verwerfung des Begriffs „Gottesmörder") wieder zurückgenommen. Doch der entscheidende Schritt war getan. Den Anderen wurde ein Einspruchsrecht eingeräumt: Wie wir über sie sprechen, haben sie zuerst als Subjekte zu bestimmen. Damit wurde den Anderen auf Dauer in unserem Sprechen über sie ein Mitspracherecht eingeräumt. Wir können nicht mehr über andere sprechen, ohne zuvor zugehört zu haben. Dieser allgemeine Satz gilt in der Beziehung zum Judentum in intensiverer Weise. Wir können unsere eigene Wurzel nicht verstehen, ohne sie von Israel ausgelegt zu bekommen. Damit aber wird die allgemeine Identitätsbestimmung, die die Kirchenkonstitution *Lumen gentium* 1 allgemein fasst, im Blick auf

Israel geschichtlich konkret. Wenn die Kirche von sich zu sprechen beginnt, muss sie von sich weg auf ihn verweisen. Wenn die Kirche *Ich* sagen soll, sagt sie Christus, *Er*. Wenn sie über ihre Herkunft in der Geschichte Auskunft gibt, muss sie auf Israel verweisen. Die Kirche lebt aus verdankter Existenz, nicht aus sich. Sie ist nicht Grund ihrer eigenen Herkunft, weder geschichtlich noch theologisch.

Der Blick auf die ganze Menschheit, der auch in der Verheißung an Abraham ausgerufen wird (Gen 12: Segen für alle Völker), wird schon zu Beginn der Erklärung angesagt. Dem technischen und wirtschaftlichen Zusammenwachsen der Menschheit wird die Vision einer tieferen Einheit der Menschheitsfamilie entgegen gehalten (NA 1). Alle Menschen haben einen gemeinsamen Ursprung und ein gemeinsames Ziel. Weil sie Gott zum Vater haben, sind alle Menschen Brüder und Schwestern. Deshalb umfasst die eine Vorsehung Gottes alle Menschen in einer Vielfalt seiner Heilsratschlüsse. Die vielen „consilia salutis" werden mit einem Blick auf die höchst widersprüchliche Religionsgeschichte vertieft. Damit wird die Pluralität der Religionen erstmals konziliar positiv beschrieben, weil es nun möglich war, sie in aller ihrer Widersprüchlichkeit und Selbstunterscheidung, auf eine gemeinsame Singularität hin ausgerichtet sind: Gott als Ursprung und Ziel aller Wirklichkeit. Formal bestimmt das Konzil das Religionsphänomen elegant über das Fragephänomen. Die Menschen erwarten von den Religionen, zu denen auch das Christentum gehört, Antwort auf die Frage, die die menschliche Existenz auszeichnet. Das Fragliche jedoch in allen den Fragen ist die Frage nach dem letzten und unaussprechlichen Mysterium, das unsere Existenz umfasst. Der Mensch ist in eine Ursprungs- und Zieldynamik hinein genommen, die ihn umfängt, und die ihn antreibt.

Den verschiedenen Religionen begegnet die Kirche in jener Haltung, die von dieser Erklärung ja bestimmt werden sollte.[9] Folgende Maxime definiert die „ecclesiae habitudo": „Die Kirche verwirft nichts von dem, was in diesen Religionen wahr und heilig ist" (NA 2). Diese Haltung hat jedoch in Christus ihre Mitte. Beides also gehört zusammen: Anerkennung der Anderen und christologisch fundierte Identität. Christen treten als Christen in die Begegnung mit Anderen ein. Das bedeutet jedoch nicht, dass der Prozess der Unterscheidung der Geister vor Dialog und Begegnung klar sein könnte. Was wahr und heilig ist, lernt die Kirche im Dialog und in der Bereitschaft, sich offen auf das Neue und Fremde einzulassen. Von Anfang an hat der christli-

---

9   Weil der lateinische Originaltext den Begriff „habitudo" („Haltung") verwendet, ist die gängige deutsche Übersetzung mit „Beziehung" irreführend. Über eine Beziehung kann eine Seite nicht allein nachdenken, zumal es damals noch keine Beziehung im qualitativen Sinne des Wortes gegeben hatte. Sehr wohl kann die Kirche aber über ihre Haltung Auskunft geben.

che Glaube keine Eigensprache ohne die Anderen. Um unsere Sendung zu finden, haben wir in den Spuren der Anderen zu lernen. Und aus unserem eigenen Vermögen werden wir weder in umfassender Weise Christus noch Gott wahrnehmen und anerkennen.

Denn in allen Religionen nimmt das Konzil eine „perceptio" („Wahrnehmung") und eine „agnitio" („Anerkennung") des göttlichen Geheimnisses an. In der Religionsgeschichte stellen wir eine Entwicklung der Sprache, des Denkens und der Kultivierung des religiösen Sinnes fest, die in den Hochreligionen kulminieren. Hinduismus und der Buddhismus werden mit prägnanten Beschreibungen erwähnt. Während die Gottesfrage im Hinduismus in den Yogawegen und den verschiedenen Schrifttraditionen genannt wird, fällt auf, dass der Gottesgedanke im Buddhismus keine Rolle spielt. Die Wege der Befreiung werden in einer feinen Unterscheidung als kleines und großes Fahrzeug erkennbar. Was wird von diesen Traditionen im Licht Christi als wahr und heilig anerkannt? *Nostra aetate* gibt keine direkte Antwort. Aber wir können annehmen, dass die Suche nach Gott, die Notwendigkeit von Befreiung, das Ungenügen an der veränderlichen Welt und die Ernsthaftigkeit der Lebensführung, dazu gehört. Mit einer bemerkenswerten Aufforderung endet dieser Abschnitt. Zusammenarbeit geschieht in christlicher Liebe dadurch, dass die geistlichen und sittlichen Güter der Anderen anerkannt und gefördert werden; wohlgemerkt: der Anderen!

Mit dem dritten Artikel betritt die Erklärung den Raum der abrahamitischen Tradition. Eine theologiegeschichtliche Revolution verbirgt sich in dem kleinen Wort: „cum aestimatione" („Mit Wertschätzung"). NA setzt die Linie von LG 16 fort. Der Glaubensbegriff des Islam in Bezug auf den einen Gott wird gewürdigt. Dass der Prophet Mohammad und der Koran nicht genannt werden, verweist auf eine offene Frage. Die Verehrung und Anerkennung Jesu und Mariens wird ausdrücklich erwähnt. Hier, in der Christologie, ist die erste Differenzbestimmung der Erklärung zu vermerken. Weniger glücklich fällt der Rückblick auf die wechselvolle, zumeist konfliktive Vergangenheit aus.

Da wir die anschließende Nummer 4 schon zu Beginn dieses Abschnittes besprochen haben, darf auf den letzten Artikel gesprungen werden. Dass es dem Konzil nicht um eine Ökumene der Religionen gegen die säkulare Welt oder gar die Atheisten ging, zeigt die Aufforderung, sich gemeinsam für Gerechtigkeit, Sittlichkeit, Frieden und Freiheit einzusetzen. Nirgends lässt das Konzil die Bedeutung der Religionsfreiheit außer Acht. Ja: die Religionsfreiheit ist nicht nur die unbedingte Voraussetzung für den innerchristlichen Dialog, sondern für jedwede Begegnung zwischen Menschen. Die Religionsfreiheit ist nämlich kein singuläres Recht, sondern deshalb die entscheidende Dimension der Menschenrechte, weil sie die Stellungnahme jedes Menschen über sich, sein ganzes Leben und seine Vorstellung von Welt jeglicher staatlichen und gesellschaftlichen Gewalt entzieht. Dadurch aber wird er frei sein Leben als einzelner und in Gemeinschaft, privat und öffentlich nach eigener Überzeugung zu gestalten.[10]

Der Einsatz für alle wird in der letzten Nummer verstärkt. Die Einheit von Gottes- und Nächstenliebe, die Verkündigung des Kreuzes Christi als Liebe und Heil für alle fordern eine neue Praxis. Deshalb wird jede Form von Rassenhass und Verfolgung verworfen. In der entsprechenden Orthopraxie gewinnt die im Text entworfene Haltung ihre Erfüllung.

1.3 Die hintergründige Grammatik

Welche Optionen bestimmen die theologische Grammatik der Erklärung? Diese Frage gewinnt deshalb eine besondere Bedeutung, weil nur mit ihr Anliegen und Text des Konzils weiter geschrieben werden kann. Das Konzil verwendet keine philosophischen Kategorien, es spricht nicht von einer doppelten Erkenntnisordnung oder einer natürlichen Erkennbarkeit Gottes, wie es üblich war. Auch die traditionelle Natur-Gnade-Differenz ist nicht zu finden. Vielmehr denkt das Konzil durch und durch biblisch, und wird daher von einer heilsgeschichtlichen Dynamik in einer Universalität der Gnade getragen. Die biblischen Kategorien bestimmen auch die praktischen Konsequenzen.

Der Religionsbegriff wird anthropologisch erschlossen und durch Leitbegriffe Wahrnehmung und Anerkennung bestimmt.[11] Die eine Vorsehung umfasst eine die Vielfalt von Heilsratschlüssen. Man kann sagen, dass es so viele Heilswege wie Menschen gibt. Andererseits sieht das Konzil keine Möglichkeit, einen Metastandpunkt jenseits des Evangeliums und der Kirche

---

10 Dass diese Rechte an den Freiheits- und Personenrecht ihre Grenze haben, ist selbstverständlich. Zur Interpretation von *Dignitatis humanae* vgl. Siebenrock, Roman A., Theologischer Kommentar zur Erklärung über die religiöse Freiheit *Dignitatis humanae*, in: Peter Hünermann/Bernd Jochen Hilberath (Hg.), Herders Theologischer Kommentar zum Zweiten Vatikanischen Konzil, Bd. 4, Freiburg/Basel/Wien 2005, 125-218.

11 Ihm kann nicht vorgeworfen werden, alle Formen des religiösen Lebens der Menschen unkritisch zu bejahen. Vielmehr erweist sich gerade die anthropologische Korrelation als fähig, die Frage nach Wesen und Unwesen der Religion erst angemessen stellen zu können. Die Frage des wahren Gottesverhältnis entscheidet sich gemäß der Thoraauslegung Jesu am Verhältnis zum Nächsten und zu sich selbst (vgl. Mt 22,34-40). Daher ist das Unwesen oder Wesen der Religion daran zu messen, ob sie dem Reich Gottes, das das Konzil in den Kategorien der Gerechtigkeit, des umfassenden Friedens und der Würde der menschlichen Person übersetzt, dienen. Wenn der Fragekatalog in NA 1 nicht eingeschränkt interpretiert wird, sondern Lebenslösungen impliziert, dann entscheidet sich die wahre Religion in der Beziehung zu jenen Fragen und Existenzsituationen, die den Menschen als Menschen betreffen.

einzunehmen. Nicht Konzepte, Menschen begegnen einander. Was sollen die Glaubenden sein? Ein Segen für alle Völker (Gen 12)! Daher kann es keine Allianz der Religionen gegen die Anderen, oder gar die Moderne geben.

Der Text entsteht in der Logik einer Weltkirche. Daher werden allen die unterschiedlichen Kontexte zugemutet. Welch ein Segen! Wer hätte bei uns damals gedacht, dass der Abschnitt über den Islam, der textgenetisch von den Ortskirchen im Orient eingefordert wurde, für uns Europäer bald unverzichtbar werden sollte? Das Wichtigste aber ist die Genese des Textes. Aus einer Erklärung zum Judentum wurde einer Erklärung zu allen Religionen. Die Wurzel der Kirche in Israel trägt. Deshalb kann es keine christliche Theologie der Religionen ohne eine Theologie Israels geben.

2. Die Wirkung – „ad extra" und „ad intra": Einige Hinweise

Die Wirkungsgeschichte dieses Dokumentes ist so immens, dass hier nur kleine Andeutungen angesagt werden können. Die Wirkungsgeschichte lässt sich in eine universalkirchlich-institutionelle, lehramtlich-doktrinäre, theologische und künftige einteilenr. Die strukturellen Veränderungen in der Kirchenleitung sind an der Entwicklung des Sekretariats von Kardinal Bea abzulesen. Als „Päpstlicher Rat zur Förderung der Einheit der Christen" nimmt es seit 1988 den Dialog mit dem Judentum wahr. Die tiefe Verbindung von interreligiöser und ökumenischer Sendung darf dabei nicht übersehen werden, die in jenem Dialog gründet, der als Dialog des Heils von Gott selbst angestoßen worden ist. Die entsprechenden Ansprachen und Adressen der Päpste sind Entfaltungen der Theologie der kirchlichen Haltung („habitudo"), wie sie NA grundgelegt und Paul VI. in seinem Wort vom „Dialog des Heils"[12] ausgedrückt hat.[13] Johannes Paul II. stützt sich entfaltend auf diese grundlegende Perspektive.[14] Dadurch gewinnt der Dialog in der Gegenwart eine heilsgeschichtliche Verwurzelung.

12 Paul VI., Enzyklika *Ecclesiam Suam* an die Ehrwürdigen Brüder, die Patriarchen, Primaten, Erzbischöfe, Bischöfe und die anderen Oberhirten, die in Frieden und Gemeinschaft mit dem Apostolischen Stuhle leben, an den Klerus und die Christgläubigen des ganzen Erdkreises sowie an alle Menschen guten Willens über die Wege, die die katholische Kirche in der Gegenwart gehen muss, um ihre Aufgabe zu erfüllen vom 6. August 1964, in: AAS 56 (1964) 609-659; dt., *Ecclesiam Suam*. Enzyklika Papst Paul VI. Lateinischer Text und deutsche Übersetzung, Leipzig 1964, Teil 3.

13 Vgl. Gioia, Francesco (Hg.), Pontifical Council for Interreligious Dialogue, Interreligious Dialog. The official Teaching of the Catholic Church (1963–1995), Boston 1997, 215-218.268-271.498-501.

14 Johannes Paul II., Enzyklika *Redemptoris Missio* über die fortdauernde Gültigkeit des missionarischen Auftrages vom 7. Dezember 1990, in: AAS 83 (1991)

Seit Februar 2006 wird der Päpstliche Rat für den interreligiösen Dialog von Kardinal Poupard, dem Präsidenten des Päpstlichen Rates für die Kultur, geleitet. Erzbischof Fitzgerald, der vormalige Leiter, wurde Botschafter des Heiligen Stuhls in Ägypten. Es ist noch zu früh darüber zu spekulieren, was dies bedeuten könnte. Anlass zum Nachdenken und zu höherer Aufmerksamkeit aber gibt diese Umstrukturierung sehr wohl.

Einen herausragende Bedeutung gewinnt vor allem unter dem Pontifikat von Johannes Paul II. der Dialog mit dem Judentum, der in symbolischen Handlungen zu öffentlichen Darstellungen des Wandels werden. Am 13. April 1986 besuchte er die Synagoge in Rom,[15] am 30. Dezember 1993 nahm der Apostolische Stuhl diplomatische Beziehungen mit dem Staat Israel auf und in der Vorbereitung auf das Heilige Jahr 2000 setzte er die Forderung Jules Isaac nach einer Reinigung des Gewissens weltkirchlich um. Dieser Prozess, in den auch die Erklärung über die Schoa („Wir erinnern uns" von 1998) gehört, fand seinen prägnanten Ausdruck in den großen Vergebungsbitten am 1. Fastensonntag des Jahres 2000 und im Besuch des Papstes im Heiligen Land, wo er die Gedenkstätte Yad Vashem besuchte und die Vergebungsbitte in einer bewegenden Szene in die Klagemauer legte.[16] Mit seiner ganzen persönlichen Autorität schreibt er am 9. April 1993 einen Brief an

---

249-340; dt., hg. Sekretariat der Deutschen Bischofskonferenz (Verlautbarungen des Apostolischen Stuhls 100), Bonn 1990, Nr. 4.

15　Johannes Paul II. erklärte hier: „Der erste Punkt ist der, daß die Kirche Christi ihre ‚Bindung' zum Judentum entdeckt, indem sie sich auf ihr eigenes Geheimnis besinnt (vgl. *Nostra Aetate* Nr. 4, Absatz 1). Die jüdische Religion ist uns nicht etwas ‚Äußerliches', sondern gehört in gewisser Weise zum ‚Inneren' unserer Religion. Ihr seid unsere bevorzugten und, so könnte man gewissermaßen sagen, unsere älteren Brüder". Rendtorff, Rolf/Henrix, Hans Hermann (Hg.), Die Kirchen und das Judentum. Dokumente von 1945–1985.Gemeinsame Veröffentlichung der Studienkommission Kirche und Judentum der Evangelischen Kirche in Deutschland und der Arbeitsgruppe für Fragen des Judentums der Ökumene-Kommission der Deutschen Bischofskonferenz, Paderborn/München 1988, 109.

16　Alle Dokumente bei: Henrix, Hans Hermann/Kraus, Wolfgang (Hg.), Die Kirchen und das Judentum. Dokumente von 1986-2000. Veröffentlichung im Auftrag der Studienkommission Kirche und Judentum der Evangelischen Kirche in Deutschland und der Arbeitsgruppe für Fragen des Judentums der Ökumene-Kommission der Deutschen Bischofskonferenz, Paderborn/Gütersloh 2001: *Tertio Millenio Adveniente* (92-96); *Incarnationis mysterium* (123-125); *Wir erinnern uns* (110-119); *Vergebungsbitte* (151-156). Die Vergebungsbitte, die der Papst in die Klagemauer legte, verzichtet im Gegensatz zur Vergebungsbitte vom Fastensonntag 2000 auf die christologische Schlussformel (ebd. 161). Während der englische Originaltext in dieser Weise dokumentiert wird, wird das Gebet an der Klagemauer auf der Homepage des Vatikans christologisch ergänzt (http://www.vatican.va/holy_father/john_paul_ii/travels/documents/hf_jp-ii_spe_20000326_jerusalem-prayer_ge.html).

den Karmel von Auschwitz. In all diesen Handlungen bleibt seine Erinnerung an Freunde und Nachbarn aus der Kindheit lebendig.[17] Nicht nur im authentischen und glaubwürdigen Gestus, auch in der Sprache findet der Papst eine weiterführende und überzeugende Ausdrucksweise, die zuvor in den *Richtlinien und Hinweisen für die Durchführung der Konzilserklärung Nostra Aetate Nr. 4"* (1974) universalkirchlich verbindlich wurden. In diesen werden die programmatischen Reden von Erzbischof Šeper und Bischof Elchinger in der Konzilsaula in die alltägliche Praxis umgesetzt. NA 4 lässt anklingen, dass „Christen nichts »über« die Juden lernen, wenn sie nicht bereit sind, *von* ihnen zu lernen und auf ihr Zeugnis zu hören"[18]. Der Reinigung des Gewissens ging die im Konzil angekündigte Reinigung der kirchlichen Sprache voraus. Sie werden als Söhne und Töchter des Gottes unserer Väter, gleichsam als unserer älteren Geschwister bezeichnet. Einen vorläufigen Höhepunkt bildet auf der Ebene der theologischen Debatte das Dokument der päpstlichen Bibelkommission „Das jüdische Volk und seine Heilige Schrift in der christlichen Bibel"[19] vom 24. Mai 2001 und die Erklärung sehr unterschiedlicher jüdischer Gruppierungen aus den USA „Dabru Emet"[20], die den Dialog aufnehmen und ihm eine neue Dimension ermöglichen. Die universalkirchlichen Äußerungen hatten ihre Bedeutung für ortskirchliche Entwicklungen und wurden von diesen beeinflusst. Hier kommt der Deutschen Bischofskonferenz auf Grund der Geschichte eine besondere Bedeutung zu.

Im Blick auf die vielfältigen Dialoge, die die Kirche sich seit dem Konzil zumutet, hat sie sich immer wieder auf die eigene Identität zu besinnen, die

17 Siehe: Siebenrock, Roman A., „Tertio Millenio Adveniente." Zur Dramaturgie des Pontifikats von Johannes Paul II., in: Tschuggnall, Peter (Hg.), Religion – Literatur – Künste 3. Perspektiven einer Begegnung am Beginn des neuen Milleniums. Mit einem Vorwort von Paul Kardinal Poupard und dem Brief an die Künstler von Johannes Paul II. (Im Kontext 15), Anif/Salzburg 2001, 66-83.

18 Kirchberg, Julie, Theo-logie in der Anrede als Weg zur Verständigung zwischen Juden und Christen (Innsbrucker Theologische Studien 31), Innsbruck/Wien 1991, 27.

19 Päpstliche Bibelkommission, Das jüdische Volk und seine Heilige Schrift in der christlichen Bibel (24. Mai 2001), dt., hg. Sekretariat der Deutschen Bischofskonferenz (Verlautbarungen des Apostolischen Stuhls 152), Bonn 2001. Das Dokument nimmt die hermeneutische Frage von NA 4 zur angemessenen Auslegung des Alten Testamentes auf und nähert sich der These von den zwei Ausgängen deutlich an: „Jede dieser beiden Leseweisen bleibt der jeweiligen Glaubenssicht treu, deren Frucht und Ausdruck sie ist. So ist die eine nicht auf die andere rückführbare (Nr. 22). Die verschiedenen Sinnmöglichkeiten des Textes könnten daher für beide, Juden und Christen, fruchtbar werden (ebd.; vgl. auch Nr. 64).

20 Kampling, Rainer/Weinirch, Michael (Hg.), Dabru Emet – Redet Wahrheit. Eine jüdische Herausforderung zum Dialog mit den Christen, Gütersloh 2003.

nur in ihrer Sendung liegen kann. Keine Großinstitution mutet sich einen Dialog mit potentiell allen Menschen zu. Dabei ist die Frage nach der Mission, die dem Konzil selbstverständlich war, in den Jahren danach völlig verdrängt worden. Innerkirchlich beherrscht das Thema des Verhältnisses von Dialog und Mission die Debatte. Besonders zwei Verlautbarungen (1984: *Dialog und Mission*; 1991: *Dialog und Verkündigung* (zusammen mit der Kongregation zur Evangelisierung der Völker) unterscheiden verschiedene Formen von Dialog und stellen die unverzichtbare Bedeutung der Mission, bzw. der Verkündigung heraus. Diese Dokumente lassen sich als Explikation von NA 2 in unterschiedlichen Kontexten verstehen und tragen in sich noch Suchcharakter. Nichtchristliche Religionen sind deshalb ein durchgängiges Thema in allen universalkirchlichen Dokumenten. Als Grundthema lässt sich das Verhältnis zwischen der universalen Erlösung in Jesus Christus und der Anerkennung nichtchristlicher Religionen in ihrer theologischen Würde herausstellen. Die kontroverse Diskussion um diese Frage zeigt sich selbst in lehramtlichen Texten. Wie die Entstehung von *Nostra aetate* durch verschiedene Entwicklungen in der ökumenischen Christenheit, insbesondere im Weltkirchenrat, beeinflusst war, so ist die Neubestimmung des Verhältnisses zum Judentum und die Entwicklung einer christlichen Theologie der Religionen ein Geschehen, dass alle christlichen Kirchen und Gemeinschaften bewegt. In den letzten Jahren, nicht erst seit 2001, gewinnt ein Thema in den Aussagen des Papstes hohen Rang, das die Initiativen von Assisi trägt. In allen Zusammenhängen betont Johannes Paul II. als Grundaussage des Glaubens immer wieder, dass Gewalt im Namen Gottes ausgeschlossen sei.[21]

In der theologischen Entwicklung wurde die Bedeutung der Schoa, die den Konzilstext und seine Genese begleitete, erst einige Jahre nach dem Konzil unter dem Stichwort „Theologie nach Auschwitz" wirksam. Heute steht es im Kontext der Theodizeefrage zur Bestimmung der Gottesrede im Bannkreis des Themas nach dem Leiden oder der Ohnmacht Gottes. Die Wiederentdeckung der jüdischen Wurzel führte wiederum erst danach zu einer Anerkennung der jüdischen Dimension in der gesamten christlichen Gottesrede. Flankiert wird die Wiederentdeckung durch eine Klärung der katechetischen Sprache und Vorstellungen auf allen Ebenen. Die Idee einer abrahamitischen Ökumene nimmt deutlichere Konturen an, auch wenn sie durch den Palästinakonflikt mehr verdeckt als offenkundig wird. In solcher Rezeptionsbereitschaft christlicher Theologie stellt sich auf der anderen Sei-

---

21 Mit aller Deutlichkeit in: Johannes Paul II., Kein Friede ohne Gerechtigkeit – keine Gerechtigkeit ohne Vergebung. Botschaft seiner Heiligkeit Papst Johannes Paul II. zur Feier des Weltfriedenstages am 1. Januar 2002, in: OR (D) Nr. 51/52 vom 21.12.2001, 9-10. Weil der Terrorist sich Gott zu seinen Zwecken bediene, macht er ihn zu einem Götzen. Diese Option scheint immer deutlicher den Charakter einer Leitunterscheidung anzunehmen.

te die Frage, was dann das unterscheidend Christliche sei und wie der interreligiöse Dialog mit dem Bekenntnis zu Christus vereinbart werden könne.[22] Konkret wird diese Frage in der Gestaltung interreligiöser Feiern oder gar Gebetstreffen, wie es das Modell Assisi zeichenhaft verdeutlichte.

Der Ursprung von *Nostra aetate* war das Anliegen, angesichts der theologischen Verwerfungs- und nationalsozialistischen Vernichtungsgeschichte des jüdischen Volkes eine Theologie Israels zu entwickeln und den christlichen Antijudaismus zu überwinden. Diese ursprüngliche Intention wurde auf alle nichtchristlichen Religionen ausgeweitet. Wie verhält sich aber NA 4 in *Nostra aetate* zum Gesamttext, oder: Wie ist das Verhältnis der Theologie Israels zu einer Theologie der Religionen? Ich stelle ein Schisma dieser beiden in *Nostra aetate* verbundenen Aufgaben fest, da vielfach das Alte Testament durch Schriften anderer religiöser Traditionen verdrängt zu werden droht und viele Entwürfe zu einer Theologie der Religionen nicht an einer Theologie Israels Maß nimmt. Auf der anderen Seite wird im christlich-jüdischen Dialog die weitere Sicht meist arbeitsteilig abgegeben. Könnte es nicht sein, dass in diesem Gespräch die Sendung „ad gentes" im ursprünglich biblischen Sinne des Wortes eine höhere Bedeutung gewinnen müsste.

Nur ein Ineinander von theologisch-trinitarischer Sicht und „Haltung" (d.h. Identität und Sendung) der Kirche kann Haltung und Handlungsmaximen der Kirche bestimmen. Der universale Heilswille Gottes (Gott will das Heil aller Menschen; vgl. Röm 9-11; Eph 2) erweist sich in einer kenotischen Christologie, die als geschichtliche Gegenwart der Liebe Gottes in Menschwerdung und Kreuz (vgl. GS 22; AG 12; DH 11) die Form der Sendung der Kirche ist und deshalb ihre Haltung gegenüber den Menschen definiert. Die Sendung der Kirche ist daher nicht allein formal, sondern mehr noch in ihrer jeweiligen geschichtlichen Ausdrucksgestalt in diese vorgegebene Form (Kenosis-Christologie) eingebunden (vgl. LG 1). In der Haltung ihrer Begegnung mit den Anderen erweist sich ihr Christuszeugnis (NA 2). Die Einheit von Wahrheit und Zeugnis- bzw. Vollzugsgestalt des christlichen Glaubens wird durch den Begriff der Haltung („habitudo") unauflösbar. Deshalb erfüllt mich die Aushöhlung der Christologie von Seiten vieler christlich-theologische Entwürfe mit Sorge. Die Christozentrik des Konzils war kein Christomonismus, sondern barg in sich nicht nur die geschichtlich-konkrete Gestalt der Rede von Gott, sondern auch die einzige Vollzugsform der Wahrheit des Evangeliums.

---

22 Schwager, Raymund (Hg.), Christus allein? Der Streit um die pluralistische Religionstheologie (QD 160), Freiburg/Basel/Wien 1996; Internationale Theologenkommission, Das Christentum und die Religionen. 30. September 1996. Fribourg 2001; Stubenrauch, Bertram, Dialogisches Dogma. Der christliche Auftrag zur interreligiösen Begegnung (QD 158), Freiburg/Basel/Wien 1995.

Durch die offene Begegnung mit den Anderen wird die Kirche aber mit einem Fremdbild ihrer selbst konfrontiert, das dieser Wesenshaltung widerspricht. Die Anderen bezeugen uns ein faktisches Gegenzeugnis. Die „Reinigung des Gewissens", wie sie Papst Johannes Paul II. in Vorbereitung des Jahres 2000 gefordert und im Schuldbekenntnis am ersten Fastensonntag 2000 vollzog, ist eine Vertiefung und Konkretisierung der Aussage von NA 3 und vor allem von NA 4. Diese Haltung sucht nach neuen Formen, wie sie nach dem 11. September 2001 im Solidaritätsfasten mit den Muslimen zum Ende des Ramadan gefunden wurden. Der 1967 jeweils am 1. Januar zu begehende Weltfriedenstag, zu dessen Anlass die Päpste Wege zum Frieden bedenken, erneuert die vom Konzil formulierte Sendung der Kirche in einer friedlosen Welt. Dass sowohl die gemeinsame Berufung zur Heiligkeit als auch die missionarische Dimension der Kirche, die selbstverständliche Grundaussagen des Konzils waren, keine wirkliche Bedeutung in der nachkonziliaren Entwicklung hatten, sehe ich als das größte Defizit „ad intra" an.

3. Treibende Fragen

Vor allem in der Wahrnehmung des Handelns Johannes Paul II. haben fast alle Religionsgemeinschaften ein neues Bild von der römisch-katholischen Kirche gewonnen. In dieser Hinsicht hat Benedikt XVI. noch keine öffentliches Profil entwickelt. Nirgends wird der interreligiöse Prozess vernachlässigt, auch wenn die Getauften in vielen Ländern unter erheblichen Druck geraten und, was bei uns aus falscher Scham verschwiegen wird, zu Märtyrer werden. Die Situation in mehrheitlich islamischen Ländern bleibt besorgniserregend. Gerade deshalb ist entschieden nach dem Verhältnis von Identität und Dialog zu fragen. Wenn der interreligiöse Dialog nicht mit der Mitte des Glaubens verbunden wird, steht er sofort in Frage. Daher bedeutet die Auflösung der Christologie keinen Vorteil, sondern eine höchste Gefährdung des Dialogs. Dialog ist immer aus der Mitte des jeweiligen Glaubensverständnisses zu gestalten.

Wer die Bedeutung einer solchen tiefgehenden Wandlung der Kirche auch nur annäherungsweise zu beurteilen vermag, ahnt die Probleme und Gefährdungen auf dem Weg. Deshalb scheint mir der übliche Ton einer „Defizittheologie" und des immer neu beschworenen Nachholbedarfs nicht immer angebracht zu sein. Das bedeutet aber nicht, dass Selbstgenügsamkeit und konziliarem Triumphalismus nun das Feld überlassen werden sollte. Im Gegenteil! Dafür sorgen nicht nur die unzähligen Fragestellungen und Probleme, die bis heute erörtert werden, sondern schon rein persönlich auch jene Fragen, die ich noch kurz anreißen möchte. Wenn ich abschließend einige Fragen zu erörtern versuche, dann verstehe ich dies als Teil jener Kultur der

Disputation, die das Konzil in hohem Maße kultivierte – und ich danach kaum noch wiederfinde.

Nostra aetate kennt keine Theologie der Religionen ohne kirchlich-christologische Grammatik und der Verbindung zu Israel. Deswegen ist es ein wenig seltsam, dass der Noah-Bund im Konzil keine nennenswerte Rolle spielte. Statt die Heilsfrage zu stellen, wäre es angebracht, nach der Erkenntnis und der adäquaten Realisierung des Willens Gottes heute zu fragen. Die Heilsfrage ist mit dem Konzil dogmatisch gelöst. Die pluralistische Religionstheologie wälzt zum größten Teil vergangene Fragen, die gerade in der Biographie von John Hick durchaus verständliche Wurzeln hat. Nicht dass dies grundsätzlich unwichtig wäre. Offen aber bleibt bis heute, und dies erscheint mir dringlicher, die Frage nach der Bedeutung der Pluralität der Religionen im Allgemeinen und der jeweiligen einzelnen Religion und Glaubensauffassung im Licht der Heilsgeschichte.[23] Das Attribut „nichtchristlich" im Titel ist reine Verlegenheit. Welche Begriffe haben wir, um in gleicher Weise Anerkennung einer tiefen, vom Schöpfer gelegten und von Jesus Christus ratifizierten Einheit und Differenz auszusprechen? Nur eine Kirche, die sich in das Licht und unter das Kreuz Christi stellt, wird dazu fähig sein, weil es nicht nur um die Anerkennung der Anderen geht, sondern auch um die Wahrnehmung der Tiefe des Geheimnisses Christi als dem Wort, das Gott in die Geschichte hinein gesprochen hat. Wer im Abbruch und der Verweigerung des Dialogs an seiner Logik festhalten möchte, riskiert Leiden und Martyrium. Der interreligiöse Dialog ist ein vieldimensionaler Lernprozess, den die Kirche erst begonnen hat. *Nostra aetate* stellt für mich die Areopagrede der Kirche für das 21. Jahrhundert dar. Wir werden sie niemals hinter uns lassen können.

Als einzige Großinstitution der Gegenwart hat die römisch-katholische Kirche in der radikalen Transformation unserer Zeit öffentlich verbindliche Rechenschaft über ihren Standort und ihr Profil gegeben. Das Konzil versucht in verschiedenen Kontexten auf die Frage zu antworten: Kirche, wer bist Du? Womit müssen wir bei Dir rechnen? Welches ist Dein Standort, welches Deine Kriterien? Kurz: Was ist Dein Wesen, was ist Deine Haltung? In einer wagemutigen Verbindung des Blicks nach innen und des Blicks nach außen, versucht das Konzil nicht nur auf diese Fragen zu antworten, sondern stellt in seiner Gesamtpragmatik auch den Weg dar („Methode"), wie darauf auch weiterhin geantwortet werden soll. Die darin erarbeitete Grammatik scheint mir bis heute nicht ausgeschöpft zu sein. Johannes XXIII. nannte dies die Einheit von Dogma und Pastoral, von Wahrheitsanspruch und Vollzugsgestalt, die mit jener Aufgabe zusammenhängt, die er „aggiornamento" nannte. Ihm war es wichtig, dass das Evangelium auf der Höhe der Zeit bezeugt

---

23 Mehr als nur angedacht wird sie bei: Dupuis, Jacques, Toward a Christian Theology of Religious Pluralism. New York ⁶2005.

werde. Er schnitt uns den Fluchtweg in die Vergangenheit irgendeiner Vorzeit ab. „Aggiornamento" bedeutet: „heutig werden"; jetzt ist die Stunde der Gnade; Gott ist auch dieser Zeit nahe. „Aggiornamento" will eine Therapie gegen unsere Gegenwartsverweigerung sein.

In unserem Dokument wird die Einheit von Dogma und Pastoral als Einheit von Wesen und Vollzug „Habitudo", „Haltung" genannt. *Nostra aetate* stellt sich die Aufgabe, eine Antwort auf die oben genannten Fragen im Angesicht der Glaubenden anderer Religionen zu geben. Für die Antwort sind die Aussagen der Kirchen- und Pastoralkonstitution und der Erklärung über die religiöse Freiheit ebenso wichtig wie das Dialogprogramm von Papst Paul VI.

Weil das Konzil seine beiden zunächst arbeitstechnisch zu verstehenden Grundorientierungen „ecclesia ad intra – ecclesia ad extra" zu einer grundlegenden Vorgehensweise weiterentwickelt hat, d.h. als elementare Methode der Theologie in der von ihm postulierten Einheit von Dogma und Pastoral ansah, können wir heute in der Spur des Konzils die Fragestellung nur angemessen aufgreifen, wenn wir beide Perspektiven miteinander vermitteln. Beide Perspektiven sind weder wechselseitig aufzulösen, noch gegeneinander auszuspielen. Vielmehr ist die im Konzil angelegte Korrelation als dramatischer Prozess zu verstehen, in dem die Glaubenden selber eine gewichtige Rolle spielen und dadurch die Situation wesentlich mit zu gestalten haben. Wir fragen also nach dem Kontext, in der die Fragestellung der Erklärung sich zu bewähren hat. So hat schon das Konzil gearbeitet, auch wenn die meisten Interpretationen den Kontext der Erklärung und seine dramatische Genese ignoriert und übersprungen haben.

Einer dreifachen Aufmerksamkeit bedarf es, um einige Antworten auf diese Frage wenigstens konturenhaft zu skizzieren: die Frage nach dem heutigen Kontext, eine Reflexion auf den bisherigen Prozess des Dialogs angesichts der heutigen Lage und die Selbstbesinnung auf eine Kirche, die sich in einem radikalen Wandeln einer Selbstbestimmung ausgesetzt hat und die in diesem Prozess immer wieder sich neu nach ihren Wurzeln vergewissern muss.

Heute stellt sich grundsätzlich die Frage, ob nicht nur der interreligiöse, sondern auch der gesellschaftliche Dialog überhaupt sinnvoll ist. Zwar wird offiziell angesichts der Auseinandersetzungen um die Muhammed-Karrikaturen, des Ringens um das Atomprogramm des Iran und den Irakkrieg im Kontext des scheinbar immer weniger lösbaren Nahostkonflikts der Dialog politisch beschworen, doch ist das faktische Vorgehen der entscheidenden Mächte von solchen Beschwörungen weit entfernt. Ist der Dialog also nur Strategie und Taktik, also ein Teil der Propaganda in einer Auseinandersetzung, in der es wesentlich nicht um religiöse Fragestellungen, sondern um Ressourcen und Macht geht? Die anderen sind brutal, also müssen wir es auch sein. Der Dialog sei zu Ende, harte Disputation und Auseinandersetzung seien zu fordern. Urplötzlich sollen Christen und Kirchen den Dialog neu fördern und tragen; jene also, die in dem Entwurf einer europäischen Verfassung nur mühsam ihre Identität einklagen konnten.[24]

Der Palästinakonflikt war im Schatten der Shoah das Fegefeuer des Textes. Er ist bis heute ungelöst – und die Situation der Christinnen im heiligen Land wird immer prekärer. Wenn der Trend anhält, wird es bald keine Getauften mehr dort geben. Sie werden zwischen den Mühlsteinen der gewaltbereiten Parteien zerrieben. Die Statistik verweist meiner Ansicht nach auf ein grundlegendes Problem in der Identitätsbestimmung der Glaubenden. Zwar ist es gewiss richtig, dass von der traditionellen Judenmission Abschied genommen wurde, doch was soll den Sinn christlicher Existenz in Palästina heute auszeichnen? Hinter der Ablehnung der Judenmission verbirgt sich ein Missionsverständnis, das auch für andere Beziehungen so nicht mehr gelten kann. Aber wäre nicht genau in Beziehung zum Judentum ein neues Verständnis der Sendung der Getauften zu entwickeln? Könnte eine Missionstheologie nicht an der evangeliumsgemäßen Beziehung zu Israel seine unverzichtbare Orientierung gewinnen? Dadurch könnte die gut gelebte Differenz zu und für Israel zu einem Modell für die Identitätsbestimmung der Kirche im Angesicht der Anderen werden. Musste eine Kirche, die ihre Identität entscheidend durch Entgegensetzungen wie Antijudaismus, Gegenreformation und Antimodernismus gewonnen hatte und selber aus dem Bewusstsein lebte, alle Wahrheit bewusst allein auch leben zu können, nicht durch das Hören auf andere und den Mut zum Dialog in eine Krise gestürzt werden? Sollte deshalb aber die Aufmerksamkeit für die Anderen und deren Geschichte mit uns verweigert werden? In dieser Identitätsbestimmung, die nicht nach innen in die Kirche neue Feindbilder stiften sollte, stehen wir aber ganz am Anfang. Das aber meinte die Rede von der Haltung der Kirche in diesem Dokument. Erst in einer gelebten Weise der Beziehung kann auch die folgende Frage eine Beantwortung im Leben der Kirche erhalten.

Dass das Bild vom geöffneten Fenster zu harmlos ist, kann vor allem daran abgelesen werden, dass, wenn ich richtig sehe, bis in die Kerngemeinden hinein, kaum mehr überzeugend auf die Frage nach dem Sinn des eige-

---

24 Dass genau in diesem unklaren Feld eine politische Theologie als Teil einer ekklesialen Handlungstheorie zu entwickeln ist, scheint mir eine der vergessenen Aufgabenbestellungen von *Nostra aetate* darzustellen. Vgl. meinen Versuch in der Diskussion mit der neuen politischen Theologie von J.B. Metz: Siebenrock, Roman A., Wie sind Zeichen des Heils in einer sündigen Wirklichkeit möglich? Thesen zu bleibenden Bedeutung der Politischen Theologie im Anschluss an Raymund Schwager SJ, in: ders./Sandler, Willibald (Hg.), Kirche als universales Zeichen. In memoriam Raymund Schwager SJ (Beiträge zur mimetischen Theorie 19), Münster ua.a. 2005, 381-397.

nen Christseins geantwortet werden kann. Warum jemand heute Christ sein oder werden soll, wird zumeist nur noch kulturell und deshalb rein traditionell beantwortet. Aber auch auf wissenschaftlicher Ebene ist die religionsgeschichtliche Berechtigung des Christentums, insbesondere im jüdisch-christlichen Dialog, eher ein Tabuthema. Wie soll aber eine Gemeinschaft dialogfähig sein, ja eine Stütze des Dialogs sein, die um ihre eigene Identität nicht mehr weiß. Ich meine, dass viele Träger des nachkonziliaren Prozesses ihre Identität aus dem sogenannten Milieukatholizismus gewonnen haben. Ich befürchte, dass sich noch keine konziliare oder gar nachkonziliare Identitätsbildung wirklich ausgebildet hat. Damit meine ich nicht, dass wir nicht zu sprechen gelernt hätten. Doch des Nachts auf See verlässt uns das Gelernte und die Gespenster treten hervor. Dann steht unsere Theologie im unreflexen Ausruf. Ich sehe allenthalben eine Sehnsucht keimen, die sich zu den Fleischtöpfen Ägyptens zurück sehnt: Theologie der Differenz nennt sich dies akademisch.

Dazu abschließend eine kleine Geschichte, die mir vor kurzem erzählt wurde. In einem Sommerlager von Jugendlichen, die den verschiedenen abrahamitischen Religionen angehörten, kam es nach wenigen Tagen zu heftigen Auseinandersetzungen, die in folgende Anfrage mündeten: Die Juden halten den Sabbat und machen dies und jenes; ganz ähnlich die Muslime die fünfmal beten, keinen Alkohol trinken und Speisevorschriften einhielten. Was aber ist uns Christen so wichtig, dass wir dies nicht zur Disposition stellen?

DER BEITRAG DES INTERRELIGIÖSEN DIALOGS ZUM FRIEDEN
Eine orthodoxe Perspektive
Metropolit Michael Staikos, Wien

Der vierzigste Jahrestag der Publikation des Dokumentes des II. Vatikanums *Nostra aetate* ist ein willkommener Anlass, um die Perspektive der Orthodoxen Kirche zu präsentieren, die Bedeutung und den Beitrag des interreligiösen Dialogs zum Frieden betreffend, nicht zuletzt, weil die heutige politische Situation auf der ganzen Welt diesem Thema und dem Ziel dieses Dialogs für die Gegenwart, aber auch und vor allem für die Zukunft Europas eine wichtige Position und Rolle zukommen lässt. Der Dialog zwischen den Religionen ist nach dem ökumenischen Dialog zwischen den christlichen Konfessionen ein wichtiges Anliegen und bildet zugleich ein existentielles „Programm", das wir alle gemeinsam zu verantworten haben, von hier aus, aus Mittel- und Westeuropa, aber auch aus den betroffenen Regionen selbst in gegenseitiger Achtung und Respektierung.

Dies hat weit reichende Konsequenzen, denn in diesem Zusammenhang wird auch die tatsächliche Dimension Europas gesehen, die nicht mit der jetzigen Gestalt der Europäischen Union identisch sein kann. Die geographische Dimension Europas, nämlich vom Norden bis Süden, von Island und Norwegen bis Kreta und Zypern und vom Westen bis Osten, von Portugal bis mindestens zum Ural, darf aus unserem Blickwinkel nicht verloren gehen, also das ganze Europa und zwar ohne Ansehen der Religion, der Politik, der Wirtschaft, der Kultur, der Zivilisation usw., in der Vielfalt der Konfessionen, der Traditionen, der Kulturen, der Mentalitäten usw. Die programmierte stufenweise Erweiterung der Union auf das ganze Europa bezeugt diese gewünschte Realität, die auch von der Gesamtorthodoxie begrüßt wird.

Aus diesem Grunde sind die Selbstdarstellungen aus den jeweils betroffenen Regionen nicht nur sinnvoll, sondern unerlässlich, damit authentische Informationen vermittelt werden. Wir wissen ja, und allmählich wird es immer deutlicher, dass es nicht immer zu positiven Ergebnissen führt, wenn Menschen über andere urteilen wollen, oder wenn sie das Leben der anderen gestalten oder sogar mit einer gewissen Betreuungsmentalität verbessern wollen, ohne sie zu fragen, ohne auf ihre konkrete Lebenssituation, soziopolitisch, kulturell und religiös Rücksicht zu nehmen.

Michael Staikos

Europa ist auch nicht nur aus dem politischen, wirtschaftlichen, kulturellen oder sogar militärischen Blickwinkel zu sehen, sondern auch aus dem religiösen und spirituellen. Diese Berücksichtigung kann nicht hoch genug geschätzt werden für die Bewältigung der vorhandenen Probleme und für die Perspektiven der Erweiterung der Europäischen Union und schließlich für die Gestaltung des neuen Europas.

Der religiöse Aspekt muss also sehr ernst genommen werden. Er darf nicht nur als eine private Angelegenheit betrachtet oder zu einer solchen degradiert werden, was in manchen Bereichen unter dem Mantel der grenzenlosen demokratischen Religionsfreiheit, da und dort, leider geschehen ist. Wenn man das tut, ignoriert man das Wesen und die ganzheitliche Dimension des Menschen überhaupt und die menschliche Gesellschaft verarmt. Aber auch rein pragmatisch und aus den historischen Fakten selbst kann man von diesem Europa die religiöse Dimension in seiner heutigen kulturellen und zivilisatorischen Gestalt nicht wegdiskutieren. Und ich meine hier überhaupt nicht kirchenpolitische oder machtpolitische Aspekte einer privilegierten Schicht, wie manche vielleicht denken könnten, sondern ich meine den heutigen hohen Wert der europäischen Kultur und Zivilisation, durchdrungen und ernährt von der christlichen Komponente in ihrer vielfältigen, westkirchlichen und ostkirchlichen Gestalt und Tradition. Was wäre heute Europa ohne sein christlich-religiöses Fundament?

In den hier besprochenen Regionen Europas, im mittleren, östlichen und südöstlichen Europa, gilt das, was hier erwähnt wurde, in besonderer Weise. Es mag sein, dass diese Regionen, vor allem das östliche und südöstliche Europa wegen militärisch-politischer Entwicklungen Jahrhunderte bzw. Jahrzehnte lang in eine existentiell äußerst schwierige Situation geraten sind. Alle diese Völker, versklavt, unterdrückt, ausgebeutet und missbraucht, wurden ihrer Freiheit und weitgehend ihrer Religionsausübung beraubt. Trotzdem, und in großem Ausmaß vom freien und demokratischen Europa im Stich gelassen, konnten alle diese Völker in einer erstaunlichen Weise die Katakombenzeit der vielfältigen Verfolgungen und der Not überleben. Ohne die Kraft ihres religiösen Glaubens, ohne die unzähligen und unschätzbaren Opfer der Orthodoxen Kirchen dort, der einfachen Menschen, der Mönche in den verfolgten und zum erheblichen Teil zweckentfremdeten und zerstörten Klöstern, und der meisten ihrer Hirten und Hierarchen, wäre nicht einmal das Überleben möglich. Auch diese Dimension der Orthodoxen Kirchen wird oft ignoriert oder gering geschätzt. Wir können also hier feststellen, dass die Religion in allen Dimensionen des Lebens der Menschen und der Völker, in Guten aber auch im Schlechten, eine eminent existentielle Bedeutung hat. Eine solche wichtige Rolle kann sie auch in Zukunft für das vereinte, neue Europa in einer ökumenischen Verantwortung aller Kirchen spielen. Anders geht es nicht. Dies meinte auch der Ökumenische Patriarch von Konstantinopel Bartholomäos I. am 19. April 1994 im Plenum des Europäischen Parlaments in Straßburg in seiner im Westen leider zu wenig beachteten Rede, als er an die Europa-Abgeordneten gewandt sagte:

> Die europäische Einigung, an der Sie als Vertreter des Willens Ihrer Völker arbeiten, ist eine uns vertraute Aufgabe. Wir stehen im Dienst einer Tradition von siebzehn Jahrhunderten, in denen wir uns um die Bewahrung und die Einheit der Kultur Europas gesorgt und für sie gekämpft haben. Das altehrwürdige Patriarchat des Neuen Rom (Konstantinopel) hat, ebenso wie der andere europäische Pol, das Alte Rom, nicht das Glück gehabt, diese Einheit sichtbar werden zu lassen. Darüber empfinden wir große Trauer. Und doch setzen wir sogar gemeinsam unser ursprüngliches Zeugnis fort, dass nämlich die politische Einheit, wenn sie von der Kultur getrennt wird, d.h. vom grundlegenden Sinn der menschlichen Beziehungen, unmöglich zur Schaffung des einen Europas führen kann. Die erstrebte Einheit der europäischen Völker kann nur als Einheit in der Gemeinschaft eines gemeinsamen Lebenssinnes, eines gleichförmigen Ziels der menschlichen Relationen, erreicht werden.

Die Bereitschaft des Ökumenischen Patriarchates zur Mitarbeit auch auf dem Weg zur Vereinigung und Versöhnung der vielen Völker Europas wird vom Ökumenischen Patriarchen den Parlamentariern im Europaparlament uneingeschränkt angeboten, sprach er doch schon im Jahre 1994 von der gewünschten Erweiterung der Europäischen Union:

> Außerhalb der heutigen [damaligen] Zwölfergemeinschaft sind auch andere Völker mit vielen Menschen, von denen die meisten der orthodoxen kirchlichen Tradition angehören, unterwegs auf dem europäischen Weg. Gestatten Sie mir der Hoffnung Ausdruck zu verleihen, dass auch diese Völker bald gerufen sein werden, am Leben und an den Institutionen des vereinten Europa teilzuhaben [...] Wir bitten Sie, die Bereitschaft des Ökumenischen Patriarchates zu akzeptieren, ihnen bei ihrem Streben nach europäischer Einigung zur Seite zu stehen, für ein Europa, das nicht nur für sich selbst da ist, sondern zum Wohl der ganzen Menschheit.

Das ist die kontinuierliche, konsequente Haltung der Orthodoxen Kirchen in allen Ländern, also auch im ganzen Europa und in den uns hier interessierenden Regionen. Schon eine gesamtorthodoxe Konferenz in Chambésy bei Genf formulierte im Jahre 1986 Folgendes:

> 3. Eine Minderheit, ob sie religiöser, sprachlicher oder ethnischer Art ist, muss in ihrer Andersartigkeit geachtet werden. Die Freiheit des Men-

schen ist untrennbar verbunden mit der Freiheit der Gemeinschaft, der er angehört [...] Ein solcher Pluralismus müsste eigentlich das Leben aller Länder bestimmen. Die Einheit einer Nation, eines Landes oder eines Staates müsste daher das Recht auf Verschiedenartigkeit der menschlichen Gemeinschaft einschließen.

4. Die Orthodoxie verurteilt kompromisslos das unmenschliche System der rassischen Diskriminierungen und die gotteslästerliche Behauptung von der angeblichen Übereinstimmung eines solchen Systems mit den christlichen Idealen. Auf die Frage „Wer ist mein Nächster?" antwortete Christus mit dem Gleichnis vom barmherzigen Samariter. So lehrte er uns die Beseitigung jeder Mauer der Feindseligkeit und Voreingenommenheit. Die Orthodoxie bekennt, dass jeder Mensch – unabhängig von Farbe, Religion, Rasse, Nationalität und Sprache – das Bild Gottes in sich trägt und unser Bruder oder unsere Schwester ist und gleichberechtigtes Glied der menschlichen Familie.

Diese Auffassungen wollen die Orthodoxen Kirchen in ökumenischer Verantwortung mit den anderen Kirchen teilen und in die Praxis umsetzen. So haben der frühere Patriarch von Konstantinopel Dimitrios und Papst Johannes Paul II. in einer gemeinsamen Erklärung schon im November 1979 für die Bedeutung des ökumenischen Dialogs Folgendes betont:

> Dieser theologische Dialog hat nicht nur zum Ziel, in Richtung auf die Wiederherstellung der vollen Gemeinschaft zwischen den katholischen und orthodoxen Schwesterkirchen fortzuschreiten, sondern auch zu den vielseitigen Gesprächen beizutragen, die sich in der christlichen Welt auf der Suche nach ihrer Einheit entwickeln [...] Wir möchten, dass diese Fortschritte in der Einheit neue Möglichkeiten des Dialogs und der Zusammenarbeit mit den Gläubigen anderer Religionen und mit allen Menschen guten Willens eröffnen, damit die Liebe und die Brüderlichkeit den Sieg davontragen über den Hass und den Widerspruch unter den Menschen. Wir hoffen, so zum Kommen eines wahren Friedens in der Welt beizutragen. Wir erbitten dieses Geschenk von dem, der war, der ist und der sein wird: von Christus, unserem einzigen Herrn und unserem wahren Frieden.

Die ökumenische Dimension beschränkt sich nicht auf das Verhältnis zwischen den Orthodoxen und der Römisch-Katholischen Kirche, sondern realisiert sich in einer intensiven Zusammenarbeit mit den anderen Kirchen auch in Europa, vor allem in der strukturierten Form der Konferenz Europäischer Kirchen (KEK) seit 1959, an der ca. 120 Europäische Kirchen und natürlich die Kirchen der hier besprochenen Regionen Mitglieder sind, gemeinsam mit dem Rat der römisch-katholischen Bischofskonferenzen Europas (CCEE).

Der Beitrag des interreligiösen Dialogs zum Frieden

Die erste europäisch-ökumenische Versammlung in Basel im Mai 1989 und die zweite europäisch-ökumenische Versammlung in Graz im Juni 1997 dieser beiden genannten kirchlichen bzw. ökumenischen Organisationen gaben wichtige Impulse eines unverfälschten gesamteuropäischen Bildes der religiösen, kulturellen, soziopolitischen und wirtschaftlichen Vielfalt der Strukturen und der Traditionen, unter Einbeziehung der hier besprochenen Regionen. Nach Graz kamen z.b. aus dieser Region im Juni 1997 ca. 5.000 Menschen aus allen Kirchen. Ich kann auf die Ergebnisse bzw. auf die Dokumente dieser gesamteuropäischen ökumenischen Versammlungen von Basel und Graz hinweisen und hoffen, dass auch die dritte europäisch-ökumenische Versammlung in Sibiu/Rumänien im September 2007 wichtige Impulse für die Zukunft setzen wird. Gott möge es geben.

2. Teil
Die katholische Kirche und das Judentum

40 Jahre nach *Nostra aetate*
Gibt es im Dialog neue Inhalte?*

Michael A. Signer, USA

Einleitung

Im Oktober 2005 waren es 40 Jahre, seit der Dialog zwischen Katholiken und Juden ermöglicht worden ist. Die Anzahl der Bücher, die sich den historischen, theologischen und philosophischen Dimensionen unserer Beziehung widmen, wächst jährlich an. Hinter den bedruckten Seiten steht eine solide Grundlage an menschlichen Begegnungen und sogar Freundschaften, was tiefreichender Meinungsverschiedenheiten zum Trotz zu einer weitergehenden Erforschung unserer religiösen Traditionen ermutigt. Es gibt Dutzende von Symposien und viele Forschungszentren, die sich auf die Vergangenheit, die Gegenwart und die Zukunft dieser Beziehung konzentrieren.[1]

Worauf beruht diese Änderung sowohl im Denken, in den Einstellungen, wie im Tun? Beruht das neue Klima gegenseitigen Respekts allein auf soziologischen Gründen? Hat das Bewusstsein der Schrecken des II. Weltkriegs und die Dezimierung der europäischen jüdischen Bevölkerung den Wechsel animiert? Können wir sagen, dass das Ende des Krieges bei Christen einen *kairos* auslöste, der nach einer tiefen Gewissensprüfung verlangte? Nach solch einer Phase der Zerstörung mag es gewiss einen neuen Optimismus gegeben haben in Hinsicht auf die Möglichkeiten sich anders zu verhalten und anders zu denken als vor dem Krieg. Man könnte sich auch fragen, inwieweit die Konstellationen neuer Zentren jüdischer Bevölkerung nach dem Krieg in den USA und Israel dazu beigetragen haben, dass dieser Austausch zunahm.

Möglicherweise haben all diese sozialen und historischen Entwicklungen zu *Nostra aetate* hingeführt, das am Ende des II. Vatikanischen Konzils verkündet wurde. Die Erfahrungen, während des Krieges jüdischen Gemeinden zu helfen, haben das Bewusstsein Papst Johannes XXIII. geschärft, eine

---

* Aus dem Englischen übersetzt von Christian Hackbarth-Johnson.
1 Die *Coalition of Centers on Jewish-Christian Relations* versammelt ein weites Spektrum an mit akademischen Institutionen verbundenen Organisationen. Siehe http://www.bc.edu/research/cjl/meta-elements/sites/partners/ccjr/Intro.htm.

neue Einstellung gegenüber dem Judentum zu entwickeln. Das Treffen mit Jules Isaac machte ihn noch mehr auf die Verbindung zwischen den christlichen „Lehren der Verachtung" und dem rassistischen Antisemitismus aufmerksam. Diese „Erfahrungen" beseelten Papst Johannes dazu, sich an Augustin Kardinal Bea SJ zu wenden, der derjenige wurde, der durchgehend über die ganze Länge des Konzils hindurch die Erstellung eines Dokuments über die Juden leitete.² Zum Ende des Konzils und mit der Ermutigung eines anderen Papstes hatte sich der Zugang der Kirche zum Judentum von dem Programm *De Judaeis* (Über die Juden) zu *De Ecclesiae Habitudine ad Religiones non-Christianas* (Erklärung über die Beziehung der Kirche zu den nicht-christlichen Religionen) verändert. Diese Erklärung kennen wir unter den einleitenden Worten „*Nostra aetate*" (In unserer Zeit).³

Der Titel des Programms scheint die These zu unterstützen, dass *Nostra aetate* ein Produkt des „Optimismus" der Konzilsväter und ihrer Hoffnungen im Jahr 1965 war, die Kirche könnte als Kraft der positiven Veränderung in dieser Welt wirksam sein. Gemeinsam verkündet mit Programmen wie *Gaudium et spes* und *Dignitatis humanae* betonte es die Bedeutung „unserer Zeit" in Unterscheidung zu den ewigen Wahrheiten. Der erste Satz bekräftigt den Wert der gegenwärtigen Welt, „da sich die Menschheit mehr und mehr zusammenschließt und die Beziehungen zwischen verschiedenen Völkern sich mehren". Die Kirche verstand ihre Aufgabe darin, „Einheit und Liebe unter den Menschen und damit auch unter den Völkern zu fördern."

Es mag genügen anzuerkennen, was *Nostra aetate*, auf der Grundlage der in ihr enthaltenen positiven Wertschätzung der menschlichen Gesellschaft, Gutes gebracht hat. Innerhalb der jüdischen Gemeinschaft schätzen wir alle Versuche, am *Tikkun Ha-Olam*⁴ zu partizipieren. Wie auch immer, wir Juden möchten die Welt wiederherstellen, eben aufgrund unseres tiefen Glaubens an eine Wahrheit, die im Buch der Psalmen ausgedrückt ist: „SEIN ist die Erde und was in ihr ist" (Ps 24,1). Was uns als Juden beseelt, ist die Fähigkeit, den göttlichen Grund der Menschheit und der Welt wiederherzustellen durch unsere Handlungen, die dazu führen heil zu machen, was durch Arroganz und Nachlässigkeit zerbrochen ist.⁵

2   Jules Isaac, Jesus and Israel, New York 1971. Eine Darstellung der Beziehung zwischen Papst Johannes XXIII., Kardinal Bea und Jules Isaac findet sich in Arthur Gilbert, Vatican II and the Jews, Cleveland 1968.
3   Für eine Darstellung der Versionen des Dokuments, die in das Konzil eingebracht wurden, siehe Alberto Melloni, Nostra Aetate and the Discovery of Sacred Otherness, http://www.bc.edu/research/cjl/meta-elements/texts/center/conferences/Bea_C-J_Relations_04-05/melloni.htm.
4   *Tikkun Ha-Olam* bedeutet die jüdische, besonders in der Kabbala prävalente eschatologische Vorstellung von der Heilung bzw. Wiederherstellung der Welt (Anm. des Übersetzers).
5   Emil Fackenheim schreibt in: To Mend the World. Foundations of Post-Holo-

Im folgenden Aufsatz möchte ich eine Einschätzung von *Nostra aetate* aus einer jüdischen Perspektive beschreiben, die den Blick freigeben wird auf ihr Potential, zu einem dauerhaften Gespräch zwischen Juden und Christen zu führen. Ich hoffe, ein Schlaglicht zu werfen auf die Mischung aus sozialen und theologischen Elementen, die den Kern des Dokuments ausmachen. Indem wir die theologischen Elemente in *Nostra aetate* offen legen, wird deutlicher werden, dass der Text die Spannungen aufzeigt, die in einer religiösen Tradition in einem Moment der *metanoia*, einem radikalen Wandel oder einer Reorganisation ihrer Einstellung, inhärent sind. Dieser Wandel ist zum einen das Ergebnis des sozialen Kontextes, in dem der Text geschrieben ist, zum anderen aber bringt er eine Öffnung hin zu theologischen Perspektiven, die zuvor nicht wahrgenommen worden sind.

Bünde, Beziehungen, Familien: Von der Scheidung zum Dialog

Wir beginnen unsere Erörterung zu *Nostra aetate* vor dem II. Weltkrieg. Der Kardinal von München, Michael Faulhaber, war für seine Gegnerschaft zum Nazi-Regime wohlbekannt. Er hatte Kontakte zu Rabbis und Mitgliedern der jüdischen Gemeinde.[6] Seine Ablehnung der Nazi-Ideologie gründete sich auf sein theologisches Verständnis seiner katholischen Tradition. Dennoch schrieb er nach der Machtergreifung 1933: „Nach dem Tode Christi wurde Israel aus dem Dienst der Offenbarung entlassen."[7] Es habe die Zeit seiner Heimsuchung nicht erkannt. Es habe den Gesalbten des Herrn verleugnet und verworfen, zur Stadt hinausgeführt und ans Kreuz genagelt. Damals sei der Vorhang des Tempels entzweigerissen und mit ihm der Bund zwischen dem Herrn und seinem Volk. Die Tochter Zion habe den Scheidebrief erhalten, und „seitdem wandert der ewige Ahasver auf immer ruhelos über die Erde."[8] Weiter argumentiert er: „Wir müssen [...] unterscheiden zwischen

---

     caust Jewish Thought, New York 1989, über die gemeinsamen Aufgaben von Christen und Juden, die Welt zu heilen. Vgl. Irving Greenberg, Between Heaven and Earth, Philadelphia 2004.

6   Rudolf Reiser, Michael von Faulhaber. Des Kaisers und Führers Schutzpatron, München 2000; Hans Berger, Kardinal Faulhabers Kampf gegen den Nationalsozialismus, in: Communio 8 (1979) 462-475; Ethel Mary Tinnemann, The German Catholic Bishops and the Jewish Question: Explanation and Judgement, in: Holocaust Studies Annual 2 (1984) 55-85. Vgl. auch Michael Phayer, The Catholic Church and the Holocaust 1930–1965, Bloomington 2000.

7   Kardinal Faulhaber, Judentum, Christentum, Germanentum. Adventspredigten gehalten in St. Michael zu München 1933 [München: A. Huber, 1934], 10.

8   Ebd.

den Hl. Schriften des Alten Testaments auf der einen und den Talmudschriften des nachchristlichen Judentums [...] Ich denke dabei besonders an den Talmud, an die Mischna und an die mittelalterliche Gesetzessammlung *Schulchan Aruch*. Die Talmudschriften sind Menschenwerk, nicht vom Geist Gottes eingegeben. Die Kirche des Neuen Bundes hat nur die heiligen Schriften des vorchristlichen Israel, nicht aber den Talmud als Erbschaft übernommen."[9] Das Alte Testament war das jüdische Erbgut der Kirche. Die Mündliche Tora, die von den Juden als heilige Offenbarung angesehen wird, war nicht Teil der göttlichen Offenbarung, sondern Dokumente menschlicher Autorenschaft, und damit begrenzt. Das Judentum und das jüdische Volk wurden aus der Beziehung zu Gott herausgelöst durch einen „Scheidebrief".

Doch selbst der Scheidebrief brachte Faulhaber nicht dazu, die bleibende Wirklichkeit des jüdischen Volkes zu verwerfen, weshalb er schrieb: „Die Juden sind auch nach dem Tode Christi noch ein »Geheimnis«, wie Paulus sagt (Röm 11,25), und einmal, am Ende der Zeiten, wird auch für sie die Stunde der Gnade schlagen (Röm 11,26)."[10] Indem er diesen Schrifttext zitiert, folgt Kardinal Faulhaber den Fußspuren des hl. Paulus und des hl. Augustinus. Am Ende der Zeit würden die Juden zur Fülle des Glaubens an Christus gebracht werden. Bis dahin sei es die Aufgabe der Kirche, das Evangelium zu verkünden, um sie zur Bekehrung zu führen. Berücksichtigt man seine Opposition gegenüber dem Nazismus, kann man Faulhaber schwerlich des radikalen rassistischen Antisemitismus, wie er von den Nazis vertreten wurde, bezichtigen. Sein theologischer Zugang zum Judentum *post Christum* lag im Hauptstrom der christlichen Theologie, nicht am Rande.[11] Im Rückblick können wir die Folgen einer christlichen Theologie des Judentums erkennen, die keine bleibende Beziehung zwischen den Juden und dem Gott Israels betont. Die jüdischen Gemeinden Deutschlands und ganz Europas wurden vernichtet – und die europäische Christenheit sieht seine eigenen Institutionen angeschlagen, und ihre Gläubigen tragen die Last einer wachsenden Bewusstheit, wie sehr sie die zentralen Werte ihres Glaubens verlassen haben.

Fünfzig Jahre später stand Papst Johannes Paul II. vor der jüdischen Gemeinde von Mainz und sagte:

> Die erste Dimension dieses Dialogs, nämlich die Begegnung zwischen dem Gottesvolk des von Gott nie gekündigten Alten Bundes, ist zugleich ein Dialog innerhalb unserer Kirche, gleichsam zwischen dem

---

9   Ebd. 11.
10 Ebd. 10f.
11 Das Verhältnis der katholischen Theologie zur Nazi-Ideologie wurde untersucht von Robert A. Krieg, Catholic Theologians in Nazi Germany, New York 2004.

ersten und zweiten Teil ihrer Bibel [...] Eine zweite Dimension unseres Dialogs – die eigentliche und zentrale – ist die Begegnung zwischen den heutigen christlichen Kirchen und dem heutigen Volk des mit Mose geschlossenen Bundes. Hierbei kommt es darauf an, dass die Christen [...] danach streben, die grundlegenden Komponenten der religiösen Tradition des Judentums besser zu verstehen und dass sie lernen, welche Grundzüge für die gelebte religiöse Wirklichkeit der Juden nach deren eigenem Verständnis wesentlich sind [...] Der Weg zu diesem gegenseitigen Kennenlernen ist der Dialog [...] Noch eine dritte Dimension [sind die] Aufgaben, die wir gemeinsam haben. Juden und Christen sind als Söhne Abrahams berufen, Segen für die Welt zu sein, indem sie sich gemeinsam für den Frieden und die Gerechtigkeit unter allen Menschen und Völkern einsetzen, und zwar in der Fülle und Tiefe, wie Gott selbst sie uns zugedacht hat, und mit der Bereitschaft zu den Opfern, die dieses hohe Ziel erfordern mag. Je mehr diese heilige Verpflichtung unsere Begegnung prägt, desto mehr gereicht sie auch uns selbst zum Segen.[12]

Johannes Paul II. beschreibt in dieser Ansprache das Judentum, wobei er sich eines biblischen Bildes eines der Kirche intrinsischen Gegenstandes bedient. Im Gegensatz zu dem Scheidebrief von Gott in Kardinal Faulhabers Predigt bleibt das Judentum in einem Bund, der niemals widerrufen wurde. Er stellt den Wert von Begegnungen mit heutigen Juden heraus, damit Christen von denjenigen über das Judentum lernen können, die es praktizieren. Die Religion des Judentums und die, die jetzt in seinem Bund leben, werden für die Christen zu einer Quelle geistlicher Nahrung.

Fünfzig Jahre stehen zwischen diesen beiden Ansprachen. Kardinal Faulhaber bezog sich auf das Judentum, als wäre es seines Bundes verlustig gegangen; Papst Johannes Paul II. beschrieb „einen niemals widerrufenen Bund". In Faulhabers Predigt ist das Judentum ein „Geheimnis", das seinen Wert nur als Teil der Kirche wiedererlangt. Die Idee, dass Juden und das Christentum gemeinsame Aufgaben haben und ein Segen werden sollten, scheint eine im Vergleich zu der Epoche vor dem II. Vatikanischen Konzil vollkommen andere Welt zu bewohnen.

Wenn wir über die Veränderungen in den christlich-jüdischen Beziehungen nach 1965 nachdenken, ist es wichtig sich zu erinnern, dass beide, Kardinal Faulhaber und Papst Johannes Paul II., persönliche Freundschaften mit

---

12 Johannes Paul II., Ansprache an den Zentralrat der Juden in Deutschland und die Rabbinerkonferenz am 17. November 1980 in Mainz, in: Rolf Rendtoff/ Hans Hermann Henrix (Hg.), Die Kirchen und das Judentum. Dokumente von 1945–1985, 74-77, hier 75f.

Juden hatten. Beide standen in Opposition zu den totalitären Ideologien des Nazismus und des Kommunismus, wenngleich Kardinal Faulhaber auch in Opposition zur modernen Demokratie stand, und Johannes Paul II. sich oft demokratischen Tendenzen innerhalb der Kirchenleitung widersetzt hat. Beide hegten das Verständnis, dass Judentum und Christentum einen gemeinsamen Vorfahren haben und ein herrliches Ende teilen werden. Doch gibt es einen signifikanten Unterschied in ihrer theologischen Gesamtsicht des Verhältnisses zwischen dem jüdischen Volk und der christlichen Gemeinschaft, die vom II. Vatikanum „das wandernde Gottesvolk" genannt wurde.

Geheimnis, gemeinsames Erbe, Dialog: Theologische Elemente in *Nostra aetate*

Ich würde dahingehend argumentieren, dass es die durch *Nostra aetate* eröffneten theologischen Dimensionen waren, die Papst Johannes Paul II. einen positiveren Zugang zum Judentum und dem jüdischen Volk ermöglichten. Es widerstrebt mir vorzuschreiben, wie Katholiken über ihre eigenen theologischen Dokumente denken sollen. In jedem Fall aber kann ich eine genaue Lektüre des Textes des Dokuments anbieten, die betonen wird, wie er Katholiken ermutigt hat, zu einer Bejahung des Judentums zu gelangen, und sie dazu drängte, über das Judentum als Bestandteil ihrer gelebten Glaubenserfahrung zu lernen. Das Judentum war nun nicht mehr ein Gegenstand, den man aus der Ferne betrachtet, sondern eine lebendige Tradition, – in einer tiefen Weise auf die Kirche bezogen – die der christlichen Identität Nahrung geben kann.

Im ersten Satz des 4. Artikels, worin *Nostra aetate* über das Judentum spricht, bemerken wir im Vergleich zu den vorherigen Abschnitten des Dokuments eine strukturelle Änderung. In *Nostra aetate* werden bedeutsame Gedanken vorgebracht, um den Dialog mit anderen Religionen zu fördern. Hinduismus und Buddhismus werden „mit aufrichtigem Ernst" betrachtet. Die Kirche schaut auf den Islam „mit Hochachtung". Gleichwohl gibt es, wo es um die Behandlung des Judentums geht, eine Änderung des Tons, wenn wir die Worte lesen: „Bei ihrer Besinnung auf das Geheimnis der Kirche gedenkt die Heilige Synode des Bandes, wodurch das Volk des neuen Bundes mit dem Stamme Abrahams geistlich verbunden ist." Die Worte „Mysterium ecclesiae" implizieren, dass die Konzilsväter in die Diskussion des Judentums als Teil einer theologischen Suche eintreten, die der Kirche intrinsisch ist. Das „geistliche Band" zwischen dem Judentum und der Kirche ist nicht ein von Anfang an vollständig bekannter Gegenstand, sondern Teil einer weitergehenden Suche nach einem „Geheimnis", einer Wirklichkeit, die stets offen ist für den Prozess der Entdeckung. Die neue Beziehung zwischen

Judentum und den Katholiken wird aus der theologischen Suche der Kirche nach ihrer eigenen Identität geboren.

In den Diskussionen nach dem Konzil hat es viel Aufmerksamkeit für die späteren Teile des Dokuments gegeben, wo Antijudaismus und Antisemitismus als dem katholischen Glauben entgegengesetzt gebrandmarkt werden. Dies ist aus der Perspektive des jüdischen Volkes, das die katholische Kirche von außen betrachtet, sehr wichtig. So bedeutsam diese Verdammung auf der praktischen Ebene gewesen ist, so haben diese Diskussionen doch auch die tiefe Bedeutung der einführenden Worte, „Mysterium ecclesiae", überschattet. Diese Worte von *Nostra aetate* eröffnen den Christen die Möglichkeit, die Beziehung zum Judentum im Kontext der Offenbarung zu verstehen.[13] Die Eröffnungssätze zu *Nostra aetate* unterstreichen also, dass die Beziehung zum Judentum in der Tiefenstruktur der katholischen theologischen Reflexion einen positiven und nährenden Wert besitzt. Eine solche Beziehung bedeutet mehr als Feindschaft und negative Einstellungen zu beseitigen, es geht um eine Bejahung des Judentums selbst. Die Differenz zwischen einem Beseitigen negativer Einstellungen und der Suche nach einem positiven Zugang wird noch stärker, wenn wir den Unterschied im Gebrauch des Begriffs „Geheimnis" in *Nostra aetate* und in Kardinal Faulhabers Adventspredigt beachten. Die Worte „Geheimnis Israels" werden von Faulhaber gebraucht, um die zukünftige Eingliederung des fleischlichen Israels in die Kirche anzuzeigen. Anders gesagt, „Geheimnis" ist hier etwas, das in der Zukunft enthüllt werden wird.[14] In *Nostra aetate*, wo das jüdische Volk als Teil des „mysterium ecclesiae" behandelt wird, bezieht sich der Gedanke des Geheimnisses zurück auf die Schrift. Hier gibt es keine „Scheidung" des jüdischen Volkes von Gott. Eben diese Bedeutung von „Geheimnis" als eines Begriffs, der der fortlaufenden Interpretation bedarf, dürfte es gewesen sein, die Papst Johannes Paul II. animiert hat, während seines Besuchs in der

---

13 Zur Verbindung zwischen Geheimnis und Offenbarung vgl. Karl Rahner, Geheimnis, in: Sacramentum mundi. Theologisches Lexikon für die Praxis 2, hg. v. Karl Rahner u.a., Freiburg/Basel/Wien 1968, 189-196. Das Wort „Geheimnis" wird in den Dokumenten des II. Vatikanischen Konzils wie *Dei verbum* (über die Offenbarung) und *Lumen gentium* (das mit einer Reflexion über das „Mysterium ecclesiae" beginnt) häufig benutzt.

14 Faulhabers Gebrauch von *Geheimnis* würde sich auf Röm 11,25 stützen: *Nolo enim vos ignorare, fratres, Mysterium hoc*. Diese Passage des Römerbriefs ist auch für *Nostra aetate* höchst bedeutsam. Wie wir in diesem Aufsatz sehen werden, ist dieses „Geheimnis" in keiner Weise vollauf verstanden, aber die positivere Einschätzung des jüdischen Volkes und seines religiösen Lebens erlaubt eine Anerkennung der einzigartigen Gegenwart des Judentums in der Welt, während die Frage nach Jesus als des Messias Israels (eingeschlossen des jüdischen Volkes nach dem Eschaton) jenseits jeglicher Bestimmungsmöglichkeit liegt.

Synagoge von Rom 1986 zu verkünden: „Die jüdische Religion ist für uns nicht etwas »Äußerliches«, sondern gehört in gewisser Weise zum »Inneren« unserer Religion [...] Ihr seid unsere bevorzugten Brüder und, so könnte man gewissermaßen sagen, unsere älteren Brüder."[15]

Der Blick zurück auf die Schrift wird im folgenden Satz betont, der die Bedeutung der Erinnerung herausstellt: „Deshalb kann die Kirche auch nicht vergessen (*nequit oblivisci*), dass sie durch jenes Volk, mit dem Gott aus unsagbarem Erbarmen den Alten Bund geschlossen hat, die Offenbarung des Alten Testaments empfing". Dass die Hebräische Bibel oder das Alte Testament als geoffenbart beschrieben wird, aus „unsagbarem Erbarmen", widerruft eine Tendenz in der christlichen Tradition seit dem Barnabasbrief, wo der Bund mit dem jüdischen Volk mehr als Gerichts- denn als Gnadenbund gelesen wird. Die Erinnerung eines Bundes der Gnade zwischen Gott und den Juden veranlasst die Konzilsväter zu der Warnung, dass die Kirche nicht vergessen dürfe, dass sie als wilder Olivenzweig in den guten Olivenbaum eingepfropft wurde (Röm 9,19-24).

Durch diese zwei Erinnerungsmahnungen erhebt *Nostra aetate* den Römerbrief 9-11 zum fundamentalen Text der Schrift, statt den Galaterbrief, der den Kontrast zwischen dem „Gesetz" und der Erfahrung Jesu als des Christus betont. Das letzte Kapitel des Römerbriefs geht viel weiter in Richtung Versöhnung als die Betonung der Konfrontation im Galaterbrief (v.a. Kap. 3-4).

Die Botschaft, oder besser gesagt, die Botschaften in diesem Teil des Briefs an die Römer stellen dennoch an die Auslegung viele Herausforderungen.[16] Juden hätten sicherlich auf eine ausdrücklichere Bestätigung ihrer fortdauernden Beziehung mit Gott gehofft als dies der abschließende Satz dieses Abschnitts ausdrückt, der Jesus als die Versöhnung zwischen Juden und Heiden beschreibt. Aber wenn wir wieder in Betracht ziehen, dass *Nostra aetate* „Versöhnung" betont anstatt „Tadel", dann wird das Potential des

---

15 Johannes Paul II., Ansprache beim Besuch der Großen Synagoge Roms am 13. April 1986, in: Rolf Rendtorff/Hans Hermann Henrix (Hg.), Die Kirchen und das Judentum. Dokumente von 1945-1985, Paderborn/Gütersloh ³2001 [1988], 106-111, hier 109.

16 Das Thema der universalen Heilskraft Jesu ist eine Quelle der Kontroverse für christliche Theologen. Vgl. A Sacred Obligation. Rethinking Christian Faith in Relation to Judaism and the Jewish People, http://www.bc.edu/research/cjl/meta-elements/sites/partners/csg/Sacred_Obligation.htm, und die Aufsätze von Peter Phan, Jesus as the Universal Savior in the Light of God's Eternal Covenant with the Jewish People. A Roman Catholic Perspective, und Clark Williamson, The Universal Significance of Christ, in: Seeing Judaism Anew. Christianity's Sacred Obligation, hg. von Mary C. Boys, Lanham 2005. Ein anderer Gesichtspunkt wird dargestellt von Avery Dulles, The Covenant with Israel, in: First Things 157 (November 2005) 16-21.

Dokuments für beide Gemeinschaften, sich in eine positivere Richtung zu bewegen, deutlich.

Der Moment der Trennung zwischen der Kirche und den Juden wird in Lk 19,44 beschrieben, wo Jesus darauf hinweist, dass „Jerusalem die Zeit seiner Heimsuchung nicht erkannte", und die gemischte Aufnahme, die er von der jüdischen Gemeinde in Judäa erfuhr, feststellt. Beide Aussagen greifen auf die Evangelien zurück und sind dazu geneigt, die Haltungen gegenüber dem Judentum vor dem II. Vatikanum als zurückgewiesenes Volk zu stützen.

Dann aber macht das Dokument eine entscheidende Bewegung in die entgegengesetzte Richtung, indem es aus dem Brief an die Römer zitiert, dass die „ Juden nach dem Zeugnis der Apostel immer noch von Gott geliebt [sind] um der Väter willen; sind doch seine Gnadengaben und seine Berufung unwiderruflich" (Röm 11,28-29). Die eschatologische Vision, dass alle Völker mit *einer* Stimme Gott anrufen, kann auch als gemeinsame Hoffnung von Juden und Christen verstanden werden.

Gleichwohl können diese Sätze auch eine Interpretation zulassen, wonach das Judentum unter das Christentum subsumiert werden kann. Die Konzilsväter legten sich hier gleichwohl nicht auf ein einziges Verständnis fest.[17] Indem es zu „gegenseitiger Kenntnis und Achtung" auffordert, „die vor allem die Frucht biblischer und theologischer Studien sowie des brüderlichen Gespräches ist", eröffnet das Konzil einen neuen Horizont. Diese Dialoge sind wichtig aufgrund des „gemeinsamen Erbes" von Christen und Juden.

Erneut beobachten wir eine bedeutsame Abwendung von dem Gedanken, dass die Christen die Juden ersetzt hätten. Stattdessen erkennen wir, wie das Konzil betont, dass Juden und Christen ein gemeinsames Erbe haben. Nach so vielen Jahren der Geringschätzung des Volkes des ersten Bundes wendet sich die Kirche nun neuen Entdeckungsmöglichkeiten durch den Dialog zu.

Jener Satz, der zu gemeinsamen Studien und gegenseitiger Achtung ermutigt, ist von vielen Gelehrten als der Abschnitt der „Ermöglichung" in *Nostra aetate* bezeichnet worden, denn er eröffnet neue Möglichkeiten. Viele der bedeutendsten Entwicklungen seit 1965 geschahen, weil Juden und Christen miteinander redeten. Durch die Arbeit des *Päpstlicher Rates zur Förderung der Einheit der Christen* und seiner *Kommission für die Religiö-*

---

17 Weder Papst Johannes Paul II. noch Papst Benedikt XVI. gaben jemals eine Verlautbarung von sich, die die Bekehrung der Juden zum Christentum im Eschaton ausschließen würde. Vielmehr ist es genau dieses „Ja" (der Christen) und das „Nein" (der Juden), aus der die recht verstandene Unterscheidung resultiert, um einen Synkretismus oder Relativismus zu vermeiden. Es bleibt die Frage, ob oder ob nicht Juden und Christen offene Diskussionen über eschatologische Thematiken haben können ohne die Erwartung einer Bekehrung der Juden vor dem Ende der Tage.

sen Beziehungen zum Judentum hat es eine Reihe bedeutender Konsultationen gegeben. Viele wichtige Organisationen partizipieren an diesen Treffen, deren letztes in Südamerika stattfand, und an deren Ende gemeinsame Erklärungen herausgegeben wurden.[18] Darüber hinaus unterhalten viele katholische Universitäten Lehrstühle, deren Forschung und Lehre dem Judentum gewidmet sind. Mit diesem kurzen Satz öffnete *Nostra aetate* die Tore zu dauerhaften Gesprächen, die unsere beiden Gemeinschaften noch viele weitere Jahre beschäftigen werden.

Die Empfehlung zu fortgesetztem Studium und Dialog kann auch als Vorwort zum nächsten Abschnitt des Dokuments verstanden werden, der die Rolle der Juden bei der Kreuzigung Jesu bespricht. Der Text von *Nostra aetate* spiegelt den Konsens der Konzilsväter wider, dass einzelne Juden an der Kreuzigung Anteil hatten. Diese Meinung ist von christlichen Bibelgelehrten debattiert worden, sogar zur Zeit des Konzils. Mitglieder der jüdischen Gemeinschaft waren besorgt über die scheinbare „wörtliche" Lesart des Evangeliums, welche weiterhin den Stereotyp der Juden als „Christusmörder" zuließ. Doch legt *Nostra aetate* auch eine wichtige Änderung in der einseitigen Sicht der Interpretation der Passionsgeschichte vor. Es verpflichtet die Katholiken, nicht den Juden insgesamt, die zur Zeit der Kreuzigung gelebt haben, und auch nicht den heutigen Juden, die Schuld zu geben. Darüber hinaus „darf man die Juden nicht als von Gott verworfen oder verflucht darstellen, als wäre dies aus der Heiligen Schrift zu folgern." Um die Wichtigkeit dieses Punktes zu betonen, legen die Konzilsväter denjenigen, die predigen und lehren, dringend nahe, alles zu tun, um nicht mehr zu Lehren zurückzukehren, die „mit der evangelischen Lehre und dem Geiste Christi nicht im Einklang" stehen. Wieder zeigt *Nostra aetate* eine deutliche Wendung hin zu einer größeren Wertschätzung der Juden. Aber es ist durchaus möglich, dass vorkonziliare Verkündigung und Lehre weiterbestehen werden, wenn man nicht beständig auf Dialog und gegenseitigen Respekt achtet. Eben die Uneindeutigkeit von *Nostra aetate* hat über mehr als 40 Jahre zwischen Juden und Christen tiefe und ehrliche Diskussionen über die Passionsgeschichte angestoßen.[19]

Nachdem *Nostra aetate* den Christen die Möglichkeit genommen hat, die Juden insgesamt als des Gottesmordes schuldig zu betrachten, wendet sich *Nostra aetate* dem Problem des Antisemitismus zu. Das Argument in diesem Abschnitt geht von einer allgemeinen Verdammung der Verfolgung von Menschen überhaupt über zu der besonderen Anprangerung des Antisemitismus.

---

18   Alle diese Dokumente können nachgelesen werden unter www.bc.edu/research/cjl/cjrelations oder unter www.cjrelations.net.

19   Vgl. die verschiedenen Aufsätze in: Philip E. Cunningham (Hg.), Pondering the Passion. What's at Stake for Christians and Jews?, Lanham 2004.

Die Grundlage für die Verdammung des Antisemitismus ist eine zweifache. Erstens hat die Kirche mit den Juden ein „gemeinsames Erbe". Zweitens betont das Konzil, dass sie von der „religiösen Liebe des Evangeliums" motiviert ist. Der abschließende Clou dieser Verdammung ist der, dass sich die Kirche *nicht* aus „politischen Gründen" dazu bewegt fühlt. Für viele Leser von *Nostra aetate* hätte die Anprangerung des Antisemitismus die geschichtliche Verfolgung der Juden durch Mitglieder der Kirche erwähnen sollen. Sicherlich hätte auch ein Hinweis auf den Holocaust, der erst 20 Jahre zuvor beendet worden war, Erwähnung finden können. Konzilsgeschichtler haben die Debatten zu diesem Punkt in großer Ausführlichkeit dargestellt. Ich möchte darauf hinweisen, dass die Missbilligung des Antisemitismus „zu irgendeiner Zeit und von irgend jemandem" beide geschichtlichen Verfolgungen abdeckt – und auch das Problem der Shoah, das neuere Theologen mit dem Neuheidentum in Verbindung bringen. Dennoch hat das Fehlen konkreter Beispiele antisemitischer Aktivitäten im Text von *Nostra aetate* die Notwendigkeit für weitere Erklärung nach sich gezogen.

Der letzte Absatz des 4. Artikels bewegt sich vollständig weg von der Beziehung zwischen Juden und Christen hin zu einer Bekräftigung der christlichen Identität. Hier wird das Thema des Todes Jesu angesprochen. Er starb, um alle Menschen von der Sünde zu befreien, „damit alle das Heil erlangen". *Nostra aetate* erklärt es als „Aufgabe der Predigt der Kirche, das Kreuz Christi als Zeichen der universalen Liebe Gottes und als Quelle aller Gnaden zu verkünden." Mir scheint, dass dieser abschließende Satz die deutlichen Aussagen, die früher im Dokument erscheinen, schmälert. Diese kraftvolle Missionsproklamation schließt die Diskussion des Judentums ab ohne die Aussage einer wechselseitigen Affirmation.

Nachdem die Konzilsväter neue Ansätze zur Versöhnung mit dem Judentum beschritten haben, verkündeten sie, was „die Kirche immer gelehrt hat und lehrt" als eine Versicherung des Glaubens der christlichen Leser. Diese Bekräftigung der Kontinuität hat ernsthafte Fragen hervorgerufen: Wenn es die Pflicht von Christen ist, Christus zu verkünden, was ist dann der Zweck des Dialogs mit den Juden? Bestreitet nicht eine fortgesetzte proselytierende „Mission" unter Juden ihnen eine eigene religiöse Identität? Was ist die Rolle des jüdischen Volkes für die Christen? In den 40 Jahren seit dem Konzil haben das Problem der Autonomie des Judentums und das universale Heil der Menschheit durch Christus erhebliche Diskussionen zwischen unseren Gemeinschaften hervorgebracht.[20]

---

20   Die erste Enzyklika während des Pontifikats Benedikt XVI., „Deus Caritas est", spricht das Problem des Proselytismus im Abschnitt 31c direkt an: „Außerdem darf die praktizierte Nächstenliebe nicht Mittel für das sein, was man heute als Proselytismus bezeichnet. Die Liebe ist umsonst; sie wird nicht getan, um damit

Michael A. Signer

Nostra aetate: Wichtige Begriffe für den weiteren Weg

Unsere besondere Aufmerksamkeit auf die Struktur von *Nostra aetate* hat bedeutende Fortschritte im Zugang zum jüdischen Volk seit der Epoche vor dem Konzil aufgedeckt, ebenso wie Teile des Dokuments, die diese Fortschritte aufzuheben oder zu unterminieren scheinen. Diese Ambiguität bedeutet, dass das Dokument von Juden und Katholiken entsprechend ihrer eigenen Rahmen gelesen wird.

Viele Juden und einige Katholiken betonen diejenigen Elemente des Dokuments, die erkennen lassen, dass alle neuen Vorschläge durch seine Ambiguitäten überdeckt werden. Es ist möglich, die Behandlung der Rolle der Juden bei der Kreuzigung in *Nostra aetate* lediglich als eine Neuauflage des Konzils von Trient zu lesen. Dieses Konzil verkündete, dass die Sünden aller Menschen Jesus kreuzigten. Die jüdische Rolle wird in die Schuld der ganzen Menschheit mit eingeschlossen. Auf der anderen Seite macht *Nostra aetate* deutlich, dass Juden „nicht als [...] verflucht" dargestellt werden sollen, in welcher Geschichtsperiode auch immer. Diese Betonung auf das „Wegnehmen des Fluchs" öffnet die Möglichkeit zur Begegnung mit zeitgenössischen Juden, die die Erben des Bundes Abrahams sind und mit der Kirche Segen teilen.

Ist es möglich, besondere Elemente in *Nostra aetate* anzugeben, die einen in sich zusammenhängenden Zugang anzeigen? Ich glaube, dass es vier Schlüsselbegriffe sind, die bei Katholiken die kontinuierliche Arbeit angeregt haben, auf Juden mit dem Zweck zuzugehen, den eigenen Glauben tiefer zu verstehen. Mitglieder der jüdischen Gemeinschaft begrüßen die wichtige Rolle, die sie weiterhin in postkonziliaren Dokumenten spielen, wie in denen

> andere Ziele zu erreichen. Das bedeutet aber nicht, dass das karitative Wirken sozusagen Gott und Christus beiseite lassen müsste. Es ist ja immer der ganze Mensch im Spiel. Oft ist gerade die Abwesenheit Gottes der tiefste Grund des Leidens. Wer im Namen der Kirche karitativ wirkt, wird niemals dem anderen den Glauben der Kirche aufzudrängen versuchen. Er weiß, dass die Liebe in ihrer Reinheit und Absichtslosigkeit das beste Zeugnis für den Gott ist, dem wir glauben und der uns zur Liebe treibt. Der Christ weiß, wann es Zeit ist, von Gott zu reden, und wann es recht ist, von ihm zu schweigen und nur einfach die Liebe reden zu lassen. Er weiß, dass Gott Liebe ist (vgl. 1 Joh 4,8) und gerade dann gegenwärtig wird, wenn nichts als Liebe getan wird. Er weiß – um auf die vorhin gestellten Fragen zurückzukommen –, dass die Verächtlichmachung der Liebe eine Verächtlichmachung Gottes und des Menschen ist – der Versuch, ohne Gott auszukommen. Daher besteht die beste Verteidigung Gottes und des Menschen eben in der Liebe. Aufgabe der karitativen Organisation der Kirche ist es, dieses Bewusstsein in ihren Vertretern zu kräftigen, so dass sie durch ihr Tun wie durch ihr Reden, ihr Schweigen, ihr Beispiel glaubwürdige Zeugen Christi werden."

der Vatikanischen *Kommission für die Religiösen Beziehungen zum Judentum*, der nationalen Bischofskonferenzen, oder der von beiden Gemeinschaften gemeinsam erarbeiteten des *Gesprächskreises „Juden und Christen" beim Zentralkomitee der deutschen Katholiken* oder des *International Council of Christians and Jews*. Die besondere Aufmerksamkeit auf diese vier Begriffe wird denjenigen Juden und Christen eine Hilfe sein, die aktiveren Anteil haben wollen, wenn der Dialog von der Amtszeit Papst Johannes Paul II. zu Benedikt XVI. weitergeht.

Mysterium
Dieses Wort ist zentral für die christliche Identität. Indem *Nostra aetate* 4 die Diskussion der Beziehung zwischen Christentum und Judentum unter das Stichwort *Geheimnis* (lat. sacramentum) stellt, bestätigt es die Realität des Judentums als Teil des christlichen Selbstverständnisses. Für Juden ist es hilfreich zu wissen, dass die Idee des Geheimnisses die Möglichkeit sicherstellt, dass das Thema der Beziehung zu den Kindern des Stammes Abrahams nicht durch irgendeine Definition oder irgendeine Zeitepoche ausgeschöpft werden kann. Es liegt in der Natur des Geheimnisses, sich immer wieder neu zu enthüllen. Deshalb ist das „Geheimnis" auch eng zusammengebunden mit dem Gedanken der Offenbarung und des Sakraments.[21] Papst Johannes Paul II. betonte sowohl in seiner Rede vor der jüdischen Gemeinde in Mainz wie auch in seiner Ansprache an die Synagoge von Rom das Desiderat, dass Christen eine bessere Kenntnis des Judentums und der jüdischen Tradition von Juden selbst gewinnen sollten. Benedikt XVI. stellte die Frage der Beziehung zwischen Christen und Juden in den Rahmen der „Gaben Abrahams". Viele von Christen erstellte Dokumente offenbaren den Wunsch, mehr darüber zu erfahren, wie Juden sich selbst verstehen. Natürlich wird es bei der Übersetzung jüdischen Selbstverständnisses ins Christentum Probleme geben. Für diesen Vorgang der Übersetzung ist gerade der Begriff des „Geheimnisses" äußerst hilfreich. Aufgrund des zentralen Unterschieds zwischen Christen und Juden, im Verständnis der Art und Weise, wie Gott in Beziehung mit der Menschheit tritt, kann es keine Reduktion einer Religion auf die andere geben. Sobald Juden beginnen, den Christen zu vertrauen, wenn diese sich für die Praxis und die Liturgie des Judentums im Sinne der Vertiefung des christlichen Glaubens interessieren, statt Juden zu Christus zu bekehren, werden sie leichter in den Dialog eintreten können.

---

21   Vgl. Günther Bornkamm, mysterion, in: Theologisches Wörterbuch zum Neuen Testament 4, hg. von Gerhard Kittel, Stuttgart 1966, 809-834.

Michael A. Signer

Erbe

Fast 2000 Jahre lang war das „Erbe" des Segens Abrahams der Kernpunkt des Streits zwischen Juden und Christen. Je mehr sich die Christen damit identifizierten, „verus Israel" zu sein, das wahre Israel, umso mehr widersetzten sich die Juden und drehten das Argument um. Unter keinen Umständen könne der Segen Abrahams von beiden Gemeinschaften geteilt oder gar zu anderen Völkern getragen werden. *Nostra aetate* gebraucht den Begriff des „gemeinsamen Erbes" dieses Segens. Diese Formulierung eröffnet neue Möglichkeiten für tiefe Gespräche zwischen unseren Gemeinschaften. Wie werden Christen das Verständnis des hl. Paulus von zwei Bünden in Galater 3 und 4 interpretieren? Wie können Juden, die eine Tradition entwickelt haben, dass der Segen und das Verdienst der Vorfahren – Abrahams, Isaaks und Jakobs – die Fortdauer des Volkes Israel und ihr letztgültiges Erbe des verheißenen Landes (Eretz Yisrael) bedeuten, sich öffnen für die Möglichkeit einer miteinander geteilten Folge an Segnungen? Es ist vielleicht besser, vorerst über die Verantwortung zu sprechen, die wir als Ergebnis des Verständnisses haben, dass Abraham unser gemeinsamer Vorfahre ist – ein Erbe, das wir auch mit den Muslimen teilen. Diese Verantwortung sollte ein Segen sein. Papst Johannes Paul II. wiederholte diesen Gedanken über die Jahre seines Pontifikats hinweg. Juden und Christen sind Erben des Segens Abrahams. Zuerst müssen sie *einander* ein Segen werden – und dann können sie ein Segen für die ganze Menschheit werden. Auf welchem Weg können wir einander zum Segen werden? Die Weisen der jüdischen Tradition schlagen vor: „Ein Segen, der nicht den Namen Gottes und das Himmelreich enthält, kann nicht Segen genannt werden". Sie stellen weiter fest: „Jedes Argument, das um des Himmels willen ist, ist dazu bestimmt, bestehen zu bleiben". Als Christen und Juden müssen wir also fragen: „Heißt ein Segen zu werden bloß zu lernen, den anderen nicht zu hassen, nicht herabzuwürdigen, nicht zu verspotten? Erfordert es ein Handeln? Wie können wir von der Toleranz zu gegenseitiger Achtung und Wertschätzung gelangen?" Die Vorstellung, dass unsere Uneinigkeit ein Argument um des Himmels willen sein könnte, kann uns helfen zu verstehen, dass *Nostra aetate* zu einer Methode des Diskurses ermutigt, die zu einer Antwort führen kann.

Dialog

Indem *Nostra aetate* zum „Dialog" und biblischen Studien ermutigt, stellte es den goldenen Weg zu zukünftigem Segen bereit. Ein dialogischer Diskurs ermutigt zu gegenseitigem Verstehen des jeweils Anderen, so wie er oder sie sich selbst versteht. Man verändert den Rahmen der Kommunikation zwischen zwei gegensätzlichen Standpunkten, wenn man „Dialog" statt „Belehrung" oder „Predigt" vorschlägt. Dialog ist eine Methode, die den Austausch von Gedanken ermöglicht, und auch eine Methode, um den Inhalt dieser Gedanken zu übermitteln. Beide Seiten können davon ausgehen, dass ihr Standpunkt gehört wird. Deshalb werden im Prozess des Dialogs die Stille und das Hören ebenso wichtig sein wie das Sprechen. Nachdenken, Kontemplation und kritisches Denken sind nötig, um den Inhalt des Dialogs aufzunehmen. Die Enzyklika *Ecclesiam suam* (1964) von Papst Paul VI. legte der Kirche dringend nahe, den Dialog als Mittel der Kommunikation mit der Welt anzuwenden. Sein Eintreten für Dialog statt Disputation offenbart ein tiefes Verständnis des Schöpfers der Welt und der Verbundenheit aller Menschen in dieser Welt. Schließlich bringt der Dialog die Notwendigkeit zu Beziehungen mit sich und gibt so die Möglichkeit zur Treue in der Beziehung als Mitte allen Gesprächs. Es hat während der letzten 40 Jahre viele Meinungsverschiedenheiten zwischen unseren beiden Gemeinschaften gegeben: die Kontroverse über das Kloster in Auschwitz, die Seligsprechung von Edith Stein und Papst Pius IX. – und die mögliche Heiligsprechung Papst Pius XII. Viele davon fanden niemals eine abschließende Lösung. Aber es waren die Beziehungen zwischen Einzelnen, die das Gespräch aufrecht erhielten und den Meinungsverschiedenheiten ein Maß an Höflichkeit und Respekt zu erreichen erlaubten.

Gegenseitiger Respekt
Diese beiden Worte haben die Natur des Dialogs zwischen Juden und Christen geprägt. Sie waren die beseelende Kraft hinter der Transformation unserer Gemeinschaften hin zu Zusammenarbeit und Kooperation. Gegenseitige Achtung geht über den Gedanken der „Toleranz" hinaus. Wenn wir einen anderen Gesichtspunkt oder die Anwesenheit eines anderen Menschen tolerieren, bedeutet das, dass wir ihnen ihren Platz „zugestehen". Wir „leiden" oder „ertragen" sie. Toleranz impliziert eine Position politischer Macht. Man kann wählen, ob ein Gedanke oder eine Person toleriert werden kann oder nicht. Beide, Juden und Christen, hingegen bekräftigen den Gedanken, dass der Schöpfer Adam im Bilde und im Gleichnis des Göttlichen gemacht hat. Adam wurde mit der Sorge über die Erde und all ihrer Kreaturen betraut. Den geschaffenen Menschen zu ehren heißt daher, den Schöpfer zu ehren. Das hebräische Wort *kabod* bedeutet „Ehre" oder „Gewicht", aber es bezieht sich auch auf die „Herrlichkeit", und ist ein Name, der für die göttliche Gegenwart gebraucht wird. Der Aufruf an Christen, die Juden und das Judentum zu „respektieren", enthält eine ausdrückliche Zurückweisung der Vorstellung, es handle sich um eine Gruppe, deren Existenz bis zum Ende der Tage keine religiöse Bedeutung habe. Wie Hanspeter Heinz es ausgedrückt hat: „Es heißt nicht mehr Glaube versus Unwissenheit, sondern Glaube, der sich an Glauben richtet; nicht länger Wahrheit versus Falsches, sondern Wahrheit versus Wahrheit."[22] Im Vorwort zum Dokument der Päpstlichen

---

22 Hanspeter Heinz, After Sixty Years. How Can We Speak of Guilt, Suffering,Re-

Michael A. Signer

Bibelkommission „Das jüdische Volk und seine Heilige Schrift in der christlichen Bibel" erklärt Benedikt XVI. (als Kardinal Joseph Ratzinger), dass die im Judentum und im jüdischen Zeugnis gegenüber ihrer Tradition ausgedrückten Wahrheiten eine Quelle der Nahrung für Christen sind.[23] Von jüdischer Seite gibt es ein wachsendes Bewusstsein, dass das Christentum geehrt und respektiert werden kann aus Gründen, die über ihre große Anzahl oder ihren Zugang zu politischer Macht hinausgehen. Vertreter des Obersten Rabbinats von Israel sind jetzt in eine Folge von Begegnungen mit Vertretern der Kurie eingetreten, um Themen von beiderseitigem Interesse zu diskutieren.

Vielleicht findet sich die klarste Äußerung, wie Christen und die Christenheit Partner im Dialog gegenseitigen Respekts werden können, in *Dabru Emet. Eine jüdische Stellungnahme zu Christen und Christentum.* Einer der signifikantesten Abschnitte stellt fest:

> Der nach menschlichem Ermessen unüberwindbare Unterschied zwischen Juden und Christen wird nicht eher ausgeräumt werden, bis Gott die gesamte Welt erlösen wird, wie es die Schrift prophezeit. Christen kennen und dienen Gott durch Jesus Christus und die christliche Tradition. Juden kennen und dienen Gott durch die Tora und die jüdische Tradition. Dieser Unterschied wird weder dadurch aufgelöst, dass eine der Gemeinschaften darauf besteht, die Schrift zutreffender auszulegen als die andere, noch dadurch, dass eine Gemeinschaft politische Macht über die andere ausübt. So wie Juden die Treue der Christen gegenüber ihrer Offenbarung anerkennen, so erwarten auch wir von Christen, dass sie unsere Treue unserer Offenbarung gegenüber respektieren. Weder Jude noch Christ sollten dazu genötigt werden, die Lehre der jeweils anderen Gemeinschaft anzunehmen.[24]

conciliation?, in: Michael A. Signer (Hg.), Humanity at the Limit. The Impact of the Holocaust Experience on Christians and Jews, Bloomington 2000, 95-106.

23 Päpstliche Bibelkommission, Das jüdische Volk und seine Heilige Schrift in der christlichen Bibel (VAS 152), Bonn 2001, 8.

24 Der deutsche Text findet sich im Internet unter www.jcrelations.net. Vg. auch Christianity in Jewish Terms, hg. von Tikva Frymer-Kensky, David Novak, Peter Ochs, David Fox Sandmel, Michael A. Signer, Boulder 2000, XIX und der Epilog, wo (der Christ) George Lindbeck und die Herausgeber die zukünftigen Möglichkeiten des Dialogs beschreiben. Es gab dazu einige wichtige Kommentare zu diesem Dokument vom deutschen Theologen: Erwin Discherl/Werner Trutwin (Hg.), Redet Wahrheit – Dabru Emet. Jüdisch-christliches Gespräch über Gott, Messias und Dekalog, Münster 2004; Rainer Kampling/Michael Weinrich (Hg.), Dabru Emet – redet Wahrheit. Eine jüdische Herausforderung zum Dialog mit den Christen, Gütersloh 2003. Es ist bemerkenswert, dass nach dem einen Artikel von Jon Levenson, How to Conduct Jewish-Christian Dialogue, und einem Symposium in der folgenden Ausgabe [Commentary 112:5

Eine wirklich bemerkenswerte Aussage gegenseitigen Respekts kann in der Erklärung des jüdisch-christlichen Gesprächskreises des Zentralkomitees der deutschen Katholiken gefunden werden (2005):

– Keine Bundestreue Gottes allein zur Kirche, sondern genauso zum jüdischen Volk. Deshalb sind Christen und Juden gleichermaßen berufen, sich als „Volk des Bundes" zu verstehen und „Licht der Völker" (Jes 49,6; Mt 5,14) zu sein.

– Keine Katechese des christlichen Glaubens ohne Einführung in die lebendige Tradition des Judentums.

– Keine Versöhnung mit Gott ohne Anerkennung der kirchlichen Schuldgeschichte gegenüber dem jüdischen Volk.

– Kein Begreifen der biblischen Offenbarung ohne Lektüre des Alten Testamentes und ohne Ernstnahme der jüdischen Lesarten.[25]

Diese beiden Erklärungen spiegeln den Status unserer Beziehungen 40 Jahre nach *Nostra aetate* wider. Die Aporien dieses Dokuments haben sich ständig weiterbewegt zu größerem gegenseitigem Respekt zwischen unseren Gemeinschaften. Dieser Fortschritt wurde möglich, weil die Kirche den Dialog als die erwünschte Form des Diskurses mit dem jüdischen Volk festlegte. Durch Dialog, in einer ständigen Bewegung vor und zurück, ist es möglich gewesen, tiefe Schichten der Verbindung zwischen uns aufzudecken und auch respektvolle Grenzen zu bewahren. Es gibt noch viele Probleme, die sowohl innerhalb unserer Gemeinschaften wie zwischen ihnen zu lösen sind.[26]

(Dezember 2001) 31-37, und 113:4 (April 2002) 8-21] das Thema von der jüdischen intellektuellen Agenda in Amerika verschwunden ist. Ein Online-Symposium, an dem ausschließlich Mitglieder des Orthodoxen Judentums teilnehmen, diskutiert weiterhin den Ausschluss theologischer Themen aus jüdisch-christlichen Gesprächen [http://www.bc.edu/research/cjl/meta-elements/texts/center/conferences/soloveitchik/].

25 Juden und Christen in Deutschland. Verantwortete Zeitgenossenschaft in einer pluralen Gesellschaft. Erklärung des Gesprächskreises „Juden und Christen" beim Zentralkomitee der deutschen Katholiken, 13. April 2005, Bonn 2004. Der Text findet sich auch im Internet unter www.jcrelations.net.

26 Zu den Grenzen und Horizonten des „Dialogs" als Diskurs zwischen Juden und Christen siehe Hanspeter Heinz, Brüder und Schwestern um Jesu willen. Thesen zu einer projüdischen Christologie, und Alois Halder, Wie sehen sich Juden und Christen?, in: Herbert Immenkötter (Hg), Wie Juden und Christen einander sehen Augsburg 2001, 57-64 und 65-70. Michael A. Signer, The Rift that binds. Hermeneutical Approaches to the Jewish-Christian Relationship, in: Lawrence S. Cunningham (Hg.), Ecumenism. Present Realities and Future Prospects, Notre Dame 1998, 95-116.

Fortschritte im christlich-jüdischen Dialog
Ernst Ludwig Ehrlich, Basel

Es kann kein Zweifel bestehen, dass in den letzten 50 Jahren eine wesentliche Wende bei vielen Christinnen und Christen gegenüber Juden und Judentum erfolgt ist. Das schauerliche Geschehen von Auschwitz, die Ermordung von sechs Millionen Juden in einer seit Jahrhunderten angeblich christianisierten Welt ließ viele Christen ahnen, dass mit der Christlichkeit etwas nicht stimmen konnte, wenn ein solcher Massenmord mitten in einem christlichen Europa möglich war und vorher die Verfolgung der Juden keineswegs geheim erfolgte, sondern vor aller Augen. Dies gilt vor allem für die Zerstörung der Synagogen, die offenbar von den Vertretern der christlichen Kirchen nicht als Gotteshäuser angesehen wurden. Proteste entfielen an den meisten Orten, Bischofsworte wurden nicht gehört.

Seitdem hat sich manches geändert. Obgleich zahlreiche Probleme zwar gesehen werden – die Arbeit daran wird in Angriff genommen – sind Lösungen jedoch wegen der Schwierigkeit der Sache noch immer nicht gefunden.

I. Erste Reaktionen – von einer schlechten Basis aus

Im Jahre 1945 besaßen beide großen Kirchen keine soliden Grundlagen für das christlich-jüdische Verhältnis. Im sogenannten Stuttgarter Schuldbekenntnis von 1945, das ohnehin nur auf Druck des Auslandes zustande gekommen war, erschienen die Juden überhaupt nicht, als ob nicht vor allem an ihnen gerade von dem Volk, das hier ein Schuldbekenntnis ablegte, die ungeheuerlichsten Verbrechen begangen worden waren. Am 8. April 1948 verabschiedete der Bruderrat der Evangelischen Kirche in Deutschland in Darmstadt ein Wort zur Judenfrage. Darin heißt es unter anderem: „Indem Israel den Messias kreuzigte, hat es seine Erwählung und Bestimmung verworfen." Und an anderer Stelle: „Israel unter dem Gericht ist die unaufhörliche Bestätigung der Wahrheit, Wirklichkeit des göttlichen Wortes und die stete Warnung Gottes an seine Gemeinde. Dass Gott nicht mit sich spotten lässt, ist die stumme Predigt des jüdischen Schicksals, uns zur Warnung, den Juden zur Mahnung, ob sie sich nicht bekehren möchten, zu dem, bei dem auch allein ihr Heil steht." Auf katholischer Seite ist die Lage kaum anders. Der 72. Deutsche Katholikentag in Mainz 1948 veröffentlichte zwar eine

Entschließung gegen den „bereits wieder aufflammenden Antisemitismus" und äußerte sich unter anderem so: „Als Familienväter, als Mütter, als Lehrer, als Seelsorger sollen wir die rechte christliche Liebeshaltung auch gegenüber den Juden leben und lehren. Die Juden bitten wir, mit allen Gutwilligen gemeinsam Zersetzungserscheinungen jeder Art zu bekämpfen." Im Übrigen ist man sich der verheißenen einstigen Heimkehr „des ganzen Judenvolkes" gewiss – was „Heimkehr" in diesem Zusammenhang auch bedeuten mag. Mit dem in diesem Jargon typischen Terminus von den „Zersetzungserscheinungen" wollen wir uns hier nicht auseinandersetzen.

Fassen wir kurz die Ausgangslage zusammen: Theologische Wüste vereint sich mit moralischer Anspruchslosigkeit, beides freilich hängt miteinander zusammen. Man musste wahrscheinlich damals vieles verdrängen, um überhaupt leben zu können. Außerdem besaß im Jahre 1945 kaum jemand den theologischen Horizont, um verstehen zu können, worum es sich dabei handelt. Hier sei nur Karl Barth erwähnt, der von der ersten Auflage seines Römerbriefkommentars im Jahre 1917 bis zu den entsprechenden Bänden der Kirchlichen Dogmatik auch 40 Jahre brauchte, um neue, den Durchbruch zumindest ermöglichende, Erkenntnisse zu gewinnen.

II. Erste Schritte

Welche Themen sind nun in den letzen fünf Jahrzehnten behandelt worden, und auf welchen Gebieten konnten greifbare Erfolge erzielt werden?

1. Exegese

An erster Stelle ist hier die Exegese zu nennen, das heißt die Auslegung der Bibel in ihren zwei Teilen, besonders natürlich des Neuen Testaments. Im Jahre 1945 galt es noch als Provokation zu behaupten, Jesus von Nazareth sei ein Jude gewesen, hätte in einem jüdischen Umkreis gelebt und gewirkt.

Darüber hinaus haben in den letzten Jahrzehnten sich auch Christen mit dem Gedanken vertraut gemacht, den Leo Baeck in seinem Büchlein über das Neue Testament 1938 bereits so formulierte: „Das Evangelium als Urkunde jüdischer Glaubensgeschichte". Als der Rowohlt-Verlag in seiner Reihe der Bildmonographien den Auftrag für den Band über Jesus vergab, erhielt ihn kein christlicher Theologe, sondern ein Professor für Neues Testament an der Hebräischen Universität zu Jerusalem, David Flusser. Beides ist bemerkenswert: Dass ein deutscher Verlag einen Juden damit betraut, und dass an der Hebräischen Universität auch das Neue Testament gelehrt wird. Das Jesus-Buch von Flusser hat seit seinem ersten Erscheinen im Jahre 1968 viele Auflagen erlebt.

Mit der Auslegung des Neuen Testaments sind eine Reihe wesentlicher Probleme verbunden: Die vorurteilsfreie Darstellung der Passionsgeschichte. Dieses Unternehmen ist nur möglich, wenn eine Kenntnis des sich nach Abschluss des hebräischen Kanons entwickelnden Judentums vorhanden ist. Dazu gehört etwa das Wissen um das Wesen der Pharisäer, jener großen jüdischen Volksbewegung, die dafür sorgte, dass die Tora gelebt werden konnte und nicht toter Buchstabe blieb, wie dies weitgehend im sadduzäischen Judentum der Fall war. Das Bild, das wir über die Pharisäer im Neuen Testament gewinnen, ist meist, wenn auch nicht überall, aus der späteren Polemik entstanden, und stellt mehr eine Karikatur als die Wirklichkeit dar. Einen im Christentum wie im Judentum zentralen Gedanken setzten erst die Pharisäer voll durch: den Glauben an die Auferstehung der Toten, eine Vorstellung, die, bevor die Pharisäer bestimmenden Einfluss im Judentum gewannen, nicht zum verbindlichen jüdischen Glaubensgut gehörte.

Allgemein besteht bei Neutestamentlern weitgehend der Wille, Antijudaismus in der Auslegung des Neuen Testaments zu vermeiden. Wir meinen, diese Absicht sei zwar vorhanden, die Ergebnisse sind freilich immer noch unbefriedigend. Grundsätzlich jedoch weiß man um diese Problematik, und der Dialog darüber findet auf den verschiedensten Ebenen statt. Es geht hier um Folgendes: Das Christentum ist aus dem Judentum entstanden, hat sich aus dem Familienverband herausgelöst, und diese Auseinandersetzung wurde dann so heftig und emotional geführt, wie dies oft bei Familienkonflikten der Fall ist. Gerade die enge Bindung des Christentums an das Judentum hatte nicht eine größere menschliche und geistige Nähe zur Folge, sondern eine immer größer werdende Entfernung und Verfremdung. Die Spuren des Judentums sollten aus dem Christentum getilgt werden, gewiss nicht erst in jener Zeit, als christliche Theologie pervertiert wurde und nicht wenige Theologen sich der NS-Ideologie andienten. Wir können uns der Tatsache nicht verschließen, dass der Antijudaismus einer fehlgeleiteten christlichen Theologie, dem freilich anders gearteten säkularisierten Rassenantisemitismus den Weg geebnet hat, und dass daher auch Christen anfällig für die Judenfeindschaft der NS-Herrschaft wurden. Der Antijudaismus, der seit dem frühen Mittelalter durch die Kirche tradiert und auch vom späten Luther aufgenommen wurde, gehört zu den Giften, mit denen sich ganze Generationen von Menschen infizierten. Am Ende stand dann Auschwitz. Wer diese Erkenntnis nicht akzeptiert, wird niemals frei von Judenfeindschaft sein können, weil sie in der einen oder andern Weise immer wieder aufscheint. Es ist das Verdienst der modernen Exegese, diese Problematik aufgewiesen zu haben.

Solche Gedanken sind auch in verbindliche Kirchendokumente eingegangen, etwa in die Konzilserklärung *Nostra aetate* von 1965 und in die Ausführungsbestimmungen dieses Konzildokuments aus den Jahren 1975 und 1985 sowie den Beschlüssen verschiedener evangelischer Landeskirchen, an deren Spitze die Rheinische Landessynode steht. Wegweisend sind hier nur zwei Exegeten zu nennen, der Katholik Franz Mussner und der evangelische Neutestamentler Peter von der Osten-Sacken, die beide auf ihre Weise wesentliche neue Erkenntnisse gewonnen haben und an deren Werken Exegeten schwerlich vorbeikommen, wenn sie sich mit dem Problem der Juden im Neuen Testament beschäftigen; dieses ist immer vorhanden, wenn man die Bibel öffnet. Darin liegen auch die Schwierigkeiten. Juden sind nämlich immer dabei, wenn man über Christentum redet, es glaubt, predigt oder in der Katechese verkündigt. Die Frage ist und bleibt daher, wie man mit diesem Judentum umgeht. Es tritt jedem entgegen, denn man hat es hier mit der Geschichte Israels zu tun. In sie gehört natürlich auch Jesus hinein, der sich sehr gewundert hätte, würde man ihn als „Christen" bezeichnen; oder Paulus, der den Heiden die Botschaft nicht nur von dem brachte, den er als einen Messias erkannte, sondern vor allem und zuerst auch den Glauben an den einen Gott Israels. Selbst dort, wo sich jüdische und christliche Wege in der Einschätzung der Person Jesu trennen, bleibt das Judentum präsent.

Ein früher theologischer Versuch, diese Präsenz angesichts des auferstandenen Christus nicht zu negieren, stellt der im Neuen Testament erhaltene Jakobusbrief dar, nicht zu reden von den berühmten Kapiteln 9-11 des Römerbriefes. Es wäre eine interessante Aufgabe, die Wende im christlich-jüdischen Verhältnis an der Exegese des Römerbriefes aufzuzeigen, das heißt, wie in den letzen Jahrzehnten Christen das Judentum bei der Auslegung dieser Kapitel verstanden haben, und ob sie daraus Konsequenzen zogen.

Wie lassen sich etwa solche Konsequenzen erkennen? Wir erwähnen hier etwa den alten Gegensatz, der gegen das Judentum früher ausgespielt wurde: „Gesetz und Evangelium". Versteinertes Gesetz sollte das Judentum darstellen, die frohe Botschaft des Heils jedoch gehörte den evangeliumsgläubigen Christen. Es wurde in den letzten Jahrzehnten erkannt, dass dieses Gegensatzpaar den Quellen nicht gerecht wird: Tora ist ebenso Heilsbotschaft und Weisung, wie auch die christliche Heilsbotschaft ohne die ethische Weisung Jesu nicht leben kann. Jesus bezieht diese aus der Hebräischen Bibel und dem anderen Schrifttum aus dem weiten Bereich des Judentums und verarbeitet sie auf seine Weise. Es sei in diesem Zusammenhang angemerkt, dass in den letzten 20 Jahren mehr Bücher über die Worte vom Sinai, das heißt die so genannten Zehn Gebote, von christlicher Seite erschienen sind, als in den letzten 100 Jahren zusammen. Christen entdecken, dass sie keine andere verbindliche Ethik entwerfen können als die, welche ihnen die Hebräische Bibel und Jesus überliefern. Es gilt daher vor allem, diese biblische Ethik in unseren Bewusstseinshorizont zu übertragen, den geistigen Gehalt deutlich werden zu lassen. Der Dekalog und seine Auslegung kann daher ein wesentlicher Beitrag von Juden und Christen für unsere heutige Gesellschaft sein. Hier liegen Gemeinsamkeiten, die eine tragfähige Grundlage für den christlich-jüdischen Dialog bilden. Die Zeit, als dieser darin bestand, gegenseitige Höflichkeiten auszutauschen, ist längst vorbei. Heute geht es um den Versuch, das gemeinsame Erbe zu verstehen und miteinander zu unternehmen, es hier und heute in unserer Welt zur Geltung zu bringen. Das bedeutet keinen religiösen Synkretismus; das Trennende bleibt. Die Umsetzung religiöser Vorstellungen in unserem Leben, so dass sichtbar wird, warum einer Jude oder Christ ist, steht als Aufgabe vor uns. Diese Ausstrahlungskraft des Christlichen oder des Jüdischen ist in Sternstunden solcher Begegnungen vorhanden und bleibt unser Ziel.

2. Systematische Theologie

Wir erwähnten die Notwendigkeit einer vorurteilsfreien Exegese. Gleiches gilt für die Dogmatik, das heißt für die so genannte systematische Theologie. Schon im Jahre 1962 erschien ein Band mit dem Titel „Der ungekündigte Bund". Dieses Buch stellt den Bericht des 10. Deutschen Evangelischen Kirchentages 1961 in Berlin dar, bei dem eine Arbeitsgemeinschaft von Juden und Christen gegründet wurde, die bis heute arbeitet. Hier taucht ein Begriff von großer theologischer Tragweite auf: „Der ungekündigte Bund". Diese Vorstellung bedeutet, Gott habe Seinen Bund mit Israel nicht aufgekündigt, selbst wenn dieses Israel die Botschaft vom Auferstandenen nicht annimmt und dieses Glaubensereignis sich nicht im Judentum in irgendeiner Weise widerspiegelt. Papst Johannes Paul II. hat diesem Gedanken seit seiner Rede am 17. November 1980 in Mainz wiederholt Ausdruck gegeben. Die häufigen Wiederholungen legen die Vermutung nahe, er möchte diese Vorstellung in die Köpfe seiner Mitchristen einhämmern. Wörtlich sagte er in Mainz: „Die erste Dimension dieses Dialoges, nämlich die Begegnung zwischen dem Gottesvolk des von Gott nie gekündigten Alten Bundes, und dem des Neuen Bundes ist zugleich ein Dialog innerhalb unserer Kirche, gleichsam zwischen dem ersten und zweiten Teil ihrer Bibel." Der Papst beruft sich hier auf Röm 11,29, einen Text, der sich für Antijudaismus nicht eignet, sondern dessen Auslegung wegweisend für eine neue christliche Dogmatik werden könnte.

Wir wollen hier nicht die zahllosen Erklärungen kirchlicher Gremien auflisten, die in den letzten Jahrzehnten verfasst wurden. Wer sich dafür interessiert, wird die von Rolf Rendtorff und Hans Hermann Henrix sorgfältig gesammelten und edierten Texte heranziehen, die in dem Buche „Kirchen und das Judentum, Dokumente von 1945–1985" zusammengestellt wurden; ohne Kenntnis dieses umfassenden Werkes kann man heute über unser Thema nicht mehr arbeiten. Darin werden auch die verschiedenen Gesprächskreise, die sich dem christlich-jüdischen Dialog widmen, erwähnt, etwa derjenige beim Zentralkomitee der deutschen Katholiken sowie bei der EKD.

Die Arbeitsgruppe beim Zentralkomitee bereitet auch die entsprechenden Veranstaltungen auf dem Deutschen Katholikentag vor, parallel zur Arbeitsgemeinschaft beim Deutschen Evangelischen Kirchentag. Nicht unerwähnt darf in diesem Zusammenhang das von Juden und Katholiken gemeinsam erarbeitete erste Dialogpapier des Zentralkomitees aus dem Jahre 1979 bleiben; dem folgten eine Reihe weiterer, die teilweise in großen Auflagen verbreitet wurden.

Wir erläuterten die Beseitigung des Antijudaismus in der Theologie, die Partnerschaft von Juden und Christen, wie sie vor allem in der Arbeitsgemeinschaft des Kirchentages sowie im Gesprächskreis des Zentralkomitees zum Ausdruck kommt. Der Dialog findet seit vielen Jahrzehnten statt, aber auch in dem von Frau Dr. Gertrud Luckner schon 1948 begründeten „Freiburger Rundbrief", der nach ihrem Tod kompetent weitergeführt wird. Dabei handelt es sich um eine katholische Zeitschrift, aus der sichtbar wird, wie weit wir miteinander gekommen sind. Der Abdruck offizieller Texte sowie wichtiger Artikel und zahlreicher Buchbesprechungen legen davon Zeugnis ab.

Die Überwindung des Antijudaismus durch sachgerechte Exegese und eine Dogmatik, die die Juden nicht ausgrenzt, sie aber auch nicht vereinnahmt, gehören zu den theologischen Aufgaben, die zwar nicht bewältigt, wohl aber in Angriff genommen wurden. In der Dogmatik geht es hier vor allem für Christen um das Problem von „Verheißung und Erfüllung". Es ist *das* zentrale Thema für Christen, nämlich an Erfüllung in einer sichtbar unerlösten Welt zu glauben. Der jüdische Hinweis auf diese Tatsache hat im Mittelalter vielen Juden das Leben gekostet. Ehe die christliche Theologie sich nicht redlich dieser Problematik stellt, hat der Dialog noch nicht seine eigentliche Tiefe gewonnen. Ohne das Proprium des Christlichen aufzugeben, müsste es möglich sein, einen Erlösungsbegriff zu formulieren, der einerseits dem Neuen Testament voll gerecht bleibt und anderseits der Realität entspricht, in der wir leben. Wenn christliche Dogmatiker auf diesem Wege zu neuen Einsichten gelangten, könnte ein weiterer Durchbruch erzielt werden. Ansätze für eine neue Theologie sind vorhanden. Wir haben Grund zur Hoffnung.

III. Bleibende Herausforderungen – der Staat Israel und die Erinnerung an die Shoah

Zwei Elementen jüdischer Existenz sind christliche Theologen lange und gerne aus dem Weg gegangen: Die Bedeutung des Staates Israel für den jüdischen Menschen sowie Erleben und Nacherleben der Shoah. Wir reden hier der heilsgeschichtlichen Deutung des Staates Israel nicht das Wort; man versteht ihn jedoch nicht, wenn man ihn allein als modernes politisches Phänomen begreift, das keinen Zusammenhang mit jüdischer Geschichte, Tradition, Religion und Lebensweise hätte. Daher war es die ungeheuerlichste Beleidigung, die jedem einzelnen Juden auf der Welt widerfuhr, als die UNO im Jahre 1975 den Zionismus mit dem Rassismus gleichsetzte. Der Zionismus – gleichgültig, welche Fehler einer jeweiligen israelischen Regierung anzulasten sein mögen – ist tief in der Hebräischen Bibel begründet, wenngleich man moderne politische Grenzen auch nicht mit der Bibel in der Hand ziehen kann. Die Integration des Staates Israel in den christlich-jüdischen Dialog gehört zum Bestandteil des Gesprächs, weil dieser Staat Teil des Selbstverständnisses des heutigen jüdischen Menschen ist. Es ist eine erfreuliche Tatsache, dass der Vatikan am 30. Dezember 1993 den Staat Israel anerkannt hat und diplomatische Beziehungen zwischen dem Heiligen Stuhl und dem Staat Israel aufgenommen wurden. Gleichzeitig wurde in diesem Vertrag jede Form des Antisemitismus in einer Stärke verurteilt, wie dies vormals noch nie geschehen war.

Es wäre eine oberflächliche, ja sogar bösartige Betrachtungsweise, reduzierte man jüdische Identität allein auf Shoah und Staat Israel. Beide sind aber mitkonstituierend für jüdische Existenz und dürfen nicht ausgeklammert werden. So sieht es auch die zweite Generation der Juden in der Bundesrepublik, die sich ihrer selbst bewusst wird und nach neuen Wegen sucht, ihr Judentum zu begreifen und zu erleben. Auf diesem Wege begegnen sie ihren christlichen Altersgenossen, und in den vorher erwähnten Gremien ist diese zweite Generation jetzt auch vertreten.

Es wurde lange von Papst Johannes Paul II. angekündigt, der Vatikan würde eine Erklärung über die Shoah erlassen. Dies geschah am 16. März 1998; man hatte daran zehn Jahre gearbeitet. Der Titel dieser Erklärung lautet: „We remember: Reflection on the Shoah". Vieles in dieser Erklärung ist sinnvoll. Sie weist nachdrücklich auf die jüdischen Wurzeln des christlichen Glaubens hin und nennt Beispiele der Geschichte für christliche Schuld gegenüber Juden. Die Erklärung anerkennt entsprechend jüdischem Selbstverständnis „das einzigartige Zeugnis des jüdischen Volkes für den Heiligen Israels und für die Tora". Zum ersten Mal verwendet ein vatikanisches Dokument den Begriff der „Shoah", das heißt Vernichtung, Katastrophe (vgl. z.B. Jes 10,3), der jede religiöse Sinndeutung ausschließt. Mehrfach wird mit großem Ernst die christliche Pflicht zur Erinnerung an die Shoah eingefordert. Freilich bleibt das Dokument trotz beachtlicher Aussagen in seinen historischen und theologischen Äußerungen hinter früheren Erklärungen zurück, die von Papst Johannes Paul II., von der deutschen Bischofskonferenz und von französischen Bischöfen gegeben wurden.[1] Ein klares Wort zur

---

1 Vgl. Ansprache von Papst Johannes Paul II. in der Synagoge von Rom am 13. April 1986; Die Last der Geschichte annehmen. Wort der Berliner, der Deutschen und der Österreichischen Bischofskonferenzen vom 20. Okt. 1988; Erklärung mehrerer französischer Bischöfe in Drancy 1997.

Mitschuld und Verantwortung der Kirche fehlt in dem Text, etwa in dem Sinn, dass auch eine Kirche sündig sein kann und der Umkehr bedarf. In seinem Begleitschreiben zur Vatikanischen Erklärung über die Shoah verleiht Papst Johannes Paul II. seiner Hoffnung Ausdruck, die Erklärung „Wir erinnern. Nachdenken über die Shoah" möge „die Erinnerung befähigen, ihre notwendige Rolle im Prozess des Aufbaus einer Zukunft zu übernehmen, in der die unaussprechliche Bosheit der Shoah nicht mehr möglich wird."

Wir haben gesehen, dass in den letzten Jahrzehnten auf zahlreichen Gebieten gearbeitet wurde und auch Fortschritte erzielt werden konnten. Gleichzeitig ist es jedoch eine Tatsache, dass man eine „Zergrenzung" von fast 2000 Jahren nicht in wenigen Jahrzehnten in Ordnung bringen kann. Dazu bedarf es einer vertieften Kenntnis des Judentums einschließlich seiner Geschichte, ferner einer Dogmatik, die auch ohne Vereinnahmung die Juden und das Judentum im Blick hat, sowie einer Befreiung von alten Vorurteilen, die immer noch in den Köpfen und leider auch in Lehrbüchern herumgeistern. Die zahlreichen Dokumente, die gerade auch seit dem Zweiten Vatikanischen Konzil von der katholischen Kirche veröffentlicht wurden, bieten durchaus vernünftige Grundlagen zur Überwindung alter Vorurteile. Es ist bedauerlich, dass diese noch nicht überall beseitigt sind, wenngleich wir feststellen dürfen, dass wir uns auf einem Weg befinden, der uns hoffen lässt.

Vor kurzer Zeit hat die deutsche Bischofskonferenz im Zusammenhang mit dem Jahr 2000 eine Dokumentation veröffentlicht „Gott unser Vater, Wiederentdeckung der Verbundenheit der Kirche mit dem Judentum". In dieser Publikation finden sich einerseits die meisten Verlautbarungen, die bis zum Jahre 1998 von der katholischen Kirche geäußert wurden; daneben auch theologische Reflexionen sowie praktische Hinweise und Hilfen über dieses Thema. Wenn leider diese Texte auch noch nicht Allgemeingut von Pfarrern und Laien geworden sind, zeugt das Buch doch einerseits von einem guten Willen des gegenseitigen Verstehens sowie des Versuches, auch das Judentum in seinem Selbstverständnis ernst zu nehmen.

KATHOLISCHE KIRCHE UND DAS JUDENTUM
40 Jahre nach *Nostra aetate* – am Ende eines bedeutenden Pontifikats

Hans Hermann Henrix, Aachen

Einleitung

Das Jahr 2005 ist in einem eingeschränkten Sinn so etwas wie ein Schwellenjahr. Es steht nicht exakt an der Schwelle vom zweiten zum dritten Jahrtausend christlicher Zeitrechung, und ihm gebührt nicht ein Titel wie „Großes Jubiläumsjahr". Schwellenjahr ist es dadurch, dass sich in seinem Verlauf Ereignisse jähren, die im kulturellen bzw. korporativen Gedächtnis ihr eigenes und manchmal lastendes Gewicht haben. So wurde vor 60 Jahren das Wüten in Weltkrieg und Schoa beendet – eine historische Erfahrung, deren Tragweite zu durchschauen eine Inkubationszeit benötigte, welche über das biblische Generationenmaß von 40 Jahren hinausgreift und sich an der Schwelle von 60 Jahren überraschend intensiv zeigte. Vor 40 Jahren kam es in der katholischen Kirche auf dem II. Vatikanischen Konzil zur Erklärung über die Haltung der Kirche zu den nichtchristlichen Religionen *Nostra aetate* vom 28. Oktober 1965.[1] Sie stieß eine Dynamik von Umkehr und Erneuerung im kirchlichen Verhältnis zum jüdischen Volk und Judentum an, die im Pontifikat von Johannes Paul II. eine Bekräftigung und Reifung erfuhr. In der evangelischen Kirche Deutschlands erinnert man im Jahr 2005 besonders an den rheinischen Synodalbeschluss „Zur Erneuerung des Verhältnisses von Christen und Juden" vor 25 Jahren.[2] Nicht Jährung, sondern Ereignung erlebte das Jahr 2005 mit dem Tod von Papst Johannes Paul II.

---

1   Dazu unüberholt: Johannes Oesterreicher, *Kommentierende Einleitung* zur Erklärung über das Verhältnis der Kirche zu den nichtchristlichen Religionen, in: LThK.E II, Freiburg/Basel/Wien 1967, 406-478. Den Text siehe dort, aber auch Rolf Rendtorff/Hans Hermann Henrix (Hg.), Die Kirchen und das Judentum. Bd. 1: Dokumente von 1945 bis 1985, Paderborn/Gütersloh ³2001 (nachfolgend zitiert: KuJ I).

2   Vgl. Katja Kriener/Johann Michael Schmidt (Hg.), „... um Seines NAMENs willen". Christen und Juden vor dem Einen Gott Israels. 25 Jahre Synodalbeschluss der Evangelischen Kirche im Rheinland „Zur Erneuerung des Verhältnisses von Christen und Juden", Neukirchen 2005.

Hans Hermann Henrix

am 2. April; das Ende seines 26jährigen Pontifikats markiert gewiss eine Schwelle, deren Wozu im künftigen Verhältnis der Kirche zum Judentum offen ist.

Das Jahr 2005 gibt also für das christlich-jüdische Verhältnis vielfältigen Anlass zum Innehalten, Erinnern, Prüfen und Behalten für die künftige Wegstrecke. Dem Prüfen und etwaigen Behalten ist dabei auch die kritische Sichtung des Dialogs seit dem II. Vatikanischen Konzil aufgegeben. Kann man angesichts der Last der Geschichte im Verhältnis zwischen Judentum und Christentum von einem Fortschreiten in dieser Beziehung sprechen? Ist der Dialog nicht immer wieder irritiert und aufgestört worden, weil er von der Vergangenheit eingeholt wurde? Welche Einsichten sind als Potenzial nach vorne festzuhalten? Auf diese Fragen sei mit einer überblickhaften Geländevermessung eingegangen. Der erste Teil beginnt mit einem Stenogramm des Dialogs und lässt einen Längsschnitt durch die kurze Dialoggeschichte nach der Schoa folgen. Ein zweiter Teil fragt am Ende des Pontifikats von Papst Johannes Paul II. nach seiner Bedeutung und versucht eine vorläufige Erhebung seines Vermächtnisses. Im dritten Teil sei auf offene Fragen im christlich-jüdischen als katholisch-jüdischen Verhältnis eingegangen.

I. Der christlich-jüdische Dialog nach Auschwitz

1. Ein Stenogramm

Zu den bemerkenswertesten Entwicklungen in den Kirchen und unter Christen der letzten Jahrzehnte zählt der jüdisch-christliche Dialog nach Auschwitz. Er ist Vision und Wirklichkeit zugleich. Wirklichkeit ist er als Gespräch zwischen Gremien und Minderheiten aus Judentum und Christentum. Noch Vision ist seine Verwurzelung bei der Mehrheit von Jüdinnen bzw. Juden und Christinnen und Christen, seine Gegenwart im Alltag oder auch in der sabbatlichen Feier und sonntäglichen Verkündigungspraxis, sowie seine breite solidarische Bewährung angesichts aktueller Gefährdungen. Der Dialog zielt über den Ideen- und Glaubensaustausch hinaus auf die Bewährung in den realen Verhältnissen zwischen den Gemeinschaften von Judentum und Christentum und ihren Angehörigen. Zwischen beiden besteht eine vielfältige Asymmetrie. Diese meint nicht nur ein Ungleichgewicht in der Zahl der Mitglieder beider Gemeinschaften. Sie bedeutet auch in der Bilanz der geschichtlichen Beziehung höchst unterschiedliche Lasten und nicht zuletzt ein strukturelles Ungleichgewicht: hier eine ethnische, religiöse und landbezogene Gemeinschaft („Volk Israel"), dort eine Glaubensgemeinschaft aus den Völkern (Kirche als „ecclesia"). Der Dialog buchstabiert deren Verhältnis historisch, philosophisch, theologisch und manchmal auch politisch durch. Er ist gelebte Beziehung mit ökumenischer Kontur und einem „Tumor im Gedächtnis"[3], steht er doch im Schatten der Schoa.

2. Ein Längsschnitt durch die Dialoggeschichte

Der jüdisch-christliche Dialog nach Auschwitz ist eine junge und schmale Tradition. Für sie kann man mit Johann Baptist Metz[4] vier Phasen unterscheiden: Aus dem Erschrecken über die Schoa und aus der Erkenntnis christlicher Schuld und Mitverantwortung erwuchs das „Stadium eines diffusen Wohlwollens, das seinerseits wenig stabil und krisenfest ist, leicht anfällig und verdrängbar". Das wohlwollende Interesse von Christen gegenüber Juden ist oft von dem Wunsch beseelt, durch größere Kenntnis des Judentums die Welt, in der Jesus von Nazaret lebte, anschaulich werden zu lassen und so die eigene Herkunft besser zu begreifen. Ein vorrangig herkunftsorientiertes Gesprächsinteresse gegenüber dem Judentum steht jedoch in der Gefahr, heutige Juden zum Monument christlicher Frühzeit zu verdinglichen. Eine zweite Phase kann man die „der theologischen Diskussion des Übergangs »von der Mission zum Dialog« zwischen Christen und Juden" nennen. Evangelischerseits ist in einzelnen Gruppen die Frage nach der „Judenmission" nicht zur Ruhe gekommen, katholischerseits hat es eine Konsensbildung in dialogwilliger Kirchenführung und Theologie gegeben: Die Absicht der Proselytenmacherei ist im Dialog ausgeschlossen[5]. Und doch ist es in den letzten Jahren zu einer erneuten innerkatholischen Diskussion über die Frage von Dialog und Mission gekommen, was im dritten Teil nochmals aufgenommen wird. Mit dem Übergang „von der Mission zum Dialog" bilden sich in einer dritten Phase des Dialogs „Ansätze zu einem bewussten theologischen Umdenken" aus. Sie sind in einer Vielzahl von welt- und teilkirchlichen Äußerungen des Lehramtes seit der Erklärung des II. Vatikanischen Konzils *Nostra aetate* wie auch in zahlreichen Bemühungen der Theologie zu greifen. Sie gehen auf die Überwindung der „Lehre der Verachtung", als welche der französisch-jüdische Historiker Jules Isaac[6] die jahrhundertelange kirchliche Tra-

---

3   Emmanuel Levinas, Eigennamen. Meditationen über Sprache und Literatur, München 1988, 137.

4   Vgl. Johannes Baptist Metz, Im Angesicht der Juden. Christliche Theologie nach Auschwitz: in: Concilium 20 (1984) 382-389, hier 385.

5   Vgl. nur die katholischen Dokumente in den beiden Bänden: KuJ I, 120.126.155. 257 oder 668f. und Hans Hermann Henrix/Wolfgang Kraus (Hg.), Die Kirchen und das Judentum. Bd. II: Dokumente von 1986 bis 2000, Paderborn/Gütersloh 2001 (nachfolgend zitiert: KuJ II), 382 oder den grundlegenden Beitrag von Tommaso Federici, in: International Catholic-Jewish Liaison Committee (Hg.), Fifteen Years of Catholic-Jewish Dialogue 1970–1985, Vatikanstadt 1988, 46-62.

6   Jules Isaac, L'enseignement du mépris. Vérité historique et mythes théologiques, Paris 1962.

dition kennzeichnete; stattdessen streben sie eine Haltung und Lehre des Respekts, ja der Liebe gegenüber dem jüdischen Volk und dem Judentum an. Theologisch laufen sie auf eine „christliche Theologie des Judentums post Christum, mit Anerkennung der bleibenden messianischen Würde Israels" hinaus. Die Ansätze des theologischen Umdenkens leiten wie von selbst zur vierten Phase über: zu der „Einsicht nämlich der Christen in die konkrete glaubensgeschichtliche Abhängigkeit von den Juden" oder zum Dialog „auf der Ebene ihrer je eigenen religiösen Identität", auf der Judentum und Christentum „eng und beziehungsvoll miteinander verbunden sind"[7]. Der Dialog auf der Ebene heutiger Identität fördert die Bereitschaft der Christinnen und Christen, sich nicht gegen oder ohne Jüdinnen und Juden zu definieren, sondern ihnen und ihrer Glaubenstradition in Respekt verbunden zu sein.

3. Komplexität und Strukturen des Dialogs

Der Dialog vollzieht sich auf verschiedenen Ebenen und in sehr unterschiedlichen Kontexten. „Normale" Frauen und Männer sind beiderseits engagiert; Konzil, Papst, Bischofskonferenzen, Bischöfe und Synoden haben sich vielfach zu Wort gemeldet; Frauen und Männer der Theologie bzw. Gelehrsamkeit beider Seiten betreiben im freien Diskurs die notwendige wissenschaftliche Integration des Dialogs; eigene Zeitschriften stehen zur Verfügung[8]. Es existieren seit 1970 ein internationales jüdisches Komitee für interreligiöse Konsultationen (IJCIC) und seit 1974 eine Vatikanische „Kommission für die religiösen Beziehungen zu den Juden", welche dem päpstlichen Rat für die Förderung der Einheit der Christen zugeordnet ist. Vergleichbare Strukturen gibt es auch im Ökumenischen Rat der Kirchen, die sich aber nicht durchsetzen konnten; im Bereich des Ökumenischen Rates haben wir unübersehbar einen Nachholbedarf. Als Forum eines offiziellen Dialogs auf Weltebene besteht das vom jüdischen Komitee und Vatikanischer Kommission geschaffene Internationale katholisch-jüdische Verbindungskomitee; es kommt seit 1971 regelmäßig, wenn auch in wechselnden Zeitabständen zusammen, um Fragen des gegenseitigen Verhältnisses und von gemeinsamem Interesse zu beraten[9]. Auf den jüdisch-christlichen Dialog haben die ortho-

---

7 So Johannes Paul II. am 12. März 1979 u.ö., in: KuJ I, 64.71.78 u.ö. und KuJ II, 38.57.103.
8 So z.B.: Freiburger Rundbrief. Zeitschrift für christlich-jüdische Begegnung NF 1 (Freiburg 1993/94) ff; Judaica. Beiträge zum Verstehen des Judentums 1 (Zürich 1944) ff; Kirche und Israel 1 (Neukirchen 1986) ff.
9 Vgl. die Kommuniqués dieser Jahrestreffen in: KuJ I, 659-681 und KuJ II, 981-1000 sowie ihre Referate in: International Catholic-Jewish Liaison Committee.

doxen Kirchen lange reserviert bis ablehnend reagiert; erst allmählich kommt es hier zu Öffnungen[10].

Blickt man nun näher in die junge Dialoggeschichte und ihre Themen, so tritt eine Vielzahl von Themen und Inhalten für die dialogische Konsensprobe und Dissenserklärung vor Augen. Sie vergegenwärtigen die Last der Geschichte und beziehen theologische Fragen ein. Vor allem melden sich Aspekte der jeweiligen Selbstdefinition im Blick auf den anderen, christlicher- bzw. kirchlicherseits besonders in den 60er und 70er Jahren, jüdischerseits erst in den letzten Jahren.[11] Innerhalb der christlichen Binnenkammer gelten theologische Bemühungen weithin der Frage, inwiefern das geschichtliche Gegenüber von Kirche und Judentum auch ein heilsgeschichtliches Miteinander und wechselseitiger kritischer Ansporn ist und was dieses für das Kirchenverständnis wie die Gotteslehre, für die Christologie wie die Eschatologie, für die Bibelwissenschaft wie die Moraltheologie bedeutet und austrägt. Hier ist es unterschiedlich zu Öffnungen der theologischen Teildisziplinen für die Herausforderungen durch den christlich-jüdischen Dialog gekommen.[12] Zu ethischen Fragen als Gegenstand des Gesprächs im christlich-jüdischen Gegenüber gibt es zwar viele Beteuerungen, dass die Ethik eine besondere Herausforderung für ein gemeinsames Zeugnis von Christen und Juden vor der Welt darstellt.

---

10   Vgl. dazu nur: Orthodox Christians and Jews on Continuity and Renewal, in: Immanuel 26/27 (1994) sowie die Texte in: KuJ I, 691-695; KuJ II, 1011-1016.

11   Die jüdischen Wortmeldungen stammten lange Zeit von einzelnen Autor/innen, haben aber mit dem Projekt amerikanischer und kanadischer gelehrter jüdischer Männer und Frauen unter der Überschrift „Dabru Emet", d.h. „Redet Wahrheit" vom 10. September 2000 eine korporative Verdichtung erfahren (Text in: KuJ II, 974-976); eine heftige innerjüdische Diskussion darum ist unabgeschlossen.

12   Die Exegese von Altem und Neuem Testament hat dabei eine Vorreiterrolle. Daneben sind aber auch Fundamentaltheologie und Dogmatik und bemerkenswerterweise gerade die Liturgiewissenschaft beteiligt, während Moraltheologie und Kirchengeschichte sich zurückhalten. Vgl. aus der Literaturfülle nur: Erich Zenger u. a., Einleitung in das Alte Testament, Stuttgart ^{5}2004 [^{1}1995]; Christoph Dohmen/Günter Stemberger, Hermeneutik der Jüdischen Bibel und des Alten Testaments, Stuttgart 1996; Manfred Görg/Michael Langer (Hg.), Als Gott weinte. Theologie nach Auschwitz, Regensburg 1997; Peter Hünermann/Thomas Söding (Hg.), Methodische Erneuerung der Theologie. Konsequenzen der wiederentdeckten jüdisch-christlichen Gemeinsamkeiten (QD 200), Freiburg 2003; Ulrich Busse (Hg.), Der Gott Israels im Zeugnis des Neuen Testaments (QD 201), Freiburg 2003; Albert Gerhards/Hans Hermann Henrix (Hg.), Dialog oder Monolog? Zur liturgischen Beziehung zwischen Judentum und Christentum (QD 208), Freiburg 2004; Magnus Striet (Hg.), Monotheismus Israels und christlicher Trinitätsglaube (QD 210), Freiburg 2004; Erwin Dirscherl u.a. (Hg.), Einander zugewandt. Die Rezeption des christlich-jüdischen Dialogs in der Dogmatik, Paderborn 2005.

Aber im deutschsprachigen Bereich will das Fachgespräch dazu zwischen christlichen Ethikern und Moraltheologen und jüdischen Rabbinern bzw. Halachisten nicht so recht zustande kommen; in den USA sieht dies günstiger aus. Aber eine transatlantische bzw. internationale Herausforderung bleiben die immer wieder neu aufbrechenden antijüdischen bzw. antisemitischen Stimmungen, Vorkommnisse oder Gewalttaten, welche in der islamistisch motivierten Aggressivität ein neues Gewand haben.

II. Ein besonderes Vermächtnis: Johannes Paul II. und die Juden

Der Dialog bzw. die Beziehung zwischen der katholischen Kirche und dem Judentum hat in der Konzilserklärung *Nostra aetate* so etwas wie den Beginn einer neuen Zeitrechnung mit Auswirkung auf die Haltung der anderen Kirchen zum jüdischen Volk. Die Erklärung gehörte zu den am heftigsten umstrittenen Konzilsdokumenten. Ihre Entstehung war von politischen Einmischungen begleitet und erfuhr eine breite und intensive Berichterstattung und Kommentierung in der Weltpresse. Die Schlussphase ihrer Verabschiedung hatte dramatische Züge.[13] Die Intensität ihrer Rezeption ist erstaunlich, ihre Wirkungsgeschichte verläuft jenseits eines Klimas von Retraktation und Rückwärtswendung. Die eigentliche Quelle von *Nostra aetate* ist nach einem viel zitierten Wort von Johannes Oesterreicher, dem Konzilsberater für Fragen des Judentums, „das Herz Johannes' XXIII., im besonderen seine Einfühlung in das jüdische Leiden."[14] Paul VI. hielt am Projekt fest und promulgierte die Erklärung. Und Johannes Paul II. führte sie zur Reife und vertiefte sie.

So verwunderte es nicht, dass viele Juden in Israel und der ganzen Welt an der Trauer um den verstorbenen Papst Johannes Paul II. Anteil genommen haben. Dabei gab es in der Reaktion auf seine Wahl zum Papst am 16. Oktober 1978 nicht wenige jüdische Stimmen, die spontan größte Besorgnis äußerten und die Frage stellten, ob denn Gutes von einem aus Polen stammenden Papst zu erwarten sei. Die Sorge des Anfangs hielt sich lange durch. Am Ende des Pontifikats aber war jüdischerseits allgemein anerkannt, dass eine beharrliche Aufmerksamkeit für die Heilung im Verhältnis zwischen der Kirche und dem

---

13 Vgl. neben Johannes Oesterreicher u.a.: Otto Hermann Pesch, Das Zweite Vatikanische Konzil (1962–1965): Vorgeschichte – Verlauf – Ergebnisse – Nachgeschichte, Würzburg 1994 und Roman A. Siebenrock, Das Senfkorn des Konzils. Vorläufige Überlegungen auf dem Weg zu einem erneuerten Verständnis der Konzilserklärung „Nostra Aetate", in: Günther Wassilowsky (Hg.), Zweites Vatikanum – vergessene Anstöße, gegenwärtige Fortschreibungen (QD 207), Freiburg 2004, 154-184.

14 Johannes Oesterreicher, Kommentierende Einleitung 409.

jüdischen Volk zur prophetischen Dimension dieses langen Pontifikats gehört. Der Papst blieb bis zu seinem Tod am 2. April 2005 jenen visionären Anliegen treu, die sich schon bald nach seiner Wahl gezeigt hatten.

Die jüdische Gemeinde Roms – darin Stellvertreterin für viele Jüdinnen und Juden in Israel und der Diaspora – hatte Johannes XXIII. (1881–1963; Papst von 1958–1963) geliebt. Johannes Paul II. hatte bei seinem historischen Besuch der Großen Synagoge Roms am 13. April 1986 selbst daran erinnert, als er in seiner Ansprache sagte:

> Mir [ist] wohlbekannt, daß der Oberrabbiner [von Rom] in der Nacht vor dem Tod des Papstes Johannes spontan auf den Petersplatz gegangen ist, begleitet von einer Gruppe jüdischer Gläubigen, um dort, inmitten der Schar katholischer und anderer Christen, zu beten und zu wachen und so in stiller, aber sehr eindrucksvoller Weise Zeugnis abzulegen für die geistige Größe dieses Papstes, der so offen war für alle ohne Unterschied, vor allem für die jüdischen Brüder.[15]

Seine eigene außerordentliche Wertschätzung des jüdischen Volkes betrachtete Johannes Paul II. als die Übernahme eines Erbes von Johannes XXIII.

Der Weite des Herzens von Johannes XXIII. entsprach bei Johannes Paul II. eine Weite des theologischen Horizonts im Blick auf das jüdische Volk und Judentum. In Deutschland konnten wir dies schon beim ersten päpstlichen Pastoralbesuch im November 1980 wahrnehmen. Bei seiner Ansprache an den Zentralrat der Juden im Mainzer Dommuseum würdigte er die jüdischen Leiden in der Zeit des Nationalsozialismus und ehrte jene Christen, die den Verfolgten beistanden. Er unterstrich sein Interesse am christlich-jüdischen Dialog besonders in Deutschland und kennzeichnete ihn als Dialog zwischen zwei Religionen auf der Ebene ihrer heutigen Identität. Dabei prägte er ein Wort, das eine lange kirchliche Tradition korrigierte. Für viele Christen gilt bis heute der Bund Gottes mit Israel als veraltet, überholt, abgetan oder erledigt. Demgegenüber sprach der Papst in seiner Mainzer Ansprache von „dem Gottesvolk des von Gott nie gekündigten (vgl. Röm 11,29) Alten Bundes".[16] Es hat um dieses päpstliche Wort, das sich besonders auf Römer 9-11 stützte, in römischen Kreisen eine Diskussion darüber gegeben, ob die päpstliche Position vom Neuen Testament gedeckt sei oder darin wichtige Aussagen etwa im Hebräerbrief (Hebr 8) oder im zweiten Korintherbrief (2 Kor 3) zu wenig bedacht seien. Diese Bedenken haben Johannes Paul II. nicht von seiner theologischen Linie abdrängen können. Vielmehr hat er

---

15 Der Apostolische Stuhl 1986. Ansprachen, Predigten und Botschaften des Papstes, Erklärungen der Kongregationen. Vollständige Dokumentation, hg. v. Sekretariat der Deutschen Bischofskonferenz, Köln (o.J.), 1243.
16 KuJ I, 75.

seine Position bei weiteren Begegnungen mit Repräsentanten jüdischer Gemeinschaften wiederholt und bekräftigt.[17] Es war wohl diese päpstliche Hartnäckigkeit, die den Katechismus der Katholischen Kirche von 1993, der in den Aussagen zu Israel und Judentum ein eigenartiges Schwanken zeigt, lapidar feststellen lässt: „der Alte Bund ist nie widerrufen worden".[18]

Das Mainzer Wort aus dem Jahr 1980 war weit mehr als eine bloße Bekundung des guten Willens. Es bildete in den nachfolgenden Jahren des Pontifikats ein Hauptmotiv in den überaus zahlreichen Ansprachen zum Verhältnis von Kirche und jüdischem Volk. Johannes Paul II. hielt sie meist bei seinen Pastoralreisen und der üblichen Zusammenkunft mit der jüdischen Gemeinschaft des jeweiligen Landes oder bei seinen Audienzen gegenüber jüdischen Besuchergruppen im Vatikan, aber auch gelegentlich bei seinen allgemeinen Predigten oder Audienzen. Diese Aussagen, die Teil seiner normalen Lehrverkündigung waren, könnte man als Kern päpstlicher Israelsicht von Johannes Paul II. folgendermaßen zusammenfassen:

Der mit Mose geschlossene Alte Bund ist von Gott nie gekündigt worden. Das jüdische Volk steht nach wie vor in einer unwiderruflichen Berufung und ist immer noch Erbe jener Erwählung, der Gott treu ist. Es ist geradezu das „Volk des Bundes". Es hat im Blick auf sein Leiden in der Schoa eine Sendung vor allen Menschen, vor der ganzen Menschheit und auch vor der Kirche. Die heilige Schrift der Kirche kann nicht getrennt werden von diesem Volk und seiner Geschichte. Die Tatsache, dass Jesus Jude war und sein Milieu die jüdische Welt war, ist nicht ein einfacher kultureller Zufall. Wer diese Bindung lösen und durch eine andere religiöse Tradition ersetzen wollte, würde die Identität der Person Jesu Christi verlieren und die Wahrheit der Menschwerdung des Sohnes Gottes selbst angreifen. Die jüdische Religion ist für die Kirche nicht etwas „Äußerliches", sondern gehört in gewisser Weise zum Inneren der christlichen Religion. Zu ihr haben die Kirche und Christen Beziehungen wie zu keiner anderen Religion. Die Juden sind

---

17 So bei seiner Ansprache an die Repräsentanten der jüdischen Gemeinden Australiens am 26. November 1986 in Sydney (siehe: KuJ II, 14-16) oder an die jüdische Gemeinde von Brasilia am 15. Oktober 1991 (siehe: KuJ II, 59f.).

18 Katechismus der Katholischen Kirche, München u. a. 2003, Nr. 121, p 68; vgl. Nr. 839, p. 250; vgl. auch KuJ II, 63-75.73.70f. In Spannung zu dieser Aussage stehen freilich andere Aussagen des Katechismus, vgl. nur Nr. 580.710 oder 762 (p. 179.218 oder 229 oder KuJ II, 66.70). Der Katechismus hat jüdischerseits ein doppeltes Echo von Anerkennung und Kritik erfahren, siehe: Leon Klenicki, Der Katechismus der katholischen Kirche mit jüdischen Augen gelesen: Una Sancta 49 (1994) 246-255 und Gesprächskreis „Juden und Christen" beim Zentralkomitee der deutschen Katholiken, Diskussionspapier „Juden und Judentum im neuen Katechismus der Katholischen Kirche. Ein Zwischenruf" vom 29. Januar 1996, in: KuJ II, 387-391.

„unsere bevorzugten Brüder und, so könnte man gewissermaßen sagen, unsere älteren Brüder". Der Antisemitismus ist eine Sünde gegen Gott und die Menschheit.

Diese lehrmäßigen Aussagen haben in den großen Gesten von Johannes Paul II. ihren eigenen Kommentar erhalten. Vor allem zwei Ereignisse haben sich dem Weltgedächtnis tief eingeprägt: sein historischer Besuch der römischen Synagoge vom 13. April 1986 und als Höhepunkt der Gesten dieses Pontifikats im Blick auf das jüdische Volk der Besuch Israels und Jerusalems vom 21. bis 26. März 2000, der von Kommentatoren als Sechs-Tage-Friede bezeichnet wurde. Aber man darf darüber andere wichtige Gesten dieses Papstes nicht vergessen: die Weltgebetstage der Religionen für den Frieden in Assisi 1986 und 2002; die jüdischerseits lang erhoffte völkerrechtliche Anerkennung des Staates Israel im Grundlagenvertrag vom 31. Dezember 1993; sein Brief an die Schwestern des Karmelkonvents von Auschwitz vom 9. April 1993, der ein für Juden schweres Ärgernis beseitigte, oder die im Rahmen des Großen Jahres 2000 zentrale Liturgiefeier mit dem Akt der Schuldanerkenntnis vom Ersten Fastensonntag 2000 in St. Peter zu Rom.

Die Jahre seines Pontifikats waren gleichwohl auch von Verstimmungen im katholisch-jüdischen Verhältnis begleitet, die dazu führten, dass sich die Ambivalenz des jüdischen Anfangsechos auf Johannes Paul II. lange halten konnte. Aber der Papst hat diese Verstörungen in der Regel konstruktiv bearbeitet, ob sie Treffen mit Palästinenserführer Jassir Arafat oder dem österreichischen Bundespräsidenten Kurt Waldheim betrafen oder die Kontroversen um die Selig- und Heiligsprechung Edith Steins oder den Karmel von Auschwitz oder das Scheitern der Internationalen katholisch-jüdischen historischen Kommission zum Wirken von Pius XII. in den Jahren des Zweiten Weltkriegs. Die Ambivalenz der jüdischen Reaktion überwand der Papst letztlich mit seinem Israel-Besuch. Er musste beim jüdischen Volk selber „ankommen", um seine Menschen zu öffnen und ihnen zu vermitteln, dass es in ihm einen Freund, ja „Lieb-haber" habe. Solche Vermittlung geschah besonders durch die symbolträchtigen Besuche der Holocaustgedenkstätte „Jad WaSchem" und der Westmauer. Die Begegnung mit Holocaust-Überlebenden beim Jerusalem-Besuch erinnerte an die biographische Wegbereitung für seine so ungewöhnliche und segensvolle „Interessiertheit" an der Heilung des christlich-jüdischen Verhältnisses. Johannes Paul II. hatte als junger Mensch in seinem Heimatort Wadowice nahe Krakau jüdische Nachbarn und ihre Gemeinde in dem Bewusstsein wahrgenommen, dass wir alle Kinder Gottes sind, und war so zur unbefangenen Freundschaft mit jüdischen Klassenkameraden fähig; umso notvoller erlebte er die fürchterliche Brutalität und Grausamkeit der Nationalsozialisten mit, die in Polen und dem nicht weit entfernten Konzentrationslager Auschwitz vor allem jüdische Menschen traf. Dieses Mit-leiden hat Johannes Paul II. bis in seine letzten Lebenstage bewahrt. Wenige Wochen vor seinem Tod empfing er eine große Gruppe von Rabbinern, die ihm dafür dankten und ihm versicherten: „Ihre Bitte um Verzeihung während Ihrer Pilgerfahrt ins Heilige Land lebt fort in den Herzen von Juden in der ganzen Welt."[19]

Dank des Pontifikats von Johannes Paul II. stehen wir in einer neuen Qualität der katholisch-jüdischen Beziehung. Sein Vermächtnis ist zu bewahren und zu bewähren. Das ist nicht aufgrund einer anonymen Schwerkraft von Entwicklung gewährleistet, sondern bedarf der ausdrücklichen Anstrengung vieler auf kirchlicher und jüdischer Seite. Diese hat wichtige Orientierungspunkte in den Aussagen der päpstlichen Israelsicht und in den genannten Gesten. Gleichwohl gibt es offene Fragen und bleibende Herausforderungen. Drei von ihnen seien zum Schluss genannt, wobei die erste etwas entfaltet sei und die beiden anderen im Stenogramm skizziert werden.

III. Offene Fragen und bleibende Herausforderungen

1. Nur Versagen der Söhne und Töchter der Kirche und keine Schuld der Kirche?

Innerhalb der Kurie wurden die Initiativen in Wort und Tat von Papst Johannes Paul II. besonders durch die bereits angesprochene Vatikanische Kommission für die religiösen Beziehungen zu den Juden gestützt. Sie wird vom deutschen Kardinal Walter Kasper geleitet. Die Kommission gab mit Texten der Durchführung der Konzilserklärung wichtige Orientierungen für Katechese, Predigt und Religionsunterricht, für die sie viel Anerkennung erfuhr, auch von jüdischer Seite. Kritik erfuhr die Kommission allerdings mit ihrem Dokument „Wir erinnern. Eine Reflexion über die Schoa" vom 16. März 1998[20]. Das Dokument ist einzutragen in die allgemeine „Reinigung des Gedächtnisses" im Großen Jahr 2000. Ein besonderer Höhepunkt dieser „Reinigung des Gedächtnisses" war das Schuldbekenntnis und die Vergebungsbitte am Ersten Fastensonntag, dem 12. März 2000, in St. Peter zu Rom. Zum ersten Mal in der Geschichte der Kirche hat ein Papst ein umfassendes „Mea Culpa" für Fehler und Sünden von Gläubigen in der Vergan-

---

19 Meldung vom 18. Januar 2005 unter dem Titel: „Rabbiner danken dem Papst", in: http://www.vaticanradio.org/tedesco/tedarchi/2005/Januar05/ted18.01.05.htm.
20 Kommission für die religiösen Beziehungen zu den Juden, „Wir erinnern. Eine Reflexion über die Schoa" vom 16. März 1998, in: KuJ II, 110-119. Die nachfolgenden Zitate sind diesem Wortlaut entnommen.

genheit ausgesprochen. Beim Pontifikalgottesdienst im Petersdom beklagte Papst Johannes Paul II. in sieben Vergebungsbitten Versagen und Schuld der Christenheit.[21] Das Schuldbekenntnis zum Verhältnis der Christen zu Israel lautete:

> Gott unserer Väter, du hast Abraham und seine Nachkommen auserwählt, deinen Namen zu den Völkern zu tragen. Wir sind zutiefst betrübt über das Verhalten aller, die im Laufe der Geschichte deine Söhne und Töchter leiden ließen. Wir bitten um Verzeihung und wollen uns dafür einsetzen, dass echte Brüderlichkeit herrsche mit dem Volk des Bundes. Darum bitten wir durch Christus unseren Herrn.

Das Verständnis dieses Aktes in einer Liturgie voller Symbolik war mit einer Studie der Internationalen Theologischen Kommission zur Vorbereitung des Millenniums unter dem Titel „Erinnern und Versöhnen. Die Kirche und die Verfehlungen in ihrer Vergangenheit"[22] vorbereitet worden. Die Vergebungsbitte zum Thema Israel enthielt etwa folgende Vision: Ein Jahrtausend der Traumatisierung im Verhältnis von Kirche, Christenheit und jüdischem Volk endet. In diesem Zeitraum ging christliche Polemik oft in Gewalt über; der Gewalt folgte die Vertreibung und Verfolgung. Die Vertreibung ging mit Plünderung, Tötung und Ermordung einher. Schließlich hatte die jüdische Traumatisierung ihren präzedenzlosen Tiefpunkt in der Schoa. Das neue Jahrtausend christlicher Zeitrechnung muss gerade im Blick auf das christlich-jüdische Verhältnis qualitativ anders und neu werden. Deshalb die Gewissenserforschung und die Reinigung des Gedächtnisses. Deshalb der Akt der *Teschuwa*.

Eine Frucht kirchlicher Gewissenserforschung war das Dokument „Wir erinnern" der Vatikankommission. Als Durchbruch wurde es aber nicht empfunden. Die Kritiker leugneten Stärken nicht. Schon die Tatsache eines eigenen Dokumentes des Nachdenkens weltkirchlicher Autorität über die Tragweite der Schoa wurde als bedeutend gewürdigt. Auch die Sprache des Dokumentes voller Anteilnahme an den jüdischen Leiden habe ihre eigene Würde. Es finde sich eine nachdrückliche Anerkennung des jüdischen Glaubenszeugnisses zu dem Einen Gott von theologischem Rang. Die Verurteilung des Antisemitismus ist im Dokument unmissverständlich. Zu seinen

---

21 Vgl. ebd. 151-156.
22 „Verzeihen ist Voraussetzung zur Versöhnung. Inständiges Gebet und besinnliche Stille". Schuldbekenntnis und Vergebungsbitte am 12. März 2000, in: KuJ II, 151-156, sowie Internationale Theologische Kommission, Erinnern und Versöhnen. Die Kirche und die Verfehlungen in ihrer Vergangenheit. Ins Deutsche übertragen und herausgegeben von Gerhard Ludwig Müller, Freiburg 2000; vgl. auch den Auszug in: KuJ II, 131-151.

Stärken gehört auch seine Mahnung, sich dem Anspruch einer „moralischen und religiösen Erinnerung" an die Schoa zu stellen. Freilich wurde geurteilt, dass die kirchliche Gewissenserforschung auf halbem Wege stecken bleibe und abbreche – sowohl theologisch als auch historisch. Im Zentrum historischer Kritik standen die knappen Sätze zur Rolle von Papst Pius XII. Anlass zu einer theologischen Kontroverse gab das Dokument, als es mit einem Zitat aus einer Ansprache von Papst Johannes Paul II. vom 31. Oktober 1997 pointiert zwischen „der christlichen Welt" und „der Kirche als solcher" unterscheidet. Es wird das „konkrete Handeln" der Christen beklagt, das nicht so war, „wie man es von einem Jünger Christi hätte erwarten können" und gesagt:

> Wir bedauern zutiefst die Fehler und das Versagen jener Söhne und Töchter der Kirche [...] Am Ende dieses Jahrtausends möchte die katholische Kirche ihr tiefes Bedauern über das Versagen ihrer Söhne und Töchter aller Generationen zum Ausdruck bringen. Dies ist ein Akt der Umkehr und Reue (teschuwa), da wir als Glieder der Kirche sowohl an den Sünden als auch an den Verdiensten all ihrer Kinder teilhaben.[23]

Das II. Vatikanische Konzil hat eine ekklesiologisch eindeutigere Aussage nicht gescheut: in seiner Kirchenkonstitution *Lumen gentium* hat es formuliert: „Während aber Christus heilig, schuldlos, unbefleckt war [...], umfasst die Kirche Sünder in ihrem eigenen Schoße. Sie ist zugleich heilig und stets der Reinigung bedürftig, sie geht immerfort den Weg der Buße und Erneuerung" (Artikel 8). Inhaltlich hatten sich die deutschsprachigen Bischöfe in ihrem Wort zum 50. Jahrestag der Novemberpogrome 1938 auf diese Aussage bezogen, als sie daran erinnerten, „dass die Kirche, die wir als heilig bekennen und als Geheimnis verehren, auch eine sündige und der Umkehr bedürftige Kirche ist".[24] Die deutschen Bischöfe haben diese Aussage in ihrem Wort zum 50. Jahrestag der Befreiung von Auschwitz wiederholt[25] und stehen mit ihrer Aussage nicht alleine da. Es gibt eine Nähe zu Aussagen anderer Bischofskonferenzen.[26] Die kräftigsten enthält die „Erklärung der

---

23 KuJ II, 117f.
24 KuJ II, 357.
25 KuJ II, 385.
26 Vgl.: Die ungarischen römisch-katholischen Bischöfe und der ökumenische Rat der ungarischen Kirchen, Erklärung zum 50. Jahrestag der Deportation und Tötung der Juden Ungarns vom Advent 1994, in: ebd. 255f.; Kommission der polnischen Bischofskonferenz für den Dialog mit dem Judentum, Erklärung zum 50. Jahrestag der Befreiung des Konzentrationslagers Auschwitz-Birkenau vom 27. Januar 1995, in: ebd. 256-259; Niederländische Bischofskonferenz, „Aus ein und derselben Wurzel lebend. Unsere Beziehung zum Judentum". Wort an die Gläubigen im 50. Befreiungsjahr und 30 Jahre nach der Konzilserklärung *Nostra aetate* vom Oktober 1995, in: ebd. 263-266.

Reue" französischer Bischöfe unter dem Titel „Die Bischöfe Frankreichs und das Judenstatut unter dem Regime von Vichy" vom 30. September 1997 in Drancy[27]. Die französische Erklärung hat unbefangen vom „Versagen der Kirche Frankreichs" gesprochen, welches Teil ihrer Geschichte gegenüber dem jüdischen Volk sei, und fährt fort: „Wir bekennen dieses Versagen. Wir erflehen die Vergebung Gottes und bitten das jüdische Volk, diese Worte der Reue zu vernehmen."[28]

Deutsche und französische Bischöfe stimmen in der Aussage überein, dass die Kirche „auch eine sündige und der Umkehr bedürftige Kirche" ist, bzw. man vom „Versagen der Kirche" sprechen kann, ja muss. Darin kann man den Spitzensatz der religiösen und moralischen Erinnerung an die Schoa sehen. Diese Aussage bleibt im vatikanischen Dokument „Wir erinnern" ohne Entsprechung. Dort wird betont zwischen den „Söhnen und Töchtern der Kirche" und der „Kirche als solcher" unterschieden. Wenn man darin auch keinen ausdrücklichen Widerspruch sehen muss und eher eine Verschiedenheit in der Tonlage sehen mag – in der innerkirchlichen Diskussion der Theologie bleibt zu klären, ob das, was Papst Johannes Paul II. so außerordentlich stark in Geste und Symbolik ausgedrückt hat, nicht doch eine satzhafte Bekräftigung erhalten muss, derzufolge man vom Versagen und der Schuld der Kirche als ganzer bzw. als Kirche bekenntnishaft sprechen muss.

Kann denn theologisch die Kirche als verfasste Gemeinschaft des Glaubens von Versagen und Schuld ihrer Mitglieder freigestellt werden? Die Frage stellt sich bereits vom Wort des Apostels Paulus her: „Wenn ein Glied leidet, leiden alle Glieder (des einen Leibes) mit" (1 Kor 12,26). Sie hat ihre Berechtigung auch im Blick auf die komplexen Zusammenhänge von Mitverantwortung und Schuld auf dem Weg zur Schoa.[29] Über die Jahrhunderte hin gab es unter Christen und in der Kirche eine Feindseligkeit gegenüber Juden und Judentum, welche ein Element in der Geschichte der ganzen Kirche ist. Für die Kirche und ihre jahrhundertelange Verkündigung war die Fortdauer des Judentums als Lebens- und Glaubensweg im Heilsplan Gottes nicht vorgesehen. Sie war ihr ein Rätsel. Das Dasein der Juden als Juden schien ihr anormal. Bereits vor den Jahren der Schoa war es im Laufe einer langen Geschichte zur vielfältigen Schuld unter Christen und in der Kirche gekommen: zur Schuld, das Gute nicht getan zu haben, wie zur Schuld der

---

27 Französische Bischöfe, Die Bischöfe Frankreichs und das Judenstatut unter dem Regime von Vichy. Erklärung der Reue vom 30. September 1997 in Drancy, in: KuJ II, 284-289.
28 Ebd. 288f.
29 Vgl. zum Folgenden bis in wörtliche Übernahmen: Theologischer Arbeitskreis, Antisemitismus, Schoa und Kirche. Studie vom 30. Juni 1995, in: http://www.jcrelations.net/de/?id=862.

bösen Tat, zur Schuld des Schweigens und des Verdrängens; zur Schuld der Leugnung und der unterlassenen Hilfeleistung wie zur Schuld des Fehlens dort, wo Protest, Hilfe und Schutz notwendig und möglich waren.

Eingelagert in diese Geschichte ist dann noch ein kirchlich qualifiziertes Handeln, das es m. E. schwer macht, nicht vom Versagen der Kirche als Kirche zu sprechen, ja sprechen zu müssen. Die Konzilien der Geschichte[30] bilden in qualifizierter Weise das christliche Glaubensbewusstsein aus. In ihnen geht es um offizielle Äußerungen des Lehramtes und zwar auch und gerade dann, wenn sie nicht neue Elemente kirchlicher Lehre formulieren, sondern den in der Kirche bereits vorhandenen Glaubenssinn verbindlich auslegen. Und hier war es nicht ein einzelnes Konzil, welches in einem kirchengeschichtlich einmaligen Fall das jüdische Volk mit Vorhaltungen bedachte, ihm die Treue zu Gott absprach, in Verordnungen seine Lebenssituation beeinträchtigte und in all dem die christliche Solidarität mit ihm schwächte. Es war eine Kette von Konzilien, an die hier zu erinnern ist. So hat z.B. das in Theologie und Tradition so hoch angesehene Vierte Laterankonzil von 1215 den allgemeinen Vorwurf erhoben, die Juden seien des Unglaubens (perfidia) schuldig, und die Situation der jüdischen Minderheit mit einer Reihe von Anordnungen schwer belastet. Nicht weniger schwerwiegend hat sich das Konzil von Basel 1434 geäußert, das insgesamt Konsens und Gemeinsamkeit zwischen den Christen anzielte, aber mit seinem Judendekret vorschrieb, dass dieses diskriminierende Dekret „in den einzelnen Kathedral- und Kollegiatskirchen und in anderen frommen Einrichtungen, an denen sich die Gläubigen zahlreich zusammenfinden, wenigstens einmal im Jahr im Gottesdienst" zu verkünden sei. Zeitlich nah ist die sogenannten Unionsbulle des Konzils von Florenz vom 4. Februar 1442, welches u.a. den Juden die Erlangung des Heils absprach. Schließlich wären neben anderen konzilsgeschichtlichen Fakten bedrückende Vorgänge im Kirchenstaat des 19. Jahrhunderts zu bedenken. Diese Hinweise drängen auf die Frage, ob es ekklesiologisch möglich ist, diese Traditionskette dahingehend zu fragmentarisieren, dass die bei den judenfeindlichen Vorgängen der Kirchengeschichte beteiligten Bischöfe und Päpste individuell zu den „Söhnen" der Kirche zu rechnen sind und ihr Versagen zum persönlichen bzw. „privaten" Versagen herabzustufen sei. Hat hier eine theologische Logik nicht auf die Angemessenheit, ja Notwendigkeit eines Bekenntnisses der Schuld der Kirche als Kirche zu drängen, welches das so aussagekräftige Symbol der gebeugten

---

30 Vgl. Gesprächskreis „Juden und Christen" beim Zentralkomitee der deutschen Katholiken, „Nachdenken über die Schoa. Mitschuld und Verantwortung der katholischen Kirche". Zur Erklärung der Vatikanischen Kommission für die religiösen Beziehungen mit den Juden (vom 16. März 1998) vom 6. Juli 1998, in: KuJ II, 392-399, 395f.

Gestalt von Johannes Paul II. an der Jerusalemer Westmauer satzhaft kommentiert und bekräftigt?

2. Eine wieder belebte Kontroverse um Mission und Dialog

Eine Irritation im katholisch-jüdischen Verhältnis war durch die Erklärung der Kongregation für die Glaubenslehre *Dominus Iesus* über die Einzigkeit und Heilsuniversalität Jesu Christi und der Kirche vom 6. August 2000[31] ausgelöst worden. Immerhin konnten jüdische Vorbehalte beim offiziellen Jahrestreffen des Internationalen katholisch-jüdischen Verbindungskomitees 2001 in New York zur Geltung gebracht werden. Der amerikanisch-orthodoxe Gelehrte David Berger hatte sich auf die Aussage von *Dominus Iesus* bezogen, dass sich die einzelnen Nichtchristen in einer schwer defizitären Heilssituation befinden. Unter Hinweis auf Schriften von Kardinal Joseph Ratzinger las er *Dominus Iesus* im Licht einer zwar freundlichen, aber klassischen Enterbungstheorie, die Israel durch Christus und die Kirche für überholt und ersetzt glaubt. Und die im Dokument vertretene Auffassung, Mission und Dialog müssten sich gegenseitig durchdringen, rechtfertige den Argwohn orthodoxer Juden gegenüber dem theologischen Dialog mit Kirche und Christentum.

Auf diese Ausführungen reagierte Kardinal Walter Kasper als Präsident der Vatikanischen Kommission für die religiösen Beziehungen zu den Juden. Er las *Dominus Iesus* von den Aussagen des Konzils und den zahlreichen Äußerungen von Papst Johannes Paul II. zum Verhältnis der Kirche zum Judentum her. Demnach glaube die Kirche, dass das Judentum eine gläubige Antwort des jüdischen Volkes auf Gottes unwiderruflichen Bund sei und deshalb für dieses heilvoll, da Gott seinen Verheißungen treu sei. Die katholische Kirche unterhalte keine judenmissionarischen Organisationen. Theologisch sei der in der Bibel bezeugte Glaube der Juden für die Kirche keine andere Religion, sondern Fundament des eigenen Glaubens. „Juden und Christen gehören auf eine Seite." Insgesamt hole *Dominus Iesus* den gegenwärtigen Stand der theologischen Reflexion in der Kirche nicht voll ein. Die Entgegnung durch Kardinal Walter Kasper beeindruckte die jüdische Delegation, und es ist diesem freimütigen Austausch von New York zu verdanken, dass *Dominus Iesus* das offizielle katholisch-jüdische Verhältnis damals nicht weiter belastete.[32]

---

31 Kongregation für die Glaubenslehre, Erklärung *Dominus Iesus*. Über die Einzigkeit und die Heilsuniversalität Jesu Christi und der Kirche – 6. August 2000 (Verlautbarungen des Apostolischen Stuhls 148), Bonn o.J. [2001].

32 Näheres dazu: Hans Hermann Henrix, Krisenerprobt und doch bleibend störanfällig. Das aktuelle christlich-jüdische Verhältnis: in: Herderkorrespondenz 56 (2002) 341-346.

Die Beruhigung, die so eingetreten war, wurde jedoch wieder aufgestört, als sich die Kommission für ökumenische und interreligiöse Angelegenheiten der amerikanischen Bischofskonferenz in einer Verlautbarung „Über Bund und Mission" vom 12. August 2002 auf die New Yorker Aussagen von Kardinal Walter Kasper bezog. Sie äußerte ihre Überzeugung, „dass missionarische Bemühungen, Juden zum Christentum zu bekehren, in der katholischen Kirche theologisch nicht länger annehmbar sind".[33] Der Veröffentlichung folgten Wochen der heftigen innerkatholischen Kontroverse in den USA. An ihr beteiligte sich auch Kardinal Avery Dulles, der meinte, der Text „Bund und Mission" habe einen extrem weiten Begriff von Evangelisation; er kritisierte dessen Aufforderung, im interreligiösen Gespräch sei jede Intention auszuschließen, den Dialogpartner zur Taufe einzuladen, und entgegnete seinerseits, dass Evangelisierung eine „klare und unmissverständliche Verkündigung der Person Jesu Christi" enthalte. Er ließ keinen Zweifel daran, dass für ihn die Bekehrung zu Christus, die Taufe und die Zugehörigkeit zur Kirche weiterhin als für Juden wichtig betrachtet werden müssten.[34] Der Vorsitzende der Kommission für die katholisch-jüdischen Beziehungen der nordamerikanischen Bischofskonferenz Kardinal William Keeler betonte angesichts der Auseinandersetzung, dass der Text kein von den Bischöfen verabschiedeter Text sei, sondern lediglich ein Studientext, der die Diskussion über die Fragen von Bund und Mission unter Katholiken und Juden in den Staaten anstoßen sollte. Und auch Kardinal Walter Kasper sah sich zu Einschränkungen gegenüber seiner New Yorker These veranlasst. In einem Referat im November 2002 in Boston bekräftigte er, dass Gottes Bund mit Israel dank der Treue Gottes nicht gebrochen sei und Mission als Ruf zur Umkehr von der Idolatrie zum lebendigen und wahren Gott (1 Thess 1,9) verstanden nicht auf Juden angewandt werden könne. Zugleich fügte er hinzu, dass die „Universalität der Erlösung Christi für die Juden und die Heiden durch das ganze NT so fundamental" ist (Eph 2,14-18; Kol 1,15-18; 1 Tim 2,5 und im Römerbrief 3,24; 8,32), dass sie

> nicht ignoriert und mit Schweigen übergangen werden kann [...] Für Christen bedeutet dies: das Zeugnis Jesu Christi ist gegenüber allen und an allen Plätzen zu geben, denn es ist der Auftrag Jesu Christi selbst

---

33 Vgl. den Text: Bishops Committee for Ecumenical and Interreligious Affairs, USCCB and National Council of Synagogues, Reflections on Covenant and Mission, August 12, 2002, in: http://www.jcrelations.net/stmnts/joint8.htm und zur Kontroverse: http://www.ratzingerfanclub.com/covenant_and_mission.html; www.americamagazine.org/gettext.cfm?articleTypeID=1&textID=2545&issueID=408.

34 Cardinal Avery Dulles, Covenant and Mission, in: America, Oct. 14, 2002; siehe auch: www.americamagazine.org.

(Mt 28,19). Sie können darauf nicht verzichten, ohne darauf zu verzichten, Christen zu sein. In einer Diskussion über Mission kann nicht Röm 9-11 und die Bekräftigung der Ungekündetheit des Bundes (Röm 11,29) der einzige und isolierte Bezugspunkt sein.[35]

Man wird bei Kardinal Walter Kasper in seiner Ansprache von Boston keinen direkten Gegensatz zu seiner Position von New York sehen, aber die Tonlage zwischen beiden Äußerungen ist doch so verschieden, dass ein Klärungsbedarf ansteht. Der Gesprächskreis „Juden und Christen" beim Zentralkomitee hat in seiner jüngsten Stellungnahme „Juden und Christen in Deutschland. Verantwortete Zeitgenossenschaft in einer pluralen Gesellschaft" seine biblisch und geschichtlich begründete Überzeugung bekräftigt, „dass es eine Judenmission nicht geben darf".[36] Es fragt sich, ob dieses Votum eine vergleichbare Kontroverse wie in den Vereinigten Staaten drei Jahre zuvor auslösen wird.

3. Die Spannung von Theologie und Frömmigkeit

Zum Schluss sei eine Erfahrung benannt, die für das christlich-jüdische Verhältnis auf die Spannung von Theologie und Rationalität einerseits und Frömmigkeit und *devotio* andererseits aufmerksam machte. Mel Gibsons Film „Die Passion Christi" war im Frühjahr 2004 ein äußerst erfolgreiches Filmprojekt und hat ein großes Filmpublikum angezogen. Die Reaktionen auf diesen Film waren z.T. heftig und liefen nicht einfach entlang der Grenze christlich-jüdisch, sondern auch quer dazu.[37] Es gab auf christlicher und jüdischer Seite eine Ablehnung dieses Films, welche dieselben Argumente anführte: der Film bedient sich des Genres der Gewaltdarstellung heutiger Tage; er wird der geschichtlichen Wahrheit nicht gerecht und bietet mit seinem Experiment von Aramäisch und Latein eine Scheinauthentizität; er nimmt die Erkenntnisse der biblischen Wissenschaften oder das II. Vatikanische Konzil mit seiner Wende für das christlich-jüdische Verhältnis überhaupt nicht zur Kenntnis; er gibt dem religiös eifernden christlichen Juden-

---

35 Cardinal Walter Kasper, The Commission for Religious Relations with the Jews. A Crucial Endeavour of the Catholic Church, in: www.bc.edu/bc_org/research/cjl/articles/Kasper_6Nov02.htm.
36 Gesprächskreis „Juden und Christen" beim Zentralkomitee, „Juden und Christen in Deutschland. Verantwortete Zeitgenossenschaft in einer pluralen Gesellschaft" – 13. April 2005, Bonn o. J. [2005], 19.
37 Vgl. nur: Reinhold Zwick/Thomas Lentes (Hg.), Die Passion Christi. Der Film von Mel Gibson und seine theologischen und kunstgeschichtlichen Kontexte, Münster 2004 und „The Passion of Christ". Zu Mel Gibsons Film, in: Kirche und Israel 19 (2004) 139-145.

feind viel Material, indem er dramaturgisch die Ursache bzw. die Antwort auf die Frage nach der Schuld für das Leiden Christi von Pontius Pilatus weg auf den Hohen Rat verschiebt; er ist insofern geeignet, antijüdische Empfindungen auszulösen und den religiösen Antisemitismus zu beleben.

Ich teilte diese Punkte der Kritik und verurteilte dennoch den Film nicht in „Bausch und Bogen". Ich meinte, dass der Film bei allen seinen eklatanten Schwächen auch gewisse Stärken hat. Solche Stärken liegen in den eher leisen Tönen des Films wie in der Begleitung des leidenden Christus durch die Frauengestalten. In der gezeichneten Compassio von Maria und Maria Magdalena lag etwas Anrührendes, welches das Zentrum christlicher Frömmigkeit ansprechen konnte. Insofern nahm ich voller Respekt die Analyse des jüdischen Kollegen von der Notre Dame-University, Michael Signer, auf, der in seiner Verarbeitung des Schocks der Filmerfahrung konstatierte: „Niemals hatte ich eine schmerzvollere Erfahrung von Isolation und Entfremdung gegenüber der Tradition (der Passion) und ihrer Gemeinschaft" als in den etwa zwei Stunden des Filmbesuchs.[38] Im Versuch, die Erfahrung zu analysieren, kam Michael Signer zu dem Eindruck, dass Mel Gibsons Film besonders die Spannung von „devotio und ratio" aufgeworfen hat. Es ist ein zutreffender Befund. Seit dem Höhepunkt der Kontroverse um den Karmel von Auschwitz 1988/1989, vielleicht aber auch schon seit der Beatificatio von Edith Stein im Jahre 1987 ist im katholisch-jüdischen Verhältnis bewusst geworden, dass neben der Last der Geschichte wohl die Symbole der Frömmigkeit Grenzen zwischen den Gemeinschaften von Judentum und Christentum markieren. Die Ausdrucksformen der Frömmigkeit bedeuten eine tiefe Fremdheit. Diese Fremdheit zwischen unseren Gemeinschaften spielt bis in unsere sehr subjektiven und persönlichen Empfindungen hinein. Wo bei Michael Signers Filmerlebnis nur Schmerz war, kann bei einem christlichen Dialogiker gewiss Ablehnung, aber auch ein Element von „compassio" sein. In der gegenläufigen Filmreaktion hat sich so etwas wie ein Anteil an der Fremdheit unserer Traditionen von „devotio, Frömmigkeit und kawwana" gemeldet. Die jüdische Schmerzensäußerung befragt gewiss die fromme christliche „compassio" mit dem geschundenen Christus, ob sie sich nicht spiritualisierend verpuppe und ob es von dieser her eine Brücke zum aktuellen Schmerz des jüdischen Zeitgenossen gebe und die Frömmigkeit als gelebte hier sich nicht zur tätigen „compassio" mit allen Leidenden öffnen müsse. Der Dialog bietet einen Ort, um neben der wissenschaftlich verankerten Erörterung christlich-jüdischer Fragen im Genus von Theologie, Argumentation und Rationalität auch die geistliche Wirklichkeit gelebter Fröm-

---

38 „I have never had a more painful experience of isolation and alienation from that tradition and community": Manuskript „The Morning After. Reflections on Mel Gibson's »The Passion of Christ«, von Michael A. Signer, S. 1.

migkeit mit Einschluss ihrer Emotionalität vorkommen zu lassen. Sie kann einander gezeigt und offen gelegt werden, die Gesprächspartner/innen können sich der darin liegenden Fremdheit aussetzen und sich in einen Austausch über die Nähe in der Fremdheit und über die Andersheit in der Nähe ziehen lassen.

Schluss

Die vorgelegte Geländevermessung des Dialogs seit der Erklärung des II. Vatikanischen Konzils über die Haltung der Kirche zu den nichtchristlichen Religionen vergegenwärtigte die Bemühungen einer Minderheit aus den Gemeinschaften von Judentum und Christentum, Wege aus dem Bann einer schweren geschichtlichen Last zu finden. Die bei diesen Bemühungen beteiligten Menschen machten die Erfahrung, dass Wunden der Geschichte nicht einfach mit der Zeit heilen; vielmehr bedürfen sie der Zuwendung und Bearbeitung, damit die von ihnen gezeichneten Menschen mit ihrem Schmerz leben können. Dieser Notwendigkeit hat sich Papst Johannes Paul II. sehr nachhaltig gestellt. Sein Pontifikat ist ein Glücksfall für das katholisch-jüdische Verhältnis gewesen. Dies zu sagen, heißt nicht zu leugnen, dass es offene Fragen und Herausforderungen gibt. Einige davon wurden benannt. Aber es hat sich bei den Sachwalter/innen des Dialogs bereits ein solches Miteinander herausgebildet, das einen freimütigen und redlichen Austausch zu den Kontroversen, Irritationen und Verstörungen ermöglicht. Es gibt also ein vielfach geprüftes und gewiss bleibend störanfälliges, aber eben auch krisenerprobtes Miteinander. Das gibt Anlass und Grund zu der Hoffnung, dass das Vermächtnis des Konzils und des Pontifikats von Johannes Paul II. bewahrt und bewährt werden kann, auch wenn ein „Happy End" nicht gewährleistet ist.

40 Jahre *Nostra aetate*
Versuch einer theologischen Bilanz*

Josef Wohlmuth, Bonn

Das vierte Kapitel der Konzilserklärung *Nostra aetate* – darin ist sich die katholische Theologie einig – stellt auch in der Rückschau einen Wendepunkt im Verhältnis der katholischen Kirche zu den „nichtchristlichen Religionen" dar. Das Problem dieser Erklärung sehe ich darin, dass die Beziehung der Kirche zum Judentum in ihr allgemeines Beziehungsverhältnis zu den großen Religionen eingeordnet wurde. Als katholischer Theologe, der sich schwerpunktmäßig mit der Glaubenslehre der Kirche befasst, trete ich dafür ein, das Verhältnis von Judentum und Christentum *theologisch* gesehen als ein unvergleichliches Verhältnis zu sehen, von dem her dann auch die nichtchristlichen Religionen in ihrer Beziehung zum Christentum beleuchtet werden können.

Ich behandle in den folgenden Analysen nicht die Entstehung und den Inhalt der Konzilserklärung,[1] sondern konzentriere mich auf die Rezeptionsgeschichte des vierten Kapitels. Mein Überblick versucht, (1.) einige Elemente der offiziellen Rezeption der katholischen Kirche darzustellen, (2.) wenige theologische Problemfelder zu benennen und abschließend (3.) mit Blick auf den Synagogenbesuch Papst Benedikts XVI. in Köln einen kurzen Ausblick vorzunehmen.

---

* Der ursprünglich an der Bischöflichen Akademie in Aachen vorgetragene Text wird hier in leicht veränderter und gekürzter Form vorgelegt.
1 Vgl. Roman A. Siebenrock, Theologischer Kommentar zur Erklärung über die Haltung der Kirche zu den nichtchristlichen Religionen *Nostra aetate,* in: Peter Hünermann/Bernd Jochen Hilberath (Hg.), Herders Theologischer Kommentar zum Zweiten Vatikanischen Konzil, Bd. 3, Freiburg/Basel/Wien 2005, 591-693; Reinhold Bohlen, Wende und Neubeginn. Die Erklärung des Zweiten Vatikanischen Konzils zu den Juden „Nostra aetate" Nr. 4, in: Florian Schuller/Giuseppe Veltri/Hubert Wolf (Hg.), Katholizismus und Judentum. Gemeinsamkeiten und Verwerfungen vom 16. bis zum 20. Jahrhundert, Regensburg 2005, 297-308.

Josef Wohlmuth

1. Offizielle kirchliche Rezeption von *Nostra aetate* 4

Dank der hervorragenden Quellenausgabe, die Hans Hermann Henrix, Rolf Rendtorff und Wolfgang Kraus besorgt haben, lassen sich die Stufen der offiziellen Rezeption gut nachzeichnen.[2]

1.1 Richtlinien und Hinweise vom 1. Dezember 1974

In diesem ersten offiziellen Text der Kommission für die religiösen Beziehungen zum Judentum nimmt der Dialog in Respekt vor der Eigenart des Judentums und seiner religiösen Überzeugungen eine konkrete Gestalt von m.E. weichenstellender Bedeutung an.[3] Die Kommission, die diese Durchführungsbestimmungen zu verantworten hat, wurde erst kurz zuvor, nämlich am 22. Oktober 1974 durch Paul VI. errichtet und mit dem Sekretariat für die Einheit der Christen verbunden.[4]

Der Text unterbreitet „einige erste Vorschläge", die den Dialog, die Liturgie, die Lehre und Erziehung sowie die soziale und gemeinschaftliche Aktion betreffen. Bezüglich des *Dialogs* wird zugegeben, dass das Stadium des Monologs noch kaum überwunden sei. Der Dialog setze „den Wunsch voraus, sich gegenseitig kennenzulernen und diese Kenntnis zu entwickeln und zu vertiefen". Er müsse vom „Respekt gegenüber der Eigenart des anderen, besonders gegenüber seinem Glauben und seinen religiösen Überzeugungen" getragen sein. In diesem Zusammenhang wird auf zwei weitere Konzilsdokumente verwiesen, auf das Missionsdekret (*Ad gentes*) und auf die Erklärung über die Religionsfreiheit (*Dignitatis humanae*), worin eine gewisse Spannung zum Ausdruck komme: Einerseits sei die Kirche gehalten, Jesus Christus zu verkünden, was gegenüber den Juden nicht aggressiv sein dürfe, sondern durch ein gelebtes Glaubenszeugnis geschehen solle. Andererseits sei der Respekt durchzuhalten „gegenüber der religiösen Freiheit des anderen". Die Katholiken hätten eine Sensibilität zu entwickeln, wenn die Juden den hohen Begriff der göttlichen Transzendenz betonten, der in Spannung stehe zum „Geheimnis des fleischgewordenen Wortes". Sie sollten sich fer-

---

2 Vgl. Rolf Rendtorff/Hans Hermann Henrix (Hg.), Die Kirchen und das Judentum. Dokumente von 1945–1985, Paderborn/Gütersloh ³2001 [1988]; Hans Hermann Henrix/Wolfgang Kraus (Hg.), Die Kirchen und das Judentum. Dokumente von 1986–2000, Paderborn/Gütersloh 2001.

3 Vgl. Rendtorff/Henrix 48-53.

4 Darin könnte man ein Zeichen dafür sehen, dass das Verhältnis von Judentum und Christentum näher an die innerchristliche Ökumene herangeführt wird. Dies ist dem Text vielleicht auch anzumerken, wenn er christologische Fragen in das dialogische Beziehungsgeflecht einbezieht und so die wichtigste Differenz zwischen Judentum und Christentum anspricht und zugleich einen Lösungsvorschlag unterbreitet.

ner auf die Geschichte besinnen und „ihren Anteil von Verantwortlichkeit dafür anerkennen". Die Ausführungsbestimmungen ermuntern zum Dialog unter Fachleuten und sprechen sich dafür aus, dass beide Seiten, wenn sie es für erwünscht hielten, „eine gemeinsame Begegnung vor Gott im Gebet und in der schweigenden Betrachtung" versuchen. Gemeinsames Gebet empfehle sich vor allem in den großen Anliegen der Gerechtigkeit und des Friedens. Dies erscheint möglich, weil die *Liturgie* vielfältige Gemeinsamkeiten jüdischer und christlicher Traditionen enthält. Es wird betont, dass die Auslegung der liturgischen, zumal biblischen Texte nicht nach dem Modell Verheißung – Erfüllung geschehen dürfe, denn auch die Christenheit lebe noch *vor* der „vollkommenen Erfüllung".

In Punkt III., *Lehre und Erziehung*, wird eine Kürzestfassung verbindlicher Lehrelemente versucht, die z.T. schon Ergebnis des in Gang gekommenen Dialogs waren. Ich liste sie auf:

– Im Alten und Neuen Testament spricht derselbe Gott.

– Das Judentum war zur Zeit Jesu eine sehr komplexe Wirklichkeit.

– „Man darf das Alte Testament und die sich darauf gründende jüdische Tradition nicht in einen solchen Gegensatz zum Neuen Testament stellen, dass sie nur eine Religion der Gerechtigkeit, der Furcht und der Gesetzlichkeit zu enthalten scheint, ohne den Anruf zur Liebe zu Gott und zum Nächsten" (vgl. Dtn 6,5; Lev 19,18; Mt 22,34-40).

– Jesus und seine Apostel sowie ein Großteil seiner Jünger stammen aus dem Judentum.

– Der Tod Jesu dürfe nicht allen Juden zur Zeit Jesu und allen Juden späterer Generationen zur Last gelegt werden. Hier wird an *Nostra aetate* 4 erinnert.

– Mit der Zerstörung Jerusalems geht die Geschichte des Judentum nicht zu Ende.

– Die Kirche wartet noch auf das Ende als Tag Gottes, der nur ihm bekannt ist, „an dem alle Völker mit einer Stimme den Herrn anrufen und ihm »Schulter an Schulter dienen«."[5]

Man merkt aus der zeitlichen Distanz von gut dreißig Jahren dem Text eine große Offenheit an. Man kann also nicht behaupten, dass man in Rom bald nach dem Konzil das in Nr. 4 von *Nostra aetate* Gesagte wieder rückgängig zu machen versuchte. Der Aufruf zum respektvollen Dialog wirkt glaubwürdig und entschieden.

---

5   Hier wird die eschatologische Gemeinsamkeit angesprochen, ohne dass auf Mission hingewiesen wird.

1.2 Ansprache Papst Johannes Pauls II. im Jahre 1980
Die Mainzer Rede Papst Johannes Pauls II. ist zu bekannt, als dass ich sie in vielen Sätzen zitieren müsste.[6] Ich verweise auf die weichenstellenden Sentenzen.

Der Papst betont mit den deutschen Bischöfen: „Wer Jesus Christus begegnet, begegnet dem Judentum." Die *erste* Dimension eines vertrauensvollen Dialogs zwischen Juden und Christen sei „die Begegnung zwischen dem Gottesvolk des von Gott nie gekündigten Alten Bundes und dem des Neuen Bundes"; diese Begegnung sei „zugleich ein Dialog innerhalb unserer Kirche, gleichsam zwischen dem ersten und zweiten Teil ihrer Bibel". Die üblich gewordene Rede vom „nie gekündigten Bund"[7] ist also einerseits ungenau, andererseits besagt Röm 11,29 Genaueres und Umfassenderes als das Bundesverhältnis. Demnach gilt die Unwiderruflichkeit von Bund und Gnade bei Paulus für das gesamte Heilsgeschehen und somit – hätte Paulus bereits in unseren Kategorien gedacht – für den Alten und Neuen Bund. *Zweitens* betont der Papst, dass es im Dialog nicht nur um Vergangenheit geht, sondern um das Verhältnis der heutigen Kirche zum heutigen Judentum. *Schließlich* unterstreicht der Papst, Juden und Christen hätten als Söhne und Töchter Gottes ein Segen zu sein für die Welt. Die hier angesprochenen Fragen haben heute nicht weniger Gewicht als vor 25 Jahren.

1.3 Bilanz und Konsequenzen 20 Jahre nach Konzilsende
20 Jahre nach Beendigung des Konzils veröffentlicht die Kommission für die religiösen Beziehungen zum Judentum im Jahre 1985 „Hinweise für eine richtige Darstellung von Juden und Judentum in Predigt und in der Katechese der katholischen Kirche".[8] Neben den praktischen Absichten enthält dieser Text auch sehr grundlegende Überlegungen zum Verhältnis von Altem und Neuem Testament, zu den jüdischen Wurzeln des Christentums, zur Lehre über die Juden im Neuen Testament, zum Verständnis der christlichen Liturgie aus dem Judentum und zum Verhältnis von Juden und Christen in der Geschichte. Einige wenige Aspekte will ich herausgreifen.

Zunächst betont der Text, dass das Christentum nicht erst mit Jesus von Nazareth beginnt, sondern dass nach *Nostra aetate* „die Anfänge ihres Glaubens und ihrer Erwählung sich schon bei den Patriarchen, bei Moses und den Propheten finden" (94). Ferner dürfe das Judentum nicht nur als eine historische Größe wahrgenommen werden, und es sei in der kirchlichen Verkündigung so darzustellen, wie es sich selbst versteht.[9] Die Neuheit bestehe in

---

6   Vgl. Rendtorff/Henrix 74-77.
7   Die Fußnote hinter dem Ausdruck verweist auf Röm 11,29: „Denn unwiderruflich sind Gnade und Berufung, die Gott gewährt."
8   Rendtorff/Henrix 92-103.
9   Der Text zitiert das Wort Johannes Pauls II. in Mainz vom „nie gekündigten

einem Gestaltwandel dessen, was vorher war, und „die Besonderheit des Volkes des Alten Testamentes" (94) sei nicht ausschließend. Von zwei parallelen Heilswegen, so betont der Text, dürfe allerdings nicht gesprochen werden, und die Kirche müsse „Christus als Erlöser vor allen Menschen bezeugen", wenn auch „im konsequent durchgehaltenen Respekt gegenüber der religiösen Freiheit des anderen", wie aus *Dignitatis humanae* zitiert wird (95). In der Erziehung sei größter Wert auf die „richtige Kenntnis des völlig einzigartigen »Bandes«", wie es in *Nostra aetate* 4 heiße, zu legen.

In der Verhältnisbestimmung der beiden Testamente wird ein deutlicher Akzent auf die eschatologische Dimension gelegt. Der endgültige Sinn der Erwählung Israels trete „erst im Lichte der eschatologischen Vollerfüllung zutage (Röm 9-11)" (95). Auch hier wird noch einmal vor bloßer Historisierung gewarnt. Abraham sei auch „der Vater unseres Glaubens" (96). Beim Übergang vom Alten zum Neuen Testament dürfe nicht nur der Bruch hervorgehoben werden, sondern auch die Kontinuität sei zu betonen. Der Text verweist hier auf die Entscheidungen der frühen Kirche gegen Markion. Wichtig ist, was unter Nr. 6 ausgeführt wird, weil es in vieler Hinsicht vorwegnimmt, was die Päpstliche Bibelkommission sehr viel später in *Das jüdische Volk und seine Heilige Schrift in der christlichen Bibel* (2001) einschärfen wird.[10] Das Gottesvolk des Alten und des Neuen Bundes, so wird weiter argumentiert, strebe „analogen Zielen zu: nämlich der Ankunft oder der Wiederkunft des Messias – auch wenn die Blick- und Ausgangspunkte verschieden sind" (97). Die Person des Messias, „an der das Volk Gottes sich spaltet", sei „auch der Punkt […], in dem es zusammentrifft" (97). Christen und Juden hören aufmerksam „auf denselben Gott, der gesprochen hat". Nächstenliebe und die Hoffnung auf das kommende Reich trügen dazu bei, über den Dialog hinaus zur Zusammenarbeit voranzuschreiten. Bezüglich der jüdischen Wurzeln des Christentums wird gesagt: „Jesus war Jude und ist es immer geblieben" (98). Er gehöre hinein in die Zeitgeschichte jener

---

Alten Bund" und legt Wert darauf, dass die beiden Heilsordnungen des Alten und Neuen Testamtents aufeinander bezogen werden, indem sich Verheißung und Erfüllung „gegenseitig erhellen".

10 „Es ist also wahr und muß auch unterstrichen werden, daß die Kirche und die Christen das Alte Testament im Lichte des Ereignisses von Tod und Auferstehung Christi lesen und daß es in dieser Hinsicht eine christliche Art, das Alte Testament zu lesen, gibt, die nicht notwendigerweise mit der jüdischen zusammenfällt. Christliche Identität und jüdische Identität müssen deshalb in ihrer je eigenen Art der Bibellektüre sorgfältig unterschieden werden. Dies verringert jedoch in keiner Weise den Wert des Alten Testamtens in der Kirche und hindert die Christen nicht daran, ihrerseits die Traditionen der jüdischen Lektüre differenziert und mit Gewinn aufzunehmen" (96). Das Alte Testament behalte „seinen Eigenwert als Offenbarung", „die das Neue Testament oft nur wieder aufnimmt", und das Neue Testament wolle selber „im Lichte des Alten gelesen werden" (97).

Jahre. Gleichwohl sei er für alle Menschen geboren und für alle gestorben. „Kirche und Christentum, neu wie sie sind, finden ihren Ursprung im jüdischen Milieu des 1. Jahrhunderts unserer Zeitrechnung und – noch tiefer – im »Geheimnis Gottes« (NA 4), das in den Erzvätern, Mose und den Propheten (ebd.) bis zu ihrer Vollendung in Jesus, dem Christus, verwirklicht ist" (99). Im Konflikt und schließlich im Bruch zwischen Judentum und Christentum sei das geistliche Band nicht zerrissen worden. „Die Geschichte Israels", so wird betont, „ist mit dem Jahr 70 nicht zu Ende" (102). Daraus folgt auch, dass der Staat Israel, der zunächst eine völkerrechtliche Größe darstellt, mit der Geschichte des auserwählten Volkes zusammenhängt.

Man kann sagen, dass diese intensive Auslegung von *Nostra aetate* bis heute an Bedeutung nicht verloren hat. Der Gedanke, dass die messianische Jesusinterpretation Differenz und Gemeinsamkeit an den Tag bringt, hat inzwischen auch seine eigene Wirkungsgeschichte gezeitigt.[11]

1.4 Besuch von Papst Johannes Paul II. in der Großen Synagoge Roms
Noch einmal ist es eine Ansprache Papst Johannes Pauls II., die er bei seinem Besuch in der Großen Synagoge Roms 1986 hielt.[12] Nach dem Blick in die Vergangenheit beruft sich der Papst ausdrücklich auf *Nostra aetate* und hebt drei Punkte hervor: *Erstens* sei die Zeit gekommen, da die Christenheit ihre „Bindung" zum Judentum entdecke.[13] *Zweitens* sei die Rede von der Kollektivschuld der Juden am Tod Jesu abzulehnen. *Drittens* dürfe man nicht sagen,

11 Aus heutiger Sicht wäre höchstens zu fragen, ob die im Text vorsichtig angesprochene These vom doppelten Ausgang des Ersten Testaments bereits hinreichend bewusst vor Augen haben konnte, dass das Judentum des Zweiten Tempels durch das Jahr 70 n. Chr. in einen gravierenden Veränderungsprozess gezwungen wurde, musste doch der Tempel mit seinem täglichen Opferwesen „übersetzt" werden in eine Religion ohne Tempel und ohne Opfer. Daraus hätten sich einerseits neue Gemeinsamkeiten zwischen jüdischer und jesuanischer Tradition entwickeln lassen, wären nicht just in dieser Zeit auch die entscheidenden Differenzen durch die christologische Jesusinterpretation deutlich geworden. Ob sich die von manchen jüdischen und christlichen Gelehrten vertretene These, das rabbinische Judentum sei ein postchristliches Phänomen und als solches nicht nur Fortentwicklung der Religion des Zweiten Tempels, sondern auch Reaktion auf die Jesusgemeinden, in den nächsten Jahren forschungsmäßig bestätigen wird, muss sich erst noch zeigen. Mir scheint jedoch, dass die messianische Jesusinterpretation auch dann, wenn sich die neue Sichtweise durchsetzen würde, nicht nur größere Differenzen sondern auch größere Gemeinsamkeiten mit dem Judentum an den Tag legen würde.
12 Vgl. Rendtorff/Henrix 106-111.
13 Dies interpretiert der Papst weiterführend so: „Die jüdische Religion ist für uns nicht etwas »Äußerliches«, sondern gehört in gewisser Weise zum »Inneren« unserer Religion. Zu ihr haben wir somit Beziehungen wie zu keiner anderen Religion. Ihr seid unsere bevorzugten Brüder und, so könnte man gewissermaßen sagen, unsere älteren Brüder" (109).

die Juden seien „verworfen oder verflucht". Nach *Lumen gentium* 16 und *Nostra aetate* 4 sowie Röm 11,28 gelte, „daß die Juden »weiterhin von Gott geliebt werden«, der sie mit einer »unwiderruflichen Berufung« erwählt hat" (109). Die Betonung der engen Zusammengehörigkeit von Judentum und Christentum und die Verurteilung jeglicher Form von Judenfeindlichkeit münden *viertens* in die inzwischen fast sprichwörtlich gewordene Rede von den Juden als „unseren älteren Brüdern [und Schwestern]".

1.5 Schuldbekenntnis und Israelbesuch im Heiligen Jahr 2000

Das Schuldbekenntnis der Katholischen Kirche[14] ist von ihrem höchsten Repräsentanten, Papst Johannes Paul II., am ersten Fastensonntag, dem 12. März des Jahres 2000, in aller Feierlichkeit und vor aller Welt gesprochen worden und beinhaltete an vierter Stelle das „Schuldbekenntnis im Verhältnis zu Israel". Der Papst selbst sprach die Bitte um Vergebung, die einen deutlichen Anklang an die Fürbitte der katholischen Karfreitagsliturgie hat.[15] Er bekennt, dass wir als die Christenheit zutiefst betrübt über das Verhalten aller seien, die Gottes Söhne und Töchter aus dem Judentum im Laufe der (christlichen) Geschichte leiden ließen. Der Papst betont die geschwisterliche Verbundenheit mit dem „Volk des Bundes", ein Ausdruck, der erneut an die Karfreitagsbitte anschließt.[16] Bei seinem Besuch in Yad Vaschem am 23. März 2000 hat Johannes Paul II. das Schuldbekenntnis noch einmal vertieft und als Bischof von Rom zugleich einen hochbedeutsamen symbolischen Akt im Angesicht des Staates Israel gesetzt, der durch den Besuch der Klagemauer noch unterstrichen wurde.

Schon in meiner früheren Kommentierung dieser Texte habe ich drei Fragen gestellt: 1. Ist das Schuldbekenntnis ehrlich genug? 2. Wie verhält es sich mit Schuld und Wiedergutmachung? 3. Welche Bedeutung hat es, dass sich die Kirche nicht selbst absolvieren kann?[17] Die Frage nach der Ehrlichkeit des Schuldbekenntnisses ist für mich eine der gravierendsten Fragen bezüglich der Rezeption und – in diesem Punkt – wohl auch Fortschreibung von *Nostra aetate*. Ich verweise hier nur kurz auf den Kommentar der Internationalen Theologenkommission *Erinnern und Versöhnen* zum päpstlichen Schuldbekenntnis und zum Verhältnis der Kirche zu Israel,[18] der u.a. auch

---

14 Vgl. Henrix/Kraus 153f.157-161.
15 Vgl. Henrix/Kraus 154.161.
16 Zur Geschichte der Karfreitagsfürbitte bis zur endgültigen Formulierung im Messbuch von 1970 vgl. Hubert Wolf, Die Karfreitagsfürbitte für die Juden und die Römische Kurie (1928–1975), in: Katholizismus und Judentum 253-269.
17 Vgl. Josef Wohlmuth, Christliche Sprache des Schuldeingeständnisses – Die katholische Kirche und die Shoah, in: ders., Die Tora spricht die Sprache der Menschen, Paderborn u.a. 2002, 112-122.
18 Vgl. den Auszug des Textes bei Henrix/Kraus 131-151. Vgl. Internationale

auf die Schoa zu sprechen kommt und in diesem Zusammenhang die Schuldfrage aufwirft. Ohne große Umschweife wird die These vertreten, die Schoa sei „das Ergebnis der ganz und gar heidnischen Ideologie des Nationalsozialismus" gewesen. Der Kommentar zitiert den römischen Schoatext *Wir erinnern* vom März 1998, wo es heißt, man könne sich fragen, „ob die Verfolgung der Juden durch die Nationalsozialisten nicht doch auch von antijüdischen Vorurteilen begünstigt wurde, die in den Köpfen und Herzen einiger Christen lebendig waren".[19] Die Unterscheidung zwischen nationalsozialistischem Antisemitismus und christlichem Antijudaismus ist hilfreich, bedürfte aber einer genaueren Klärung. Die Stellungnahme des Gesprächskreises „Juden und Christen" beim Zentralkomitee der deutschen Katholiken[20] hat zum römischen Schoatext in aller Deutlichkeit herausgestellt, dass die hier verwendete Sprache und die darin zum Ausdruck kommende These für eine ehrliche Gewissenserforschung der Christenheit nicht ausreicht, weil hochoffizielle konziliare Texte mit anderer Sprache nicht erwähnt werden.[21] Es wäre schon dem Konzilstext *Nostra aetate* 4 nicht schlecht angestanden, wenigstens vorsichtig darauf hinzuweisen, dass er Neuland betritt.[22] Wenn man sagt, dass die Kirche als solche von Jesus Christus her heilig sei, dann muss daraus nicht gefolgert werden, dass sie sich strukturell nicht verfehlen kann, sondern dann gilt dies, weil sie zur Umkehr begnadet ist. *Nostra aetate* ist diesbezüglich ein Zeichen der Neubesinnung und Umkehr, und das Schuldbekenntnis des Jahres 2000 hat aller Welt vor Augen geführt, dass die Kirche als solche ihre Schuld nur in Gestalt einer Bitte vor Gott tragen kann und es keine kirchliche Autorität gibt, die sie von dieser Schuld freisprechen kann.[23]

Theologische Kommission, Erinnern und Versöhnen. Die Kirche und die Verfehlungen in ihrer Vergangenheit. Ins Deutsche übertragen und herausgegeben von Gerhard Ludwig Müller, Freiburg 2000, hier v.a. 91-93.

19 Henrix/Kraus 149.
20 Vgl. ZdK Dokumentation 4. September 1998. Nachdenken über die Schoa 7f.
21 Vgl. zu den wichtigsten Texten in deutscher Version: Josef Wohlmuth, Dekrete der ökumenischen Konzilien, Bd. 2, Paderborn u.a. 2000, 265-267 (Viertes Laterankonzil), 483-485 (Konzil von Basel) und 578 (Konzil von Florenz-Rom).
22 Vgl. zu den Ausführungen des Kommentars zur Heiligkeit der Kirche bei Henrix/Kraus 144.
23 Vgl. dazu nähere Ausführungen in meinem Beitrag, der in Anm. 17 genannt ist.

2. Theologische Probleme in der Rezeption von *Nostra aetate* Nr. 4

2.1 Der Weg zu einer „Theologie nach Auschwitz"
Wenn man die theologische Entwicklung unmittelbar nach dem Zweiten Vatikanum ins Auge fasst, muss man zugeben, dass zunächst ganz andere Fragen auf der Tagesordnung standen als die Besinnung auf die Schoa und die Klärung des Verhältnisses von Kirche und Judentum. Die 1968er Bewegung und die Theologie der Befreiung drängten andere Probleme auf und begünstigten den Weg zu einer „Theologie der Hoffnung" (J. Moltmann) und „Politischen Theologie" (J. B. Metz), die angesichts des Zustandes der Menschheit globale Züge annahm. Es ist dabei nicht zu verkennen, dass die Hoffnungs- und Befreiungstheologien zu einer Wiederentdeckung etwa der Exodustradition und der kritischen Prophetie des Ersten Testamentes führte. Die Wende zu einer Theologie, welche die Schoa als grundlegendes theologisches Problem erkannte, geschah in Europa erst in den 1970er Jahren. Erst langsam entwickelte sich das, was man eine „Theologie nach Auschwitz" genannt hat. Im Bereich der katholischen Kirche der damaligen Bundesrepublik Deutschland verdient ein Passus der Würzburger Synode aus *Unsere Hoffnung. Ein Bekenntnis zum Glauben in dieser Zeit* vom 22. November 1975, also 10 Jahre nach *Nostra aetate*, erwähnt zu werden,[24] der sich im Wesentlichen Johann Baptist Metz verdankte.[25] Die Textpassage erscheint in gewisser Weise als Schuldbekenntnis der katholischen Kirche in Deutschland, welches das gesamtkirchliche Schuldbekenntnis des Jahres 2000 in gewisser Weise vorwegnahm. Der Impuls, den die Würzburger Synode damit für eine neue Sensibilität der Theologie bezüglich der Schoa gab, ist deshalb nicht zu unterschätzen.

---

24 Vgl. Textausschnitt in: Rendtorff/Henrix 245f.
25 „Wir sind das Land, dessen jüngste politische Geschichte von dem Versuch verfinstert ist, das jüdische Volk systematisch auszurotten." Trotz des heroischen Verhaltens Einzelner, so wird weiter konstatiert, waren wir „aufs Ganze gesehen doch eine kirchliche Gemeinschaft, die zu sehr mit dem Rücken zum Schicksal dieses verfolgten jüdischen Volkes weiterlebte" (245). Das Eingeständnis der Schuld besonders derer, die bei der Verfolgung der Juden mitgewirkt haben, drohte allerdings in einem zu allgemeinen Aufruf gegen Antisemitismus und Rassenhass zu verschwimmen, so dass die Forderung, die Gesamtkirche möge das Verhältnis zum jüdischen Volk und seiner Religion durch die Übernahme besonderer Verpflichtungen klären, fast als Anhängsel erschien. Auch die Forderung, „den Heilszusammenhang zwischen dem altbundlichen und neubundlichen Gottesvolk, wie ihn auch der Apostel Paulus sah und bekannte", nicht zu verleugnen oder zu verharmlosen, wirkt von heute aus gesehen eher noch blass.

Josef Wohlmuth

2.2 Neuentdeckung der paulinischen Israeltheologie
Es ist nicht zu überhören, dass in *Nostra aetate 4* eine Wiederentdeckung der paulinischen Offenbarungs- und Israeltheologie angestoßen wurde. Es würde hier viel zu weit führen, einen Bericht über die neueren Auslegungen dieses schwierigen und doch so fundamentalen Textes des Apostels vorzustellen. Franz Mußner, Michael Theobald, Heinrich Schlier und Ulrich Wilckens (um nur diese zu nennen) haben in ihren Kommentaren eine Pionierarbeit geleistet. Deren Bedeutung ist nicht zu unterschätzen, auch wenn dabei nicht immer die Berufung auf *Nostra aetate* im Vordergrund stand.[26] Wenn man Röm 9-11 auf sich wirken lässt, fragt man sich, wieso es zu einem so unheilvollen Gegeneinander von jüdischer und christlicher Tradition kommen konnte. Die Schuld erhält dadurch eher noch ihre abgründigeren Konturen, aber auch das Mysterium Gottes. Paulus verstummt davor nicht, sondern nimmt Zuflucht zum Lobpreis der Unbegreiflichkeit des einen Gottes, von dem am besten in der Weise der *berakah* gesprochen werden könne.

2.3 Dabru emet – Eine jüdische Antwort auf den kirchlichen Gesinnungswandel
Es würde hier zu weit führen, auf *Dabru emet*,[27] die Erklärung jüdischer Gelehrter aus dem Jahre 2000 einzugehen, die trotz aller Rückschläge im nachkonziliaren Prozess die Judenheit aufrufen, die Neubesinnung der Christenheit auf sein Verhältnis zum Judentum, die in der katholischen Kir-

---

26 Heinrich Schlier hat beispielsweise die Interpretation von Röm 11,25-32 mit der Überschrift versehen: „Israels endgültige Rettung". Der Römerbrief. HThKNT VI, Freiburg/Basel/Wien 1977, 337-344, hier v.a. 337.341. Selbst wenn man mit Heinrich Schlier das Zitat in Röm 11,26 aus dem Propheten Jesaja („Der Retter wird aus Zion kommen") auf den messianischen Erlöser Jesus Christus hin auslegt, was m.E. nicht zwingend erscheint, so gilt für Paulus jedenfalls der in Vers 25 vorausgehende Kernsatz: „dann wird ganz Israel gerettet werden". Noch grundlegender ist das, was Paulus in Röm 11,29.32 schreibt: „Denn unwiderruflich sind Gnade und Berufung, die Gott gewährt [...] Gott hat alle in den Ungehorsam eingeschlossen, um sich aller zu erbarmen." Wie die Sünde in der Menschheit universal ist, so auch die Rettung. Es ist gewissermaßen eine Frage der Zeit, in der Israel, das Heidentum oder die christliche Gemeinde leben. Alle haben gesündigt und ermangeln der Herrlichkeit (vgl. Röm 3,23). Gott muss sich aller erbarmen und wird sich aller erbarmen. Der universale Heilswille liegt über der gesamten Menschheit, wie auch die gesamte Menschheit unter der Macht der Sünde leidet. Israel und Jesusgemeinde gehören aber deshalb so eng zusammen, weil Sünde *und* Gnade bei ihnen zu je verschiedenen Zeiten offenbar wird. Der anbetende Lobpreis, mit dem Paulus seine Überlegungen schließt, preist die Abgründigkeit Gottes, an dessen Treue zu Israel nicht gezweifelt werden darf.
27 Text bei Henrix/Kraus 974-976.

che mit *Nostra aetate* einsetzte, anzuerkennen und daraus Konsequenzen für den Dialog zu ziehen. Ich bin davon überzeugt, dass diese Erklärung, deren weltweite jüdische und christliche Diskussion erst begonnen hat, eine zweite Phase der Rezeption von *Nostra aetate* einleiten wird, falls der Ruf nicht verhallt und die Kirche ihrerseits nicht nachlässt, den begonnenen Dialog entschieden fortzuführen und ihn von allen tagespolitischen Störungen frei zu halten. Der Text in der Gestalt von acht Thesen, denen ein umfangreicher Kommentar beigegeben wurde,[28] ist eine der bedeutendsten jüdischen Äußerungen der Gegenwart und antwortet auf die Entwicklung in der katholischen (und evangelischen) Christenheit. Auch der Gesprächskreis „Juden und Christen" beim Zentralkomitee der deutschen Katholiken hat sich mit *Dabru emet* in einer eigenen Veröffentlichung intensiv befasst.[29]

2.4 Der jüdisch-katholische Dialog in Deutschland als Frucht von
Nostra aetate

Die Rezeption von *Nostra aetate* 4 ist – bei aller zeitlichen Verzögerung – nicht nur von der Theologie vorangetrieben worden, sondern auch von Lehräußerungen einzelner Bischöfe und Bischofskonferenzen, darunter nicht zuletzt auch der Deutschen Bischofskonferenz.[30] Es ist auch der Wirkung von *Nostra aetate* zu verdanken, dass bereits im Jahre 1971, also noch vor dem intensiven Aufruf der Ausführungsbestimmungen von 1974, die Gründung des Gesprächskreises „Juden und Christen" beim Zentralkomitee der deutschen Katholiken erfolgte. An der Textproduktion dieses Kreises könnte man fast eine Geschichte der Rezeption von *Nostra aetate* ablesen. Hanspeter Heinz hat die Texte herausgegeben,[31] so dass man sich jetzt ein gutes Bild über Themen und Entwicklungen dieses Gesprächskreises machen kann. Neben der Zusammensetzung zeichnet den Gesprächskreis das Bemühen aus, von den Randthemen in das Zentrum der (neu zu entdeckenden) Gemeinsamkeiten und (bleibenden) Differenzen vorzustoßen. Es handelt sich z.T. um theologisch anspruchsvolle Texte, wie etwa der am weitesten verbreitete Text „Nach 50 Jahren – wie reden von Schuld, Leid und Versöhnung? Erklärung

---

28 Vgl. Tikva Frymer-Kensky u.a. (Hg.), Christianity in Jewish Terms, Boulder 2000.
29 Vgl. Erwin Dirscherl/Werner Trutwin (Hg.), Redet Wahrheit – Dabru Emet. Jüdisch-christliches Gespräch über Gott, Messias und Dekalog, Münster 2004.
30 Vgl. die bei Henrix/Kraus aufgenommenen Texte unter K.III (340-428). Vgl. dort auch die noch zahlreicheren Verlautbarungen aus den deutschen evangelischen Kirchen unter E.III (533-942).
31 Vgl. Hanspeter Heinz, Um Gottes willen miteinander verbunden. Der Gesprächskreis „Juden und Christen" beim Zentralkomitee der Deutschen Katholiken, Münster 2004.

vom 19. Februar 1988"[32], während andere kürzere Texte eher Zwischenrufen gleichen. Texte eigener Art sind die Begleittexte für Israelreisende und für Besucher von Auschwitz. Diese sind für ein breiteres Publikum gedacht.

Am Ende der letzten Legislaturperiode des Gesprächskreises wurde ein Text veröffentlicht mit dem Titel: *Verantwortete Zeitgenossenschaft in einer pluralen Gesellschaft. Erklärung des Gesprächskreises »Juden und Christen« beim Zentralkomitee der deutschen Katholiken.* (Bonn 2005), auf den ich mich in aller Kürze beziehen will. Ich kann auf diesen Text nicht in seiner Gesamtanlage eingehen, sondern greife nur auf den Passus zurück, der die Überschrift trägt: „Über Strittiges muss gestritten werden" (17-22). Hier wird auf das Theorem des „nie gekündigten Bundes" eingegangen. Judenmission wird mit Entschiedenheit abgelehnt und in Christologie und Soteriologie wird das vielleicht Trennendste zwischen Judentum und Christentum zur Sprache gebracht, indem folgende zwei Sätze spannungsvoll gegenübergestellt werden:

[1.] „Jesus Christus ist nach christlichem Bekenntnis das »Ja und Amen« (2 Kor 1,20) der unwiderruflichen Treue Gottes zu Israel und der ganzen Welt."

[2.] „Dennoch gibt es – um der Treue desselben Gottes willen – ein Heil für Israel ohne Glauben an Jesus Christus" (20).

Während Jesus Christus also ins Zentrum des christlichen Glaubens gehört, kennt das Judentum Jesus höchstens als eine historische Größe, die jedoch keine theologische Bedeutung für das Judentum nach der Zeit des Zweiten Tempels und bis heute hat. Das Aporetische dieser zwei Aussagen sei, wie es heißt, „der abgründigen Weisheit Gottes (vgl. Röm 11,25-36)" anheim zu geben. Man kann gespannt sein, wie diese Gegenüberstellung der zwei Sätze aufgenommen wird. Ich selbst plädiere dafür, dass das jüdisch-christliche Gespräch über die Jesusinterpretation nicht bei einem historisch distanziert wirkenden Jesus, dem Juden, stehen bleiben darf, noch dass man christlicherseits eine ausschließliche Christologie von oben entwickeln sollte, die von einer Menschwerdung *Gottes* spricht, als würde sich der eine Schöpfergott markionitisch in den Heilsgott „Jesus" verwandeln. Deshalb erschiene mir jede Jesusinterpretation ohne differenzierte trinitarische Gottrede als ein Irrweg. Fragt man bei aller Differenz der christologischen Jesusinterpretation dennoch nach Vorstellungen im Judentum, die mit der Christologie strukturähnlich sein könnten, so bieten sich solche an, die von der Kondeszendenz, d.h. von der Herabneigung Gottes zur Welt und zur Menschheit reden. Diese sind im frühen Judentum zahlreich und zentral (vgl. bes. Schekhina/Einwohnung), wobei aber eine Identität mit einem bestimmten Menschen ausgeschlossen bleibt. Darüber wurde in einem Symposium des Gesprächskreises

---

[32] Henrix/Kraus 341-353; Heinz 39-55.

„Juden und Christen" in der Katholischen Akademie in München ausführlich gesprochen.[33] Wenn der Text dem Konzil von Chalkedon (451) eine hohe Bedeutung zuweist, so deshalb, weil die Rede vom vollkommenen Menschsein und vollkommenen Gottsein Jesu keinerlei Vermischung oder gar Verschmelzung des Göttlichen und Menschlichen in Jesus zulässt.[34] Das Konzil lehrt in der interpretierenden Rückschau auf Jesus von Nazareth, dass man an seinem Menschsein ablesen könne, woher er gekommen und wohin er gegangen sei, um die Welt zu retten. Das hochoffizielle frühkirchliche Symbol von Nizäa-Konstantinopel (325/381) traut den christlichen Gemeinden eine hohe Differenzierungsgabe zu, wenn es die ewige Geburt des göttlichen Wortes vor aller Zeit von der zeitlichen Geburt des Menschen Jesus unterscheidet und zugleich beide in engste Beziehung zueinander setzt. Für das jüdisch-christliche Gespräch ist jedoch auch wichtig, dass es in der Christologie nicht nur und nicht zuerst um theoretische Festlegungen geht. Die *gelebte* Menschlichkeit ist es, in der Jesus – jenseits aller Sprache – seine Proexistenz, seine Hingabe bis in den Tod dem Gott Israels und dem heilsbedürftigen Menschen darbietet. Er wird zum Heiland, indem er uns den Weg des Heiles zu gehen lehrt. Wenn die Christologie Gegenstand des jüdisch-christlichen Gespräches sein soll, ist es angebracht, vor allem eine Christologie der Erniedrigung (Kenosis) zu favorisieren, in der die Christenheit mit Paulus bekennt, dass er, der in Gottes Gestalt war, sich selbst erniedrigt hat bis zum Tod (vgl. Phil 2,6-8). Diese Selbsterniedrigung ist nicht nur Ausdruck der Treue Gottes zum Heil der Welt, sondern auch Anfang einer im Alltag gelebten Menschlichkeit, die Maß nimmt an Jesu Hingabe (vgl. Phil 2,5) und dieser inmitten einer noch nicht erlösten Welt annähernd Gestalt zu geben versucht.[35]

33 Vgl. Josef. Wohlmuth, Jesus der Bruder und Christus der Herr – Neue Perspektiven im jüdisch-christlichen Dialog?, in: Jüdisch-christliches Gespräch 91-112.
34 Für das jüdisch-christliche Gespräch ist es m.E. wichtig zu betonen, dass die innigste Einigung von Logos und Mensch gerade die bleibende Differenz beider Größen bedingt und das ewig gebürtige Wort („Sohn") vom absoluten ursprungslosen Ursprung („Vater") zu unterscheiden ist. Hier gilt es, von der formalen Klarheit der frühkirchlichen Christologie auszugehen und Missverständnisse zu vermeiden.
35 Im Rückbezug auf die klassische Christologie kommt diese m.E. nahe heran an jene Inspirationen, die Emmanuel Levinas mit der Frage *Un Dieu Homme?* daran bindet, dass Gott sich in seiner Schöpfung erniedrigt, auf dass der Mensch die Grenzen geschöpflicher Endlichkeit im unendlichen Verlangen nach dem Guten übersteige, ohne seinen eigenen Triumph erleben zu wollen. Während Levinas die Sehnsucht nach dem unendlich Guten und das Messianisch-Göttliche in seiner Bedeutung des Einstehens für das Heil der ganzen Welt jedem einzelnen Menschen zuspricht, besteht die christliche Theologie auf der einzigartigen soteriologischen Sonderrolle Jesu von Nazareth. So zeigt sich in der innigsten Berührung beider Interpretationen die tiefste Differenz. Vgl. Josef

Die Christenheit glaubt, dass in Jesus von Nazareth die „Güte und Menschenfreundlichkeit" Gottes erschienen sei (Tit 3,4), die in seinem Leben, das in allem uns gleich war außer der Sünde (vgl. Hebr 4,15), und in seinem Sterben aufleuchtete und in seiner Auferweckung das Siegel der Treue Gottes erhielt. Dennoch sind wir noch nicht im vollendeten Heil. Der Text des Zentralkomitees verweist auf das achte Kapitel des Römerbriefes, in dem Paulus die Überzeugung zum Ausdruck bringt, dass die Christen die Geburtswehen der Schöpfung besonders abgründig erfahren. Die Neuentdeckung des noch Ausstehenden und der Blick auf den Kommenden, eröffnet Gesprächsmöglichkeiten mit dem Judentum, das davon überzeugt ist, dass die Welt noch nicht ins Heil gekommen ist. Gerade wenn die Christenheit auf Jesus, den Christus, setzt, hat sie keinen Grund, mit dem Judentum nicht nach dem Ausschau zu halten, was noch kommen wird. Deshalb ist im Blick auf die unerlöste Welt heute das gemeinsame Bekenntnis von Juden und Christen zum Gott der unwiderruflichen Verheißungen umso bedeutsamer. Man kann sagen: Die Hoffnung auf das vollendete Heil eint Juden und Christen mehr als sie die Jesusinterpretation trennt.

Roman Siebenrock schreibt in seinem Kommentar zu *Nostra aetate*: „Die als trinitarische Struktur aufzeigbare theologische Grammatik von *Nostra aetate* verlangt eine *Verbindung einer Theologie Israels und jener der Religionen*" (672, kursiv J.W.). Er verweist auf den nachkonziliaren Diskurs über den Religionspluralismus, der nicht gerade das jüdisch-christliche Sonderverhältnis in den Mittelpunkt stellte. Hier möchte ich angesichts der großen Bedeutung des interreligiösen Gesprächs in der Gegenwart trotzdem noch einmal klar dafür plädieren, dass der christlich verantwortete interreligiöse Dialog vom besonderen Verhältnis der Christenheit zum „Volk des Bundes" ausgehen muss. Einerseits plädiert auch Siebenrock für dieses Sonderverhältnis, wenn er schreibt: „Aber die Entdeckung der jüdischen Wurzel der Kirche ist von grundlegenderer Bedeutung für das kommende Christentum als es selbst N[ostra] A[etate] anspricht." Mit dem darauf folgenden Satz gerät er jedoch in die Gefahr, daraus ein bloß historisches Problem zu machen, wenn er fragt: „Müsste sie nicht zu einer Neubewertung der judenchristlichen Theologie führen, also der Theologie der ersten kirchengeschichtlichen Epoche?" (672)[36]

    Wohlmuth, Jüdischer Messianismus und Christologie, in: Die Tora spricht die Sprache der Menschen, 160-185, hier v.a. 169-181.

36 Ich glaube mit Siebenrock, dass sie es müsste, falls er unter der ersten kirchengeschichtlichen Epoche etwa die Zeit bis Ende des 4. Jahrhunderts versteht, in der die wichtigsten Entscheidungen des Glaubens gefallen waren und der christliche Kanon der biblischen Bücher Gestalt angenommen sowie die Verschriftlichung der jüdischen Traditionen fortgesetzt wurde. In der Tat ist die dogmengeschichtliche Forderung ernst zu nehmen, in den christologischen Streitigkeiten

Diese und ähnliche Fragen bedürfen dringend der Bearbeitung. Mag sein, dass die derzeitige Forschungslage bezüglich der Entwicklungen auf jüdischer und christlicher Seite in den ersten Jahrhunderten nach der Zerstörung des Zweiten Tempels viele Fragen in ein neues Licht stellen wird. Für den jüdisch-christlichen Dialog bleibt dennoch wichtig, dass die historische Forschung nicht dazu führt, das Verhältnis von Judentum und Christentum selbst zu einer Größe der Vergangenheit werden zu lassen. Dann wäre die Stoßrichtung von *Nostra aetate* und der nachfolgenden Rezeption gründlich verkannt.

3. Ausblick: Neue Akzente in der Rezeption durch Papst Benedikt XVI.?

Ich begehe in diesem letzten Punkt meiner Ausführungen einen formalen Fehler, wenn ich mich noch auf einige Äußerungen Papst Benedikts XVI. beziehe, die er am 19. August 2005 in der Synagoge zu Köln gemacht hat.[37] Er wollte offensichtlich seinen Besuch in der Synagoge dazu nutzen, auf seine Weise das 40jährige Jubiläum von *Nostra aetate* wirksam in die katholische und jüdische Öffentlichkeit zu bringen. Nachdem der Papst einen geschichtlichen Rückblick gemacht und dabei die Probleme der schlechten Beziehungen bis hin zur Schoa benannt hatte, erinnerte er an die zurückliegende 60-Jahr-Feier der Befreiung von Auschwitz, um dann auf *Nostra aetate* zu sprechen zu kommen. *Nostra aetate*, so beginnt er, habe eine „neue Perspektive in den jüdisch-christlichen Beziehungen eröffnet"; diese seien „durch Dialog und Partnerschaft gekennzeichnet". Sodann spricht der Papst, dass diese Erklärung „an unsere gemeinsamen Wurzeln und an das äußerst reiche geistliche Erbe, das Juden und Christen miteinander teilen", erinnert habe. Hier fällt das kleine Wort *äußerst* auf, das über den Wortlaut von *Nostra aetate* hinauszugehen scheint. Dort hieß es: „Da also das Christen und Juden gemeinsame geistliche Erbe so reich ist". Als Elemente des gemeinsamen Erbes zählt der Papst sodann mit *Nostra aetate* die Abrahamsvater-

---

nicht nur einen Streit um die Hellenisierung des Christentums zu sehen, sondern vor allem auch einen Streit um den jüdischen Monotheismus. Es wäre höchst problematisch, wenn die christologischen und trinitätstheologischen Weichenstellungen dazu beigetragen hätten, das *Schemá Israel* zu vergessen. Dann könnte der erste Satz des Glaubensbekenntnisses nicht lauten: „Wir glauben an den *einen* Gott".

37 Predigten, Ansprachen und Grußworte im Rahmen der Apostolischen Reise von Papst Benedikt XVI. nach Köln anlässlich des XX. Weltjugendtages. Verlautbarungen des Apostolischen Stuhls Nr. 169, hg. v. Sekretariat der Deutschen Bischofskonferenz, Bonn 2005, 45-49. Vgl. Joseph Kardinal Ratzinger, Die Vielfalt der Religionen und der Eine Bund, Hagen 1998; ders., Glaube – Wahrheit – Toleranz. Das Christentum und die Weltreligionen, Freiburg/Basel/Wien 2003, v.a. 66-90.117-124.

schaft im Glauben auf und ergänzt sie durch zwei Zusätze: „die Lehren Moses' und der Propheten" sowie die „Spiritualität", die bei Juden und Christen „aus den Psalmen gespeist" werde. Das Wort „Spiritualität" steht hier für das überkommene Wort „Frömmigkeit" und verlegt somit die Gemeinsamkeit ganz ausdrücklich in den Raum des „Geistlichen", ein Akzent, der dem Papst offensichtlich ganz wichtig ist.

Auffällig ist weiterhin der Bezug des Papstes auf den verlesenen Text aus Gen 1, wenn er an V. 27 erinnert, wo der Mensch als „Abbild" Gottes verstanden wird. Die Gottebenbildlichkeit wird so zum Fundament der Gemeinsamkeit aller Menschen, Völker und Religionen. Deshalb seien in *Nostra aetate* ja auch die Muslime mit großer Hochachtung angesprochen worden. Die Verwerfung aller Formen von Hass und Diskriminierung folge daraus. Der Aufruf des Dokuments, die neue Sichtweise der nachwachsenden Generation weiterzugeben, sei heute angesichts neuer Formen von Antisemitismus und Fremdenfeindlichkeit höchst aktuell geblieben. Der Papst sagt: „Die katholische Kirche – das möchte ich auch bei dieser Gelegenheit wieder betonen – tritt ein für Toleranz, Respekt, Freundschaft und Frieden unter allen Völkern, Kulturen und Religionen." Hier liegt das politische Schwergewicht der Rede. Dabei zeigt sich, dass die Erinnerung an den Schöpfungstext zwar eine sehr wichtige universale Perspektive eröffnet, jedoch auch in die Gefahr geraten könnte, das Verhältnis von Judentum und Christentum als ein zu unspezifisches in das allgemeine Verhältnis der Religionen und der heutigen politischen Landschaften einzuordnen. Andererseits enthält die Anspielung auf die Menschenwürde, abgeleitet aus Gen 1,27, eine Chance, die Schöpfungstheologie in ihrer biblischen Grundlegung und rabbinischen sowie kabbalistischen Weiterentwicklung deutlicher in den Mittelpunkt des jüdisch-christlichen und dann auch interreligiösen Dialogs zu rücken. Den schöpfungstheologischen Akzent der Rede in Köln halte ich für eine wichtige Brücke, um auch den christologischen Diskurs in größere Zusammenhänge zu stellen, wenn dabei die eschatologische Perspektive[38] nicht aus dem Blick gerät. Im Rückblick auf die Befreiung von Auschwitz fordert der Papst: „Gemeinsam müssen wir uns auf Gott und seinen weisen Plan für die von ihm erschaffene Welt besinnen: Er ist – wie das Buch der Weisheit mahnt – „ein Freund des Lebens (11,26)."

Benedikt XVI. schaut schließlich noch einmal zurück und erwähnt dankbar, was in den verflossenen 40 Jahren alles geschehen sei, um das Verhältnis von Judentum und Christentum zu verbessern. Dann spricht der Papst mit großer Emphase von dem, was noch zu tun bleibt.

---

38 Vgl. Josef Wohlmuth, Mysterium der Verwandlung. Eine Eschatologie aus katholischer Perspektive im Gespräch mit jüdischem Denken der Gegenwart, Paderborn u.a. 2005.

Wir müssen uns noch viel mehr und viel besser gegenseitig kennenlernen. Deshalb möchte ich ausdrücklich ermutigen zu einem aufrichtigen und vertrauensvollen Dialog zwischen Juden und Christen. Nur so wird es möglich sein, zu einer beiderseits akzeptierten Interpretation noch strittiger historischer Fragen zu gelangen und vor allem Fortschritte in der theologischen Einschätzung der Beziehung zwischen Judentum und Christentum zu machen. Ehrlicherweise kann es in diesem Dialog nicht darum gehen, die bestehenden Unterschiede zu übergehen oder zu verharmlosen: Auch und gerade in dem, was uns aufgrund unserer tiefsten Glaubensüberzeugung voneinander unterscheidet, müssen wir uns gegenseitig respektieren und lieben. (48)

Schließlich formuliert der Papst im Blick auf die Zukunft die programmatischen Sätze:

Unser reiches gemeinsames Erbe und unsere an wachsendem Vertrauen orientierten geschwisterlichen Beziehungen verpflichten uns, gemeinsam ein noch einhelligeres Zeugnis zu geben und praktisch zusammenzuarbeiten in der Verteidigung und Förderung der Menschenrechte und der Heiligkeit des menschlichen Lebens.

Die Verantwortung für eine friedlichere und gerechtere Welt liege auf Juden und Christen, „damit die Mächte des Bösen »nie wieder« die Herrschaft erlangen". Mit dem Segens- und Friedenswunsch aus Ps 29 schließt die Ansprache.

Rainer Kampling hat zur Rede Benedikts XVI. einen lesenswerten Kommentar vorgelegt.[39] Mit Recht stellt er die „Kontinuität der kirchlichen Israeltheologie" (27) heraus, wenngleich er sich von einem Papst aus Deutschland auch „ein gewisses Eingeständnis der Mitschuld der Kirche am Leid der Juden" (28) erwartet hätte. Kampling kommt zu dem Ergebnis: „Papst Benedikt XVI. hat mit aller Klarheit deutlich gemacht, dass die Israeltheologie der Kirche, die in *Nostra aetate* grundlegend reflektiert und durch seine Vorgänger entfaltet und gelehrt wurde, unumkehrbar ist." Dem stimme ich gerne zu, auch wenn der Papst inhaltlich nur sehr vorsichtig über *Nostra aetate* hinausging. Immerhin hätte dieses Konzilsdokument in den 40 zurückliegenden Jahren viel erreicht, wenn das, was der Papst in Köln vortrug, schon Gemeingut der gesamten Christenheit wäre.

---

39 Vgl. Rainer Kampling, Schalom alechem. Kommentar zur Rede Benedikts XVI. in der Synagoge zu Köln, in: Freiburger Rundbrief 13 (2006) 26-32.

3. Teil
Die katholische Kirche und der Islam

Differenz und Anerkennung
Herausforderungen des christlich-islamischen Dialogs*

Dirk Ansorge, Köln

Vor mehr als vierzig Jahren ermunterte das II. Vatikanische Konzil im dritten Kapitel seiner Erklärung *Nostra aetate*, den Dialog zwischen Muslimen und Christen zu intensivieren. Dabei gehe es darum, so das Konzil, die vielfach belastete gemeinsame Vergangenheit zu überwinden, sich besser zu verstehen und zu einem gemeinsamen Engagement für Frieden und Gerechtigkeit in der Welt zu gelangen.

Angesichts der beschleunigten Globalisierung aller Lebensbereiche hat dieser Appell bis heute nichts von seiner Dringlichkeit eingebüßt. Dabei förderte der muslimisch-christliche Dialog in den zurückliegenden vier Jahrzehnten sowohl Gemeinsamkeiten als auch Differenzen zwischen den beiden Religionen zutage.[1] Gleichzeitig wurde der Dialog von nur wenigen christlichen Theologen als Anstoß wahrgenommen, die eigenen Positionen kritisch zu reflektieren. Die Mehrzahl jener Theologen, die sich dieser Herausforderung stellten, stammt aus Ländern, deren Kulturen maßgeblich vom Islam geprägt sind. In der westlichen Welt hingegen erfolgte eine Auseinandersetzung mit islamischer Theologie eher selten.

---

* Dieser Beitrag geht auf einen Vortrag unter dem Titel „*Le Christianisme – une religion de la différence. Réflexions sur la relation de l'Église catholique avec l'Islam à partir de la déclaration du Concile Vatican II »Nostra Aetate«*" zurück, den der Verfasser Ende September 2005 im Rahmen eines internationalen Symposions in Tunis gehalten hat. Das Symposion wurde vom Chaire UNESCO d'étude comparative des religions zum Thema „Dialoguer avec autrui, se questionner sur soi-même: Islam et Christianisme, éducation et progrès" veranstaltet.

1 Eine kenntnisreiche neuere Bestandaufnahme des muslimisch-christlichen Dialogs in systematisierender Absicht bietet die Dissertation von Ludger Kaulig, Ebenen des christlich-islamischen Dialogs. Beobachtungen und Analysen zu den Wegen einer Begegnung (Christentum und Islam im Dialog 3), Münster 2004.

Die folgende Skizze stellt die Frage nach dem Begriff der *Differenz* in Islam und Christentum. Dieser Begriff ist nicht nur für die theologische Reflexion grundlegend. Er ist auch folgenreich für die individuelle, gesellschaftliche und politische Praxis im Kontext beider Religionen. Ist aber in Islam und Christentum dasselbe gemeint, wenn von „Differenz" die Rede ist?

1. Differenz, Sprache und Kultur

Hierzu einige Vorüberlegungen. Der Begriff der „Differenz" bezeichnet zunächst jenen Sachgehalt, durch den ein gedanklicher oder realer Gegenstand von einem anderen unterschieden ist.[2] Wie jeder Sachgehalt, so lässt sich auch der Begriff der Differenz gehaltvoll fortbestimmen. So kann eine Differenz entweder die Gleichwertigkeit des Unterschiedenen (innerhalb derselben Gattung) oder eine hierarchische Ordnung (zwischen Allgemeinen und Besonderen) bedeuten. Auch lässt sich der Begriff der Differenz insoweit fortbestimmen, dass die Behauptung eines Sachverhaltes und sein Gegenteil einander wechselseitig ausschließen. In diesem Fall wird man von einer „exklusiven Differenz" sprechen können. Und schließlich lässt sich der Begriff der Differenz in der Weise fortbestimmen, dass das jeweils Unterschiedene in einer Spannung gehalten bleibt, weil es Momente in der wechselseitigen Beziehung gibt, in denen das Unterschiedene übereinkommt, andere Momente hingegen, in denen es in einem ausschließenden Gegensatz steht. In diesem Fall wird man von einer „inklusiven Differenz" sprechen können.[3]

Diese gehaltvollen Fortbestimmungen des Differenz-Begriffes können für die Praxis folgenreich sein. Wird etwa im Bereich des Sozialen oder des Politischen der Begriff der Differenz exklusiv gefasst, dann wird der Andere kaum als gleichrangig wahrgenommen und behandelt werden. Wird Differenz hingegen inklusiv verstanden, als Unterschiedenheit, die den Anderen trotz fortbestehender Differenzen gelten lässt, dann wird es möglich sein, eine Pluralität unterschiedlicher Positionen als legitim anzuerkennen, ja diese sogar zu fördern.

2   Vgl. Porphyrius, Einführung in die Kategorien des Aristoteles (Isagoge), Kap. 3: „Differenz (*diaphora*) ist alles das, wodurch sich ein jedes voneinander abhebt" (3b).
3   Von der „*differentia specifica*", die ja auch gemeinsame und entgegengesetzte Bestimmungen impliziert, unterscheidet sich die „inklusive Differenz" dadurch, dass ihr Prinzip nicht ein übergeordnetes „*genus*" ist, sondern einer der unterschiedenen Termini („*species*"). Das Verhältnis zu einem anderen Menschen beispielsweise wird nie aus einer übergeordneten Perspektive heraus betrachtet, sondern stets aus der Perspektive eines selbst immer schon geschichtlich verfassten Subjekts.

Differenz und Anerkennung

Wie kommt es zu einer gehaltvollen Fortbestimmung des zunächst nur formalen Begriffs der Differenz innerhalb einer sprachlichen Praxis? Zunächst einmal sind es die Strukturen der Sprache selbst, ihre Grammatik, die Andersheiten und Gegensätze unterschiedlich begrifflich fassen lässt.[4] Hinzu treten sodann vielfältige kulturelle Einflüsse, die den Sprachgebrauch beeinflussen und die Bedeutung von Wörtern in ihrem jeweiligen Gebrauch und in sozialen Kontexten festlegen.[5]

Der Zusammenhang von Denken, Sprache und Kultur wurde durch *Wilhelm von Humboldt* (1767–1835) erstmals systematisch erforscht. Vor dem Hintergrund seiner ausgedehnten Forschungsreisen hat Humboldt die idealistische Vorstellung von einer allen Menschen gemeinsamen Sprache verabschiedet.[6] Es gibt keine Grammatik, in der alle Sprachen übereinkämen. Vielmehr existiert eine Vielzahl von Sprachformen, die durch unterschiedliche Strukturen und semantische Plausibilitäten charakterisiert sind.

Nach Humboldt prägen die formalen wie auch die semantischen Strukturen der verschiedenen Sprachen das Denken und Handeln der Menschen einer Sprachgemeinschaft. Umgekehrt sind die sprachlichen Strukturen das – wenngleich stets vorläufige – Resultat eines kommunikativen Zusammenhangs. Der aus Bewusstsein, Sprache und Handeln konstituierte kommunikative Zusammenhang kann im weitesten Sinn als „Kultur" begriffen werden.

Integrierender Bestandteil sprachlicher und insofern kultureller sozialer Zusammenhänge sind die *Religionen*. Die Erzählungen und Motivtraditionen der Religionen stellen semantische Ressourcen für die jeweilige Sprachpraxis einer Gesellschaft bereit. Damit leisten sie einen wesentlichen Beitrag

---

4   So unterscheidet sich etwa die Grammatik semitischer Sprachen (Hebräisch, Arabisch) erheblich von jener der indoeuropäischen Sprachfamilie. Ähnliches dürfte für die ostasiatischen Sprachen gelten. *Michel Foucault* zitiert zu Beginn von *Die Ordnung der Dinge* (frz. Orig. 1966; dt. Frankfurt 1995, 17) eine „gewisse chinesische Enzyklopädie", die eine für europäisches, an Aristoteles geschultes Denken ganz merkwürdige Taxinomie von Lebewesen vorstellt. Demnach gruppieren sich die Tiere wie folgt: „a) Tiere, die dem Kaiser gehören, b) einbalsamierte Tiere, c) gezähmte …". Foucault sei auf diese Taxinomie bei dem argentinischen Schriftsteller Jorge Luis Borges (gest. 1986) gestoßen; ihr verdanke *Die Ordnung der Dinge* ihre Entstehung.
5   Grundlegend hierzu die „Sprachspiel-Theorie" des späten Wittgenstein; vgl. dazu u.a. Eike von Savigny, Die Philosophie der normalen Sprache, Frankfurt 1969, 13-89.
6   Vgl. v.a. sein Hauptwerk: Über die Verschiedenheit des menschlichen Sprachbaus und ihren Einfluss auf die geistige Entwickelung des Menschengeschlechts [Berlin 1836], jetzt in: Werke, hg. v. Andreas Flitner/Klaus Giel, Bd. 3. Schriften zur Sprachphilosophie, Darmstadt ⁹2002). Humboldts Forschungen wurden seither in vielfacher Hinsicht differenziert, in ihren Konsequenzen jedoch weithin akzeptiert; vgl. Hans E. Schiller, Die Sprache der realen Freiheit. Sprache und Sozialphilosophie bei Wilhelm von Humboldt, Würzburg 1998.

für die gehaltvolle Fortbestimmung jener fundamentalen Strukturen, welche eine sprachliche Weltorientierung überhaupt erst möglich machen. Religionen prägen Kulturen dadurch, dass sie Bilder, Vorstellungsgehalte oder Begründungsfiguren zur Verfügung stellen, auf die das kollektive oder individuelle Bewusstsein zurückgreifen und von denen her sich menschliches Handeln leiten lassen kann. Religionen prägen Kulturen auf der Ebene jener Strukturen, die als *gehaltvoll fortbestimmte Grundstrukturen der Sprache* die jeweiligen Weisen der Weltorientierung beeinflussen.

Deshalb sind religiöse Gehalte nicht folgenlos für das individuelle, soziale und politische Denken und Handeln in einer sprachlich vermittelten Gemeinschaft. Dies gilt sowohl für die Art und Weise der Kommunikation innerhalb einer Gemeinschaft als auch für die Art und Weise, wie diese Gemeinschaft ihre Beziehungen zu jenen Individuen und Gemeinschaften versteht und gestaltet, die sie als von ihr unterschieden wahrnimmt bzw. definiert.

Die Tatsache, dass Begriff und Praxis der Differenz geschichtlich differenziert sowie kulturell und religiös bedingt sind, bedeutet natürlich nicht, dass der jeweils gehaltvoll fortbestimmte Begriff von Differenz die Art und Weise, in der Angehörige einer bestimmten Sprachgemeinschaft, einer Kultur oder Religion handeln, im Voraus determiniert. Dies hieße nämlich, eine Art von „Essentialismus" zu vertreten, wonach das Bewusstsein von Menschen deren Handeln *unmittelbar* bestimmt. Dem gegenüber soll im Folgenden lediglich mit der *Möglichkeit* gerechnet werden, dass es einen inneren Zusammenhang zwischen einem gehaltvoll fortbestimmten Begriff von Differenz und der Art und Weise gibt, wie Menschen, die unterschiedlichen sprachlichen, kulturellen oder religiösen Traditionen angehören, im gesellschaftlichen und politischen Leben mit dem Phänomen der Differenz umgehen – und das beinhaltet auch, wie sie Angehörigen anderer Kulturen und Religionen begegnen.[7]

Auch wird hier keineswegs behauptet, dass eine Gesellschaft ihre Differenzbeziehungen *de facto* immer entsprechend jenem gehaltvoll fortbestimmten Begriff von Differenz gestaltet, den sie aus ihren historischen Erfahrungen und religiösen Überzeugungen gewonnen hat. Im Rahmen ihrer Möglichkeiten können sich Menschen zu den vielfältigen geschichtlichen Bedingtheiten, denen sie unterworfen sind, in ein prinzipiell distanzierendes Verhältnis setzen.

Dabei zeichnet es *religiöse* Sprachzusammenhänge aus, dass sie – anders etwa als die Alltagssprache – unaufgebbar auf einen Ursprungszusammen-

---

7   Zur Kritik an einem möglichen „Kulturessentialismus" vgl. Heiner Bielefeldt, *Philosophie der Menschenrechte*. Grundlagen eines weltweiten Freiheitsethos, Darmstadt 1998, 121-124. Trotz begrifflicher Vorarbeiten in der jüdisch-christlichen Tradition mussten die Menschenrechte in einem langwierigen und vielfach gefährdeten historischen Prozess erkämpft werden.

Differenz und Anerkennung

hang bezogen bleiben, von dem her sie ihre gehaltvolle Bestimmtheit und damit einen Sinn empfangen. An diesem Ursprungszusammenhang muss sich die religiöse Sprache fortdauernd messen; von ihm her muss sie sich auch in Frage stellen lassen.[8] Diese Notwendigkeit sichert im Kontext des Religiösen einen Grundbestand von als normativ aufgefassten Gehalten, die als solche dazu tendieren, sich letztendlich durch alle geschichtliche Bedingtheiten hindurch Geltung zu verschaffen. Deshalb kann es geschehen, dass sich religiöse Gehalte erst nach Jahrhunderten im Denken und Handeln durchsetzen.

2. Religion und Politik in Islam und Christentum

Vor diesem sprachphilosophischen und kulturtheoretischen Hintergrund kann noch einmal präziser gefragt werden, ob in Islam und Christentum dasselbe gemeint ist, wenn von „Differenz" gesprochen wird, und welche praktischen Folgen hieraus womöglich resultieren. Das Verhältnis von Religion und Politik in Islam und Christentum soll hierzu als Beispiel dienen.

Als Papst Benedikt XVI. am 20. August 2005 am Rande des Kölner Weltjugendtages mit Vertretern muslimischer Vereinigungen in Deutschland zusammentraf, erinnerte er nicht nur daran, dass die katholische Kirche vierzig Jahre zuvor in der Konzilserklärung *Nostra aetate* eine grundsätzliche Verhältnisbestimmung zu den Muslimen vorgenommen hatte. Bereits im zweiten Abschnitt seiner Ansprache kam der Papst auf den weltweiten Terror im Namen des Islam zu sprechen. Diesen brandmarkte er als Anschlag auf die seit dem II. Vatikanischen Konzil gewachsenen christlich-muslimischen Beziehungen. Der Papst rief dazu auf, Hassgefühle zu überwinden, sich gegen Intoleranz zu verwahren und jeder Manifestation von Gewalt entgegen zu treten. Nur so könne terroristischem Fanatismus Einhalt geboten und dem Frieden Raum gegeben werden.[9]

---

8   Dass mit der Frage nach dem „normativen Gehalt" von Religionen unter den Bedingungen ihrer Geschichtlichkeit eine eigene und zugleich fundamentale Problematik angesprochen ist, kann hier nur angedeutet werden. Vgl. hierzu aus der Perspektive christlicher Theologie u.a. Hans Kessler, Partikularität und Universalität Jesu Christi. Zur Hermeneutik und Kriteriologie kontextueller Christologie, in: Raymund Schwager (Hg.), Relativierung der Wahrheit? Kontextuelle Christologie auf dem Prüfstand (Quaestiones disputatae 170), Freiburg/Basel/Wien 1998, 106-155, v.a. 127-154.
9   Vgl. Benedikt XVI., Ansprache bei der Begegnung mit Vertretern einiger muslimischer Gemeinschaften, in: ders., Predigten, Ansprachen und Grußworte im Rahmen der Apostolischen Reise nach Köln anlässlich des XX. Weltjugendtages (Verlautbarungen des Apostolischen Stuhls 169), Bonn 2005, 73-77.

Dirk Ansorge

Indem der Papst gleich zu Beginn seiner Ansprache das Thema „Islamistischer Terrorismus" ansprach, spiegelt seine Rede zweifellos die vorherrschende Wahrnehmung des Islam in der westlichen Öffentlichkeit wider. Während sich Islamwissenschaftler und Orientalisten darum bemühen, ein differenziertes Bild vom Islam und der islamisch geprägten Kultur zu verbreiten, liegt der Hauptakzent der öffentlichen Wahrnehmung des Islam meist auf dessen politischer Dimension. Der Islam, so die vorherrschende Meinung in der westlichen Welt, zeichne sich durch das Fehlen einer Unterscheidung von Religion und Politik aus. Die dem Islam wesentliche Einheit von Religion und Politik sei letztendlich verantwortlich für die vielfältigen Formen politischer Gewalt bis hin zum fundamentalistischen Terrorismus.

Diese Meinung hält der historischen Rekonstruktion jedoch nicht stand. Ganz im Gegenteil: In der Geschichte der islamischen Welt stellt sich die Beziehung zwischen Religion und Politik außerordentlich vielschichtig dar.

Zwar trifft es zu, dass noch Mohammed in seiner Person religiöse und politische Autorität vereinte. Seine Nachfolger hingegen, die Kalifen, konnten ihren Anspruch auf religiöse *und* politische Herrschaft nur bis etwa 850 christlicher Zeitrechnung aufrecht erhalten. Mitte des 9. Jahrhunderts wurden die abbassidischen Kalifen zunehmend von ihrer Leibgarde und von regionalen Herrschern, den Emiren abhängig. Den Kalifen verblieb lediglich die religiöse Autorität.[10]

Seit 1055, als die seldschukischen Türken in Bagdad einzogen, hat sich im Abbassidenreich die Trennung von religiöser und politischer Gewalt, von Kalifat und Sultanat auch institutionell etabliert. Diese Trennung dauerte bis 1258 an, als Bagdad durch die Mongolen zerstört wurde.

Eine Einheit von religiöser und politischer Herrschaft hat es in der islamisch geprägten Welt auch danach nicht wieder gegeben: weder unter den zum Islam konvertierten mongolischen Ilchanen noch unter den persischen Safawiden, weder unter den indischen Sultanen und Moghulen noch unter den ägyptischen Mamluken und den türkischen Osmanen. Die im Westen häufig zitierte Formel, „der Islam" sei „Religion und Staat" (*al-islam din wa dawla*), ist in der islamischen Welt nicht vor dem 19. Jahrhundert zu belegen. Sie begegnet erst im Gegenzug zum expansionistischen Kolonialismus Europas.[11]

10 Vgl. hierzu die inzwischen zahlreichen Darstellungen der Geschichte der islamischen Welt. Neuere instruktive Überblicke bieten u.a. Eberhard Serauky, Geschichte des Islam. Entstehung, Entwicklung und Wirkung. Von den Anfängen bis zur Mitte des 20. Jahrhunderts, Berlin 2003; Gudrun Krämer, Geschichte des Islam, München 2005.
11 So der Tübinger Orientalist Heinz Halm, Islamisches Rechts- und Staatsverständnis. Islam und Staatsgewalt (Quelle: http://www.uni-tuebingen.de/uni/aos/download.htm).

Differenz und Anerkennung

Die islamische Welt kennt also spätestens seit dem 11. Jahrhundert christlicher Zeitrechnung die faktische Trennung von Religion und Staat. Gleichwohl wird im Westen immer wieder geargwöhnt, diese Trennung entspreche nicht dem Wesen des Islam. Für diesen sei die Ordnung in der frühen mekkanischen Gemeinde maßgeblich. Und tatsächlich gibt es innerhalb der muslimischen Welt Tendenzen – darunter etwa die fundamentalistische Bewegung der *Salafiya* –, die normative Bedeutung der frühen mekkanischen Gemeinde auch für die Gegenwart zu betonen. In dieser Deutung war die spätere Trennung von Religion und Politik ein Irrweg, den es zu korrigieren gilt.

Nach dem Ende des Osmanischen Reiches gab es in dessen Nachfolgestaaten wie etwa der Türkei, Syrien, Ägypten und Irak verschiedene Versuche, westliche Herrschaftsstrukturen – und damit die Trennung von Religion und Politik – zu übernehmen. Der säkulare Nationalismus geriet jedoch in der zweiten Hälfte des 20. Jahrhunderts in eine Krise, weil er sich – besonders auch angesichts des ungelösten Palästina-Konflikts – als politisch ohnmächtig erwies und die ökonomischen und sozialen Herausforderungen der beschleunigten Globalisierung nicht zu bewältigen vermochte. In dieser Situation bot sich die Hinwendung zur Religion als einzig verbliebene Perspektive an.[12] Vielen Muslimen schien die „islamische Revolution" im Iran (1979) dem Ideal einer Einheit von Religion und Politik erstmals in neuerer Zeit wieder zu entsprechen.[13]

Im christlich geprägten Abendland ist spätestens seit dem Investiturstreit die Trennung von religiöser und politischer Gewalt, von *sacerdotium* und *regnum,* institutionell etabliert. Die Trennung von Religion und Politik wurde in der Folge der Konfessionskriege auf dem europäischen Kontinent auch verfassungsrechtlich fixiert. Sie bestimmt im Grundsatz die heute gültigen Verfassungen aller westlichen Staaten und liefert das Fundament für deren säkulares Selbstverständnis.

Nun schließt eine institutionelle Trennung von Religion und Politik keineswegs *eo ipso* bereits politische Gewalt aus. Sowohl im Westen als auch in der islamisch geprägten Welt haben gerade säkulare Regime ihre Macht oft genug missbraucht, und dies nach Innen hin wie nach Außen. Das zu-

---

12   Häufig zitiert wurde in diesem Zusammenhang der Slogan der bereits 1928 in Ägypten von Hassan al-Banna gegründeten Muslimbrüder „Der Islam ist die Lösung" (*al-Islam huwa al-hall*).
13   Die Einheit von Religion und Politik zu verwirklichen, beansprucht auch das wahhabitische Königreich Saudi-Arabien. Freilich wird dieser Anspruch nach Ansicht vieler Muslime durch die Lebensweise von Teilen der Saudischen Oberschicht ausgehöhlt. – Vgl. zu den ideologischen Grundlagen: Guido Steinberg, Religion und Staat in Saudi Arabien. Die wahhabitischen Gelehrten 1902–1953 (Mitteilungen zur Sozial- und Kulturgeschichte der islamischen Welt 10), Würzburg 2003.

rückliegende Jahrhundert liefert hierfür schreckliche Beispiele. Auf jeden Fall aber verhindert eine institutionelle Trennung von Religion und Politik, dass sich eine gewalttätige Politik eine religiöse Legitimation verschafft.

Abstrakt formuliert: Die Existenz von Differenzen – zwischen politischer Praxis und religiöser Legitimation, zwischen Herrschenden und religiösen Autoritäten – erleichtert letzteren eine kritische Beurteilung solcher Formen politischen Handelns, die gewaltsam in das gesellschaftliche oder individuelle Leben eindringen und es zu beherrschen suchen.

Diese Differenzen institutionell zu sichern, ist der westlichen Welt dem Anschein nach besser gelungen als den vom Islam geprägten Staaten.[14] Diese neigen – vor allem in der arabischen Welt – zu totalitären Herrschftssystemen ohne Gewaltenteilung; sie kennen keine freie Presse und unterdrücken Meinungsvielfalt. Das Beispiel Irak zeigt, wie schwer es religiös motivierten politischen Gruppierungen fällt, eine Trennung von Religion und Politik zu akzeptieren; es verdeutlicht aber auch, dass eine „Demokratisierung" muslimisch geprägter Staaten kein von vornherein aussichtsloses Unterfangen ist.[15]

Sind es allein sozio-ökonomische oder sozio-politische Faktoren, die den unterschiedlichen gesellschaftlichen Entwicklungen in der westlichen und in der islamisch geprägten Welt zugrunde liegen? Oder resultieren die jeweiligen Gesellschaftsformen nicht auch aus unterschiedlichen Konzep-

14 Dem Schweizer Orientalisten Arnold Hottinger zufolge wirken in den Schwierigkeiten, in der islamischen Welt Demokratien zu etablieren, theokratische Herrschaftsmodelle des Alten Orients fort. Vgl. ders., Gottesstaaten und Machtpyramiden. Demokratie in der islamischen Welt, Paderborn 2000; eine konzise Bestandsaufnahme der politischen Verhältnisse und Entwicklungstendenzen in der arabischen Welt bietet Volker Perthes, Geheime Gärten. Die neue arabische Welt, Berlin 2002.

15 Vgl. auch Oraib Al Rantawi, Wie kann man der Demokratie in der arabischen Welt zum Durchbruch verhelfen? Gedanken zu Demokratieproblemen und Reformhindernissen in der arabischen Welt, in: Konrad-Adenauer-Stiftung, Auslandsinformationen 1/2006, 69-90: „Es ist richtig, dass das kulturelle Erbe der Araber, dessen Rückgrat der Islam bildet, auf verschiedene Weise hinderlich ist auf dem Weg zur Demokratisierung, zum Parteienpluralismus, zur Gleichstellung der Frau und zur Übernahme einer Kultur der Menschenrechte und der Toleranz. Andererseits ist der Islam, wie auch das kulturelle Erbe, offen für verschiedene Interpretationen, die mit der Modernisierungsdebatte in Marokko, der Türkei und Jordanien vor dem dortigen islamischen Hintergrund beginnen und mit der Rede über den »Zusammenprall der Zivilisationen« aus den Höhlen Afghanistans keineswegs enden. Die Erfahrungen in der Türkei und in anderen islamischen Ländern wie auch die langsam voranschreitenden Experimente in Marokko und Jordanien sind ein Beweis dafür, dass Islam und Demokratie durchaus miteinander vereinbar sind, und dass der Islam in seinen verschiedenen neuzeitlichen Interpretationen durchaus mit der Demokratie harmonisiert" (79). Al Rantawi ist Leiter des Al-Quds Center for Political Studies in Jordanien.

tionen von Differenz, deren Wurzeln nicht zuletzt auch religiös bestimmt sind? Könnte es sein, dass es einer Religion, für die der Gedanke einer Einheit von Einheit und Differenz zentral ist, prinzipiell – wenn auch nicht immer faktisch – leichter fällt, sich in ein affirmatives und zugleich kritisches Verhältnis zur gesellschaftlichen, politischen und religiösen Pluralität zu setzen als einer Religion, die das Ideal einer undifferenzierten Einheit vertritt?

3. Einheit und Differenz in Islam und Christentum

Gewiss, nicht nur die islamische Geschichte, sondern auch das islamische Denken ist bis auf den heutigen Tag durch eine große Vielfalt gekennzeichnet.[16] Die entscheidende Frage ist freilich, welchen prinzipiellen Status faktisch existierende Pluralität in muslimischer Perspektive beanspruchen darf. Ist sie legitim oder nur ein defizitärer Zustand, den es in Richtung auf eine einheitliche Gestalt von Religion und Gesellschaft zu überwinden gilt?

Trotz einer großen kulturellen Vielfalt erscheint die muslimisch geprägte Welt vom Ideal der Einheit (*tawhîd*) beherrscht.[17] Die Gemeinschaft der Muslime soll *eine* sein; Spaltungen oder Parteiungen soll es unter Muslimen nicht geben. Gleichzeitig wird die Differenz der Muslime gegenüber den „Ungläubigen" (*kâfirun*) betont. Zwischen beiden stehen die „Leute der Schrift" (*ahl al-kitab*), in erster Linie also die Christen und Juden. Mit „Götzenanbetern" oder „Polytheisten" (*muschrikûn*) kann es dem Koran zufolge keinerlei Gemeinschaft geben.[18] In Sure 3,105 ist das Selbstverständnis der

16 Vgl. hierzu die immer noch grundlegenden Studien des US-amerikanischen Religions- und Kulturwissenschaftlers Clifford Geertz, Religiöse Entwicklungen im Islam. Beobachtet in Marokko und Indonesien [Orig. 1968], Frankfurt 1988; diese Forschungen wurden seither durch zahlreiche Feldstudien ergänzt und vertieft. Einen neueren Überblick über die kulturelle Vielfalt in der islamischen Welt bietet der Sammelband: Der islamische Orient. Grundzüge seiner Geschichte, hg. v. Albrecht Noth/Jürgen Paul (Mitteilungen zur Sozial- und Kulturgeschichte der islamischen Welt 1), Würzburg 1998.
17 Vgl. hierzu den US-amerikanischen Religionswissenschaftler Malise Ruthven: „Wenn es ein Wort gibt, das für sich genommen für den ursprünglichen Impuls des Islam stehen kann, sei es in theologischer, politischer oder soziologischer Hinsicht, dann ist es *tawhîd* – einsmachen, einen, das Einssein" (Der Islam. Eine kurze Einführung, Stuttgart 2000, 73). Der substantivierte Infinitiv *tawhîd* begegnet nicht im Koran, ist aber der Sache nach im Glaubensbekenntnis der Muslime enthalten, dass es nur einen einzigen Gott gibt.
18 Im einzelnen ist in der islamischen Tradition umstritten, wer zu den Polytheisten zu rechnen ist und ob gegebenenfalls auch Christen und Juden dazu gehören, weil sie den Offenbarungsanspruch Mohammeds ablehnen. Vgl. Mohammed Ibrahim Surty, The Qur'anic concept of al-Shirk (Polytheism), London 1982.

Muslime appellativ charakterisiert: „Seid nicht wie diejenigen, die sich gespalten haben!" Demnach ist die Differenz der Muslime gegenüber den Nichtmuslimen gerade dadurch bestimmt, dass es innerhalb der muslimischen Gemeinschaft keine Differenzen gibt.

Im Bewusstsein vieler Muslime hat sich das Ideal der Einheit durch die traumatischen Erfahrungen der frühen Bürgerkriege verfestigt, die um die Nachfolge Mohammeds entbrannt waren. Seither zählen „Spaltungen" (*fitan*) der muslimischen Gemeinschaft (*al-umma al-islamiyya*) zu den schlimmsten Übeln, die es unter allen Umständen zu vermeiden gilt.

Freilich: angesichts der gesellschaftlichen und politischen Realität resultiert aus dem Ideal der Einheit eine beständige Spannung zwischen Ideal und Wirklichkeit. Dabei wird Pluralität in den muslimischen Gesellschaften oft nicht als Bereicherung wahrgenommen, sondern als Bedrohung der idealisierten Einheit empfunden.

Historisch zeigt sich dies etwa in der ambivalenten Haltung, die Muslime gegenüber den „schutzbefohlenen" Religionsgemeinschaften in ihrem Herrschaftsbereich eingenommen haben. Christen und Juden, die innerhalb des *dar al-islam* lebten, wurden zeitweise toleriert, zeitweise aber auch durch strenge Verhaltensregeln gedemütigt und finanziell ausgebeutet.[19] Die Anerkennung nichtmuslimischer Religionsgemeinschaften in einem gemeinsamen Staat stellt bis heute eine zentrale Herausforderung der muslimischen Gesellschaften dar.

Ist es das Ideal der Einheit, das Muslimen ein Leben in einer nichtmuslimischen Gesellschaft schier unvorstellbar erscheinen ließ? Über Jahrhunderte hinweg haben Muslime nur selten den Weg in das christlich geprägte Abendland gefunden. Um so größer muss die Provokation erscheinen, die heute aus der Existenz bedeutender Minoritäten muslimischer Migranten in den westlichen Staaten erwächst.[20] Dort wird gesellschaftliche Pluralität kei-

---

19 Der Status als „Schutzbefohlene" (*dhimmi*), in dem Christen oder Juden bis ins 19. Jahrhundert hinein lebten, gründete auf einer einseitigen Selbstverpflichtung der muslimischen Gemeinde. Denn nach islamischem Recht können gültige Verträge ausschließlich zwischen Muslimen abgeschlossen werden. Zum sog. „Pakt des Omar" (um 717) vgl. aus jüdischer Perspektive zuletzt Mark R. Cohen, Unter Kreuz und Halbmond. Die Juden im Mittelalter [engl. Orig. 1994], München, 2005, 70-87. Arabische Quellen zu den einzelnen, oft diskriminierenden Bestimmungen sind in dt. Übersetzung zugänglich: Bat Ye'or, Der Niedergang des orientalischen Christentums unter dem Islam. 7.–20. Jahrhundert. Zwischen Dschihad und Dhimmitude, Gräfeling 2002, v.a. 332-337.

20 Vgl. Ludwig Hagemann/Adel Th. Khoury, Dürfen Muslime auf Dauer in einem nicht-islamischen Land leben? Zu einer Dimension der Integration muslimischer Mitbürger in eine nicht-islamische Gesellschaftsordnung (Religionswissenschaftliche Studien 42), Würzburg 1997.

neswegs immer als Bereicherung, sondern vielfach als existentielle Bedrohung muslimischer Identität erlebt.[21]

Auch die in der westlichen Welt umstrittene Anerkennung universaler Menschenrechte kann als ein Problem gedeutet werden, das aus der Verhältnisbestimmung von Muslimen und Nichtmuslimen – und damit aus der Frage nach einem gehaltvollen Begriff von Differenz – resultiert.[22] Zwar lassen sich im Koran Suren finden, die eine prinzipielle Gleichheit aller Menschen bezeugen.[23] Ihnen stehen aber Suren gegenüber, die an der Überlegenheit der Muslime keinerlei Zweifel aufkommen lassen. Bestätigt wird dieses Bild, wenn man die zahlreichen Schilderungen des Weltendes im Koran hinzuzieht: Hier ist immer wieder von der Rettung der Gläubigen und dem Verderben der Ungläubigen die Rede.

Nun hat auch die katholische Kirche die Menschenrechte und das darin einbegriffene Recht auf Religionsfreiheit erst nach zähem Ringen anerkannt. Noch der *Syllabus* Papst Pius' IX. von 1864 verurteilte die Menschenrechte als verderblichen Irrweg. Und für lange Zeit galt auch in der katholischen Kirche die Überzeugung, dass Ungetaufte nicht gerettet werden könnten. Die auf die frühen Christen zurückgehende Formel „*extra ecclesiam nulla salus*" markiert eine exklusive Differenz zwischen der katholischen Kirche und der übrigen Welt.[24] Das kirchliche Lehramt verteidigte diese Differenz unbeirrt. Papst Bonifaz VIII. etwa stellte in seiner Bulle *Unam sanctam* (1302) lapidar

---

21 Vgl. Britta Kanacher, Christliche und muslimische Identität. Anstöße für eine neue Verständigung (Christentum und Islam im Dialog 5), Münster 2003, v.a. 46-73.

22 Vgl. Johannes Schwartländer/Heiner Bielefeldt, Christen und Muslime vor der Herausforderung der Menschenrechte, hg. v. der Wissenschaftlichen Arbeitsgruppe für weltkirchliche Aufgaben der Deutschen Bischofskonferenz, Bonn 1992. Einen Ausschnitt aus der Diskussion um Menschenrechte und Demokratie in der arabischen Welt bietet der Sammelband: Islam – Demokratie – Moderne. Aktuelle Antworten arabischer Denker, hg. v. Erdmute Heller/Hassouna Mosbahi, München 1998 (darin Beiträge u.a. von Adonis, Abdallah Laroui, Mohammed Arkoun und Hisham Scharabi). Vgl. auch Mohammed Arkoun, Der Islam. Annäherung an eine Religion, Heidelberg 1999, 206-223: „Menschenrechte", sowie ders., La liberté religieuse comme critique de la religion à partir du Coran et de la tradition islamique, in: Claude Geffré (Hg.), La liberté religieuse dans le judaïsme, le Christianisme et l'Islam (Cogitatio Fidei 110), Paris 1981, 109-125. Vgl. auch Kenneth Cragg, Islam and Other Faiths, in: Theology of Religions. Christianity and other Religions (Studia Missionalia 42), Rom 1993, 257-270.

23 Vgl. zum Menschenbild im Koran: Joachim Gnilka, Bibel und Koran. Was sie verbindet, was sie trennt, Freiburg/Basel/Wien 2004, 133-144.

24 Vgl. Walter Kern, Außerhalb der Kirche kein Heil?, Freiburg/Basel/Wien 1979; Wolfgang Beinert, Die alleinseligmachende Kirche. Oder: Wer kann gerettet werden?, in: Stimmen der Zeit 115 (1990) 75-85. 264-278.

fest: „Eine heilige katholische apostolische Kirche müssen wir im Gehorsam des Glaubens annehmen und festhalten. Und wir glauben diese fest und bekennen sie schlicht, und außer ihr gibt es kein Heil und keine Vergebung der Sünden".[25]

Nicht nur in *Nostra aetate*, sondern auch in anderen Dokumenten wie der Pastoralkonstitution über „Die Kirche in der Welt von heute" (*Gaudium et spes*) hat das II. Vatikanische Konzil einen solchen exklusiven Begriff von Differenz korrigiert. Das Konzil hat zwar die Differenz zwischen der katholischen Kirche und den nichtchristlichen Religionen keineswegs aufgehoben. Es hat sie aber ihrem Gehalt nach anders bestimmt, als dies Jahrhunderte lang geschah: als eine Differenz der Anerkennung und – freilich in einem spezifischen Sinne – als eine Differenz der Gleichwertigkeit.

Mit Blick auf die nichtchristlichen Religionen hat das Konzil in *Nostra aetate* die berühmte Feststellung getroffen, „Die katholische Kirche lehnt nichts von alledem ab, was in diesen Religionen wahr und heilig ist" (Nr. 2). Diese Position zu beziehen, war dem Konzil trotz mancher Widerstände[26] wohl auch deshalb möglich, weil im Zentrum des christlichen Glaubens ein Begriff von Differenz steht, der durch Anerkennung und Gleichwertigkeit bestimmt ist. Das Konzil brachte insofern nur zur Geltung, dass auf der Grundlage der christlichen Offenbarung der Begriff der Differenz nicht ohne den Begriff der Einheit gedacht werden kann – und umgekehrt.

Schon die Theologen der frühen Kirche hatten um diese Einsicht gerungen. Auf der Suche nach einem den biblischen Glaubenzeugnissen angemessenen philosophischen Begriff göttlichen Heilswirkens sahen sie sich außer Stande, mittelplatonisches oder neuplatonisches Denken unkritisch zu übernehmen. Dieses hätte nämlich dazu geführt, auch in der Theologie die undifferenzierte Einheit als Prinzip des Gottesbegriffs anzunehmen.

Dem gegenüber beharrte das frühe Christentum auf der Äquivalenz von Identität und Differenz.[27] Die Felder, auf denen dies geschah, waren vorrangig die Gotteslehre und die Christologie. In den teils über Generationen hinweg geführten theologischen Diskussionen schälte sich am Ende eine Art

---

25 DzH 870.
26 Vgl. Roman Siebenrock, Theologischer Kommentar zur Erklärung über die Haltung der Kirche zu den nichtchristlichen Religionen „Nostra aetate", in: Herders theologischer Kommentar zum Zweiten Vatikanischen Konzil, Bd. 3, hg. v. Peter Hünermann/Bernd Jochen Hilberath, Freiburg/Basel/Wien 2005, 657 Anm. 58.
27 Vgl. Friedo Ricken, Das Homousios von Nikaia als Krisis des altchristlichen Platonismus, in: Bernhard Welte (Hg.), Zur Frühgeschichte der Christologie. Ihre biblischen Anfänge und die Lehrformel von Nikaia (Quaestiones disputatae 51), Freiburg/Basel/Wien 1970, 74-99; Gregor Maria Hoff, Chalkedon im Paradigma Negativer Theologie. Zur aporetischen Wahrnehmung der chalkedonischen Christologie, in: Theologie und Philosophie 70 (1995) 355-372.

Grammatik des christlichen Glaubens heraus, die durch den Gedanken der Äquivalenz von Identität und Differenz geprägt ist. Dieser Gedanke ist Konsequenz und gleichzeitig begriffliche Voraussetzung des christlichen Glaubens an einen Gott in drei Personen und an die Einheit von göttlicher und menschlicher Natur in Jesus Christus.

Der christliche Glaube an den dreifaltigen Gott ist keineswegs nur das Ergebnis theoretischer Spekulationen. Vielmehr beruht er auf dem Zeugnis der frühen Christen, dass Jesus von Nazaret nicht nur ein Prophet ist, sondern dass Gott selbst in ihm Mensch wurde. Von Anfang an sahen sich christliche Theologen deshalb vor die Aufgabe gestellt, die Einheit und die Differenz Gottes gleichzeitig zu denken. Schließlich gelangten sie zu der Überzeugung, dass die Pluralität der drei Personen die Einheit der göttlichen Natur in keiner Weise vermindert. Im Gegenteil: die Trinität ist die Quelle des Lebens und der Vollkommenheit Gottes. Durch Jesus Christus und im Heiligen Geist offenbart sich der eine Gott als Überfluss des Seins, als Vollendung der Kommunikation und als Fülle der Liebe.

Dies hat weit reichende Konsequenzen. In der philosophischen Anthropologie ist heute weitgehend anerkannt, dass der moderne Begriff der Person wesentliche Elemente zur Geltung bringt, die im Rahmen der trinitätstheologischen Reflexionen eines Boethius oder eines Richard von St. Victor grundgelegt sind.[28] Der hier ausgearbeitete Begriff der Person hat die Philosophen der Aufklärung ebenso beeinflusst wie die Reflexionen Kants oder Hegels.[29] Sie ist eine wesentliche Grundlage der verschiedenen Erklärungen der Menschenrechte in der Moderne.[30] Die Menschenrechte gründen sowohl auf dem biblischen Gedanken der Gottebenbildlichkeit des Menschen als auch auf der Überzeugung von der Gleichwertigkeit des Selbst und des An-

28 Vgl. Joseph Ratzinger, Zum Personenverständnis in der Theologie, in: Dogma und Verkündigung, München/Freiburg 1973, 205-223, v.a. 216f; Wolfhart Pannenberg, Person und Subjekt, in: Grundfragen Systematischer Theologie. Gesammelte Aufsätze, Bd. 2, Göttingen 1980, 80-95, v.a. 82f.; Johann Kreuzer, Der Begriff der Person in der Philosophie des Mittelalters, in: Dieter Sturma (Hg.), Person. Philosophiegeschichte – Theoretische Philosophie – Praktische Philosophie (ethica 3), Paderborn 2001, 59-77.

29 In seinen Vorlesungen über die Philosophie der Religionen charakterisiert Hegel im Rahmen der Idee der Trinität das „Reich des Sohnes" als Differenz: „Es ist am Sohn, an der Bestimmung des Unterschieds, dass die Fortbestimmung zu weiterem Unterschied fortgeht, dass der Unterschied sein Recht erhält, sein Recht der Verschiedenheit" (Die vollendete Religion, Vorlesung von 1827, hg. von Walter Jaeschke [Philosophische Bibliothek 461], Hamburg 1995, 218).

30 Vgl. Bielefeldt, Philosophie der Menschenrechte 118f, dem es hier freilich vorrangig um das Moment der Gleichheit aller Menschen geht, weniger um ihr Person-Sein. Zum Verhältnis von Person-Sein und Menschenrechten vgl. u.a. Robert Spaemann, Personen. Versuche über den Unterschied zwischen „etwas" und „jemand", Stuttgart 1996, v.a. 136.

deren. Oder abstrakter: auf der Äquivalenz von Einheit und Unterschiedenheit, Identität und Differenz.

Die Trinitätslehre ist nicht die einzige Quelle, innerhalb der Theologie die Äquivalenz von Identität und Differenz zu denken. Gleiches gilt im Blick auf die Christologie. Jesus Christus ist weder ein verkleideter Gott noch bloß ein besonderer Mensch. Dass Gott selbst Mensch geworden ist, geht weder zu Lasten der Menschheit Jesu noch zu Lasten der Gottheit Gottes. Wie aber kann jemand Gott und Mensch zugleich sein? Erneut sahen sich die frühen Christen herausgefordert, die Beziehung zwischen Identität und Differenz zu denken. Ihre Antwort: Die Differenz zwischen göttlicher und menschlicher Natur in Jesus Christus bedeutet keine Minderung der göttlichen oder der menschlichen Natur. Die Person Jesu Christi vereinigt beide „unvermischt und unverwandelt, ungeschieden und ungetrennt".[31]

Wiederum findet sich der Begriff der Differenz im Zentrum des christlichen Glaubens. Und wiederum steht am vorläufigen Ende der theologischen Reflexion ein Begriff von Differenz, der seinem Gehalt nach insofern fortbestimmt ist, dass er die Einheit nicht vermindert, sie vielmehr vergrößert und bereichert. Selbstbewusst hat dies im 10. Jahrhundert christlicher Zeitrechnung in Bagdad der bedeutende Theologe und Philosoph Yahyâ Ibn Adî (893–974) so formuliert: „Es gibt eine andere Art und Weise, die Einheit zu begreifen – eine, welche die Vielfalt (*al-kathrah*) und die Andersheit (*al-ghayriyyah*) umfasst. Die Einheit (*tawhîd*) der Christen aber ist eine Einheit der Andersheit, und dies ist die wahre Einheit; sie ist viel inhaltsreicher als die Einheit, die nichts anderes ist als Einheit."[32]

Der Begriff einer „Einheit der Andersheit" ist folgenreich. Er kann eine Praxis legitimieren oder gar motivieren, die darauf zielt, im Bereich des Sozialen, des Politischen oder des Religiösen solche Differenzen zur Geltung kommen zu lassen, die den Anderen nicht ausschließen oder abwerten. Dabei zielt christliches Engagement nicht auf einen Pluralismus, der die Differenz bloß um ihrer selbst willen betont.[33] Christen bemühen sich vielmehr darum,

---

31 So die „*definitio*" („Grenzziehung") des Konzils von Chalkedon (451) [DzH 302].

32 Zitiert nach Samir Khalil Samir S.J., Qui est Jésus Christ, pour moi qui vis en milieu musulman?, in: Journées Romaines 18 (1991) 55-74, hier 60f. Der jakobitische Christ Yahyâ Ibn Adî, Schüler des „zweiten Aristoteles" Al-Farabi, war das Oberhaupt der Aristoteliker-Schule in Bagdad, der neben muslimischen auch christliche Philosophen angehörten. Er hat ein umfangreiches Schrifttum hinterlassen. Vgl. Gerhard Endress, The Works of Yahyâ Ibn Adî. An analytical inventory, Wiesbaden 1977.

33 Dieses Bemühen unterscheidet sich von der „postmodernen" Tendenz, Differenzen schon deshalb hervorzuheben, weil sie einer Ganzheit entgegenstehen. Programmatisch hierzu 1982 Jean-François Lyotard: „Wir haben die Sehnsucht nach dem Ganzen und dem Einen, nach der Versöhnung von Begriff und Sinnlichkeit,

einen gesellschaftlichen, politischen und religiösen Pluralismus zu fördern, ohne dass dabei die Einheit der menschlichen Gemeinschaften Schaden nimmt. Sie akzeptieren keinen Pluralismus auf Kosten anderer: der Benachteiligten, der Armen, der Kranken, der Schwachen.

Sicher wird man schon in Kenntnis der Geschichte nicht behaupten können, dass eine vom Christentum geprägte Welt durch die religiösen Gehalte des christlichen Glaubens *notwendigerweise* zu einer religiösen, sozialen und politischen Praxis gelangt, die durch die Anerkennung des Anderen bestimmt ist.[34] Zugleich aber lässt sich schwer bestreiten, dass die religiösen Gehalte, die im Zentrum des Christentums stehen, mit einer Praxis der Anerkennung, wie sie hier skizziert wurde, konvergieren. Ob sie diese Praxis letztendlich sogar *motiviert* haben, darüber wäre weiter nachzudenken.[35]

4. Differenz und Anerkennung im interreligiösen Dialog

Was bedeutet dies für den interreligiösen Dialog? Im klaren Bewusstsein der vielfach belasteten Geschichte von Muslimen und Christen rief Papst Benedikt XVI. in Köln dazu auf, religiöse Minderheiten zu respektieren und die Religionsfreiheit zu achten. Dabei dachte er wohl nicht zuletzt an die oft

---

nach transparenter und kommunizierbarer Erfahrung teuer bezahlt. Hinter dem allgemeinen Verlangen nach Entspannung und Beruhigung vernehmen wir nur allzu deutlich das Raunen des Wunsches, den Terror ein weiteres Mal zu beginnen, das Phantasma der Umfassung der Wirklichkeit in die Tat umzusetzen. Die Antwort darauf lautet: Krieg dem Ganzen, zeugen wir für das Nicht-Darstellbare, aktivieren wir die Widerstreite, retten wir die Ehre des Namens" (Beantwortung der Frage: Was ist postmodern?, zitiert nach: Wege aus der Moderne. Schlüsseltexte der Postmoderne-Diskussion, hg. v. Wolfgang Welsch, Weinheim 1988, 203).

34 Auf der Grundlage der hier zur Diskussion gestellten These ließe sich noch einmal das Gespräch mit Jan Assmann suchen, dem zufolge monotheistische Religionen aufgrund ihres exklusiven Wahrheitsanspruchs zur Anwendung politischer Gewalt neigen. Assmann hat seine Thesen in jüngerer Zeit freilich zunehmend modifiziert, zuletzt in: Monotheismus und die Sprache der Gewalt (Wiener Vorlesungen 116), Wien 2006 v.a. 23. Vgl. auch die Beiträge in dem von Peter Walter hg. Sammelband: Das Gewaltpotential des Monotheismus und der dreieine Gott (Quaestiones disputatae 216), Freiburg/Basel/Wien 2005.
35 Das geschichtliche Verhältnis des Christentums zur Moderne war im 20. Jahrhundert wiederholt strittig. Hans Blumenberg etwa sah die „Legitimität der Neuzeit" gerade in der Emanzipation von einem als Zumutung empfundenen Begriff göttlicher Allmacht. Erinnert sei auch an die von Herbert Schnädelbach im Jahr 2000 durch einen Artikel in der Wochenzeitung „Die Zeit" (Die sieben Geburtsfehler einer alt gewordenen Weltreligion. Eine kulturelle Bilanz nach zweitausend Jahren, Nr. 20 vom 11. Mai 2000) ausgelöste Debatte um die kulturhistorische Bedeutung des Christentums.

schwierige Situation christlicher Minderheiten in islamisch geprägten Staaten. Aber der Papst ging weiter: Über den Appell zu wechselseitiger Versöhnung hinaus rief er Muslime und Christen dazu auf, so zu leben, „dass jeder die Identität des anderen respektiert".

Diese Formulierung ist bemerkenswert. Denn der Respekt vor der Identität des Anderen besagt nicht nur den Verzicht auf jegliche Form von Missionierung, die auf eine Nötigung zum Religionswechsel hinausliefe. Sie anerkennt vielmehr die Identität der nichtchristlichen Religionen als *Religionen*. Deren Anerkennung ist aber nur dann denkbar, wenn die nichtchristlichen Religionen nicht als Ergebnis von Irrtum, Verblendung und Anmaßung wahrgenommen werden, sondern als Orte der Wahrheit und der Heiligkeit Gottes (vgl. NA 2).

Man könnte bei dieser Verhältnisbestimmung an das im ökumenischen Dialog inzwischen geläufige Konzept der „versöhnten Verschiedenheit" denken.[36] Auch diesem Konzept liegt ein Begriff von Differenz zugrunde, der Unterschiedenheit nicht exklusiv fasst. Vielmehr schließen Unterschiede zwischen den christlichen Kirchen und kirchlichen Gemeinschaften in Theologie, Frömmigkeit oder Kirchenpraxis die wechselseitige Anerkennung als authentische Gestalten des Christlichen nicht aus. Im Gegenteil: Sie werden als Bereicherung des Christlichen wahrgenommen und geschätzt.

Auf das Verhältnis des Christentums zu den nichtchristlichen Religionen lässt sich das Konzept der „versöhnten Verschiedenheit" freilich nur bedingt übertragen. Die Diskussion um die „pluralistische Religionstheologie" hat deutlich gemacht, dass Christen nicht darauf verzichten können, Christus als die letztgültige Offenbarung Gottes auch im Dialog mit den anderen Religionen zu bezeugen.[37]

---

36 Der Begriff der „versöhnten Verschiedenheit" stammt aus dem ökumenischen Dialog. Sie wurde durch den lutherischen Theologen Harding Meyer in die Diskussion eingebracht und fand erstmals auf der Konferenz des Lutherischen Weltbundes im Jahr 1979 breite Zustimmung. – Neben den unter dem Titel „Versöhnte Verschiedenheit" veröffentlichten Beiträgen von Meyer selbst vgl. die Darstellung von Ulrich H. Körtner, Versöhnte Verschiedenheit. Ökumenische Theologie im Zeichen des Kreuzes, Bielefeld 1996.

37 Vgl. zu dieser Diskussion u.a. die Beiträge in: Raymund Schwager (Hg.), Relativierung der Wahrheit? Kontextuelle Christologie auf dem Prüfstand (Quaestiones disputatae 170), Freiburg/Basel/Wien 1998; Joseph Ratzinger, Variationen zum Thema Glaube, Religion und Kultur, in: Glaube – Wahrheit – Toleranz. Das Christentum und die Weltreligionen, Freiburg/Basel/Wien 2003, v.a. 66-90; sowie jüngst Heino M. Sonnemans, Dialog der Religionen. Zwischen Absolutheitsanspruch und Inter-Religiosität, in: ders., Dialog der Religionen. Wege und Ziele – Differenz und Einheit (Begegnung. Kontextuell-dialogische Studien zur Theologie der Kulturen und Religionen, 14), Bonn 2005, 30-76, v.a. 62f (hier auch weitere Literatur zur Diskussion um die Pluralistische Religionstheologie).

Wie kann aber der Anspruch des Christentums aufrecht erhalten werden, dass sich Gott in Jesus Christus letztgültig und deshalb in einer für alle Menschen verbindlichen Weise geoffenbart hat, und zugleich die Identität der anderen Religionen respektiert werden?

Das II. Vatikanische Konzil hat klargestellt, dass die katholische Kirche den Besitz des Heils keineswegs *exklusiv* für sich beansprucht. Indem das Konzil gleich zu Beginn seiner Dogmatischen Konstitution *Lumen gentium* die Kirche als das „Zeichen und Instrument der Einheit mit Gott und der Einheit der Menschen untereinander" begreift, deutet das Konzil die sakramentale Wirklichkeit der Kirche an. Weder Zeichen noch Werkzeug aber sind wertvoller als der Gegenstand, auf den hin sie gemacht sind. Der jüngst mit Blick auf den interreligiösen Dialog vorgeschlagene Begriff des „*Interiorismus*" sucht deshalb die Beziehung zwischen dem Christentum und den nichtchristlichen Religionen in dem Sinne zu bestimmen, dass er das Zeugnis von Christen nicht als Überbietung der anderen Religionen versteht, sondern als Dienst an ihrer Wahrheit. Die Kirche begreift sich im Bezug auf die nichtchristlichen Religionen als „Dienerin aller" (vgl. Mk 10,42-45).[38]

Christen werden ihren Anspruch nicht aufgeben können, dass ihr Glaube die endgültige Offenbarung Gottes bezeugt. Auch *Nostra aetate* bezieht sich auf Joh 14,6, wonach Christus „der Weg, die Wahrheit und das Leben" ist. Das Konzil fügt aber sogleich hinzu, dass in Christus „alle Menschen die Fülle des religiösen Lebens finden sollen" (Nr. 2). Damit ist die Möglichkeit eingeräumt, dass alle Menschen – zwar „in Christus", aber doch auch außerhalb der Kirche – zum Heil gelangen.[39]

Auf dieser Grundlage hat das Lehramt der katholischen Kirche nach dem Konzil wiederholt bestätigt, dass Angehörige einer nichtchristlichen Religion keineswegs von der ewigen Gemeinschaft mit Gott ausgeschlossen sind. Nach der im Jahr 2000 veröffentlichten Erklärung der Glaubenskongregation *Dominus Iesus* etwa darf der christliche Glaube, wonach das Heil der Welt durch Jesus Christus allein gewirkt ist, „nicht dem allgemeinen Heilswillen Gottes entgegen gestellt werden". Im Gegenteil: „Es ist notwendig, diese beiden Wahrheiten zusammen zu halten: die reale Möglichkeit des Heils in Christus für alle Menschen und die Notwendigkeit der Kirche für das Heil".[40]

---

38   Vgl. u.a. Peter Knauer, Christus „in" den Religionen: Interiorismus, in: Freiburger Zeitschrift für Philosophie und Theologie 51 (2004) 237-252.

39   Dies wird ausdrücklich z.B. an der zweiten Stelle gesagt, an der sich das Konzil auf die Muslime bezieht: „Der Heilswille umfasst aber auch die, welche den Schöpfer anerkennen, unter ihnen besonders die Muslime, die sich zum Glauben Abrahams bekennen und mit uns den einen Gott anbeten, den barmherzigen, der die Menschen am Jüngsten Tag richten wird" (*Lumen gentium* 16).

40   Nr. 20. – Dass das Heil aller Menschen *in Christus* verwirklicht ist, ergibt sich daraus, dass die Religionen nicht etwa komplementär zueinander die Offenba-

Dirk Ansorge

Auch hier zeigt sich die Einheit von Einheit und Unterschiedenheit, Differenz und Anerkennung, die den Begriff inklusiver Differenz ausmacht.

Nach *Dominus Iesus* ist die Gleichwertigkeit der Dialogpartner eine wesentliche Voraussetzung für den interreligiösen Dialog. Dabei – und das ist wiederum das Proprium des Begriffs inklusiver Differenz – wird die Unterschiedenheit der religiösen Überzeugungen nicht geleugnet. „Die Parität [*aequalitas*], die Voraussetzung für den Dialog ist, bezieht sich auf die gleiche personale Würde der Partner, nicht auf die Lehrinhalte und noch weniger auf Jesus Christus, den Mensch gewordenen Sohn Gottes, im Vergleich zu den Gründern der anderen Religionen".[41] Grundlage der Gleichwertigkeit der Dialogpartner ist die biblische Überzeugung von der Gleichheit aller Menschen als Ebenbild Gottes.[42] Als Ebenbild Gottes aber bringt jeder Mensch – welcher Religion auch immer er angehören mag – die Wahrheit und Heiligkeit Gottes zur Erscheinung. Deshalb besteht für Christen eine *religiöse* Verpflichtung zum Dialog mit den Angehörigen anderer Religionen – darin eingeschlossen die Muslime.

5. Einheit und Pluralität im muslimisch-christlichen Dialog

Für den muslimisch-christlichen Dialog ist eine Rechenschaft über die darin von beiden Seiten jeweils vorausgesetzten Begriffe unumgänglich. Denn diese Begriffe, die innerhalb der jeweiligen religiösen und kulturellen Traditionen meist unreflektiert benutzt werden, beeinflussen nicht nur die Art und Weise, wie die jeweils andere Religion wahrgenommen wird. Sie sind auch folgenreich für das vom Konzil geforderte Engagement für soziale

---

rung Gottes als Selbstmitteilung bezeugen. Mit Blick darauf, *wie* die heilschaffende Gnade Gottes den Nichtchristen übermittelt wird, erinnert die Erklärung an das Missionsdekret des II. Vatikanischen Konzils „*Ad gentes*". Dort heißt es, dass Gott seine Gnade „auf Wegen verleiht, die ihm bekannt sind" (Nr. 21). – Vgl. allerdings auch „*Dominus Iesus*", Nr. 22: „Wenn es auch wahr ist, dass die Nichtchristen die göttliche Gnade empfangen können, so ist doch gewiss, dass sie sich objektiv in einer schwer defizitären Situation befinden im Vergleich zu jenen, die in der Kirche die Fülle der Heilsmittel besitzen." Die Erklärung beruft sich hierzu auf die Enzyklika „*Mystici corporis*" von Papst Pius XII. (DzH 3821).

41 „*Aequalitas,* quae ad dialogum requiritur, non ad doctrinae argumentum ac materiam attinet, eoque minus ad Iesum Christum – qui est ipse Deus Homo factus – per comparationem cum aliarum religionum conditoribus, sed solummodo ad parem partium dignitatem sese refert" (Nr. 22).

42 Vgl. Gen 1,26f; dazu Claus Westermann, Das Alte Testament und die Menschenrechte, in: Jörg Baur (Hg.), Zum Thema Menschenrechte. Theologische Versuche und Entwürfe, Stuttgart 1977, 5-18.

Gerechtigkeit, für sittliche Werte, für den Frieden und die Freiheit aller Menschen. Dieses Engagement setzt ja immer eine bestimmte Zielvorstellung für jene Bereiche individuellen, gesellschaftlichen und politischen Handelns voraus, auf die es sich richtet.

Deshalb wäre im Gespräch mit Muslimen zu klären, wie die Begriffe Identität und Differenz in der Tradition muslimischen Denkens gefasst wurden und wie sie heute zu bestimmen sind. Was ist der Status der Differenz im Islam – besonders auch mit Blick auf das islamische Ideal der Einheit (*tawhîd*)? Wie wird in der Tradition islamischen Denkens das Verhältnis von Identität und Differenz beurteilt? Welchen Stellenwert hat in der islamischen Tradition die Konzeption eines politischen, gesellschaftlichen oder religiösen Pluralismus? Und was bedeutet dies mit Blick auf die nichtmuslimischen Religionen, die Christen, die Juden, die Nichtglaubenden? Wie kann in der islamischen Tradition der Anspruch, die letztgültige Offenbarung der göttlichen Wahrheit zu besitzen, mit der real existierenden Pluralität in Gesellschaft und Religion überein gebracht werden?

Um nicht missverstanden zu werden: Bei diesen Fragen geht es weder darum, gleichsam „inquisitorisch" islamische Traditionen an christlichen Maßstäben zu messen, noch darum, eine immer schon vorausgesetzte Überlegenheit abendländisch-christlichen Denkens und Handelns zu erweisen – worin auch immer diese Überlegenheit dann bestünde. Beides verbietet schon der von Papst Benedikt XVI. geforderte Respekt vor der Identität des Anderen.[43] Auch wäre es absurd zu behaupten, dass nichtchristliche Religionen aufgrund ihrer religiösen Gehalte den Begriff inklusiver Differenz nicht nachvollziehen können.

Sicher wird der muslimisch-christliche Dialog nicht an jenen Besonderheiten Maß nehmen dürfen, welche die gehaltvolle Fortbestimmung des Differenzbegriffs innerhalb der christlichen Trinitätslehre und der Christologie beeinflusst haben. Es gibt aber Gehalte von Christentum und Islam, in denen beide Religionen einander sehr nahe stehen. So dürfte es möglich sein, mit Blick auf den Schöpfungsgedanken die Frage nach dem diesem zugrunde liegenden Differenzbegriff zu stellen. Die Frage nach dem Verhältnis von göttlicher Unendlichkeit und Endlichkeit der Schöpfung, von göttlicher und menschlicher Freiheit provoziert unweigerlich eine Fortbestimmung des Differenzbegriffs, über dessen praktische Konsequenzen weiter nachzudenken wäre – etwa mit Blick auf das Verhältnis von Religion und Politik. Hierzu ergeben sich zahlreiche Anknüpfungspunkte in der Tradition

---

43 Indem auch *Dominus Iesus* präzisiert, dass die Kirche sich darum bemüht, mit den nichtchristlichen Religionen ein Gespräch „der Liebe und des Respekts der Freiheit" zu führen, zitiert das Dokument erneut die Konzilserklärung *Nostra aetate* (Nr. 1).

islamischen Denkens, die christlichen Theologen leider oft kaum bekannt sind.[44]

Nicht der „Dialog über den Dialog" scheint Muslime und Christen gegenwärtig weiter zu führen, sondern der Austausch über die Eigentümlichkeiten und Besonderheiten ihrer jeweiligen religiösen Traditionen. Soll dieser Austausch in einer verantworteten Weise geschehen, setzt er jedoch eine Reflexion über die Grundkategorien der Sprache voraus, in der er geschieht. Zu diesen Grundkategorien zählt der Begriff der Differenz.

Dessen gehaltvolle Fortbestimmung – darauf hat Wilhelm von Humboldt aufmerksam gemacht – erfolgt nicht in einem geschichtsfreien Raum. Der jeweilige Begriff von Differenz ist vielmehr durch zahlreiche Faktoren bestimmt. Zu ihnen zählen auch die religiösen Traditionen der jeweiligen Kulturräume, in denen Islam und Christentum wirksam wurden. Sich hierüber Rechenschaft zu geben, kann es erleichtern, dass der muslimisch-christliche Dialog trotz fortbestehender Differenzen im Bereich religiöser Überzeugungen eine gemeinsame Sprache findet. Diese aber ist unverzichtbar, wollen sich Muslime und Christen angesichts der globalen Herausforderungen über gemeinsame Perspektiven und Ziele ihres Handelns verständigen.

---

[44] Ansätze hierzu finden sich etwa bei Ulrich Schoen, Gottes Allmacht und die Freiheit des Menschen. Gemeinsames Problem von Islam und Christentum (Christentum und Islam im Dialog 2), Münster 2002, ursprünglich veröffentlicht unter dem Titel: Determination und Freiheit im arabischen Denken heute. Eine christliche Reflexion im Gespräch mit Naturwissenschaft und Islam (Forschungen zur systematischen und ökumenischen Theologie 33), Göttingen 1976.

„Mit Hochachtung dem Islam begegnen"
Unterwegs zwischen Haltung und Handeln

Carla Amina Baghajati, Wien

„Wir sitzen alle in einem Boot." Nie zuvor erschien die tiefe Weisheit hinter diesen Worten so greifbar wie aus dem Munde von Kardinal Franz König. So wie er Kraft seiner ganzen Persönlichkeit diesen Gedanken wiedergab, stand in aller Eindringlichkeit die Konsequenz der Aussage vor Augen: Das Schicksal der Welt liegt in unser aller Händen. Die Verantwortung für das Wohl der Schöpfung ist eine gemeinsame. Verschwunden war damit jeder phrasenhafte Ton dieser schon oft gehörten Wendung. Hier klang eine Ernsthaftigkeit durch, die erfahrbar machte, dass Kardinal König dieses Motto persönlich umgesetzt hatte und bereit gewesen war, unvoreingenommen auf Menschen in all ihrer Verschiedenheit zuzugehen, um dialogisch für Erhalt und Verbesserung menschlicher Lebensbedingungen und friedliche Beziehungen zueinander einzutreten.

Kardinal Franz König als Proponent des katholisch-islamischen Dialogs

Kardinal König verkörperte den Geist des II. Vatikanischen Konzils. Für die Muslime, nicht nur in Österreich, erwies er sich als der große Impulsgeber für den interreligiösen Dialog und als erfolgreicher Brückenbauer. Als erster christlicher Würdenträger hatte er an der renommierten islamisch-theologischen Al Azhar Universität in Kairo referiert. Auch nach Syrien pflegte er gute Kontakte. So war die Trauer nach seinem Ableben auch unter den Muslimen greifbar. Die Islamische Glaubensgemeinschaft sprach ihre Würdigung in einem Nachruf aus:

> Kardinal König stellte durch seine Besonnenheit und auf Ausgleich bedachte Art, Stellung zu den Themen der Zeit zu beziehen, eine moralische Instanz in Österreich dar, die über den kirchlichen Bereich hinaus Gewicht hatte. Sein tiefer Glaube war gepaart mit einer inneren Gelassenheit und Stärke, die als Zeugnis im Streben um Gerechtigkeit und Nachhaltigkeit dem gesellschaftspolitischen Klima wohl tat. Wenn

er sich wie etwa anlässlich des Ausländervolksbegehrens mahnend zu Wort meldete, gelang es ihm Brücken zu bauen und glaubhaft eine Position der Menschlichkeit zu vertreten. Immer wieder gab er so Impulse, die zum Nachdenken über die persönliche Verantwortung bei der Gestaltung einer von gegenseitigem Respekt und Akzeptanz getragenen Gesellschaft anregten.

Ein Artikel über die Entwicklung des katholisch-muslimischen Dialogs in Österreich kann also eigentlich nicht anders als mit Kardinal König beginnen. Er war hochgeschätzter Teilnehmer und Vortragender bei zahlreichen interreligiösen Veranstaltungen und auch Ehrengast bei von Muslimen organisierten Ereignissen, etwa der Konferenz „Islam in Europa" in Wien im Jahre 2000, als er mit einer programmatischen Rede viele Herzen gewann. Besonders eindringlich im Gedächtnis bleibt aber sein Auftritt anlässlich eines interreligiösen Friedensgebetes am Antonsplatz im 10. Wiener Gemeindebezirk. Lange zuvor sorgfältig vorbereitet, fiel dieses Gebet auf den Sonntag, der den fatalen Anschlägen des 11. September folgte und stand daher unter einem ganz besonderen Zeichen. Ursprünglich wollte man unter dem Bedürfnis, das Zusammenleben zwischen Menschen verschiedener Herkunft zu verbessern, gemeinsam für gegenseitiges Verständnis und Respekt eintreten. Nun stand jenseits der Integrationsfrage eine andere beängstigende Dimension im Raum.

Nach dem 11. September – Dialog bewährt sich

Gerade in dieser Zeit großer Sorge, dass das ohnehin durch bestehende Vorurteile und tradierte Klischees nicht friktionsfreie Klima zwischen Muslimen und der Mehrheitsbevölkerung in Österreich umschlagen könnte in Angst und offene Feindseligkeit, erwies sich die bisherige kontinuierliche Dialogarbeit als fruchtbarer Boden. Das gemeinsame Auftreten der Religionsvertreter signalisierte den Menschen, dass hier keineswegs ein religiöser Konflikt ausgebrochen war, mehr noch, es regte zum Nachdenken darüber an, wie leicht Religion missbraucht werden kann, forderte ein, zwischen den Taten fanatisierter Einzelner und dem Glauben und Handeln einer ganzen Religionsgemeinschaft zu unterscheiden, um keine Sippenhaftung zu betreiben. Glaubhaftigkeit und Stärke gewann dieses wichtige Engagement daraus, dass man eben nicht bei Null anfangen musste, sondern längst auch persönliche Kontakte zwischen den Vertretern der Religionen gewachsen waren, die nun auch nach außen zum Tragen kamen.

So gelang es unter dem verstorbenen Bundespräsidenten Thomas Klestil, eine interreligiöse Gedenkstunde nach dem 11. September in der Hofburg abzuhalten, bei der unter der Ägide der Vorsitzenden des Ökumenischen Rats der Kirchen, Frau Oberin Christine Gleixner, Repräsentanten der drei Buchreligionen in einem sehr würdigen Rahmen zu Wort kamen. Durch den ORF übertragen wurde so ein wichtiger Beitrag zur Verarbeitung der Ereignisse geleistet, der Orientierung gab. Noch heute wird man auf die positive Wirkung dieser Gedenkstunde angesprochen.

Günstige rechtliche Rahmenbedingungen für die Integration der Muslime in Österreich

In der Krise zeigte sich damit vielleicht so deutlich wie nie zuvor, was sonst dem Bewusstsein der breiteren Öffentlichkeit eher entgangen war. Dialog hat in Österreich eine lange Tradition und steht, was den Umgang mit dem Islam betrifft, in Europa sogar als modellhaft da. Im Vielvölkerstaat der Donaumonarchie war ein gedeihliches Einvernehmen zwischen den zahlreichen kulturellen Gruppierungen unabdingbar, und es konnte sich eine eigene Kultur des gelassenen Umgangs mit Vielfalt entwickeln. Als durch die Annexion Bosnien-Herzegowinas im Jahre 1908 ungefähr 600.000 Menschen muslimischen Glaubens Staatsbürger wurden, dachte man daran, ihre Verhältnisse durch die Verabschiedung eines „Islamgesetzes" auf einen rechtssicheren Boden zu stellen und die Integration so zu fördern. Das Anerkennungsgesetz von 1912 ist bis heute gültig und sichert neben dem Recht auf freie und öffentliche Religionsausübung auch die innere Autonomie zu. Hier liegt ein wichtiger Schlüssel auch für die heute als beispielhaft wahrgenommenen Möglichkeiten, das friedliche Zusammenleben in einem von immer größerer Diversität geprägten Staat zu fördern.

Indem die Muslime über die internen Angelegenheiten ihrer Religion selbst bestimmen können, obliegt ihnen die Auslegung des Islam, wobei sich der Staat hier nicht einmischen würde. Das säkulare österreichische System, das eine klare Trennung der Wirkungsbereiche einhält und dabei den gesellschaftspolitischen Stellenwert von Religion und den Beitrag der Glaubensgemeinschaften für das Allgemeinwohl nicht verkennt, garantiert eine Ausgewogenheit, die nicht nur allgemein dem sozialen und religiösen Frieden, sondern auch spezifisch der inneren Fortentwicklung des Islam in Österreich zu Gute kommt. Bei auftretenden Sachfragen wird die seit 1979 auf Grundlage des Islamgesetzes arbeitende Islamische Glaubensgemeinschaft in Österreich als offizielle Vertretung für alle Muslime im Lande befasst. Somit können Muslime in Österreich ein eigenständiges und unabhängiges Profil gewinnen. Nicht über Gutachten aus dem Ausland wird über ihre Angelegenheiten entschieden, sondern in direkter Rücksprache mit den hiesigen Vertretern. Damit kann auch einem wichtigen Anspruch des Islam Folge geleistet werden, der auf eine dynamische Entwicklung Wert legt.

Carla Amina Baghajati

Eigenständigkeit fördert die dynamische Entwicklung der muslimischen Gemeinschaft

Jeweils vor dem Hintergrund von Zeit, Ort und handelnden Personen, also den gesellschaftlichen Rahmenbedingungen, sind auftretende Fragen auf Basis der islamischen Quellen neu zu beleuchten und müssen in Anbetracht dieser Faktoren beantwortet werden. Die gute rechtliche Basis schafft Voraussetzungen für einen Dialog, der durch eine direkte Einbindung der Islamischen Glaubensgemeinschaft in österreichische Strukturen Kontur erhält. Immer wieder ergeben sich Anlässe, bei denen die Muslime selbstverständlich beteiligt sind, sei es bei der Abgabe ihres Statements als anerkannte Religionsgemeinschaft anlässlich des Österreich-Konvents im Parlament, bei Nachfragen aus den Ministerien zu praktischen Fragen des Alltags, etwa wenn es um die Berücksichtigung der religiösen Glaubenspraxis für muslimische Präsenzdiener geht, oder wenn im Rahmen der Begutachtungsphase bei einer Gesetzesnovelle (z.B. beim Bundestierschutzgesetz) die Stellungnahme der Glaubensgemeinschaft direkt eingeholt wird. Auch wenn das „offizielle Österreich" bei staatstragenden Ereignissen zusammenkommt, gehört Vertretern der Islamischen Glaubensgemeinschaft ein Platz gleichberechtigt neben jenen der anderen anerkannten Religionsgemeinschaften.

Es mag ein glückliches historisches Zusammentreffen gewesen sein, welches das II. Vatikanische Konzil und die darin formulierte Öffnung für den Dialog gegenüber anderen Weltreligionen zusammenfallen ließ mit jener Phase, als die ersten Arbeitsmigranten und Studenten aus islamischen Ländern in den Sechzigerjahren in Österreich Fuß fassten. Die Atmosphäre war günstig für erste Aktivitäten, die gegenseitige Annäherungen zum Ziel hatten. Die erste und bis heute existierende Gebetsmöglichkeit außerhalb privater Wohnräume bestand im Afroasiatischen Institut, eine Institution, die bis heute in verschiedenen österreichischen Städten vielfältige Akzente für den Dialog setzt.

Wozu Dialog?

Stellen wir fest, welch günstige Voraussetzungen in Österreich bestehen, so sei gleichzeitig die grundsätzliche Frage erlaubt: Wozu Dialog? Gerade wenn nach dem einschneidenden Ereignis des 11. September der Dialog zwischen Religionen und Kulturen immer wieder geradezu als Garant für ein friedliches Auskommen beschworen wird und damit der Stellenwert außer Diskussion steht, lohnt es sich in mehrfacher Hinsicht, Chancen und Ziele klar zu benennen. Denn es würde dem Anspruch von Dialog geradezu zuwiderlaufen, sollte hier lediglich ein Schlagwort etabliert worden sein, das als Worthülse immer dann verwendet wird, wenn Differenzen schöngeredet werden sollen oder Lösungskonzepte fehlen.

Durch Kennenlernen den eigenen Horizont erweitern, Aufbau von gegenseitigem Verständnis, Gemeinsamkeiten entdecken … Schnell sind Elemente eines Dialogs benannt, stoßen aber, geht es um das ehrliche sich Einlassen auf die Auseinandersetzung mit einer anderen Religion, auf eine oft als scheinbar unüberwindlich geltende Mauer: die Wahrheitsfrage, wie sie natürlich mit Religion in hohem Maße verknüpft ist. Welchen Sinn macht es, fragt da so mancher, sich miteinander zu beschäftigen, wenn von vornherein feststeht, dass die „letzte Wahrheit" für jeden verschieden betrachtet wird? An dieser Stelle sei einmal mehr Kardinal König zitiert, der in seiner Rede „Interreligiöser Dialog als Basis der Toleranz" am 25. 9. 1999 in Salzburg die Einleitung zu *Nostra aetate* dahingehend interpretierte, dass „Wahrheitsfindung ganz allgemein in der Kirche dialogisch gesehen werden muss."

Ängste als Hemmnis

Wer von prinzipieller Unvereinbarkeit ausgehen wollte, würde Dialog mit einem Streitgespräch zum Zwecke der Überzeugung des anderen verwechseln. Hinter Berührungsängsten verbirgt sich oft aber nichts anderes als die eigene Unsicherheit. Gedanken, die in „die andere Seite" projiziert werden und Unruhe auslösen, sind so ein Spiegelbild der eigenen Befangenheit. Sprechen wir es offen aus: Der Verdacht: „Da geht es um Missionierung. Wenn ich den anderen verstehe, beginne ich noch ihm gleich zu werden.", drückt Angst vor einem Abrücken von der eigenen Tradition aus, die so gefährdet werden könnte. Verstehen wird hier mit Annehmen verwechselt. Der Mensch ist aber sehr wohl in der Lage, sich in die Gedankenwelt eines anderen hineinzuversetzen, ohne diese für sich adaptieren zu müssen. So geschaffene Akzeptanz wirkt sich wohltuend auf das gesellschaftliche Klima aus, ohne dass die bisherige eigene Orientierung des einzelnen verlassen werden müsste. Freilich stellt sich oft das Motiv der Bequemlichkeit vor die bewusste Entscheidung, sich auf etwas anderes einlassen zu wollen. Denn würde man sich nicht auf ein gefährliches Eis begeben, müssten Vorstellungen und Erklärungsmuster womöglich relativiert werden. Umdenken scheint nicht nur anstrengend, sondern geradezu gefährlich, denn dass erweiterte Sichtweisen keineswegs Verrat am eigenen Ich bedeuten müssen, sondern im Gegenteil bereichernd wirken, ist häufig zu wenig einsichtig. Das Gespräch, das um Religion kreist, scheint es so besonders schwer zu haben.

Carla Amina Baghajati

Dialog wirkt gegen Feindbilder

So haben Populisten immer wieder leichtes Spiel, wenn sie ans Gefühl der „echten Österreicher" appellieren, indem sie Feindwelten aufbauen und in Zeiten des wachsenden Verlusts persönlicher sozialer Netze und Werte das mangelnde Identitätsgefühl ersetzen durch ein abgrenzendes „Wir sind wir und nicht wie ihr!" gegenüber Minderheiten. Das uralte Prinzip, spätestens dann mit Feindbildern zu operieren, wenn das innere Zusammengehörigkeitsgefühl fehlt, wird den Muslimen immer wieder bewusst, wenn ihre Religion für Bedrohungsszenarien herhalten muss oder auf ihrem Rücken Sündenbockpolitik betrieben wird. Dass es heute leider reale Gewalt von Fanatikern gibt, die solchen Tendenzen Nahrung gibt, macht die Sache nicht einfacher.

In Österreich ist das von Generation zu Generation weitergegebene Angstbild der Türkenkriege noch immer so präsent, dass nicht nur Politiker verführt wurden, darauf zu setzen. Als Bischof Kurt Krenn mit dem Wort von einer drohenden „dritten Türkenbelagerung" und Angriffen auf den Islam Stimmung zu machen suchte und bei Erwähnung der niedrigen Geburtenrate unter Katholikinnen dabei auf Kindersegen zu hoffen schien, löste das zwar einige Bestürzung unter Muslimen aus. Gleichzeitig war aber eine große Welle der Solidarität von praktizierenden Katholiken zu spüren, die sich zahlreich, sowohl „prominent", als auch von der „Basis", zu Wort meldeten, um ihren Unmut über diese Äußerungen auszudrücken.

Damals zeigte sich für uns beeindruckend, wie Dialog als zentraler Baustein von Friedenserziehung dahin wirken kann, Mechanismen der Ausgrenzung und der Feindbilder zu durchbrechen. Außenstehende mag es zunächst verblüffen: Mit bewusster und weitherzig gelebter Religiosität geht oft ein ausgeprägter Dialogwille einher. Menschen, die Freude am Entdecken neuer Gedanken im Kontakt mit anderen haben, sind meist gefeit davor, sich aufgrund für eigene Zwecke instrumentalisierter Islamophobie angeblich unüberwindliche Antipathien einreden zu lassen.

Damit einher geht die Erfahrung, dass sich im interreligiösen Dialog gerade Menschen mit starkem Glauben und Wissen über ihren Hintergrund besonders nachhaltig begegnen können. Die zuvor angesprochenen mehr oder weniger bewussten und vorhandenen Ängste, sich womöglich zu verlieren, können den Zugang nicht blockieren. Dialog ist dann von einer wohltuenden Neugierde dem anderen gegenüber getragen. Glauben zu können, zu dürfen, wird als heute gar nicht so selbstverständliches Geschenk gesehen, das eine Verbindung auch zwischen den Gläubigen verschiedener Konfessionen schafft.

Dialog – frei vom Druck gegenseitiger Missionierung

Glaube bedeutet dabei auch Gelassenheit und die nötige Unverkrampftheit für den offenen Umgang miteinander. Für Muslime sollte sich die Spannung, die entstehen könnte, wollte man rechthaberisch allein die eigene Wahrheit zur Geltung bringen und den anderen spüren lassen, er sei erst dann voll akzeptiert, wenn er die Seite wechsele, schon darum nicht aufbauen, weil der Islam ihnen im Koran nahe legt: „Es gibt keinen Zwang im Glauben" (2:156). Den Islam anzunehmen oder auch nicht, bleibt die persönliche und freie Entscheidung jedes Einzelnen. Sogar der Prophet Muhammad wurde von Gott eindringlich darauf aufmerksam gemacht, dass seine Rolle lediglich die des Verkünders und Mahners sei, der Glaubensweg des Einzelnen aber jedem selbst überlassen bleibt. „Und wenn dein Herr gewollt hätte, würden die, die auf der Erde sind, alle zusammen gläubig werden. Willst du nun die Menschen dazu zwingen, dass sie glauben? (10:99)", heißt es an anderer Stelle. Glaube ist damit ein Geschenk Gottes. Darüber hinaus wird den Muslimen erklärt, dass Gott jeder Gemeinschaft ihren Weg als schön erscheinen lasse. Pluralität erscheint so als völlig natürlich anzuerkennende Tatsache. Gerne zitiert wird 49:13, weil hier der Dialogauftrag an die Menschen formuliert ist: „Oh ihr Menschen. Wir haben euch aus Mann und Frau geschaffen und zu Völkern und Stämmen gemacht, damit ihr euch kennen lernt. Wahrlich derjenige von euch ist der beste unter euch, der am gerechtesten (gottesfürchtigsten) ist." Dieser Koranvers wird gerne in Erinnerung gerufen, wenn es um das Zusammenleben geht – zuletzt unter großem öffentlichen Interesse von diversen muslimischen Podiumsgästen bei der internationalen, in Österreich abgehaltenen Konferenz „Islam in a Pluralistic World" – weil die Auseinandersetzung mit dem „Anderen", das „Kennenlernen" hier als nützlich und fruchtbar beschrieben wird, bestimmt vom universalen Anspruch der Gerechtigkeit.

Reizthemen verstellen die Perspektive der Bereicherung

Die Hindernisse, die sich hierbei in den Weg stellen können, sollen klar erkannt werden, um dem Ideal so näher kommen zu können. Muslimen ist sehr schmerzlich bewusst, wie sehr der Blick auf ihre Religion für viele Menschen verstellt ist, so dass das Stichwort „Bereicherung" höchstens ein müdes Lächeln erntet. Um bei der im letzten Absatz geschilderten Grundbedingung für den erfolgreichen Dialog zu bleiben: Die Mehrheit der Österreicher wird wohl nie etwas von der theologischen Definition der freien Entscheidung in Glaubensdingen und dem Verbot jeder Zwangsmaßnahme gehört haben, dafür aber geradezu verinnerlicht das alte Klischee der Verbreitung des Islam „mit Feuer und Schwert" in sich tragen. Dies ist beileibe nicht die einzige

Belastung. Die Reizwörter „Kopftuch" oder „Scharia" zeigen weitere Facetten auf, wo eine differenziertere und von mehr Hintergrundwissen geprägte Einstellung das Eis brechen könnte, das die gegenseitige Annäherung behindert. Das Kopftuch steht dabei wie ein Platzhalter für eine große Bandbreite von Themen. Auf den Köpfen der muslimischen Frauen werden diverse Debatten ausgetragen von den Frauenrechten bis hin zur Integration, die gerade bei diesem Thema gerne mit Assimilation verwechselt wird. Solange „Scharia" mit einem reinen Strafrecht verwechselt wird, ohne zu bedenken, dass die religiöse Glaubenspraxis allgemein über die Scharia besprochen wird, die eine ständige Ausgestaltung durch neu herandrängende Fragen und deren Antwort erhält, ist Unbehagen über das angenommene Verhältnis Staat – Muslime nachvollziehbar.

Selbstreflexion

Wie tief diese Missverständnisse und Ängste reichen, zeigt mehr noch als der öffentlich geführte Diskurs, bei dem man sich als Muslim/a immer wieder über die wie Schwammerln aus dem Boden schießenden Islamexperten wundern muss, die direkte Begegnung. Dialog wird zum persönlichen Gewinn, wenn man bereit ist zuzuhören und einzusehen, wie man in den Augen der Gesprächspartner wahrgenommen wird. Das Gefühl verstanden werden zu wollen, scheint ein so existenzielles Bedürfnis zu sein, dass das Ziel des Abbaus von möglichen Vorurteilen schon dadurch näher rückt, wenn das Gespräch darüber in Gang kommt. Muslime haben so wiederholt die Erfahrung gemacht, dass Menschen, die diese oder jene Sorge, vielleicht auch in Verbindung mit einer unangenehmen Alltagsbegebenheit, mit sich herumtragen, so große Erleichterung empfinden, diese offen einem Angehörigen der Religion vorlegen zu können, dass die Erläuterung oder Erklärung dann zur Nebensache wird. Sich gegenseitig ernst zu nehmen, im Wortsinn zu verstehen, auch welche Verletzungen es gegeben haben mag, die später den neutralen Zugang erschweren, dies sind Schlüsselbegebenheiten, wie sie nur der direkte menschliche Kontakt bietet.

Gespräche dieser Art, in denen es etwa um scheinbar banale Probleme mit Nachbarn geht und irgendwann die Frage fällt, ob es denn „im Islam" so sei, dass man „Mistsackerln" vor der Tür stehen lasse, zeigen auf, wie wichtig diese Ebene ist. Muslime müssen sich damit auseinandersetzen, wie schnell bei den bestehenden Informationslücken jede Handlung als stellvertretend für ihre Religion ausgelegt werden kann. Soziale Benachteiligungen und daraus resultierende Spannungen, mangelnde Bildung oder die oft eingeschränkte sprachliche Kompetenz der so genannten „ersten Generation" bilden zusätzlichen Ballast.

Trotzdem wäre es falsch, Fragen je als irrelevant oder nicht zur Sache gehörig abzutun. Auch wenn es bei Problemen der Sozialisation oder dem Islam zuwiderlaufender Traditionen eindeutig nicht um die Religion Islam geht, ist die Gemeinschaft der Muslime doch besonders angesprochen, auf dem Boden ihrer Religion nach Verbesserungen zu streben. Fragen können so die Selbstreflexion begünstigen und ein begrüßenswerter Anstoß zu einer eingehenden Beschäftigung mit der aufgeworfenen Problematik sein.

Projektionen

Fähigkeit zur Selbstkritik ist also von allen Seiten vonnöten. Gerade im Dialog um die „heißen Eisen" sind dann auch überraschende „Aha-Erlebnisse" möglich. Geht man nur ein wenig der Frage nach, warum dieses oder jenes Thema die Gemüter dermaßen bewegt, wird rasch deutlich, dass hier die europäische Geschichte und der abendländische Erfahrungshorizont einzubeziehen sind. Wie oft wird nicht das scheinbar Fremde aus Mangel an Wissen mit dem eigenen Hintergrund, der oft auch im Unbewussten noch fortwirkt, verknüpft.

Dass hier viele Felder liegen, die aufzuarbeiten wären, wird vor allem dann bewusst, wenn der Dialog mit religionskritischen oder -skeptischen Personen geführt wird. Dann würde man sich oft wünschen, neben sich einen katholischen Vertreter oder eine Vertreterin zu haben, der/die auf dieses oder jenes antwortet. Denn das Unbehagen über Religion an sich speist sich hier eben in erster Linie aus dem eigenen Hintergrund und immer wieder tauchen Fragen auf – vor allem auch rund um das Frauenbild und Sexualität, die erkennen lassen, dass Frustrationserlebnisse auf die andere Religion übertragen werden. Es ist ja auch nachvollziehbar, wenn sich ganz stark Bilder von verhüllten Frauen vor das geistige Auge schieben, dass sich dann eine Reaktion des „Das haben wir glücklich hinter uns!" einstellt. Der Körper als Ort der Sünde – dies ist schließlich eine über Jahrhunderte in Europa genährte Anschauung, die erst in relativ neuer Zeit dauerhaft abgelegt werden konnte. Nahe liegend, dass die dahinter stehende Philosophie der fremden Religion untergeschoben wird, die durch äußerlich wahrnehmbare Zeichen dazu scheinbar auch noch einlädt.

Begreiflich, dass sich Muslime so immer wieder missverstanden fühlen. Aber auch begreiflich, dass der Wunsch nach Differenzierung mit dem Ziel einer gerechteren Beurteilung des anderen nicht leicht umzusetzen ist. Voraussetzung ist dabei die beiderseitige Bereitschaft tiefer nach den Ursachen dieser oder jener Anschauung zu schürfen und dabei, auch wenn es nicht leicht fällt, das mögliche Auseinanderklaffen von Theorie und Praxis ebenso wie negative Beispiele aus der Vergangenheit ehrlich zu analysieren.

Carla Amina Baghajati

Imamekonferenzen

„Die richtige Frage ist die Hälfte der Wissenschaft". Dieser dem vierten der rechtgeleiteten Kalifen Ali zugeschriebene Ausspruch gewinnt angesichts der Situation der Muslime in Europa an Bedeutung. Vielfältig sind die an sie herandrängenden Fragen, die beileibe nicht nur von ihnen selbst gestellt werden, sondern die als Erklärungsbedarf und Positionierungsgebot von außen in forderndem Ton erhoben werden. Keine leichte Aufgabe unter diesem Rechtfertigungsdruck den Spagat zwischen eigenkritischer und an den eigenen Bedürfnissen orientierter Herangehensweise und Aufklärungsbedarf nach draußen zu bestehen. Statements, denen der Geruch des „Nichtmuslimen nach dem Mund reden" anhaftet, würden innermuslimisch keine Anerkennung finden können und wären so unbrauchbar für die eigene innere Entwicklung. Authentizität, ein Argumentieren und Interpretieren auf dem Boden der islamischen Theologie unter den Erfordernissen der Moderne, ist gefragt.

Die Muslime in Österreich haben hier gegenüber anderen europäischen Gemeinden einen gewissen Startvorteil durch ihre gesicherte rechtliche Situation, die sie – wie zuvor erläutert – als eigenständige Körperschaft öffentlichen Rechts anerkennt. So ist die Situation günstig für einen selbstbewussten und autonomen innermuslimischen Diskurs.

In den auch von der Öffentlichkeit wahrgenommenen Imamekonferenzen fand dieser Diskurs einen besonders effektiven Ausdruck. Im Juni 2003 war die damalige europäische Kulturhauptstadt Graz Austragungsort der ersten europäischen Konferenz „Leiter islamischer Zentren und Imame", zu der Delegierte aus dem geographischen Europa und damit mehr als zwanzig Ländern angereist waren, Männer und Frauen, die Kompetenz mit einer Funktion als Multiplikatoren vereinen. Das Abschlussdokument formuliert als Standortbestimmung des Islam in Europa das Bekenntnis zur Kompatibilität von Islam mit Demokratie, Rechtsstaatlichkeit, Pluralismus und Menschenrechten, wobei eine klare theologische Begründung gegeben wird. Eine Absage an jegliche Form von Fanatismus, Extremismus und Fatalismus erfolgt ausgehend vom islamischen Gedanken der Mäßigung und des „Weges der Mitte". In Bezug auf andere Religionsgemeinschaften wird daran erinnert, dass Muslime mit diesen und auch mit den Weltanschauungen gemeinsame Normen und Werte teilen. Die Stellung der verwandten monotheistischen Religionen wird dabei besonders hervorgehoben und Vers 2:285 zitiert, der die Kette der Propheten anspricht, zwischen denen die Gläubigen keinen Unterschied machen dürften. In den „Wünschen an die europäischen Staaten" wird der Integrationsgedanke aufgegriffen:

Auch vor dem zu wenig allgemein wahrgenommenen Hintergrund, dass der Islam einen Teil der europäischen Kulturgeschichte bildet, ist er im Sinne der breiten Bewusstmachung als Bestandteil der europäischen Gesellschaft sichtbar zu machen, dass gesellschaftliche Integration nicht Assimilation bedeuten kann. Gegenseitige Anerkennung und Respekt ebnen den Weg zu Integration von Muslimen als Muslimen.[1]

Aufbauend auf diesem Dokument ist die Erklärung der ersten österreichischen Imame-Konferenz vom April 2005 zu verstehen, die eine weitere Ausgestaltung verschiedener Punkte vornahm. Dabei wird dem Partizipationsgedanken, wie er bereits 2003 in die Grazer Erklärung Eingang fand, noch breiterer Raum gegeben. Dem Motto zum 25-jährigen Jubiläum der Islamischen Glaubensgemeinschaft „Integration durch Partizipation" entsprechend, sind hier Aufgabenfelder konkreter benannt, etwa der Bereich des Umweltschutzes oder das Streben nach Chancengleichheit zwischen Männern und Frauen.

Für den 7. und 8. April 2006 ist eine Nachfolgekonferenz der europäischen Imamekonferenz angesetzt, die wie zuvor mit Unterstützung des österreichischen Außenministeriums stattfinden kann und an der Kommissionspräsident José Manuel Barroso ebenso wie namhafte österreichische Politiker teilnehmen werden.

Kirchliche Reaktion auf die Erklärung der Imamekonferenz

Der Ökumenische Rat der Kirchen befasste sich in einer seiner Zusammenkünfte auch mit einer Analyse der ersten österreichischen Imamekonferenz und formulierte seine Anerkennung der darin prinzipiell dargelegten Gedanken in einem eigenen Schreiben an die Islamische Glaubensgemeinschaft. Dabei kommt auch zur Sprache, dass die Bemühungen zur Umsetzung Zeit brauchen würden, wie dies ja auch von muslimischer Seite eingeräumt wurde. Innerhalb dieses Prozesses wäre die konkrete Umsetzung der Beschlüsse in den verschiedensten Bereichen des Alltags entscheidend für die Glaubwürdigkeit und damit für den Aufbau gegenseitigen Vertrauens. Entsprechend der Charta Oecumenica, die ein Bekenntnis zu Wertschätzung gegenüber den Muslimen ebenso wie die Zusammenarbeit bei gemeinsamen Anliegen enthält, versichert der Ökumenische Rat der Kirchen den Muslimen, ihre Bemühungen zur Integration in die österreichische Gesellschaft

---

1 „Standortbestimmung des Islam in Europa". Grazer Erklärung der Europäischen Imamekonferenz vom Juni 2003; http://www.derislam.at/islam.php?name=-Themen&pa=showpage&pid=66

aufmerksam zu begleiten und sich für ein Klima einzusetzen, das eine Integration fördert.

Dialog des Handelns?

1991 publizierte der päpstliche Rat für den interreligiösen Dialog (PCID) einige ergänzende Hinweise auf die Art des Dialogs und benannte dabei den „Dialog des Lebens", jenen „des dialogischen Austausches" und der „religiösen Erfahrung".[2] Zielen diese Aspekte eher auf die Entwicklung einer persönlich erfahrbaren und bereichernden Dialogkultur, so findet sich im Ausdruck „Dialog des Handelns" auch der gesellschaftlich höchst interessante Punkt, soziale Entwicklungen und Orientierung gemeinsam anzugehen.

Es wäre sehr zu wünschen, dass die „Phase der Vertrauensbildung", wie der Ökumenische Rat der Kirchen die momentane Lage charakterisiert, auch mittels der eben zitierten Herangehensweisen im Dialog zügig voranschreitet, denn ein „Dialog des Handelns" erscheint in einer Zeit wachsender Globalisierung dringender denn je. So eng liegt der zentrale Gedanke, Verantwortung für die Schöpfung übernehmen zu müssen, im Islam wie im Christentum beieinander, dass hier mehr als nur ein Ansatzpunkt für gemeinsames Handeln gegeben ist. Religion ist heute besonders gefragt, ethische Standards einzufordern – an die Menschenwürde zu erinnern, wo menschliche Grundwerte bedroht sind, den Umweltschutzgedanken gegen kurzfristiges Profitstreben einzumahnen und aktiv für soziale Gerechtigkeit einzutreten. Es wäre in höchstem Maße kontraproduktiv, sollte dabei ein „Verteilungskampf", wie ihn etwa der Islamwissenschaftler Kai Hafez zwischen den etablierten Religionsgemeinschaften und der in Europa erstarkenden muslimischen Minderheiten als neu aufkommende Konkurrenz nüchtern konstatiert, zu Blockierungen führen.

Soziales Engagement

Als Beispiele von „best practice" sind erste Projekte gemeinsamer Arbeit schon jetzt viel versprechend. Die Seelsorge im Wiener Allgemeinen Krankenhaus etwa geht immer wieder bei gut besuchten Veranstaltungen beachtliche interreligiöse Wege und ist auch sonst von erfreulicher Kollegialität

---

2   Vgl. Dialogue and Proclamation. Reflection And Orientations On Interreligious Dialogue. And The Proclamation Of The Gospel Of Jesus Christ, hg. v. PCID, Rom 1991; http://www.vatican.va/roman_curia/pontifical_councils/interelg/documents/rc_pc_interelg_doc_19051991_dialogue-and-proclamatio_en.html

geprägt. Nennenswert ist auch die wachsende Zusammenarbeit im Bereich der Betreuung von Asylwerbern. Hier findet ein sinnvolles Ergänzen jeweiliger Ressourcen statt. Ist von kirchlicher Seite eine gewachsene Infrastruktur vorhanden, die den Muslimen so noch fehlt, so kann die muslimische Seite sich doch wirkungsvoll anderweitig einbringen. So wurde etwa projektweise die Versorgung mit Speisen übernommen. Das selbst Zubereitete fand großen Anklang, entsprach es doch den Essgewohnheiten der Asylwerber. Darüber hinaus kam man beim gemeinsamen Essen ins Gespräch, wobei sprachliche Barrieren durch Übersetzungshilfe der muslimischen Migranten überwunden werden konnten. Über das gemeinsame Handeln wuchs man neu zusammen und ergaben sich menschlich sehr warme Kontakte.

Wo Dialog lebt

Die Liste der eher „klassischen" Dialogaktivitäten ist so lang, dass es unmöglich wäre, auch nur die bemerkenswertesten anzugeben. So seien stellvertretend einige Ereignisse wiedergegeben, die vor allem eines machen sollen: Lust auf die lebendige Auseinandersetzung miteinander.

Bereits seit über fünfzehn Jahren ist der Dialog zwischen gläubigen Frauen der monotheistischen Religionen gewachsen und hat sich vertieft. Die Gesprächsrunden entwickelten sich zugleich spannend und befreiend. Denn einerseits ermöglichte der vergleichende Blick etwa in Bezug auf Frauengestalten der Religion oder auf den spirituellen Hintergrund neue Einsichten, auch in die jeweils eigene Glaubenswelt, andererseits standen gemeinsame Erfahrungen als Frauen in einer Religionsgemeinschaft im Brennpunkt – gegenseitige Tipps zur Verbesserung der internen Position nicht ausgeschlossen.

Interreligiöse Veranstaltungen mit Festcharakter gewinnen zunehmend gerade anlassbezogen an Bedeutung. Besonders bewegend war hier die Auftaktveranstaltung zum Internationalen Hebammenkongress in Wien, die als interreligiöse Feier mit Beiträgen aus den fünf Weltreligionen im Stephansdom gestaltet wurde. Das Leben zu feiern und dessen Würde und Schutz aus den unterschiedlichsten Traditionen heraus zu beleuchten, war höchst inspirierend und motivierend. An diesem Beispiel sei auch aufgezeigt, wann solche Feste erfolgreich sein können: Wenn jede teilnehmende Religionsgemeinschaft gleichberechtigt ihren Beitrag leistet und sich aus diesem Nebeneinander ein Miteinander ergibt, das keinem abverlangt, an etwas teilzunehmen, was nicht im Sinne der eigenen Religion wäre. Mit „gemeinsamen Gebet" geht man so etwa mit der gebotenen Einfühlsamkeit um, denn es wäre bedauerlich, sollte je der Eindruck entstehen, Teilnehmern würde etwas abverlangt, was sie so nicht praktizieren können. Eine Vereinnahmung in Richtung eines Einheitsbreis der Religionen kann in niemandes Interesse stehen. Ein gemeinsamer Geist aus verschiedenen Zugängen eröffnet sich im Idealfall und entlässt alle mit einer zum Leben erweckten Vision gegenseitiger Bereicherung.

Einprägsam war auch die Teilnahme an den weithin bekannten Aufführungen des „Salzburger Advents" im Großen Festspielhaus mit anschließender interreligiöser Publikumsdiskussion. Bei einer dermaßen vom lokalen Brauchtum und Volksfrömmigkeit geprägten Veranstaltung die Tür für einen interreligiösen Gedankenaustausch zu öffnen, ist allein schon bemerkenswert und setzt ein wichtiges Zeichen in der Öffentlichkeit. Im Gedächtnis bleibt aber auch der Gewinn, der sich einstellt, weil Hemmschwellen und Berührungsängste überwunden werden können und über die Kultur Verständnis und gegenseitiger Respekt geweckt werden kann.

Aber Muslime sind nicht nur Gäste, wenn sie etwa in Pfarren zu Referaten und zum Gespräch eingeladen werden oder bei Symposien und anderen Veranstaltungen Beiträge liefern. Dialog als beidseitiger Prozess braucht Impulse und Initiative von beiden Seiten. So sind die „Tage der Offenen Moschee" oder Einladungen zum gemeinsamen Fastenbrechen im Ramadan sehr populär geworden. Mit der voranschreitenden Institutionalisierung des muslimischen Lebens ergeben sich auch mehr Möglichkeiten, dass Muslime von sich aus verschiedenste Veranstaltungen organisieren, zu denen sie Gäste als Vortragende einladen.

Zukunftsfeld Schule

Besonders herausgehoben werden soll der Schulbereich. Es ist bewegend zu erleben, wie viele Lehrerinnen und Lehrer interreligiöse Wege gehen, gegenseitige Besuche initiieren oder bei Lehrausgängen auch einmal eine Gebetsräumlichkeit besuchen. Günstig ist hierbei einmal mehr die österreichische Situation, die einen eigenen Religionsunterricht für muslimische Kinder vorsieht. Seit Bestehen der Islamischen Religionspädagogischen Akademie sichert eine eigene Lehrerausbildung die Qualität des Unterrichts. Statt nur einem einzigen gibt es inzwischen acht Fachinspektoren für den islamischen Religionsunterricht, die wichtige Ansprechpartner sein können.

Die Woche des Religionsunterrichts brachte mit beachtlicher Resonanz die verschiedenen Glaubensgemeinschaften in einem Projekt zusammen, das mit gemeinsamen Aktionen den Wert des Unterrichts als Orientierungshilfe in der Öffentlichkeit unterstrich.

Die Begegnung mit Kindern verblüfft oft positiv wegen der spontanen Kommentare und Einfälle, die hier entstehen. Volksschulkinder stellen sich gerne in die Gebetsnische einer Moschee. Wiederholt entstand bei ihnen dann die Idee, sich von hier „wegbeamen" zu können – ein Gedanke, der für das Gebet eigentlich sehr schön passt. Als wir einmal erklärten, warum Muslime die Schuhe ausziehen, wenn sie in der Moschee sind, ergänzte ein katholischer, etwa zwölfjähriger Bub, indem er meinte, da liege gewiss noch ein anderer Grund vor: Moses habe auch seine Schuhe ausgezogen, als er mit Gott im Dornbusch sprach. – Eine Begebenheit, die sich auch im Koran ähnlich findet, die also alles andere als von der Hand zu weisen ist.

In der Schule kann Wesentliches geleistet werden, um den gegenseitigen Respekt natürlich wachsen zu lassen. Dies wird von vielen Kolleginnen und Kollegen aufgegriffen, die über die Religionsgemeinschaft hinaus miteinander kooperieren. Arbeitskreise sind entstanden, Handouts entwickelt worden, die einen Leitfaden für die interreligiöse Arbeit geben. Die religionspädagogischen Institute pflegen Kontakt und Austausch.

Ausblick

Viele, viele Menschen wären zu nennen, die sich um den Dialog verdient gemacht haben. Ihr Engagement sei hier besonders gewürdigt. Einzig aus dem Gedanken heraus, allen gleichermaßen gerecht zu werden, wurde darauf im Allgemeinen verzichtet, Namen zu nennen. Erinnert sei aber abschließend daran, dass neben den prominenten Vertretern der Religionsgemeinschaften, die mit ihrem Vorbild als Impulsgeber für den Dialog fungieren können, es gerade die so genannte „Basis" ist, die den Dialog zum Blühen bringt und nach und nach immer mehr ins gemeinsame Handeln überführt. Der Ideenreichtum, das Einfühlungsvermögen und der ehrliche Wille, gemeinsam friedlich und vom sozialen Gedanken getragen, zusammen zu leben, garantiert schließlich, dass wir bei allen Herausforderungen durchaus optimistisch in die Zukunft blicken können.

DIE KATHOLISCHE KIRCHE, DIE MUSLIME UND DER GEIST VON *NOSTRA AETATE*

Barbara Huber-Rudolf, Frankfurt

Wenn im Jahr 2005 die Islamisch-Christliche Konferenz in Baden-Württemberg – in Anlehnung an die ACK, die Arbeitsgemeinschaft Christlicher Kirchen, ICK abgekürzt – ihr zehnjähriges Bestehen feiert, tut sie das im Geist von *Nostra aetate*. Wenn in der Universität Frankfurt ein Raum der Religionen in der Verantwortung der beiden christlichen Studentengemeinden und der muslimischen Studentengemeinde eingerichtet wird, dann ist dies nur im Geist von *Nostra aetate* möglich. Wenn in unseren Schulen muslimische und christliche Kinder zusammen Abschlussgottesdienste feiern und in den konfessionellen Kindergärten miteinander über die Großen der jüdisch-christlich-islamischen Tradition reden, dann im Geist von *Nostra aetate*.

„Mit Klugheit und Liebe", ermahnen die Konzilsväter, sollen die Katholiken den Muslimen begegnen. Durch Gespräch und Zusammenarbeit sollen sie die Bekenner anderer Religionen treffen. Im Zeugnis des christlichen Glaubens und Lebens sollen sie die geistlichen und sittlichen Güter und auch die sozio-kulturellen Werte anerkennen, wahren und fördern. (NA 2)

Dass die Beziehungen zwischen Christen und Muslimen nicht immer so friedlich und erbaulich verliefen, bestätigt der Konzilstext in seinen historischen Verweisen. Er erwähnt die „Zwistigkeiten und Feindschaften zwischen Christen und Muslimen" (NA 3b), die nicht als feindliche Konkurrenz zwischen Religionsgemeinschaften charakterisiert sondern sicherlich ausdrücklich das Verhältnis zwischen den Angehörigen der Religionsgemeinschaften in vergangener Zeit beschreiben. Unter der Hypothek der Geschichte[1] konzentrierte sich die theologische Auseinandersetzung mit dem Islam auf die Präsentation der Negativfolie, vor der sich die strahlende Folie des Christentums umso deutlicher abhob. Polemik und Apologetik setzten den Rahmen. Wenngleich der Konzilstext noch darum bittet, das Vergangene beiseite zu lassen, formulierte doch Papst Johannes Paul II. in seinen aufsehenerregen-

---

1   Vgl. Ludwig Hagemann, Die geschichtliche Hypothek. Der Islam aus christlicher Sicht, in: Missio. Dialog mit dem Islam? Christen und Muslime suchen neue Wege der Verständigung, München 1992, 7-10.

den Vergebungsbitten² im fünften Schuldbekenntnis: „Lass die Christen auf Jesus blicken, der unser Herr ist und unser Friede. Gib, dass sie bereuen können, was sie in Worten und Taten gefehlt haben. Manchmal haben sie sich leiten lassen von Stolz und Hass, vom Willen, andere zu beherrschen, von der Feindschaft gegenüber den Anhängern anderer Religionen und den gesellschaftlichen Gruppen, die schwächer waren als sie". In der gesamten Kirchengeschichte findet sich kein vergleichbarer Fall einer derartigen vom Lehramt selbst formulierten Vergebungsbitte. Dass die Kirche immerfort den Weg der Buße und Erneuerung geht, zu gehen bereit ist, bewies der verstorbene Papst im Geist von *Nostra aetate* auf eindrückliche Weise. Die Begegnung mit Muslimen ist unter dem wirkmächtigen Wort des *magisteriums* auf vielen Ebenen Wirklichkeit geworden.

1. Papst Johannes Paul II. und die Muslime

Nachdem Papst Johannes Paul II. verstorben war, brachten Kondolenzschreiben muslimischer Gesprächspartner die Sorge zum Ausdruck, ein Förderer des christlich-muslimischen Dialogs wie der Verstorbene könne in dem erlebten Maße gar nicht mehr erwartet werden. Das Besondere an Johannes Paul II. war seine Fähigkeit, große Zeichen zu setzen und mit für jeden verständlichen Gesten seine Wertschätzung für den Glauben der Muslime zum Ausdruck zu bringen. Unermüdlich und unerschütterlich setzte er sich für den Frieden zwischen den Angehörigen der Religionen ein. Allerdings nahm schon Paul VI. diplomatische Beziehungen zu Ländern mit mehrheitlich muslimischer Bevölkerung auf: Ägypten, Syrien, Iran und Irak. Auch er bereiste Länder, in denen sich Begegnungen mit Muslimen arrangieren ließen und entbot seine Grüße. Doch den entscheidenden Schritt tat Johannes Paul II., in dessen Pontifikat die Umbenennung des Sekretariats für Nichtchristen und Erhebung in den Rang eines Päpstlichen Rates für den Interreligiösen Dialog – das neue und entscheidende Signalwort ist genannt – durch die Kurienreform von 1988 fiel.

Papst Johannes Paul II. und der Päpstliche Rat für den interreligiösen Dialog äußern sich im Laufe des Pontifikats mehrdeutig zum Verhältnis der Kirche zu den Muslimen. Die Antrittsenzyklika *Redemptor hominis* unterstreicht das Menschenrecht der Religionsfreiheit.³ Die offizielle römische

---

2   Johannes Paul II., Allgemeines Gebet. Schuldbekenntnis und Vergebungsbitte (offizielle Übersetzung), in: Pontifikalgottesdienst am 12.03.2000 in St. Peter, Rom. Zitiert nach: www.kath.de/bistum/mainz/texte/vergebung2000_text.htm

3   Vgl. Matthias Kopp, Johannes Paul II. – *Versöhnung* zwischen den Welten. Im Gespräch mit den Religionen, Memmingen 2004, 105-112.

Die katholische Kirche, die Muslime und der Geist von Nostra aetate

Kirche widerspricht schließlich der weit verbreiteten, dem Dialog vermeintlich wohlwollenden Sicht, der Dialog unter den Monotheisten der sogenannten Abrahamitischen Religionen habe zumindest unter diesen Adressaten die Mission abgelöst. Das Dokument *Dialog und Mission* des Päpstlichen Sekretariats für die Nichtchristen von 1984 definiert den Begriff „Dialog" wie folgt: Das Wort „bezeichnet nicht nur das Gespräch, sondern das Ganze der positiven und konstruktiven Beziehungen zwischen den Religionen, mit Personen und Gemeinschaften anderen Glaubens, um sich gegenseitig kennen zu lernen und einander zu bereichern"[4]. Es wird nicht außer Acht gelassen, dass „auch beim Dialog der Christ normalerweise in seinem Herzen das Verlangen nährt, seine Christuserfahrung mit dem Bruder aus der anderen Religion zu teilen"[5]. Es drängt sich in der Lektüre der vatikanischen Texte der Eindruck auf, der Dialog sei ein Begriff, der den der Mission ergänze und vertiefe. Besonders die Betonung der Achtung des Gewissens und der Hinweis auf den Werkzeugcharakter des Christen in der Mitarbeit beim Plan Gottes bestärkt darin.[6]

Mit großer Deutlichkeit hebt schließlich die Enzyklika *Redemptoris missio* von Papst Johannes Paul II. hervor, der interreligiöse Dialog sei Teil der Sendung der Kirche zur Verkündigung des Evangeliums sowie Methode und Mittel zur wechselseitigen Kenntnis und Bereicherung.[7] Allen, die den Dialog führten, um „aus Christen bessere Christen und aus Muslimen bessere Muslime zu machen" (geflügeltes Wort, das m.W. auf Paul Schwarzenau zurückgeht), wird entgegengehalten, „dass das Heil und die Fülle der Offenbarung von Christus kommt und der Dialog nicht von der Verkündigung des Evangeliums enthebt"[8], denn „die Kirche ist der eigentliche Weg des Heiles und sie allein ist im Besitz der Fülle der Heilsmittel"[9]. Nach diesen Klarstellungen besteht kein Zweifel mehr daran, dass der interreligiöse Dialog für den Papst ein Mittel und Ausdruck der Verkündigung und Selbstvollzug der prophetischen Religion(en) darstellt. In diesem Sinne empfiehlt die Kongregation für die Evangelisierung der Völker in ihrer Instruktion über die missionarische Zusammenarbeit von 1998:

---

[4] Sekretariat für die Nichtchristen, Die Haltung der Kirche gegenüber den Anhängern anderer Religionen. Gedanken und Weisungen über *Dialog und Mission*, Vatikanstadt 1984, 3.

[5] Dialog und Mission 40.

[6] Vgl. Dialog und Mission 39.41.

[7] Vgl. Johannes Paul II, *Redemptoris Missio*. Enzyklika über die fortdauernde Gültigkeit des missionarischen Auftrags (Verlautbarungen des Apostolischen Stuhls 100), Bonn 1990, Nr. 55.

[8] Ebd.

[9] Ebd.

> In Ländern mit alter christlicher Tradition bilden sich sehr oft Gruppen aus Angehörigen nichtchristlicher Religionen, die nicht leicht erkennbar oder quantifizierbar sind. Neben Gastfreundschaft und sozialem Beistand ist es notwendig, Schritte zur Erstevangelisierung vorzusehen. Die Bischöfliche Kommission für Weltmission sollte sich gemeinsam mit den Päpstlichen Missionswerken in der Pflicht sehen, sich um diese Immigranten zu kümmern, indem sie die Zusammenarbeit mit zurückgekehrten Missionaren aus den jeweiligen Ländern nutzt.[10]

Diese Meinung differenzierte der Päpstliche Rat für den Interreligiösen Dialog und setzte in seinem Dokument *Dialog und Verkündigung* eine Erweiterung des Missionsbegriffes dagegen, der nun nicht mehr die konkrete missionarische Arbeit ausdeutet, sondern insgesamt die Sendung der Kirche beschreibt. Das Dokument schafft die Basis dafür, leichter einzusehen, warum und in welchem Sinne der interreligiöse Dialog ein integraler Bestandteil des Evangelisierungsauftrags der Kirche ist: „Gott schenkte und schenkt weiterhin in einem Jahrhunderte währenden Dialog der Menschheit sein Heil. In gläubigem Vertrauen auf das göttliche Handeln muss auch die Kirche in den Heilsdialog mit allen Menschen eintreten."[11]

Abschließend gelangen wir mit den vatikanischen Texten zu folgender Inhaltsbeschreibung des interreligiösen Dialogs, wie er sich in die Mission *ad gentes* einfügt: Dialog meint die Verknüpfung der missionarischen Arbeit innerhalb der Sendung der Kirche zur Verkündigung des Glaubens an den dreieinen Gott mit der geschichtlichen und gesellschaftlichen Situation in Respekt vor der Gewissensfreiheit jedes Einzelnen und in Zurückhaltung angesichts des Geschenkcharakters des Glaubens. Die Zielvorstellung des Dialogs konzentriert sich auf die Spiritualisierung dieser Welt, „die Begegnung und den Austausch in der zumindest tendenziell gemeinsamen Sache jeder Religion, in Erfahrung und Verehrung des Heiligen".

Das zu Ende gegangene Pontifikat findet in folgenden Worten seine Würdigung: „Aus dem vorsichtigen Herantasten zwischen Achtung und Akzeptanz hat insbesondere Johannes Paul II. einen Dialog entwickelt, der heute die unumkehrbare Grundlage für das weitere friedliche Gespräch zwischen den Religionen ist."[12]

---

10 Kongregation für die Evangelisierung der Völker, *Cooperatio Missionalis*. Instruktion über die missionarische Zusammenarbeit vom 1. Oktober 1998 (VAS 137), Bonn 1998, Nr. 19d.
11 Päpstlicher Rat für den Interreligiösen Dialog/Kongregation für die Evangelisierung der Völker, *Dialog und Verkündigung*. Überlegungen und Orientierungen zum Interreligiösen Dialog und zur Verkündigung des Evangeliums Jesu Christi (Verlautbarungen des Apostolischen Stuhls 102), Bonn 1991.
12 Kopp, Versöhnung 112.

2. Die theologische Forschung und der Islam

Die Erwähnung Abrahams in NA 3 als Vorbild der Unterwerfung, wie sie auch Muslime in ihrem Glauben praktizieren, provozierte Untersuchungen und theologisches Nachdenken über die Geschwisterbeziehungen zwischen den Kindern Abrahams, den Nachkommen Isaaks und Jakobs bzw. den Nachkommens Ismaels. Insbesondere über das Ideal und die Ideologie des „Weltethos-Gedankens" wurde der Gedanke von der „abrahamischen Ökumene" verbreitet. Sie ist dabei „keine Wunschphantasie im Gehirn eines Theologen"[13] geblieben, sondern verbürgte Realität geworden. Sie hat Adressen, Telefone, Faxe und E-Mail:

Seit 1967 leistet die Fraternité d'Abraham, die Bruderschaft Abrahams, in Frankreich interreligiöse Verständigungsarbeit im Geiste Louis Massignons. Unter der Schirmherrschaft der Führer der drei großen religiösen Traditionen in Frankreich hat sich die Fraternité d'Abraham der Aufgabe verschrieben, die spirituellen, moralischen und kulturellen Werte aus der abrahamischen Tradition zu fördern und das Verständnis füreinander zu vertiefen sowie die soziale Gerechtigkeit und die moralischen Werte, den Frieden und die Freiheit zu schützen und zu fördern. 1977 wurde in Los Angeles die Academy for Judaic, Christian und Muslim Studies gegründet. In Schweden konnte 1991 die Children of Abraham Foundation for Religious and Cultural Coexistence gegründet werden. Diese Stiftung hat sich vor allem der Arbeit in öffentlichen Schulen verschrieben, der Arbeit also mit jüdischen und muslimischen Kindern in einer säkularen und nur noch teilweise christlichen Umgebung. Ebenso wichtig ist das Three Faith Forum in Großbritannien, die einzige Organisation, die interreligiöse Verständigungsarbeit konkret vor Ort in institutionalisierter Form mit Juden, Christen und Muslimen durchführt.[14]

Es lassen sich viele andere Initiativen mit mehr oder weniger großem geographischen Wirkungskreis nennen: die Abrahamischen Foren und Abrahamischen Teams des Interreligiösen Rats mit Sitz in Darmstadt z.B., aus denen das Abrahamische Jugendforum hervorgegangen ist. Abrahamische Häuser als Lehr- und Lernstätten sind entstanden (z.B. in Sarajevo). Diesen Aktivitäten fehlt die wissenschaftliche Reflexion über den Gedanken der Konzilsväter – ein Desiderat an die Adresse der Theologie gerichtet. Sie stützen sich auf die scheinbar biologische Verwandtschaft von Juden und Christen einerseits und mit Muslimen andererseits, die der Konzilstext aber

---

13 Kuschel, Karl-Josef, *Kinder Abrahams*. Auf dem Weg zu einer Ökumene von Juden, Christen und Muslimen, in: Imprimatur online: www.phil.uni-sb.de/projekte/imprimatur/2002/imp020802.html
14 Vgl. Ebd.

nicht erwähnt. *Nostra aetate* will nichts anderes als darauf hinzuweisen, dass eine gläubige Haltung, wie jene des Abraham, eine Haltung der Unterwerfung und Hingabe, wie sie die jüdisch-christliche Tradition auch von Abraham bezeugt, mit der Wortbedeutung von Islam übereinstimmt und den drei monotheistischen Religionen in ihrer Definition eigen ist. Theologischen Fragen, wie jenen, was die Aussagen der Genesis, der Segnung des Ismael für Christen, in ihrem Verhältnis zu Muslimen bedeuten, hat sich die christliche Theologie m.W. nicht gewidmet. Dabei hat die Theologie die Aufgabe, die Anregungen des Konzils aufzugreifen und zu reflektieren. Über der Freude der gemeinsamen Basis und eines „Stammvaters" der Glaubenden wurde die Theologie der Erstlingsgeburt, die Theologie des väterlichen Segens, die beide in den Vätergeschichten eine die Heilsgeschichte antreibende Bedeutung zeigen, bedauerlicherweise vernachlässigt.

Theologische Forschung über das Verhältnis von Christen und Muslimen wird seit der Weitung des Blicks auf die Muslime an vielen Orten betrieben. Der interreligiöse Dialog ist integraler Bestandteil der Wissenschaft in Universität und Akademie. Als Beispiel führe ich hier nur die Goethe-Universität in Frankfurt an, wo sowohl im Fachbereich katholischer Theologie seit zwanzig Jahren „Theologie interkulturell" betrieben wird, als auch seit zwei Jahren eine Professur für islamische Theologie am evangelischen Fachbereich zur Förderung des interreligiösen Dialogs angesiedelt ist, wo sich Postgraduierte im Programm „Religion in Dialogue"[15] weiter qualifizieren. Im jährlich stattfindenden *dies academicus*, der in Kooperation mit der Katholischen Akademie organisiert wird, hat der interreligiöse Dialog wegen der Schwerpunktsetzung der Akademie einen festen Platz.

Herausragend aus allen Forschungsvorhaben stelle ich das Päpstliche Institut für Studien der Arabistik und Islamwissenschaften, PISAI, vor. Die Einrichtung wurde von Papst Paul VI. aus Tunis nach Rom geholt und bildet katholische Theologen für die Begegnung mit Muslimen und die christliche Reflexion über den Islam aus. In den Forschungen des Instituts soll sich die Welt nicht mehr in Gläubige und Ungläubige teilen, es sollen dort die *logoi spermatikoi* in den islamischen Traditionen gefunden werden. Die Gnade Gottes zu entdecken, und das außerhalb der Grenzen der verschriftlichten biblischen Erfahrung, machten sich schon vorher große Theologen – stellvertretend genannt: Georges Anawati, Henri de Lubac, Karl Rahner – zur Aufgabe, die durch die Arbeit der Islamwissenschaftler Louis Gardet und Henri Lammens – Unterstützung fanden. Am Institut in Rom haben christliche Islamwissenschaftler wie Maurice Borrmans, Robert Caspar, André Ferré und Michel Lagarde eine Plattform errichtet, auf der Christen und Muslime in gegenseitigem Respekt und einer offenen Geisteshaltung ge-

---

15 Vgl. www.religion-in-dialogue.net

meinsame Themen aus dem Blickwinkel ihrer je eigenen geistlichen Familie erörtern. Die Ergebnisse hält die Zeitschrift des Instituts „Islamochristiana" seit 1975 in Jahresbänden fest.

Theologischer Forschung scheint es noch nicht überzeugend gelungen zu sein, die trinitarischen Implikationen für eine dialogische Grundhaltung zu entfalten. Doch steht fest, dass über die Erfahrung des dreifaltigen Gottesbildes Menschen auch die Vielfältigkeit von gläubiger Hinwendung zu Gott dankbar begreifen. Außerdem liegt die tiefste Begründung für die Hinwendung jedes Menschen zu seinen Mitgeschöpfen, die das Antlitz Jesu widerspiegeln, in der persönlichen Beziehung, die Gott, der Schöpfer, zu seinen Geschöpfen in Jesus Christus, dem Gottessohn, aufgebaut hat. So denn Christen davon überzeugt sind, dass Christus in jedem Menschen aufleuchtet, bleibt die theologische Grundaussage des Konzils in *Lumen gentium* 16, dass das göttliche Heilsangebot universal sei, keine Theorie. Doch die Auswirkungen des Glaubens an den dreieinen Gott, der sich in der Person Jesu Christi im Menschen bis zum Kreuzestod erniedrigt hat, widerspricht mit der „Sprengkraft gelebter Hoffnung" (Gerhard Kruip) jedem Zweifel an der Vertrauenswürdigkeit des Gesprächspartners und jeder Sorge, betrogen und ausgenutzt zu werden. Verkündigung muss in dieser Grundhaltung wieder das Evangelium kommunizieren, das ist der Auftrag des Dialogs, der Auftrag der Kirche, der Auftrag der Theologie.[16]

Von den Ergebnissen der Forschung und theologischen Grundlegung der dialogischen Bemühungen profitieren – und darauf müssen sie sogar bestehen – die Einrichtungen der Ortskirchen zur Förderung des interreligiösen Dialogs, wie die CIBEDO in Frankfurt. CIBEDO ist die Arbeitsstelle des Sekretariats der Deutschen Bischofskonferenz für die Begegnung mit Muslimen. Unter dem Anspruch des II. Vatikanischen Konzils, Muslimen, „die mit uns den einen Gott anbeten" (NA 3), mit „Hochachtung" (ebd.) zu begegnen, begleitet auch die Teilkirche institutionell die Begegnung zwischen Katholiken und Angehörigen anderer Religionen. In den verschiedenen Ländern wurden in den vergangenen dreißig Jahren Sekretariate und Arbeitsstellen der Bischofskonferenzen gegründet. CIBEDO ist eine dieser Arbeitsstellen für die Begegnung mit Muslimen insbesondere im Bereich der deutschen Bischofskonferenz. Sie ist als eine Gründung der Afrikamissionare „Weiße Väter" aus dem Jahre 1978 heute in finanzieller Trägerschaft des Verbandes der Diözesen Deutschlands. CIBEDO arbeitet eng mit der von der Bischofskonferenz eingerichteten Unterkommission für den Interreligiösen Dialog zusammen und hält regelmäßige Kontakte zu den Beauftragten der Diözesen für die Belange der interreligiösen Begegnung. Dabei begleitet sie fachlich

---

16 Vgl. Huber-Rudolf, Barbara, Alles Lüge? Für einen ehrlichen christlich-islamischen Dialog, in: Herder-Korrespondenz 59 (2005) 119-122.

die interreligiöse Begegnung und den Dialog mit führenden Vertretern des Islam und islamischen Organisationen, deren Pflege der Deutschen Bischofskonferenz obliegt. Es gehört zu den Aufgaben der CIBEDO, kirchliche Positionen und Anliegen in der öffentlichen Diskussion über islam- und dialogorientierte Fragen zu kommunizieren. Dazu dienen die Organisation und Teilnahme an Vortrags- und Diskussionsveranstaltungen. Außerdem beteiligt sie sich an Projekten zur Verbesserung der Begegnung mit Muslimen auf Gemeindeebene, in Kindergärten, Schulen und ähnlichen Einrichtungen, die im direkten Kontakt mit Muslimen stehen. CIBEDO multipliziert die Positionen der Kirche in Erwachsenenbildungsveranstaltungen, in der Zusammenarbeit mit Ausbildungsstätten für pastorale Mitarbeiter, in der Beteiligung an der Religionslehrerausbildung und in der aktiven Gestaltung sozialer und politischer Rahmenbedingungen des Dialogs.[17]

3. Die Ausbildung der Theologen und interreligiöses Lernen

An dieser Stelle soll darauf aufmerksam gemacht werden, dass die Förderung des interreligiösen Dialogs nicht allein vom Konzilstext *Nostra aetate* vorangetrieben wurde. In der Erklärung über die christliche Erziehung *Gravissimum educationis*, ebenfalls von 1965, heißt es: „Ebenso ist es die Aufgabe der genannten [theologischen] Fakultäten, die verschiedenen Gebiete der Theologie gründlicher zu erforschen, so dass das Verständnis der göttlichen Offenbarung sich mehr und mehr vertieft, das von den Vätern überkommene Erbe christlicher Weisung sich immer besser erschließt, das Gespräch mit den getrennten Brüdern und den Nichtchristen gepflegt wird und die durch den Fortschritt der Wissenschaft aufgeworfenen Fragen eine Antwort finden." (GE 11) Und *Ad gentes*, das Missionsdekret, ergänzt unterstützend: „Besonderen Lobes wert sind jene Laien, die an Universitäten oder wissenschaftlichen Instituten durch ihre geschichtlichen oder religionswissenschaftlichen Forschungen die Kenntnis über die Völker und Religionen vertiefen und dadurch den Boten des Evangeliums helfen und den Dialog mit den Nichtchristen vorbereiten." (AG 41)

Nach der Erfahrung des 11. Septembers 2001 forderte Johannes Paul II. schließlich auch eine Reflexion des Dialogs, die die Grenzen und Unterschiede deutlich benennen könne:

> Ebenso geht es darum, sich zu einer besseren Kenntnis der anderen Religionen anregen zu lassen, um ein brüderliches Gespräch mit den

---

17 Vgl. für CIBEDO und andere Institutionen weltweit: Pontifical Council for Interrelogous Dialogue. Interreligious Dialogue Directory, Rome 2003.

Die katholische Kirche, die Muslime und der Geist von Nostra aetate

Menschen aufnehmen zu können, die diesen Religionen angehören und im heutigen Europa leben. Besonders wichtig ist eine korrekte Beziehung zum Islam. Dieser Dialog muss, wie es in den letzten Jahren im Bewusstsein der europäischen Bischöfe wiederholt zutage trat, „auf kluge Weise geführt werden, mit klaren Vorstellungen im Blick auf seine Möglichkeiten und Grenzen sowie mit Vertrauen in den Heilsratschluss Gottes für alle seine Kinder". Unter anderem muss man sich des beträchtlichen Unterschiedes zwischen der europäischen Kultur, mit ihren tiefen christlichen Wurzeln, und dem muslimischen Denken bewusst sein.

In diesem Zusammenhang ist es notwendig, die Christen, die in täglichem Kontakt mit den Muslimen leben, entsprechend darauf vorzubereiten, den Islam auf objektive Weise kennen zu lernen und sich mit ihm auseinander setzen zu können. Eine solche Vorbereitung soll im besonderen die Seminaristen, die Priester und alle pastoralen Mitarbeiter betreffen.[18]

Im Zusammenhang mit theologischer Forschung sind wir auf das Päpstliche Institut für Studien der Arabistik und Islamwissenschaften eingegangen. An dieser Stelle der Ausbildung des theologischen Nachwuchses soll die Zusammenarbeit der ebenfalls vorgestellten Einrichtung CIBEDO, der Arbeitsstelle der Deutschen Bischofskonferenz, mit der Hochschule St. Georgen, die den Nachwuchs der pastoralen Mitarbeiter und Mitarbeiterinnen mehrerer deutscher Diözesen ausbildet, vorgestellt werden:

Seit dem Wintersemester 2001/2002 bietet die Hochschule Sankt Georgen Studierenden, Absolventen der Katholischen Theologie (Diplom und postgraduales Studium) sowie Gast- und Zweithörern eine Einführung in den Islam als Glaube und Lebensordnung an. Dabei wird der Entwicklung des islamischen religiösen Denkens bis in unsere Zeit besondere Aufmerksamkeit geschenkt. Das studienbegleitende Programm macht mit verschiedenen Praxisfeldern der christlich-muslimischen Begegnung bekannt, die im Tutorium reflektiert werden. Vorlesungen und Hauptseminare behandeln die Kritik und die Anfragen des Islam an Leben, Glauben und Denken der Christen und greifen die Herausforderung auf, den christlichen Glauben Muslimen gegenüber in „verständlicher" Weise zu verantworten. Diese Zusatzqualifikation eignet

---

18 Johannes Paul II., *Ecclesia in Europa*. Nachsynodales Apostolisches Schreiben zum Thema „Jesus Christus, der in seiner Kirche lebt – Quelle der Hoffnung für Europa" vom 28. Juni 2003 (Verlautbarungen des Apostolischen Stuhls 161), Bonn 2003, Nr. 57.

Barbara Huber-Rudolf

sich besonders für Mitarbeiterinnen und Mitarbeiter in der Pastoral, die als Multiplikatoren in den verschiedenen kirchlichen Arbeitsbereichen eingesetzt werden.

Das studienbegleitende Programm macht mit verschiedenen Praxisfeldern der christlich-muslimischen Begegnung bekannt, die in Tutorien und Werkstattgesprächen reflektiert werden. Vorlesungen und Hauptseminare behandeln die Kritik und die Anfragen des Islam an Leben, Glauben und Denken der Christen und greifen die Herausforderung auf, den christlichen Glauben Muslimen gegenüber in „verständlicher" Weise zu verantworten.

Christen und Muslime bilden heute zusammen etwa die Hälfte der Weltbevölkerung. Neben vielen Gemeinsamkeiten gibt es auch viel, was sie einander fremd macht. Mit dem Programm, das besonders für solche Mitarbeiterinnen und Mitarbeiter geeignet ist, die in der Pastoral als Multiplikatoren in den verschiedenen kirchlichen Arbeitsbereichen tätig sind oder werden wollen, soll Verständnis für die kulturelle und religiöse Andersartigkeit geweckt und damit eventuellen Spannungen und Konflikten zwischen Christen und Muslimen vorgebeugt werden.[19]

Das Programm findet Resonanz bei aktiven Mitarbeitern der Pastoral aber auch bei Muslimen, die durch die christliche Reflexion über den Islam in ihrer Selbstkritik Anregung finden. Während der Tage des Zusammenlebens stellen sich Christen und Muslime gegenseitig ihre Gebetsformen vor, um sich nicht nur intellektuell, sondern auch geistlich kennen zu lernen und einander als Geistliche ihrer Religionen schätzen zu lernen.

Interreligiöses Lernen kann nicht erst an der Hochschule beginnen. Es setzt schon im Kindergarten in institutionalisierter Form ein und hat an der Schule ebenfalls seinen Ort. Die katholische Schule öffnet sich aus ihrem Selbstverständnis heraus dem Anderen und respektiert seine Art zu denken und zu handeln. Im April und Anfang Mai 2005 durfte ich Projektwochen der Marienschule in Offenbach begleiten, einem katholischen Mädchengymnasium, das sich in einem Zyklus, der ein Jahr zuvor mit dem Judentum begann, den Weltreligionen widmen möchte. In der Begegnung und der Debatte mit muslimischen Referenten und Projektleitern konnten die Schülerinnen Muslime als kompetente Gesprächspartner kennen lernen, die sich von den „Türken" ihrer Alltagserfahrung in der Offenbacher Fußgängerzone signifikant unterschieden.[20] Sie lernten in den Projekten den Islam mit seinen

---

19 Aus der Selbstdarstellung, vgl. www.st-georgen.uni-frankfurt.de/studium/islamst.html
20 Hamideh Mohagheghi, muslimische Juristin; Hasan Temiztürk, Kalligraph;

Die katholische Kirche, die Muslime und der Geist von Nostra aetate

ästhetischen Qualitäten kennen und spürten auch unter diesem Aspekt dem Kulturaustausch zwischen Orient und Okzident[21] nach. Es beschäftigten sich Projekte mit spezifischen Frauenthemen, andere mit den politischen Spannungen zwischen Europa/Amerika und den islamischen Ländern, einige bearbeiteten spezielle religiöse Aspekte des Islam. Unter der Perspektive der Zeugnisgabe erarbeitete eine Gruppe einen „Kirchenführer für Muslime" der Schulkapelle und lud zur Führung ein.

Während dieses Projektes zeigte sich insbesondere die Sorge des Lehrerkollegiums, der Eltern und der zivilgesellschaftlichen Nachbarschaft, dass die Begegnung den Verlust der eigenen Identität und des eigenen Wahrheitsanspruches bedeuten könnte. Dabei sind die deutschen katholischen Schulen weit von der Lernsituation in sogenannten islamischen Ländern entfernt, wo Muslime in der Schülerschaft zwischen 25 (z.B. im Libanon) und knapp 50% (z.B. im Heiligen Land) ausmachen.

4. Pastoral im Dialog

Unter pastoral-professionellen Kontakten versteht die Arbeitshilfe 172 des Sekretariats der Deutschen Bischofskonferenz jene Situationen, in denen Mitarbeiter und Mitarbeiterinnen in der Pastoral in Ausübung ihres Berufes in Belangen angefragt werden, die Christen und Muslime betreffen.

> Dies ist insbesondere der Fall in der Vorbereitung und Begleitung religionsverschiedener Ehen, bei der Begleitung Trauernder, bei Taufbegehren von Muslimen, bei der Erziehung muslimischer Kinder in katholischen Kindertageseinrichtungen und Schulen und schließlich bei Fragen, die sich im Zusammenhang mit der Kategorialseelsorge stellen.[22]

Die Erfahrung lehrt, dass die seelsorgerliche Beratung und Begleitung religionsverschiedener Paare im Allgemeinen in fünf Phasen abläuft.[23] Die ers-

---

Fatma B., Autorin des Buches „Hennamond", Wuppertal 1999; und viele Teilnehmerinnen der Ahmadiyya-Gemeinschaft in Offenbach an den öffentlichen Veranstaltungen.

21 Z.B. „Die Entführung aus dem Serail: Orientalische Motive in der Musik Mozarts" u.a.
22 Sekretariat der Deutschen Bischofskonferenz (Hg), Christen und Muslime in Deutschland vom 23. September 2003 (Arbeitshilfen 172), Bonn 2003, Nr. 273.
23 Rat der Europäischen Bischofskonferenzen (CCEE)/Konferenz Europäischer Kirchen (KEK). Ausschuss „Islam in Europa", Ehen zwischen Christen und Muslimen. Seelsorge-Leitlinien für Christen und Kirchen in Europa, St. Gallen 2000, 14ff.

te Phase ist die der Kontaktaufnahme, die nicht nur von den Betroffenen selbst gesucht wird, sondern häufig von Verwandten oder Bekannten. In die Kontaktaufnahme gehört für nahezu alle Beteiligten die Sammlung von Informationen. Mit Ausnahme des Pfarrers, der Parteinahme möglichst vermeiden sollte, verfolgen die Beteiligten Eigeninteressen. Daher sollte der Berater, wenn er auch die Trauung vorbereiten und vollziehen soll, die beiden Betroffenen selbst kennen lernen. Jeder andere Berater ist darauf angewiesen, das Maß der Einmischung zu akzeptieren, das ihm gewährt wird. In dieser Situation Informationen einzuspeisen, bedarf des Feingefühls und des Verantwortungsbewusstseins. Die eigenen Vorurteile und Einstellungen des Seelsorgers müssen bedacht werden, ebenso wie die intellektuellen, sozialen und ökonomischen Voraussetzungen der Ehewilligen. Die Bedeutung des jeweiligen persönlichen Glaubens und die Intensität, mit der er gelebt wird, muss angesprochen und für den Einzelnen eruiert werden. Am Ende der Kontaktaufnahme und Information steht die Entscheidung für oder gegen die Ehe. Es ist hilfreich, dem Christen/der Christin die Frage zu stellen, ob er/sie den Zuspruch Gottes und der Kirche in der Ehe mit dem muslimischen Partner annehmen möchte.

Wenn das Paar das Angebot des Seelsorgers akzeptiert und sich zur Ehe entschließt, stellt sich die Frage nach der Form der Eheschließung. Der Wunsch des katholischen Partners die Formpflicht zu wahren, kann viele Gründe haben. Abgesehen von der traditionellen Verhaftung kann er darauf hinweisen, dass der Katholik demonstrieren will, wie ernst es ihm mit dem Partner ist, wie wichtig ihm sein Glaube geblieben ist und wie gering die Chancen sind, ihn trotz der Beziehung zum muslimischen Partner zum Übertritt zum Islam zu bewegen. Kann sich der muslimische Partner im Blick auf die eigene religiöse Einstellung und der Verwandtschaft nicht auf diese Form einlassen, ist die Trauung mit Dispens von der Formpflicht zu besprechen.

Mit der Trauung sollte die seelsorgerliche Begleitung keinesfalls abgeschlossen sein. Der katholische Partner braucht die Unterstützung seiner Gemeinschaft für die Entwicklung seines Glaubens im Dialog mit dem muslimischen Partner. Er sollte darin bestärkt werden, bestehende dogmatische und rituelle Unterschiede nicht als Problem sondern als anregende Gegebenheiten zu akzeptieren. In der Begegnung mit dem Glauben des Partners sollte es dem Katholiken gelingen, den Kern des eigenen Glaubens herauszuschälen und Akzidentielles, Beiwerk, Verzichtbares und Schädliches kritisch zu prüfen und eventuell abzulegen. Die äußerliche Glaubenspraxis nimmt oft zu, wenn Verantwortung für eigene Kinder zu übernehmen ist. Dann setzen sich die Partner gegenseitig unter Druck, die Erwartungen der Verwandtschaft werden deutlich. Familienkreise, Frauenseelsorge, vielleicht sogar ein Gesprächskreis religionsverschiedener Ehepaare kann hier Unterstützung leisten, ebenso wie bei Schicksalsschlägen, etwa dem unerwarteten

Tod des Partners, und vor allem dann, wenn die Ehe scheitern sollte.[24] Heute haben wir zumindest in Deutschland jenen Zeitpunkt erreicht, an dem die frühen religionsverschiedenen Ehen durch den Tod eines Partners geschieden werden. Die Begleitung der katholischen Trauernden ist eine sensible pastorale Aufgabe, die ihren Platz im Spektrum zwischen Gleichgültigkeit, Anteilnahme, Tröstung und Vereinnahmung sucht.

An dieser Stelle soll kurz Rückbesinnung gehalten werden, um die Geschwindigkeit der Entwicklungen und der ungeheuren Erleichterungen für das Zusammenleben der Menschen verschiedener Religionen in Erinnerung zu bringen, die die Dokumente des II. Vatikanischen Konzils, besonders *Nostra aetate* im Bereich des interreligiösen Dialogs, anstoßen konnten. Kann man sich vorstellen, dass das Ehehindernis der Religionsverschiedenheit im Codex von 1917 dispensabel gewesen wäre?[25] Heute sieht das Rituale von 1992 eine Form für die Eheschließung von Katholiken mit gottgläubigen Menschen, die nicht getauft sind, vor, das auch für die christlich-muslimische Eheschließung herangezogen werden kann.

Erzieherinnen in katholischen Einrichtungen fragen mehr und mehr nach, wie Kommunikationsprobleme mit muslimischen Eltern und Kindern gelöst werden können. Sie wollen sich „richtig" verhalten und ein fundiertes Verständnis vom „richtigen" Islam erwerben. Sie wollen durch Grundwissen missverständliche Zeichen, die zu Vorurteilen führen, einordnen und Elternmeinung über den Islam und das Verhältnis zu Christen im guten Sinne relativieren lernen. All diesen Derivaten kann die Multiplikatorenschulung im Sinne der vorgenannten Texte nachgekommen werden.[26] Die tatsächlich drängende Frage stellt sich im Kindergarten - wie insgesamt in der Gesellschaft - nach der Verträglichkeit von Religion und säkularem Staat. Kulturelle Unterschiede, wie z.B. der Umgang mit Zeit, werden häufig den Integrationsbemühungen untergeordnet. Jedoch steht die Toleranz auf dem Prüfstand in Bezug auf bestimmte rituelle Handlungen und magische Zeichen. Erzieherinnen, die Bescheid wissen, vermitteln Kindern und Eltern den Eindruck von der Normalität der muslimischen Präsenz. Auch darin besteht die Wirkung der katholischen Erzieherin als Deuterin der Welt.

---

24   Vgl. Barbara Huber-Rudolf, Die christlich-islamische Ehe im Kontext des interreligiösen Dialogs, in: MThZ 52 (2001) 56-66.
25   In der Tat konnte auch vor *Nostra aetate* davon dispensiert werden.
26   Vgl. Barbara Huber-Rudolf, Muslimische Kinder im Kindergarten. Eine Praxishilfe, München 2002.

Barbara Huber-Rudolf

5. Dialogische Partizipation im säkularen Staat

Christen und Muslime leben als Angehörige von Weltreligionen, d.h. von Religionen mit Universalitätsanspruch, immer auch im Rahmen der Verfassung eines Nationalstaates. Der säkulare Rechtsstaat garantiert/soll garantieren die rechtliche Gleichheit der Bürger ohne Ansehen von Geschlecht, Herkunft und Religion. Es ist den Konzilsvätern zu danken, die nicht nur über *Nostra aetate* berieten, dass Religionsfreiheit als ein Wert in der katholischen Tradition Anerkennung finden konnte und im Dokument *Dignitatis humanae* begründet wurde. Christen und Muslime werden sich darüber austauschen, wie im Kontext der heutigen Zeit der Religionslosigkeit Religion gelebt werden kann und wie sie beide ihre Interessen, d.h. ihre je eigenen Interessen, aber auch jene, die sie als Gottgläubige teilen, wahrnehmen können.[27]

Diese Einsichten bleiben nicht billige Tintenkleckse auf geduldigem Papier. Sie werden von den Christen in Europa noch manches Opfer einfordern. Es wird darum gehen, immer weniger werdende finanzielle Zuwendungen des Staates untereinander gerecht aufzuteilen. Dabei stehen z.B. Lehrstühle für christliche Fachbereiche auf der Liste der Kürzungen, Lehrstühle für islamische Theologie[28] müssen dagegen eingerichtet werden. Aber auch an Rechten werden Muslime partizipieren wollen, wie z.B. bei der Berücksichtigung in Bebauungsplänen für Neubauviertel. Und immer wird bei der Sichtbarwerdung muslimischer Präsenz und der eigenständigen Verwaltung von Erziehungs- und Sozialeinrichtungen die Frage nach der Parallelgesellschaft auftauchen. Die meisten, die diese Worte im Mund führen, vergessen jedoch, in wie viele Parallelgesellschaften unsere Staaten gesplittet sind, die an dem einen Organismus partizipieren und ihn lebendig ständig je neu formen. Die geistige Entwicklung weg von einem politisch gedeuteten Integrationsbegriff hin zu einem tragfähigen Partizipationsmodell werden die Kirchen mit den islamischen Gemeinschaften gemeinsam vollziehen und sie dem Staat anbieten müssen. Dann sind ihre Interventionen in allen sozialethischen und sozialpolitischen Konfliktfällen glaubwürdig.

6. Geistlicher Dialog

Das Assisi-Ereignis hat die Möglichkeit des geistlichen Dialogs zwischen Christen und Muslimen überhaupt erst ins Bewusstsein gebracht. Gemeinsam standen Vertreter der Weltreligionen vor Gott und trugen ihm ihre Bitten in

---

27 Vgl. Arbeitshilfe 172, 162ff.
28 In Deutschland z.B. in Münster, als Stiftungslehrstuhl in Frankfurt und Erlangen, zur Imameausbildung in Osnabrück.

Die katholische Kirche, die Muslime und der Geist von Nostra aetate

ihrer religiösen Sprache und mit ihren religiösen Zeichen vor. Johannes Paul II. hatte das Gebet der Religionen um Frieden initiiert und schließlich unendlich viele Nachahmer gefunden. In vielen Gemeinden sind die multireligiösen Gebete zu einer festen Einrichtung geworden. Vielerorts wirken sie in den säkularen Raum hinein, wenn sie an öffentlichen Orten und unter der Schirmherrschaft politischer Prominenz veranstaltet werden. Multireligiöses Beten unterliegt aber auch der Gefahr missverstanden zu werden. Nicht interreligiöse Veranstaltungen sind in den meisten Fällen, in denen Unterstellungen geäußert werden, wirklich gemeint, in deren Vollzug jede/r einstimmt in das allgemeine Gebet, sondern Veranstaltungen, bei denen man sich gegenseitig Gastfreundschaft gewährt, das Grundanliegen teilt, aber das Gebetsmaterial der je eigenen Tradition entstammt. Dennoch müssen die Ziele, die Struktur, Texte und Rituale abgestimmt und abgesprochen werden.[29]

Die Bewegungen der Fokolare und St. Egidio leisten enorme Basisarbeit in der Begegnung zwischen Christen und Muslimen auf geistlichem Gebiet und betätigt sich außerdem auf dem politischen Parkett. St. Egidio organisierte das Weltfriedensgebet mit dem Bistum Aachen im September 2003. Ähnliche Veranstaltungen hatten zuvor schon in Palermo, Barcelona, Lissabon, Genua, Bukarest und Mailand stattgefunden. Die Gemeinschaft hat mit Hilfe eines Netzes von Freundschaften unter Vertretern verschiedener Glaubensrichtungen sowie aus Politik und Gesellschaft in über 60 Ländern eine Pilgerreise des Friedens unternommen. Diese Pilgerreise machte jährlich in den genannten Städten Europas und des Mittelmeerraumes Station. 1989 gedachte man in Warschau des fünfzigsten Jahrestages des Ausbruchs des Zweiten Weltkrieges, bei den Treffen in Bari, Malta und Brüssel wurde die europäische Einigung thematisiert.

Unter den Fokolaren ist die Aufmerksamkeit für Muslime seit Jahrzehnten geschärft. Eine großartige Folge der fruchtbaren Begegnungen war die Einladung an Chiara Lubich, der Gründerin der Bewegung, 1997 vor 3000 Muslimen in der Malcolm X-Moschee in Harlem über die Spiritualität der Einheit zu sprechen. Muslime schließen sich seither der Bewegung an und präsentieren sich bei den internationalen Begegnungen in Castel Gandolfo. Beim „Familyfest 2005" am 16. April erklärte Chiara Lubich über eine Life-Schaltung nach Teheran, wie interreligiöser Dialog durch die „Kunst zu lieben" möglich ist.

Neben den geistlichen Bewegungen engagieren sich Ordensleute über die Grenzen ihrer Gemeinschaften hinaus für den interreligiösen Dialog. Die Benediktiner, die der Initiative vorstehen, haben in den westeuropäischen

---

29 Vgl. Rat der Europäischen Bischofskonferenzen (CCEE)/Konferenz Europäischer Kirchen (KEK). Ausschuss „Islam in Europa", Christen und Muslime. Gemeinsam beten? Überlegungen und Texte. Arbeitspapier, St. Gallen 2003.

Ländern, in Australien, Indien und den Vereinigten Staaten dafür zuständige Kommissionen. Ihr Sinn besteht darin, viele Menschen, gerade auch an der Basis, für das Netzwerk zu gewinnen, um sich gegenseitig zu stützen und die Frustrationsverluste einzelner Pioniere zu minimalisieren. Das Netzwerk setzt auf Multiplikatorenschulung, um Ordensleute von der Basis zu sensibilisieren. Bedauerlicherweise sind gerade die deutschsprachigen Klöster – in Deutschland, der Schweiz und Österreich – schwer zu mobilisieren, obwohl gerade hier im Umfeld interreligiöser Dialog auch an der Basis betrieben wird.[30] Der Generalsekretär des Netzwerkes erklärt dies mit folgendem Bild, das sich auf den Dialog der Kirche mit Muslimen übertragen lässt: „Viele erkennen die Notwendigkeit des Dialogs, aber nur wenige haben schon Geschmack daran gefunden."

---

30 Vgl. www.monasticdialog.com

4. Teil
Die katholische Kirche und der Hinduismus

Der Hinduismus und das Zweite Vatikanische Konzil

Francis X. D'Sa SJ, Pune / Indien

0. Der christliche Einfluss auf den Hinduismus

Es ist ein interessantes Phänomen, dass religiöse Traditionen Jahrhunderte lang nebeneinander leben können, ohne dass sie thematisch Kenntnis voneinander nehmen. Die Geschichte des Christentums in Indien ist dafür ein eklatantes Beispiel. Unkenntnis und Vorurteile haben die gegenseitigen Beziehungen gekennzeichnet und tun es immer noch. Sobald jedoch eine kleine Öffnung zustande kommt, ändern sich die Beziehungen auf unvorstellbare Weise.

In meiner Darstellung will ich skizzenhaft das Beispiel von drei Hindus vorausschicken, die sich dem christlichen Einfluss öffneten und damit ungeahnte Möglichkeiten der Begegnung zwischen Christentum und Hinduismus an den Tag legten.[1]

Ram Mohan Roy (1772–1833), der als der Vater der neuzeitlichen Reformbewegung der hinduistischen Traditionen gilt, war der erste Hindu, der sich mit dem Christentum beschäftigte und sich von Jesus und seiner Lehre begeistern ließ. Er machte sich auch mit dem Islam so sehr vertraut, dass die strenge islamische Vorstellung der Einheit Gottes ihn grundlegend prägte. Den Kern seiner Schriften aber bildeten die ethischen Lehren Jesu, die er sowohl an die Hindus als auch an die Christen richtete. Jene wollte er zur Reform ihrer Bräuche auffordern und diese dazu führen, die Schrift mittels der Vernunft auszulegen.

Roy verehrte Jesus sehr, er war für ihn der Messias, der höchste unter den Propheten; aber er hob sowohl wegen des rationalistischen Einflusses seiner

---

1 Zum Material vgl. meinen Aufsatz: Francis X. D'Sa, *Gott: Prinzip oder Person. Gottesbegriff im Werden der indisch-christlichen Theologie*, in: Der eine Gott in vielen Kulturen. Inkulturation und christliche Gottesvorstellung, hg. v. Konrad Hilpert/Karl-Heinz Ohlig, Zürich 1993, 169-200.

englischen Erziehung wie auch wegen seines upanishadischen Hintergrunds weder seine Göttlichkeit noch die trinitarische Beziehung hervor[2], sondern lediglich die ethische Lehre. Der Titel „Sohn Gottes" bedeutete nicht mehr als seine Geschöpflichkeit (= ein vom Schöpfer-Gott geschaffenes Wesen), wohl aber eine erhabene Geschöpflichkeit.

Auch wenn Roy von den „Unitaristen" sehr angetan war, bat er die Christen, „an Gott zu glauben als den einzigen Anbetungswürdigen, an den Sohn, durch den sie als Christen ihre Anbetung verrichten sollten, und auch an den heiligen Einfluss Gottes, von dem sie Anweisung auf dem Pfad der Gerechten erwarten sollten".[3] Jesus bewirkte die Erlösung, meinte Roy, nicht so sehr durch seinen Sühnetod, sondern durch seine erhabene Lehre.[4]

Man kann sich des Eindrucks nicht erwehren, dass Roys Grundverständnis von Gebet trinitarisch war. Nur Gott, meinte er, ist anbetungswürdig und nur durch den Sohn kann eine Anbetung, die aufgrund des Einflusses des Geistes zustande kommt, verrichtet werden. Die christlichen Gesprächspartner Roys, die seine Einstellung als rationalistisch bezeichneten, befanden sich allem Anschein nach nicht in einer lebendigen dreifaltigen Tradition, denn ihre Theologie begnügte sich mit den klassischen Formulierungen. So konnte kein fruchtbares Gespräch zustande kommen.

Die zweite Person, die tief unter dem christlichen Einfluss stand, war Keshab Chandra Sen (1838–1884), der als Leiter des Brahma Samaj diese Institution nach dem Muster einer christlichen Kirche führte. Er übte heftige Kritik an der westlichen Form der christlichen Kirchen in Indien. Allerdings war er von Christus so fasziniert, dass er sich und die Anhänger seiner „Kirche der neuen Dispensation" für Apostel hielt, die mit Moses, Christus und Paulus eine unmittelbare Kontinuität bildeten!

---

2   Ram Mohan Roy, Second Appeal 69, in: Robin H. S. Boyd, An *Introduction* to Indian Christian Theology (The Christian Literature Society), Madras 1969, 23.

3   Ebd. 85 (Boyd, Introduction 25). Wenn dies kein Trinitätsverständnis ist, dann wird es nicht einfach sein, die paulinisch trinitarischen Aussagen auf die Trinität zu beziehen. Ohne es zu wissen, spricht Roy auffälligerweise eine orthodoxe Sprache, die die Einzigartigkeit der drei Personen hervorhebt.

4   Roy schrieb: „Das Resultat von langen und ununterbrochenen Untersuchungen der religiösen Wahrheit war, dass ich die Lehren von Christus mehr hilfreich bezüglich der moralischen Prinzipien und mehr geeignet zum Gebrauch von vernunftbegabten Wesen gefunden habe als alle anderen, die mir bekannt sind." Zitiert nach J.N. Farquhar, *Modern Religious Movements in India*, 1918, 30 ff. (Boyd, Introduction 19). Dass die Hindus immer wieder nur die Lehre Jesu hervorheben und nicht sein „heilbringendes" Leben, kommt daher, dass für sie ein „wahrer" Mensch, auch wenn er „Gottes" ist, nie Gott sein kann. Im hinduistischen Denken ist ein „wahrer" Mensch ein sich im Kreislauf der Wiedergeburten befindender Mensch.

Im Gegensatz zu Roy bekannte sich Sen in seinem erstaunlichen Büchlein „*That Marvellous Mystery – The Trinity*" (1882)[5] ausdrücklich zu einem dreifaltigen Gott. Als Erster bediente er sich der altehrwürdigen indischen trinitarischen Formel Saccidananda (= sat-cit-ananda, d.h. Sein, Geistigkeit und Wonne) für die christliche Dreifaltigkeit. Es ging Sen nicht so sehr um eine indische Formulierung, als um eine neue (indische) Erfahrung des dreifaltigen Geheimnisses.[6]

Sen selbst verdeutlichte sein Trinitätsverständnis mit diversen Beispielen. Wie dem auch sei, wichtig scheint in der Tat seine Faszination mit der je eigenen Dynamik der Trinitäts-Personen zu sein. Klar zum Ausdruck kommt diesbezüglich auch sein interreligiöses [und Ganzheits-] Anliegen.

> Der Apex [des göttlichen Dreiecks z.B.] ist der Gott Jehovah selbst, das höchste Brahman der Veden. Aus ihm kommt geradeaus nach unten der Sohn, eine Emanation aus der Gottheit. Auf diese Weise kommt Gott herab und berührt eine Seite der Menschheit; dann entlang den Boden [des Dreiecks] laufend durchdringt er die Welt; schließlich zieht er zu sich die regenerierte Menschheit durch die Kraft des heiligen Geistes. Gottheit, die zur Menschheit herabsteigt, ist der Sohn; Gottheit, die die Menschheit zum Himmel trägt, ist der heilige Geist. Dies ist die ganze Weisheit der Erlösung.[7]

Sen meinte, dass die verschiedenen Aspekte der Erlösung den besten Zugang zum „Verständnis" der Dreifaltigkeit bieten: der stille Gott (der im christlichen Verständnis im unzugänglichen Licht wohnende Vater) als *fons et origo* der Erlösung, der reisende Gott, der Sohn, als der Erlöser und der zurück-

---

5 Lectures II,10 (Boyd, Introduction 28). Wenn Sen sich der Ausdrücke „nature" und „substance" bedient, werden diese weder im klassischen Sinne dieser Worte gebraucht, noch sind sie wesentliche Kategorien seines Denkens. Sie bilden eher eine Brücke zu den Christen, die er ansprechen wollte. Vgl. das Zitat von Roys Lectures II,16.

6 Lectures II,17. (Boyd, Introduction 35): „Die Dreifaltigkeit der christlichen Theologie entspricht auffallenderweise dem Saccidananda des Hinduismus. Es sind drei Fälle, drei Manifestationen der Göttlichkeit. Dennoch gibt es einen Gott, ein Wesen und drei Phänomene. Nicht drei Götter sondern einen Gott. Ob allein oder der im Sohn Geoffenbarte oder der als heiliger Geist die Menschheit Belebende, es ist immer derselbe Gott, dieselbe identische Gottheit, deren Einheit trotz der Vielfalt der Manifestationen unteilbar besteht [...] Wer kann bestreiten, dass es eine wesentliche und ungeteilte Einheit in der so genannten Dreifaltigkeit gibt? Würde ich in einsamer Kommunion das Geheimnis des Wunders des Christentums, nämlich der Dreifaltigkeit, beschauen, so würde ich mit geschlossenen Augen, von Bewunderung angeschlagen und von erhabenem Schweigen umhüllt, meinen Finger so aufzeigen: oben, unten und innen; der Vater oben, der Sohn unten und der heilige Geist innen."

7 Ebd. (Boyd, Introduction 34).

kehrende Gott, der heilige Geist, der die Erlösung bewirkende und ihre Wirkung fortsetzende „Einfluss".[8]

Sen bezeichnete die Trinität mit der indischen Formel Saccidananda; dies war weder eine *captatio benevolentiae* noch ein undurchdachter Vorschlag. Sen war der Überzeugung, dass der eine Gott, die höchste Realität, unmöglich monochromatisch zu verstehen oder auszudrücken sei, genauso wie die Vielfalt der Richtungen unmöglich zu übersehen oder zu ignorieren ist. Der stille Gott ist weder mit dem reisenden noch mit dem zurückkehrenden Gott identisch, dennoch ist jeder vollständig Gott.

Sen bediente sich der Metapher von dem Vater „oben", dem Sohn „unten" und dem Geist „innen". Was oben ist, ist Ursprung und gibt Halt; es „erhält"; was unten ist, ist mit uns und um uns und gibt „In-halt" und verleiht Sinn; und letztlich, was innen ist, bewegt uns aus uns heraus zu gehen, „aus-zuhalten" in der Welt und ihren Herausforderungen zu entsprechen.[9]

Auf dem trinitarischen Hintergrund entwickelte Sen ein interkulturelles und interreligiöses Schöpfungsverständnis. Die Schöpfung scheint für Sen einerseits mit *Logos*, den er auch die *Weisheit* Gottes nennt, identisch, und andererseits ist sie seine sichtbare Gestalt. Wenn er nun Ausdrücke wie *Logos* und *Weisheit* in diesem Zusammenhang gebraucht, sind sie nicht an erster Stelle als christliche Ausdrücke anzusehen; wir dürfen Sens indischen Hintergrund nicht übersehen. *Logos* und *Weisheit* sind Paraphrasen vom *cit* in der indisch-trinitarischen Formel *Saccidananda*. Außerdem gilt das Wahrnehmbare, das Universum (angefangen von dem *Brihadaranyaka Upanishad* [3.3] bis zum Vaishnavismus) als der Leib Gottes, wobei in der indischen Geistesgeschichte der Leib von der Seele streng zu unterscheiden ist. Mehr noch: es ist die Seele (= der *Atman*), die den Leib belebt, so dass der Leib „in" der Seele ist und nicht umgekehrt. Interessant ist, wie Sen Schöpfung und Menschwerdung in Verbindung bringt. Genauso faszinierend ist seine Frage nach der Gotteskindschaft aller Menschen.

---

8   Dementsprechend stellt Sen folgendes Schema auf:

Vater	Sohn	Heiliger Geist
Schöpfer	Exemplar	Heiligender
Stiller Gott	Reisender Gott	Zurückkehrender Gott
ich bin	ich liebe	ich rette
Kraft	Weisheit	Heiligkeit
wahr	gut	schön
Sat (Sein/Wahrheit)	Cit (Bewusstsein/Geistigkeit)	Ananda (Glückseligkeit)

9   Man darf daran erinnern, dass Raum (= *akasha*) und Richtung (= *dik*) in der indischen Kosmologie aufs engste miteinander verbunden sind und das erste Element der Welthervorbringung darstellen (= *Shrishti*, „Schöpfung"). Sie deuten daher primär auf die Schöpfung hin. Das heißt, eine Raum-Richtung-Metapher evoziert immer schon die „mythische Gegenwart" der Seinsebene. Die hier anschließende Trinitätsdeutung Sens legt klar an den Tag, wie ganzheitlich und alles umfassend sein Trinitätsverständnis war.

Der Hinduismus und das Zweite Vatikanische Konzil

> Der Logos war der Anfang der Schöpfung und auch ihre Vollendung war der Logos – der Höhepunkt der Menschheit war der göttliche Sohn [...] Aber ist der Prozess der Evolution wirklich zu Ende? [...] Wenn es die Kindschaft gibt, dann sollte sie sich nicht in einem einzigen Menschen, sondern in der ganzen Menschheit entfalten. Fürwahr ist eine universelle Erlösung das Ziel der Schöpfung![10]

Der *Logos* ist nicht nur der Schöpfungsanfang, er ist auch ihre Vollendung. Der Höhepunkt der Menschheit ist der göttliche Sohn. Jesus war für Sen der göttliche Sohn. Einerseits sprach Sen vom Sohn des einfachen Zimmermanns, der über andere Menschen wegen seiner beinah übermenschlichen Weisheit und Kraft hinaus geht.[11] Andererseits hielt er den Sohn für göttlich. Der *locus classicus* für Sen (wie für die spätere indische Theologie) war der johanneische mantra-artige Satz, „Ich und der Vater sind eins" (Joh 10,30). Diese Einheit verstand er als eine mystische Kommunion, die der *kenosis* Christi entsprungen ist.

> Christus ignorierte und negierte sein Selbst gänzlich [...] Er vernichtete sein Selbst. Und in dem Maße, wie das Selbst abnahm, flutete der Himmel in die Seele [...] Denn [...] die Natur hasst ein Vakuum; daher, wenn die Seele frei vom Selbst ist, erfüllt die Göttlichkeit diese Lücke. Genauso war es mit Christus. Der Geist Gottes erfüllte ihn und deshalb war alles in ihm göttlich.[12]

Miteinander verknüpft sind die Entäußerung des Ego und das vom Geist Erfülltsein. Göttlichkeit ist mit der *kenosis* aufs Engste verbunden. Der kenotische Gedanke führt zu einem weiteren, äußerst fruchtbaren Gedanken der Durchsichtigkeit: Christus ist so sehr durchsichtig, dass der dreifaltige Gott in ihm sichtbar wird.

> [Jesus] manifestierte dieses göttliche Leben, wie dies kein anderer Mensch je getan hatte. Da ist Christus vor uns wie ein durchsichtiges kristallklares Reservoir, dessen Wasser göttlichen Lebens ist. Dort ist kein undurchsichtiges Selbst, um die Vision zu verhindern. Das Medium

---

10 Ebd. 14 (Boyd, Introduction 28). Diese christologischen Gedankengänge, von den meisten indischen Theologen ignoriert, finden eine weitere Entwicklung erst im Denken des Mystiker-Theologen Raimon Panikkar.
11 Lectures I,8 (Boyd, Introduction 29).
12 Lectures I,369. Lecture on India asks: Who is Christ? 1879. Auch hier dürfen wir uns von Sens von den Engländern beeinflusster Sprache des philosophischen Prinzips nicht irreführen lassen. Die hier entfalteten Gedanken zeigen ohne jeden Zweifel, dass sein philosophisches Prinzip upanishadischen Ursprungs, nicht westlicher Herkunft ist.

ist transparent und wir sehen durch den Christus hindurch, den Gott der Wahrheit und Heiligkeit, der in ihm wohnt.[13]

Sens Dreifaltigkeitsverständnis prägte seine Theologie mit einem anderen fruchtbaren Gedanken der Gemeinschaft von Gott, Mensch und Natur sowohl in der Schöpfung als auch in der Erlösung.

Der Vater manifestiert seine Weisheit und Barmherzigkeit unaufhörlich in der Schöpfung, bis sie die Gestalt der reinen Kindschaft in Christus annimmt und dann aus einem winzigen Christus-Samen eine ganze Ernte von zahllosen und sich immer mehr multiplizierenden Christus[-Gestalten] hervorgeht.[14]

Damit meinte Sen, dass jeder Mensch zur Christuswerdung geschaffen ist, ähnlich wie die Kirchenväter von „filii in filio" sprachen.

Christus ist in Euch schon gegenwärtig. Er ist in Dir, wenn Du Dir dessen nicht bewusst bist [...] Denn Christus ist „das Licht, das jeden in die Welt kommenden Menschen erleuchtet" [...] Er wird zu Dir in Gestalt der Selbstverneinung, der Askese, des Yoga, des göttlichen Lebens im Menschen, der gehorsamen und einfachen Kindschaft kommen.[15]

In jedem wahren Brahmanen, in jedem treuen Veda-Gläubigen am heiligen Gangesufer ist Christus, der Sohn Gottes [...] Das heilige Wort, der ewige Veda wohnt in jedem von uns [...] Steige in die Tiefe Deines eigenen Bewusstseins und Du wirst den innewohnenden Logos entdecken [...] Die wahre Anerkennung von Christus hat in Indien [schon] stattgefunden [...] es bleibt nur noch die Anerkennung nach dem Namen.[16]

Damit hinterließ Keshab Chandra Sen den sich interreligiös betätigenden indischen Theologen ein großartiges Erbe, eine Grundlage für eine Theologie, die anhand von einem interreligiösen Christus- und einem ganzheitlichen Schöpfungsverständnis, das einer trinitarischen Erfahrung entsprang, genug Potential, nicht nur für eine interreligiöse und interkulturelle Theologie, sondern auch für eine zeitgemäße Theologie der Welt liefert. Sein die ganze Schöpfung umfassendes Trinitäts- und sein als Bindeglied fungierendes Christusverständnis sind ein fruchtbares Erbe für eine bodenständige indisch-christliche Theologie.

---

13 Lectures I,373.
14 Lectures II,16. (Boyd, Introduction 32).
15 Lectures I,391-2 (Boyd, Introduction 38).
16 Lectures II,33.

Die dritte für unsere Diskussion interessante Person ist Bhawani Charan Banerji (1861–1907), ein Schulfreund von Vivekananda und ein Freund von Ramakrishna Paramahamsa und K. C. Sen. Banerji war ein hochbegabter Sanskrit-Gelehrter und Schriftsteller und Mitglied des Brahmo Samaj. Er trat 1891 in die anglikanische und später, im gleichen Jahr, in die römisch-katholische Kirche ein. Bei seiner Bekehrung entschied er sich für den Sanskrit-Namen *Brahmabandhav* (eine Annäherung an Theophilus[17]) *Upadhyaya*. *Brahmabandhavs* Geschichte ist ein Zeugnis für die verschlossene Haltung der „offiziellen" Kolonial-Kirche, die weder für die einheimische Kultur viel übrig hatte, noch sich der Entwicklung der eigenen Dogmengeschichte bewusst war. Hier ist aber nicht der Ort, seine Geschichte zu erzählen. Es genügt zu bemerken, dass die Geschichte der indisch-christlichen Theologie eine wesentlich andere hätte sein können, hätte die Kirche ein klein bisschen Verständnis für die Geistesgeschichte Indiens im Allgemeinen und für die Person von *Brahmabandhav* im Besonderen aufgebracht.[18] Der begeisterte Christ *Brahmabandhav* bleibt eine tragische Figur, Symbol für eine Zeit, die dazu neigte, die Wahrheit des Glaubens zu Glaubenssätzen zu reduzieren.[19]

Brahmabandhav war fest davon überzeugt, dass der gebildete Hindu keine große Schwierigkeit mit dem Christsein haben würde, würde man ihm dies in indischer Kleidung – ein beliebter Ausdruck *Brahmabandhavs* – vorstellen. Obwohl er sich am Anfang gegen das Vedanta-System wandte, gewann er im Laufe der Zeit die Überzeugung, dass man die christliche Religion in dieser Gestalt den Hindus vorstellen sollte. Dies hielt er für das geeignetste „Kleid", in dem der Hinduismus dem Christentum begegnen könnte. Leider war es ihm nicht gegönnt, das auszuarbeiten; daher wissen wir nicht, wie er dies durchgeführt hätte. Dennoch ist sein Beitrag, so scheint es mir, einmalig und bahnbrechend.[20]

17 Der Grund für diese Auswahl war die Tatsache, dass Theophilus derjenige war, der das Wort Dreifaltigkeit geprägt hatte; die Dreifaltigkeit war das Zentrum von Brahmabandhavs Spiritualität.
18 Nur als kleines Beispiel für diesen Geist schaue man sich den heute seltsam klingenden Buchtitel von Alfons Väth SJ an: Im Kampfe mit der Zauberwelt des Hinduismus. Upadhyaya Brahmabandhav und das Problem der Überwindung des höheren Hinduismus durch das Christentum, Berlin/Bonn 1928.
19 Glaube gehört zur Ebene des Seins und ein Glaubenssatz zur Ebene der Sprache.
20 Vgl. Madathilparampil M. Thomas, The Acknowledged Christ of the Indian Renaissance, London 1969, 104: „The theological approach of Brahmabandhav is motivated by his concern for an indigenous expression of Christian faith and life. It finds expression in his efforts for (a) an integration of the social structure of India into the Christian way of life; (b) the establishment of an Indian Christian monastic order; (c) the employment of Vedanta for the expression of Christian theology; and (d) the recognition of the Vedas as the Indian Old Testament".

Brahmabandhavs einmalige Leistung zeigen unter anderem zwei Sanskrit-Hymnen, *Vande Saccidanandam* und *Jaya Deva Narahare*. Der erste Hymnus richtet sich an die Dreifaltigkeit und der zweite an den Gott-Menschen Jesus.

Eine Analyse des Hymnus *Vande Saccidanandam* zeigt, dass er nicht nur eine der ersten, sondern auch eine der besten Früchte der Begegnung des Hinduismus mit dem Christentum darstellt. Abseits jeder Art vom Synkretismus drückt er eine Verbindung der intellektuellen Schärfe der westlichen christlichen Tradition und der mystischen Tendenz der östlichen Religionen aus.

Was die Form betrifft, besteht der Hymnus aus einem Refrain und vier Strophen. Der Refrain ist eine Anbetung der heiligen Wirklichkeit, die aus „Sein-Geistigkeit-Wonne" besteht. Die erste Strophe besingt die dreifache Eigenart dieser Wirklichkeit, die zweite die Eigenschaft des Seins, die dritte die Beschaffenheit der Geistigkeit und die vierte das Wesensmerkmal der Wonne. Der kulturelle Hintergrund des Hymnus ist deutlich upanishadisch, der Inhalt christlich-trinitarisch und die Stimmung (im ontologischen Sinne) die der Perichoresis zwischen dem transpersonalen Absoluten des Hinduismus und dem personalen Gott des Christentums.[21]

1. Das Zweite Vatikanische Konzil und der Hinduismus

Wie man in den Wald hineinruft, so schallt es heraus. Fast 2000 Jahre hat die katholische Kirche gebraucht, um offiziell Notiz vom Hinduismus zu nehmen und von ihm in ihren offiziellen Dokumenten zu sprechen. Seinerseits lässt sich nun der Hinduismus Zeit, den Widerhall erklingen zu lassen. Das ist lediglich eine Feststellung, eine Feststellung, die uns später einiges zu denken geben wird.

Vorerst zu unserem Text *Nostra aetate*. *Nostra aetate* ist ein gutes Beispiel, die Hermeneutik der Text-Wirkung zu exemplifizieren. Papst Johannes XXIII. wollte einen Text verfasst haben, der das katholische Verständnis gegenüber den Juden ein für alle Mal klären würde. Kaum nahmen die anderen religiösen Traditionen das konziliare Vorhaben wahr, brachten sie auch ihre Anliegen vor. Es war nicht möglich, das Anliegen von Papst Johannes XXIII. im Alleingang zu behandeln. Was daher herauskam, bekam gemischte Reaktionen.[22] 37 Jahre später sieht Walter Kardinal Kasper den 28. Okto-

---

21 Die Übersetzung und den Sanskrit-Text habe ich meinem Beitrag „Gott: Prinzip oder Person" (Anm. 1) beigefügt.
22 Selbst Richard Cardinal Cushing von Boston, einer der Hauptbefürworter des Dokuments, nannte es „einen guten Anfang", in: Rabbi Gilbert S. Rosenthal (The National Council of Synagogues), Forty Years of Nostra Aetate Program

ber 1965 als einen entscheidenden Termin in den Herzen von Juden und Christen.[23] Ganz zufrieden war wahrscheinlich niemand. Jede Person las (und liest noch heute) den Text von ihrem Vorverständnis her, von ihren herrschenden Interessen. Bekanntlich gibt es keine neutrale, „objektive" Lesart.

Selbst wenn wir uns die diversen (real-politisch gefärbten religiösen) Anliegen der verschiedenen Konzilsväter vor Augen halten,[24] wird es uns schwer fallen dem Konzilstext Gerechtigkeit widerfahren zu lassen. Denn jede Person liest nicht nur mit ihren Augen, sondern sie hat teil an dem Zeitgeist, zu dem sie gehört. 40 Jahre später: Was sagen wir zu *Nostrate aetate*? Jeder der Kommentatoren referiert einen Teilaspekt. Selbst wenn die Hoffnung besteht, dass diese Aspekte zusammen, gleichsam wie viele Mosaiksteine, ein Bild darstellen, das möglicherweise die unterschiedlichen Merkmale zu einer Einheit führen könnte, selbst dann darf man nicht übersehen: Der Text sagt immer mehr, als wir über den Text sagen.[25]

Der Teilaspekt, über den ich mich ausbreiten soll, heißt: „Der Hinduismus und die Katholische Kirche". Offensichtlich ist das Thema uferlos. Zum Glück setzt ihm der Anlass „40 Jahre *Nostra aetate*" Grenzen. Was können wir jetzt im Nachhinein hinzufügen?

Der gute Wille, den führende Hindus des achtzehnten, neunzehnten und am Anfang des zwanzigsten Jahrhunderts an den Tag legten, fand bei den Leitern der christlichen Kirchen – fast ausnahmslos – kein positives Echo. So kam es in der Tat zu keiner echten Begegnung zwischen Hinduismus und Christentum. In der zweiten Hälfte des zwanzigsten Jahrhunderts war der Fall umgekehrt. Der erstaunliche Beitrag der christlichen Denker und Forscher wird seitens der Hindus kaum beachtet, geschweige denn gewürdigt. Zusätzlich kommt die lautstarke Stimme einer rechtsradikalen Minderheit hinzu, die den Hinduismus als Staatsreligion Indiens sehen will. Diese Minderheit will nun die Rechnung für die Zeit der Kolonialisierung Indiens durch „die Christen" begleichen.

Suggestions, in: Central Council of American Rabbis, 10th Feb. 2005. http://ccarnet.org/Articles/index.cfm?id=325&pge_prg_id=3578&pge_id=1001.

23 Walter Cardinal Kasper, „Address on the 37th Anniversary of Nostra Aetate". Rome 28th October 2002. http://www.bc.edu/research/cjl/meta-elements/texts/cjrelations/resources/articles/Kasper_NA37.htm

24 Siehe z.B. Arturo V. Leon II, „Vatican II and the Jews". http://www.personal.psu.edu/users/a/v/avl110/secondvatican.htm: „There was a surge of anti-Semitic pamphlets circulating among the member of Vatican II and other high-ranking Church officials. One of these pamphlets even stated that Cardinal Bea was a Jew trying to infiltrate the Holy See. Thankfully this grassroots attempt to stop *Nostra Aetate* did little more than to anger the Council Fathers and the Pope himself."

25 Vgl. Paul Ricoeur, Interpretation Theory. Discourse and the Surplus of Meaning, Forth Worth 1976.

Dennoch darf man die positive Stimmung der Mehrheit der gebildeten, aber zunehmend säkularisierten Hindus nicht übersehen. Die Angriffe der rechtsradikalen Hindu-Minderheit gegen Christen und Muslime werden immer durch die positiv gesinnten Hindus erwidert. Diese Mehrheit will die Errungenschaft eines verfassungsmäßig säkularen Indiens auf keinen Fall aufgeben.

Das II. Vatikanische Konzil aber fand statt, bevor die rechtsradikalen Hindus lautstark wurden, also zu einer Zeit, wo es interreligiös gesehen relativ ruhig war.

Soweit ich informiert bin, hatten Hinduismus und Buddhismus im Gegensatz zu Judentum und Islam keine einflussreichen Befürworter am II. Vatikanischen Konzil. Dennoch fanden sie eine [anscheinend] positive Erwähnung in unserem Dokument. Sicherlich war von den Konzilsvätern eine Vertrautheit mit der Geschichte von M.N. Roy, Keshab Chandar Sen und Brahmabandhav Upadhyaya nicht zu erwarten. Vielleicht waren die ausländischen wie auch die einheimischen Bischöfe der indischen Kirche sich dieser Entwicklung auch nicht bewusst. Sicherlich haben manche von ihnen indische Theologen sogar ermutigt, sich dem Studium der hinduistischen Überlieferungen zu widmen. Aber im Nachhinein können wir feststellen, es fehlte bei der ganzen Diskussion (aus der Sicht der heutigen indisch-theologischen Perspektive) eine Hermeneutik der Religion und der Sprache der Religion. Gewiss hätte sie den Bischöfen und Theologen Indiens gute Dienste geleistet, ein Missionsverständnis zu ermöglichen, das einerseits dem Absolutheitsanspruch des Christentums Gerechtigkeit widerfahren lässt, und andererseits sie befähigt, auch den Wahrheitsanspruch anderer Religionen ernst zu nehmen.

2. Das Universum des Glaubens und das Pluriversum der Glaubenssätze

Jede Kultur hat ihren je eigenen Wahrnehmungs-, Verstehens- und Glaubenshorizont. Das sind nicht drei Horizonte, sondern drei Dimensionen desselben Horizonts. Der Wahrnehmungshorizont beschäftigt sich mit der Wahrnehmungswelt, wo der Akzent auf „Bedeutung" liegt. Die Eigenart der Bedeutung liegt in der Präzision der Sprache: Je präziser die Bedeutung der Begriffe, desto mehr verdient sie den Namen von Information.[26] Daher gehört die Verifizierung bzw. die Falsifizierung zu dieser Ebene. Offensichtlich hat Wahrnehmung mit der Welt der Dinge zu tun.

---

26 Der Wahrnehmungsebene kommt die „Objektivität" zu. Die weit verbreitete Meinung scheint anzunehmen, dass wir unser Vorverständnis ausschalten können und die Sachen objektiv wahrnehmen!

Anders jedoch der Verstehenshorizont, der sich mit der Welt von Personen beschäftigt. Hier sind weder Präzision noch Verifizierung bzw. Falsifizierung am Platz. Verstehen von Personen ist etwas wesentlich Anderes als Information über die Wahrnehmungswelt. Verstehen heißt einigermaßen in die Welt der anderen Person eintreten. Der Focus ist hier auf die „Bedeutsamkeit" der Welt der anderen Person gerichtet. Der Verstehenshorizont bedient sich der Metaphernsprache, die immer eine Art Welt darstellt.[27] Verstehen heißt Teilnahme an einer solchen Welt.

Ganz anders ist der Glaubenshorizont, der mit Lebenssinn zu tun hat.[28] Er ist der umfassende Sinnhorizont, unter dem sich der Wahrnehmungs- und Verstehenshorizont befinden. Der Glaubenshorizont bestimmt unsere Wahrnehmung und unser Verstehen. Er bestimmt z.B. unser Wahrheits- und Geschichtsverständnis.[29]

Der Westen ist daran gewöhnt sein Wahrheits- und Geschichtsverständnis als normativ für alle Völker und Kulturen anzunehmen. Der Grund dafür liegt darin, dass ihm bislang die Erfahrung der Interkulturalität fehlte. Aber diese Annahme setzt einfach voraus, dass immer und überall das westliche Denkmodell das einzig richtige ist. Dem steht jedoch die Tatsache entgegen, dass die verschiedenen Kulturen ihr je eigenes Verständnis von „Gott, Mensch und Welt" an den Tag legen. Das ist eine Tatsache, mit der der Westen noch nicht klargekommen ist. Philosophen wie Theologen aus dem Westen scheinen in dieser Hinsicht gemeinsame Sache zu machen.[30] Noch etwas: Die übertriebene Huldigung der Ratio, wie die Entwicklung der westlichen Traditionen zeigt, ist zumindest der indischen Kultur fremd.

Eine andere, mit schweren Konsequenzen verbundene These ist die Annahme, dass das Sein die Gesetze des Denkens befolgt. Das menschliche Denken ist eben nur *menschliches* Denken. Denn wie Raimon Panikkar uns erinnert: Die Vernunft macht nicht den ganzen *Logos* aus; der *Logos* macht nicht den ganzen Menschen aus und der Mensch macht nicht das ganze Sein aus.[31]

---

27 Vgl. Francis X. D'Sa, Art and Spirituality, in: Euntes Docete 8 (2003–2004) 9-28.
28 Wenn man vom Glaubenshorizont spricht, ist es wichtig den Unterschied zwischen Glauben und Glaubenssatz aufrechtzuerhalten.
29 Vgl. Francis X. D'Sa, Karmische und Anthropische Geschichte, in: Zeitschrift für Missions- und Religionswissenschaft 87 (2003) 163-180.
30 Um das durch eine persönliche Begebenheit zu erläutern: Bei einem Gastvortrag über „Anthropische und Karmische Geschichte. Eine Anstrengung um den Begriff der Geschichte" an einer renommierten philosophischen Hochschule in Deutschland war die erste Frage die nach der Wahrheit. Die Zuhörer waren erstaunt (und sprachlos), als ich mit einer Gegenfrage antwortete: „Nach wessen Verständnis?"
31 Raimon Panikkar, The Myth of Pluralism. The Tower of Babel – A Meditation on Non-Violence, in: Cross Currents 29 (1979) 197-230, hier 214f.

Francis X. D'Sa

Auf dem Hintergrund dieser Ausführungen soll es niemanden verwundern, dass die Konzilsaussagen über den Hinduismus (wie positiv auch immer sie gemeint waren) naiv und paternalistisch klingen.[32] Naiv, weil die ganze Sache mit „homines scrutantur et quaerunt" usw. die ungeheure Tatsache übersieht, dass für die gläubigen Hindus die „inexhausta fecunditas mythorum" schlechthin als *ewige ursprungslose Offenbarung* (= Veda) gilt.[33] Man stelle sich vor, dass ein Hindu-Konzil, mutatis mutandis, von der christlichen Offenbarung ähnliches ausgesagt hätte! Paternalistisch, weil hier ohne weiteres alles vom eigenen Standpunkt gesehen und beurteilt wird, ohne sich zu bemühen den Standpunkt der Hindus näher kennen zu lernen. Um aber den Konzilsvätern gerecht zu werden, muss man hinzufügen, dass sie die Hindus bestimmt nicht beleidigen wollten und dass sie, wiederum von ihrem Standpunkt aus, soweit gingen, wie es ihnen nur möglich war.

Leider ging dies aber aus der Perspektive der heutigen indischen Theologie nicht weit genug. Ihr Weg war eine Einbahnstraße, und dies kann aus dem heutigen Missionsverständnis[34] heraus nicht sehr sinnvoll sein. Denn es gibt keinen einleuchtenden Grund, warum die Kriterien der einen Kultur oder Religion gültiger sein sollten als die der anderen. Bringt man das Argument aus der Offenbarung, dann tun die anderen dasselbe aber mit dem Unter-

---

[32] *Nostra aetate* 2: „So erforschen im Hinduismus die Menschen das göttliche Geheimnis und bringen es in einem unerschöpflichen Reichtum von Mythen und in tiefdringenden philosophischen Versuchen zum Ausdruck und suchen durch aszetische Lebensformen oder tiefe Meditation oder liebend-vertrauende Zuflucht zu Gott Befreiung von der Enge und Beschränktheit unserer Lage." Problematisch in der Formulierung sind in meinen Augen die Ausdrücke: „erforschen", „bringen zum Ausdruck", „Mythen", „Versuchen", „suchen durch aszetische Lebensformen", „Befreiung" usw. Offenbar ist all das nur Menschenwerk („scrutantur, exprimunt, acutis conatibus […] quaerunt"). Dabei fällt kein Wort von der Offenbarung, deren Teil diese Mythen sind, kein Wort von der Gnade Gottes, die den „Versuchen" und dem „suchen" vorausgehen. Das Paternalistische in diesen einseitigen Konzilsaussagen kommt noch eklatanter im Lateinischen zum Ausdruck: „Ita in Hinduismo homines mysterium divinum *scrutantur* et exprimunt inexhausta fecunditate mythorum et acutis conatibus philosophiae, atque liberationem quaerunt ab angustiis nostrae condicionis vel per formas vitae asceticae vel per profundam meditationem vel per refugium ad Deum cum amore et confidentia."

[33] Vgl. Francis X. D'Sa, Offenbarung ohne einen Gott. Kumarilas Theorie der Worterkenntnis, in: Offenbarung. Geistige Realität des Menschen. Arbeitsdokumentation eines Symposiums zum Offenbarungsbegriff in Indien, hg. v. Gerhard Oberhammer (Publications of the De Nobili Research Library 1), Wien/Leiden 1974, 93-105.

[34] Vgl. exemplarisch Francis X. D'Sa, Missionarisch Kirche sein in Asien – Dialog der Religionen als Herausforderung, in: zur debatte 34:7 (2004) 15-16. Dass die hier skizzierte Problematik noch immer fremd bleibt, sieht man in Martin Üffing, Entwicklungen im Missionsverständnis, in: Verbum SVD 46 (2005) 89-117.

schied, dass sie von ihrer „ewigen" Offenbarung her argumentieren. Argumentiert man mit der Vernunft, dann steht dieser Weg auch den Anderen zur Verfügung, wieder mit dem Unterschied, dass der Weg der Vernunft bei ihnen anders aussieht und anders funktioniert!

Unter Menschen guten Willens gilt einfach die goldene Regel: „Alles, was ihr also von anderen erwartet, das tut [sagt] auch ihnen!" (Mt 7,12)

Heißt das, dass wir der Diktatur des Relativismus verfallen sind? Raimon Panikkar hat mehrere Male auf den Unterschied zwischen Relativismus und Relativität hingewiesen.[35] Relativismus bezieht sich auf die Wahrheit und Relativität auf die Relatio, die Beziehung. Die irdische Wirklichkeit, insbesondere die menschliche Person, besteht aus Beziehungen. Unser Wahrheitsverständnis basiert auf Beziehungen und Bedingungen. Das impliziert, dass, wenn auch die Wahrheit immer absolut ist, die irdische Rezeption immer eine geschichtlich bezogene und bedingte Rezeption bleibt. Die Relativität bestätigt die Wahrheit und beharrt auf ihrer Absolutheit, und die Wahrheit offenbart sich immer als absolut. Die irdische geschichtliche Wirklichkeit sorgt dafür, dass absolute Wahrheit in irdischen Gefäßen aufgenommen wird.

Heißt das, dass wir den Absolutheitsanspruch unserer Tradition aufgeben? Dass wir alles nivellieren und allen Beteiligten Recht geben? Diese Fragen hier zu erörtern, würde den Rahmen sprengen. Dennoch geziemt es sich, gewisse richtungsgebende Hinweise zu liefern.

Erstens zeigen die Fragen die Unentbehrlichkeit des Dialogs auf. Im Dialog geht es darum, dass wir die anderen so verstehen, wie sie sich verstehen, damit sie uns verstehen, wie wir uns verstehen. Nur im Dialog können wir den Standpunkt des anderen kennenlernen und uns mit ihm vertraut machen. Das impliziert aber, dass die anderen unseren Standpunkt im Dialog auch kennen lernen können. Wie bei jedem Diskurs gibt es im Dialog die Möglichkeit der gegenseitigen Korrektur und Ergänzung.

Vor dem Dialog jedoch sollte uns einiges klar sein: Zum einen, dass es einen wesentlichen Unterschied zwischen Glauben und Glaubenssatz gibt. Glaube befindet sich auf der Seinsebene und Glaubenssatz auf der Sprachebene. Die Sprache kann niemals das Sein einholen; der Glaubensausdruck kann niemals den Glauben ganz und gar ausschöpfen. Zum anderen geht unser Dialog-Gespräch immer nur über den Weg der Glaubenssätze. Man kommt mit dem Glauben des Anderen in Kontakt lediglich über den Weg der Glaubenssätze. Dies sollte uns bescheiden machen, was die Auslegung unserer Glaubenssätze betrifft. Der gegenseitige Glaubensaustausch könnte behilflich sein, unsere theologischen Ausdrücke im Lichte solchen Austausches zu präzisieren und vielleicht sogar zu korrigieren und zu ergänzen.

---

35 Vgl. Raimon Panikkar, Rückkehr zum Mythos, Frankfurt 1985, 18.20.128. 131.

Das ist kein Herabsetzen der Sprache, im Gegenteil. Das Glaubensuniversum west überwiegend in der Sprache (Wort, Logos[36]) einerseits und im Herzen der Gläubigen andererseits und beide werden vom Geist Gottes animiert. Der Heilige Geist ist gleichsam das Interface zwischen der Sprache und den Menschen. Die Intelligibilität des Universums hängt eben von diesem Geist ab und manifestiert sich in der Sprache. Daher rührt der gewichtige und einmalige Stellenwert der Sprache in der Geschichte und in der Heilsgeschichte. Vermittlung und Verständigung geschehen in der Sprache und durch die Sprache. Jede geschichtliche Sprache ist sozusagen eine Teilmanifestation der Sprache.

Deshalb darf man nicht meinen, dass die Sprache beliebig instrumentalisiert werden kann. Selbst wenn ein Aspekt der Sprache uns zur Verfügung steht, entgeht uns das Wesen der Sprache.[37] Unsere Formulierungen, so heilig sie auch sein mögen, können das Geheimnis weder gänzlich noch adäquat zum Ausdruck bringen. Sie zu verabsolutieren wäre töricht.[38] Dennoch ver-

---

36   Mit der Übersetzung des griechischen *logos* als „Sprache" anstelle des gebräuchlicheren „Wort" folge ich Hans-Georg Gadamer, der seine Abhandlung „Mensch und Sprache", veröffentlicht in seiner Reihe „Kleine Schriften" 1 (Tübingen 1976) 93-101, mit der ausdrücklichen Feststellung beginnt: „Es gibt eine klassische Definition des Wesens des Menschen, die Aristoteles aufgestellt hat, wonach es das Lebewesen ist, das Logos hat. In der Tradition des Abendlandes wurde diese Definition in der Form kanonisch, daß der Mensch das animal rationale, das vernünftige Lebewesen, d.h. durch die Fähigkeit des Denkens von den übrigen Tieren unterschieden sei. Man hat also das griechische Wort Logos durch Vernunft bzw. Denken wiedergegeben. In Wahrheit heißt dieses Wort auch und vorwiegend: Sprache." (95)
37   Mit Wesen will ich auf die Infinitiv-Form vom Verbum Sein verweisen.
38   Vgl. Karl Rahner, Von der Unbegreiflichkeit Gottes. Erfahrungen eines katholischen Theologen. Freiburg 2004, 25-31, va. 30f: „In der Theologie sagt man vieles, und dann hört man auf und meint gegen seine eigenen Grundüberzeugungen, daß man jetzt wirklich am Ende sei und aufhören könne, daß die paar Aussagen, die man gemacht hat, die allen metaphysischen und existentiell radikalen Durst stillenden Aussagen seien und nicht (wie es in Wahrheit ist) die Aufforderung, zu merken, daß man mit all diesen Aussagen letztlich nur in jene antwortlose Aporie geraten solle, die nach Paulus (2 Kor 4,8) die Existenz des Menschen ausmacht. Ich möchte hier und kann hier nicht über die Unbegreiflichkeit Gottes und damit die wahre Sache der Theologie ausführlicher reden, ich möchte nur die Erfahrung bezeugen, daß der Theologe erst dort wirklich einer ist, wo er nicht beruhigt meint, klar und durchsichtig zu reden, sondern die analoge Schwebe zwischen Ja und Nein über dem Abgrund der Unbegreiflichkeit Gottes erschreckt und selig zugleich erfährt und bezeugt. Und ich möchte nur bekennen, daß ich als einzelner armer Theologe bei all meiner Theologie zu wenig an diese Analogheit aller meiner Aussagen denke. Wir halten uns zu sehr in der *Rede* über die Sache auf und vergessen bei all dieser Rede im Grunde die beredete Sache selber."

gessen wir dies, wenn wir die anderen Religionen und ihren Wahrheitsanspruch besprechen.

Der Glaubensaustausch trägt dazu bei, unser Vorverständnis zu berichtigen, zu erweitern und zu vertiefen. Gerade in unserer Zeit ist deutlich geworden, wie viele Vorurteile auf dem Weg der gegenseitigen Verständigung zwischen den Religionen am Werk sind.[39] Fast jede Tradition hegt Vorurteile den anderen Traditionen gegenüber. Ohne Dialog der Kulturen ist es unmöglich für die einzelnen Kulturen, sich der eigenen Scheuklappen bewusst zu werden.

Zweitens darf man nicht übersehen, dass ein und dasselbe Geheimnis überall und in allem waltet.[40] *Gaudium et spes 26* sagt: „Der Geist Gottes,

---

39 *Dialog und Verkündigung* spricht von vier Arten des Dialogs: Dialog des Lebens, Dialog des gemeinsamen Engagements, Dialog der Experten und Dialog des spirituellen Austausches. Während die ersten zwei Arten, wichtig und unentbehrlich wie sie sind, gegenseitiges Vertrauen und Verstehen erzeugen, beabsichtigt die dritte Art, nämlich der Dialog der Experten, Klärung und Beseitigung von Missverständnissen. Der eigentliche Dialog aber findet sozusagen im spirituellen Austausch statt. Vgl. Päpstlicher Rat für den Interreligiösen Dialog/Kongregation für die Evangelisierung der Völker, Dialog und Verkündigung. Überlegungen und Orientierungen zum Interreligiösen Dialog und zur Verkündigung des Evangeliums Jesu Christi. 19. Mai 1991 (Verlautbarungen des Apostolischen Stuhls 102), Bonn 1991, 43.

40 Die Enzyklika *Redemptoris Missio* Nr. 28 (Verlautbarungen des Apostolischen Stuhls 100, Bonn 1990) drückt dasselbe im vertrauten Idiom christlicher Sprache aus: „Der Geist offenbart sich auf eine besondere Weise in der Kirche und in ihren Mitgliedern. Nichts destoweniger ist seine Gegenwart und sein Wirken universal, eingegrenzt weder von Raum noch Zeit […] Die Gegenwart und das Handeln des Geistes berühren nicht nur einzelne Menschen, sondern auch die Gesellschaft und die Geschichte, die Völker, die Kulturen, die Religionen." Vgl. Die deutschen Bischöfe, Allen Völkern Sein Heil. Die Mission der Weltkirche. 23. September 2004, hg. vom Sekretariat der Deutschen Bischofskonferenz 76, Bonn 2004, 41: „Der Geist wirkt schon in Menschen und Kulturen, bevor Missionare zu wirken beginnen. Aber deren Aufgabe ist es, sein Wirken im Licht des Evangeliums zu erschließen." Anders: The Spirit at Work in Asia Today. Statement of the Office of Theological Concerns of the Federation of Asian Bishops Conferences, Samphran/Thailand, May 1997, in: For all the Peoples of Asia. Documents of the FABC [=Federation of Asian Bishops' Conferences] from 1997 to 2001, Vol. III, ed. Franz-Josef Eilers, Manila 2002, 320: „In this journey [into our deeper selves and in the quest for the Kingdom of God], we cannot but be struck by the fact that the sacred writings of our neighbours of other faiths – Bhagavadgita, Dhammapada, Tao Te Ching, Qu'ran, etc. – have inspired generations of women and men to face the various situations in their lives; they have been a source of spiritual nourishment, constant strength, consolation and hope. Furthermore, they have effected profound transformations in the life of countless women and men and have been a source of inspiration for social and political transformation as well as of harmonious relationship with nature and the entire creation."

dessen wunderbare Vorsehung den Lauf der Zeiten leitet und das Antlitz der Erde erneuert, steht dieser Entwicklung bei." Und *Gaudium et spes 38* fährt fort:

> Christus [wirkt ...] schon durch die Kraft seines Geistes in den Herzen der Menschen dadurch, dass er nicht nur das Verlangen nach der zukünftigen Welt in ihnen weckt, sondern eben dadurch auch jene selbstlosen Bestrebungen belebt, reinigt und stärkt, durch die die Menschheitsfamilie sich bemüht, ihr eigenes Leben humaner zu gestalten und die ganze Erde diesem Ziel dienstbar zu machen.

Wiederum ist es der Geist, der die „Samen des Wortes" sät und in den diversen Gewohnheiten und Kulturen gegenwärtig wohnend alle zur vollen Reife in Christus führt.[41]

Das sind gewaltige Aussagen, die das Verhältnis von Gott, Mensch und Welt darstellen. Das ist ja eigentlich das Universum des Glaubens (= universe of faith), von dem und zu dem hin alle Menschen und ihre Kulturen hingezogen werden. Der Absolutheitsanspruch bezieht sich auf dieses Glaubensuniversum. Nur in Bezug auf dieses Universum entfalten die verschiedenen Religionen ihre jeweiligen Glaubenssätze – das ist das Pluriversum der Glaubenssätze (= pluriverse of belief).

3. Schlussbemerkung

Summa summarum: Für unser Unterfangen ist es außerordentlich wichtig zu unterscheiden zwischen dem, wie das Konzil das Wesen und Wirken des hohen heiligen Geheimnisses in der Welt und ihrer Geschichte aus seiner eigenen Glaubensperspektive betrachtet (z.B. *Gaudium et spes 26* und *38*) und dem, wie es die Offenbarungsaussagen des Hinduismus beurteilt (z.B. *Nostra aetate*). Der erste Vorgang ist voll und ganz berechtigt; der zweite nicht.

Jeder Tradition steht es zu, ihre eigene Vision von Glaubensperspektive zu entfalten, was Gott, Welt und Mensch angeht. Das ist sogar sehr zu empfehlen. Denn nur in solcher Glaubensperspektive wird der jeweilige Stellenwert vom Leben in der Welt deutlich, was für den Dialog von großer Bedeutung ist. Dadurch treten die gegenseitigen Stärken und Schwächen schärfer in den Vordergrund. Es ist methodologisch nicht vertretbar, die einzelnen Punkte zu vergleichen, ohne die Gesamtvision in Betracht zu ziehen.

Ganz anders ist der zweite Vorgang zu beurteilen. Denn hier spricht man über etwas, wovon man keine Glaubenserfahrung hat. Die Glaubenserfah-

---

41 Vgl. *Redemptoris missio* Nr. 28.

rung, was das Christus-Ereignis in Jesus angeht, gibt den Christen weder Recht noch Halt über die eigenen Glaubensaussagen der anderen Religionen ein Urteil zu fällen. Religion ist keine Sache der Information, über die man „neutral" urteilt. Die Wahrheit einer Glaubensaussage ist nicht zu vergleichen mit der Wahrheit einer Aussage, die verifizierbar bzw. falsifizierbar ist. Die Glaubenserfahrung der anderen Tradition lernen wir nur im Dialog des spirituellen Austausches kennen; Sinnhaftigkeit kommt nur solcher Erfahrung zu. Selbstverständlich ist das Sinnvollsein keine Gefühlssache, weil es sich auf der Seinsebene ereignet. Dementsprechend erscheint das Leben als sinnvoll.

40 Jahre nach dem II. Vatikanum merke ich, dass unser Glaubens- und Verstehenshorizont anders geworden ist. In eigenen Glaubenssachen sind wir kritischer aber bescheidener und, was den Glauben der anderen angeht, vorsichtiger und offener geworden. Ein gewisses Verlangen nach Fairness besonders in Bezug auf die Glaubenssätze der anderen ist im Werden, eine gewisse Einsicht, dass unsere Sache nicht unbedingt dadurch besser oder wahrer sein wird, wenn wir die Sache der anderen negativ beurteilen.

Die Dokumente eines Konzils sind Meilensteine, die einerseits dokumentieren, wie weit wir gekommen sind, die aber andererseits uns mahnen, wie weit wir noch zu gehen haben.

DIE BEGEGNUNG ZWISCHEN HINDUISMUS UND CHRISTENTUM IN INDIEN

Anstöße und Erfahrungen

Anand Amaladass SJ, Chennai / Indien

Die Zielrichtung dieses Vortrags leitet sich ab von dem Dokument, dessen 40-Jahre-Jubiläum wir nun feiern.[1] Hinter der Offenheit zum Dialog, welche in *Nostra aetate* zum Ausdruck gebracht wurde, steht folgende Argumentation: Auf der Grundlage der Lehre, dass allein Gott das letzte Ziel aller Völker wie auch ihr Ursprung ist, und der Feststellung, dass „[s]eine Vorsehung, die Bezeugung seiner Güte und seine Heilsratschlüsse [...] sich auf alle Menschen" erstrecken, fordert die Erklärung die Christen auf, „mit Klugheit und Liebe, durch Gespräch und Zusammenarbeit mit den Bekennern anderer Religionen [...] jene geistlichen Güter und auch die sozial-kulturellen Werte, die sich bei ihnen finden, an[zu]erkennen, [zu] wahren und [zu] fördern."[2]

Für Indien bedeutend ist ein anderes, späteres Dokument, *Fides et ratio* (1988), wo ihm, wohl erstmalig, ein besonderer Platz gegeben wird. „Den Christen von heute, vor allem jenen in Indien, fällt die Aufgabe zu, aus diesem reichen Erbe die Elemente zu entnehmen, die mit ihrem Glauben vereinbar sind, so dass es zu einer Bereicherung des christlichen Denkens kommt" (Nr. 72).

Es ist hier nicht der Ort, über die Bedeutung des Dialogs zu reden, um jemanden von ihm zu überzeugen. Dazu ist genügend geschrieben worden, und dennoch bestehen die Ambiguitäten und Unsicherheiten in Bezug auf den Dialog weiter. Aber was dabei nicht bemerkt wird, ist die Tatsache, dass Befürworter und Gegner des Dialogs nicht über denselben Gegenstand zu reden scheinen. Das rührt von der Natur des Dialogs selbst her. Alles, was über den Dialog gesagt wird, lässt sich nicht in rational verifizierbarer Form erwerben, damit man es durch zertifizierbare professionelle Fertigkeiten ausüben könnte; es entsteht vielleicht aus tiefer Irritation, da es sich um ein

---

1 Überarbeitete Version eines Vortrags, der auf der *Nostra aetate* – Konferenz an der Pontificia Università Gregoriana in Rom (25.–28. September 2005) gehalten wurde. Aus dem Englischen übersetzt von Christian Hackbarth-Johnson.
2 *Nostra aetate* 1 u. 2.

Abenteuer der Ideen handelt. In jedem Fall steht im Fokus des Dialogs das Verlangen, die religiöse Dimension der Menschen in all ihrer Verschiedenheit zu verstehen. Aber es steht vor dem Hintergrund des Weltgeschehens mit aller verfügbaren hochentwickelten Technologie und mit all dem dadurch erreichbaren Wohlstand, wo anscheinend selbst die etablierten Religionen ihren Frieden mit dem machen, was ihren Prinzipien widerspricht.

Teil I. Lernerfahrungen durch inter-religiöse Begegnungen[3]

Ist der interreligiöse Dialog eine christliche Initiative?

Die christliche Gemeinschaft beansprucht für sich, dass der interreligiöse Dialog eine christliche Initiative sei. In der Tat, im Vergleich zu der Menge an theologischer Reflexion zu dem Thema, wie wir sie über die christliche Welt verteilt finden, gibt es in den anderen Religion der Welt wenig geschriebenes Material. Es war meine christliche Tradition, die mich dafür ausgebildet und dazu angeleitet hat, in den Dialog mit anderen Religionen zu treten, insbesondere mit dem Hinduismus. Selbst einige meiner hinduistischen Kollegen haben sich öffentlich dahingehend geäußert, dass es sich beim Dialog um die Sorge religiöser Minderheiten ums Überleben handelt; die Mehrheitsreligionen würden keinen Bedarf dafür sehen. Es ist eine Tatsache, dass praktisch jede Diözese der (katholischen) christlichen Gemeinschaft in Indien ein Dialogzentrum hat, und dass eine ganze Reihe von Christen[4] über den einen oder anderen Aspekt des Hinduismus gearbeitet haben, was in umgekehrter Weise von den hinduistischen Partnern nicht gesagt werden kann.

Wenn der Dialog zugegebenermaßen ein spezifisch christliches Abenteuer ist, muss dennoch eingeräumt werden, dass das Christentum nicht die ganze Ehre für sich beanspruchen kann. Weitsichtige Menschen haben den Wandel in der säkularen Welt und die Bedeutung der religiösen Vielfalt gesehen und ließen sich darauf ein, gegen allen Widerstand, bis die religiösen Institutionen eines Tages selbst so weit waren, diesen anzuerkennen. Mit anderen Worten, als *Nostra aetate* vor 40 Jahren formuliert wurde, wurde nicht zum ersten Mal ein Dialog initiiert, um in den Herzen der Menschen einen Wandel zu bewirken, sondern es wurde anerkannt, dass es diesen bereits gab. Es gab Menschen innerhalb der eigenen Tradition den Anstoß, in ihr nach all den vergessenen und marginalisierten Denkern der Vergangenheit zu forschen

---

3   Inspiriert hat mich James W. Heisig, *Six Sutras* on the Dialogue among Religions, in: Nanzan Bulletin 25 (2001) 7-17.
4   Vgl. Indian Christian Thinkers, hg. v. Anand Amaldass, Chennai 2005.

Die Begegnung zwischen Hindiusmus und Christentum in Indien

und ihre Ideen wieder in den Mittelpunkt zu stellen. So wurde das Gewicht der alten Tradition des Dialogs eingebracht, um den Prozess des Dialogs zu fördern, was in der Geschichte jeder religiösen Tradition etwas Normales ist.

Dies führte dann auch zu der Entdeckung dialogischer Potentiale in den anderen Religionen. Es erschienen mehrere Publikationen über die hinduistischen dialogischen Traditionen.[5] Einige Beispiele seien hier zitiert. Die Geschichte der Dialogtraditionen in Indien geht zurück auf die Edikte Ashokas, welche die Achtung gegenüber anderen Religionen verkündet haben. Das Studium der *Bhagavadgita* führte zu der Entdeckung der inklusivistischen Tendenz des Hinduismus, wo der Gott Krishna den absoluten Anspruch erhebt, der höchste Herr zu sein, Anfang, Mitte und Ende von allem. Er sei die einzige Quelle des Heils, und die anderen, auch wenn sie sich dessen nicht bewusst sind, würden allein durch ihn gerettet, da er das aller Existenz zugrundeliegende Prinzip ist. Wenn man in die Geschichte der hinduistischen Theologie schaut, ist es von Bedeutung herauszufinden, wie die Begriffe der Gnade und der Offenbarung im einzelnen behandelt wurden, und wie man Wege fand, andere Glaubensformen in den hinduistischen Rahmen einzugliedern.[6]

Es gab Dialoginitiativen unter Hindus. Zum Beispiel machte Ramalinga Vallalar (1823–1874) in Südindien den Versuch, Menschen zusammenzubringen, um sich in einer universalen Religion zusammenzuschließen. Er baute einen Tempel, in dem nur Licht als das Hauptsymbol des Göttlichen vorhanden war. Dorthin waren alle eingeladen, um gemeinsam Gottesdienst zu feiern. Heute gibt es Dialogzentren, die von Hindus organisiert werden, und sie laden Christen ein, sich zu beteiligen. Dieser Prozess hat ein zweifaches Ziel, zum einen, die Anhänger der jeweils eigenen Tradition zu schulen, und zweitens, ein Forum zu schaffen, um über das Dasein der anderen etwas zu erfahren. Die Offenheit, dabei die Stimmen anderer Traditionen zu hören, ist ein positives Signal.

Trotz verschiedener negativer Faktoren – gewalttätige Zusammenstöße zwischen unterschiedlichen religiösen Gruppen in einigen Teilen Indiens, hinter denen menschliche Faktoren stehen – wächst in beiden Gemeinschaften, bei Hindus wie bei Christen, das Bewusstsein der Präsenz des jeweils anderen. Anders gesagt, man definiert sich gegenseitig, was im Zusammen-

---

5   Vgl. John B. Chethimattam, Dialogue in Indian Tradition, Bangalore 1969.
6   Vgl. Jayanta Bhatta aus Kashmir (8. Jh. n. Chr.) und seine Arbeiten über die verschiedenen Offenbarungstheorien, *Nyayamanjari*, *Agamadambara* usw. Das letztgenannte Werk (*Agamadambara* – „Begegnung der Religionen") ist ein Drama in vier Akten, in denen die multireligiöse Situation in Indien angesprochen und eine vorläufige Lösung der Konflikte zwischen den religiösen Sekten gegeben wird.

leben ein normaler Vorgang ist. Dabei gibt man den anderen Raum und versucht nicht, sie zu eliminieren. Dieser Vorgang entwickelt sich langsam aus der Situation des Dialogs im Lebensalltag heraus.[7]

Der Prozess der Interaktion mit dem Hinduismus in Indien erhielt Aufschwung nach dem II. Vatikanum. Wir sollten aber nicht die großen Leistungen früher christlicher Denker wie Roberto de Nobili[8] (1577–1656), Brahmabandhab Upadhyay[9] (1861–1907) und Pierre Johanns[10] (1882–1955) vergessen, die den Weg für eine indische christliche Theologie bereiteten. In der Zeit nach dem Konzil lassen sich in der indischen katholischen Literatur drei Hauptrichtungen feststellen: eine spirituell-kontemplative, die philosophisch- theologische und die sozio-politische. Katholische Theologen wie Monchanin (1895–1957), Abhishiktananda (Henri Le Saux, 1910–1973), oder Bede Griffiths (1906–1993) sind Pioniere in der ersten Richtung. Ihre Schlussfolgerungen sind: (1) Christus ist bereits in Indien. Unsere Rolle ist es, den heiligen Samen, der durch den Geist in die Herzen und Traditionen Indiens gesät wurde, zum Keimen zu bringen. (2) Indien hat vom Schöpfer die besondere Gabe der Innerlichkeit empfangen, eine Ausrichtung des Geistes nach innen, die einzigartig ist. Die zweite Richtung in der gegenwärtigen indischen Theologie wird repräsentiert durch die Schriften von Gelehrten wie Raimon Panikkar (*1918), John B. Chethimattam (*1922), Klaus Klostermeier und anderen. Die dritte Richtung ist die populärste der drei, die sozio-politische, zu der Sebastian Kappen (1924–1993) gehört.

Alle diese eben zitierten Namen gehören zur katholischen Tradition. Man sollte aber die Beiträge der protestantischen Kirchen in Indien nicht übersehen. Andreas Nehring stellt in einer neueren Publikation, *Orientalismus und Mission* (2003)[11], die lutherische Mission in Tamil Nadu (Südindien) dar. Unter vielen anderen sticht Bartholomäus Ziegenbalg, der 1706 in Indien eintraf, als führende Gestalt hervor. Karl Graul (1814–1864) interpretiert

---

7   In seinem Buch: The Argumentative Indian. Writings on Indian History, Culture and Identity, Allen Lane 2005, zeigt Amartya Sen auf, dass indische Kultur nicht nur den Beitrag der Mehrheitskultur, der Hindus, bedeutet, sondern aus den Beiträgen der Parsen, Muslime, Christen, Hindus und anderer besteht.

8   Preaching Wisdom to the Wise. Three Treatises by Roberto de Nobili SJ, Missionary and Scholar in the 17th Century in India. Translated and introduced by Anand Amaladass SJ and Francis X. Clooney SJ, St. Louis 2000.

9   Julius Lipner/George Gispert-Sauch (ed. and transl.), The Writings of Brahmabandhab Upadhyay (2 Vol.), Bangalore 2002.

10 To Christ Through Vedanta, Pierre Johanns (146 Aufsätze, die in der *Light of the East* in Kalkutta in den Jahren 1922-1934 erschienen sind), zusammengestellt von Theo De Greeff.

11 Andreas Nehring, Orientalismus und Mission. Die Repräsentation der tamilischen Gesellschaft und Religion durch die Leipziger Missionare 1840–1940, Wiesbaden 2003.

einen alten tamilischen Text, den *Tirukkural*, nach der lutherischen Lehre der drei Hierarchien – Kirche, Staat und Familie –, die zu den drei Kapiteln des tamilischen Textes korrespondieren (*aram, porul* und *inbam*). Shivaiten wie Vishnuiten beanspruchen diesen Text für sich. George Uglow Pope meint, dass dieser Text christliche Gedanken widerspiegelt. Graul dagegen betrachtet ihn als jainistischen Text und findet in ihm ein reformatorisches Muster, das brahmanische Kastengesetze mit ethischen Normen ersetzt. Er hat diesen Text ins Deutsche übersetzt.[12] Hilko Wiardo Schomerus und Arnos Lehman haben verschiedene shivaitische Texte ins Deutsche übersetzt und so diese Tradition bei europäischen Gelehrten bekannt gemacht.

Die brillanten Köpfe unter den christlichen Missionaren, die nach Indien kamen, hatten Probleme mit ihren europäischen Herren. B. Ziegenbalg (1683–1719) zum Beispiel, ein talentierter lutherischer Missionar, verfasste einen Text, *Die Genealogie der malabarischen Götter,* und sandte ihn an die Dänische Missionsgesellschaft in Europa. Die Zentrale in Europa reagierte verärgert und schrieb zurück: „Wir sandten Dich nach Indien, um das Heidentum auszumerzen und nicht, um den heidnischen Unsinn hier in Europa zu propagieren." Das Ergebnis war, dass das Manuskript nie veröffentlicht wurde. Erst jetzt, in Vorbereitung des 300. Jahrestages seiner Ankunft in Indien, wurde es veröffentlicht.[13] Etwas Ähnliches geschah einem italienischen Jesuiten, Roberto de Nobili (1577–1656), mit dem Vatikan.[14] Dies gehörte zur Ära vor *Nostra aetate.*

Der Prozess des Dialogs mit dem Hinduismus in Indien begann zuerst hauptsächlich in der Form der Inkulturation mit ihm zu interagieren. Es sind verschiedene Faktoren, die zu diesem Phänomen der Inkulturation beitragen. Einige Hindus erheben den Vorwurf, dass die Christen in Indien mit ihrer Art des Gottesdienstes und ihrer Loyalität Außenseiter bzw. Ausländer sind. Die indischen Christen selbst empfanden die Notwendigkeit, den Ausdruck ihres Glaubens und die Formen des Gottesdienstes zu indigenisieren bzw. zu inkulturieren. Wenn auch dieser Prozess in der katholischen Kirche nach dem II. Vatikanischen Konzil Auftrieb bekam, können die Katholiken nicht alles Lob in dieser Hinsicht für sich beanspruchen. Die nestorianische christliche Tradition zum Beispiel hatte in ihrer Darstellung der christlichen Botschaft buddhistische Vorbilder verwendet. Die hervorstechendsten sind: das nesto-

---

12   Der italienische Jesuit Costanzo Giuseppe Beschi (1680–1747?) hat den Text ins Lateinische und George Uglow Pope (1820–1908) ins Englische (1886) übersetzt. August Friedrich Caemmerer (1767–1837) hatte ihn bereits im Jahr 1800 ins Deutsche übersetzt, Grauls Übersetzung geschah 1856.
13   Bartholomäus Ziegenbalg, Genealogie der malabarischen Götter, hg. v. Daniel Jeyaraj, Halle 2003.
14   Vgl. Ines G. Zupanov, Disputed Mission. Jesuit Experiments and Brahminical Knowledge in Seventeenth-Century India, New Delhi 1999.

rianische Kreuz steht auf einem Lotusblatt, Jesus als der gute Hirte wird als Bodhisattva dargestellt und Mani zeichnete Thomas als Buddha. Hans-Joachim Klimkeit meint dagegen, dass diese manichäische Berührung mit dem Hinduismus zum kulturellen Milieu Zentralasiens gehört und sich nicht wirklich auf indischem Boden etabliert hätte.[15] Viel wurde geschrieben über das Jebalayam (Gebetsraum) des Kristu-Kula Ashram bei Tirupattur (Tamil Nadu), der zwischen 1928 und 1932 von Savarirayan Jesudasan und Ernest Forrester-Paton (1891–1970) gebaut wurde, eine kleine Kapelle, die von einem *vimana* überdacht war, deren Eingang aus einem *mandapam* (Säulenhalle) bestand und die umgeben war von einem kleinen Garten und einer Mauer, durch die ein Eingangstor in der Form eines *gopuram* (Tempeltor) führte – alles im Stil eines hinduistischen Tempels. Dies sind einige wenige Beispiele, um zu zeigen, dass der Prozess der Inkulturation bereits in der Luft lag.

Konkret übernahmen und entlehnten Christen hinduistische religiöse Symbole, um christliche Vorstellungen zu interpretieren, und in ihren liturgischen Gottesdienst integrierten sie Bhajangesänge, Blumenopfer, Räucherstäbchen (*agarpatti*), das Schwenken von Lichtern (*arati*), Öllampen statt Kerzen usw. Mit viel Enthusiasmus wurden liturgische Hymnen in klassischem Karnataka- oder Hindusthani-Stil komponiert, man trug einen safranfarbenen Schal statt der traditionellen Messgewänder usw. Von den westlichen Missionaren wurde dies als zu nationalistisch kritisiert, und manche brachten die Befürchtung zum Ausdruck, dass dieser Prozess mit der Zeit die christliche Identität zerstören würde, indem die einfachen Leute verwirrt würden und keinen Unterschied mehr sehen könnten zwischen den hinduistischen Formen des Gottesdienstes und der christlichen Liturgie. Die Befürchtung wurde vorgebracht mit Hinweis auf das Beispiel der buddhistischen Tradition in Indien, insofern der Buddha als einer der Avatare des Vishnuismus integriert wurde: Das einfache Volk, das die Höhen der metaphysischen Spekulation des Mahayana-Buddhismus nicht nachvollziehen konnte, kehrte zurück zu den, wenn auch modifizierten, früheren hinduistisch-tantrischen Praktiken. Die hinduistische Kultur sei so flexibel, dass sie alle guten Dinge in sich absorbieren könne, und so wäre der Buddhismus praktisch aus dem Land eliminiert worden.[16] Der österreichische Indologe Gerhard Oberhammer schrieb sogar, dass es nicht undenkbar sei, dass Jesus Christus schlussendlich ein Avatar der Vishnu Tradition und das Neue Testament problemlos ein Teil der Vaishnava Schriften werden könnten. Nur die

---

15 Vgl. Hans-Joachim Klimkeit, Hindu Deities in Manichaean Art, in: ZAS 14/2 (1980) 182.
16 Stephen Fuchs, Inculturation: An Anthropological and Theological Perspective, in: Dialogue in Action, hg. v. Lars Thunberg et al., New Delhi 1988, 134-151.

Christen würden ihre Identität verlieren. Doch sind diese Befürchtungen grundlos.

Auf der anderen Seite wird der Prozess der Inkulturation von einigen Teilen der Christen selbst abgelehnt, indem sie sagen, dass die Inkulturation, so weit sie bisher umgesetzt wurde, einseitig sei, insofern sie die sanskritisch/ brahmanische Hochkultur übernommen habe,[17] während die Stammes-, *dalit*, buddhistischen oder islamischen Traditionen ignoriert würden. Im Nachhinein gesehen, könnte man sagen, dass sie ein Stück weit recht haben, wenngleich es gerechtfertigt werden kann, dass man sich in dieser Anfangsphase erst einmal an der vorrangigen lebendigen Tradition Indiens (dem Hinduismus der Sanskrittradition) orientiert hatte. Doch hat der Widerstand gegen diese Form der Inkulturation auch neue Elemente in die indische Kirche eingebracht, indem man Jesus als *dalit* (Unterdrückten) oder *adivasi* (die „ursprünglichen Bewohner des Landes", die Stammesbevölkerung) interpretierte. Es kam sogar eine theologische Interpretation auf, nach der man eine Trommel, wie sie in einer bestimmten Gemeinschaft in Indien gespielt wird, als Symbol für Jesus gebrauchte und damit ein uraltes Stammessymbol adaptierte.[18]

Wechselseitige Einflüsse

Der wechselseitige Einfluss zwischen Hindus und Christen hat eine lange Geschichte. Beim Prozess der Inkulturation auf Seiten der Christen in Indien ist der Einfluss der religiösen Tradition des Hinduismus ziemlich deutlich, insbesondere auf dem Feld des liturgischen Gottesdienstes. Es ist aber nicht gerechtfertigt zu sagen, die christliche Liturgie hätte keine eigene Identität. Der Einfluss wird nicht nur in den Äußerlichkeiten spürbar. Christen haben auch Texte komponiert, die die hinduistische Tradition nachahmen. Das Phänomen der Göttin ist ein besonderes Merkmal des Hinduismus, wo der Begriff Gott stets auch die Göttin mitmeint. Es gibt eine ganze Reihe Texte, in denen die Göttin verehrt wird. Ein Katholik in Südindien (Tamil Nadu) zum Beispiel hat eine Hymne auf die Mutter Maria von Mylapore komponiert (1888), indem er die 100 Verse der Hymne *Abhirami Antati* imitierte.[19] Es

---

17 Vgl. Andreas Nehring, Religion, Kultur, Macht. Auswirkungen des kolonialen Blicks auf die Kulturbegegnung am Beispiel Indiens, in: ZMR 87 (2003) 200-217.
18 Vgl. Selvanathan Clarke, Dalits and Christianity. Subaltern Religion and Liberation Theology in India, Oxford 1999; M. R. Arul Raj, Jesus the Dalit. Liberation Theology by Victims of Untouchability. Indian Version of Apartheid, Hyderabad 1996.
19 Vgl. Francis Clooney, Divine Mother, Blessed Mother. Hindu Goddesses and the Virgin Mary, Oxford 2005. Vgl. auch die deutsche Übersetzung des *Abhirami Antati* durch Anand Amaladass, Die weibliche Dimension der Gottheit. Eine indische Perspektive, Anif/Salzburg 2004.

gibt auch den Gebetstext „Die Tausend Namen Jesu" (*Jesusahasranama*)[20] in Nachahmung des Textes zu Ehren Vishnus – *Vishnusahasranama*. Dies sind individuelle Initiativen, die als „Dialoge in Aktion" in ihren jeweiligen Kontexten anzusehen sind.

Es gibt auch genügend Bespiele, um den christlichen Einfluss auf hinduistische Denker aufzuzeigen. Verschiedene Maler und Bildhauer zum Beispiel haben zu christlichen Themen gemalt oder Skulpturen gemacht. Einige Namen sollen hier genannt werden: Jamini Roy (1887–1972), Krishen Khanna (*1925), Arup Das (*1927), K.C.S. Paniker (1911–1977), Nandalal Bose (1882–1966), Krishna K. Hebbar (1911–1996), P.V. Janakiram (*1939), S. Dhanapal (*1919) und andere. Verschiedene Hindus haben voller Ehrfurcht über Jesus geschrieben und haben Gedichte über Jesus und die christliche Botschaft komponiert.[21] Die christliche Wahrheit wurde im Hinduismus nicht nur diskutiert, sondern auch geglaubt und praktiziert. Ram Mohan Roy (1773–1833) war von der Einzigartigkeit Jesu berührt. Keshab Chandra Sen (1838–1884) wurde ein Verehrer Jesu. Mozoomdar (1840–1905) blieb durch seine tiefe Christuserfahrung sein Leben lang Christus treu. Gandhis (1869–1948) *satyagraha*, der sich auf den gewaltlosen Friedensfürst des Neuen Testaments beruft, ist eine christliche Version des Karma Yoga. Zweitens ist die Akzeptanz Christi unter Hindus positiv in einem sozialethischen Sinn. Die modernen Reformideen des Neohinduismus sind ohne das in ihnen wirksame christliche Motiv undenkbar. Christliche Elemente haben einen direkten Einfluss auf die Reformer und modernen Denker gehabt bzw. sie ermöglichten ihnen, die treibenden Kräfte in ihren Schriften in einem neuen Licht zu sehen.

Dialog – weder Konversion noch Konvergenz

Die Kritiker des intellektuellen Dialogs, die sich von den etablierten Religionen distanzieren, beklagen, dass der Dialog ein verborgener Versuch sei, die bestehenden religiösen Traditionen an ihren Berührungspunkten miteinander zu verschmelzen. Die Kritiker des vorherrschenden christlichen Engagements für den Dialog beklagen, es sei ein versteckter Versuch, andere Religionen zur christlichen Lehre zu bekehren oder zumindest zur christlichen Art, die Lehre zu verstehen.

Wie die Menschen den interreligiösen Dialog in Indien und anderswo verstehen, hat seine eigene Geschichte. Sein Ziel wurde vielfältig formuliert, und einige Hindus hegten den Verdacht, es wäre ein indirekter Weg, um

---

20 Komponiert von K.U. Chacko, 1987.
21 Vgl. Anand Amaladass SJ, Le visione hindu di Christo, in: Hinduismo e cristianesimo in dialogo. Centro di Studi Religiosi Comparati Edoardo Agnelli, Torino 2004, 123-148.

Menschen zu bekehren, und selbst einige Christen hatten ein derartiges Verständnis. Dies hängt mit der kolonialen Vergangenheit der Geschichte Indiens zusammen, die nicht so leicht aus der Erinnerung der Menschen gelöscht werden kann.

Der intellektuelle Dialog ist mehr als ein Forum für intellektuelle Auseinandersetzung oder Informationsaustausch unter Fachexperten. Es geht dabei um Religion, nicht bloß in der Art der Philosophie, Soziologie oder der Religionsgeschichte, sondern der Dialog ist in einem eminenten Sinne ein religiöser Akt selbst – eine Glaubensausübung eigener Art. Zu sagen, dass die Form eines dialogischen Forums frei sein müsse von zusätzlichen Zielen, widerspricht diesen Zielen keineswegs. Es will nur bekräftigen, dass es der gedanklichen Klarheit dient, sich einen Freiraum zu schaffen jenseits der drängenden Probleme der Gegenwart. Denn der intellektuelle Dialog ist nicht ein dauerhafter Zustand religiöser Identität oder religiöser Reflexion. Er beabsichtigt nicht, die Fülle des religiösen Glaubens oder religiöser Praxis zu sein. Wie ein Spiel, das seine Qualität als Spiel verliert, sobald es anderen Zwecken außerhalb des Spielens selbst dienstbar gemacht wird, erblüht der Dialog in seiner „Absichtslosigkeit" ohne verborgene Agenda.

Dies impliziert nicht notwendigerweise einen Wechsel der Zugehörigkeit oder irgendeinen anderen Versuch, die vorherige institutionelle Zuordnung eines Menschen zu ändern. Die Erfahrung des Dialogs kann eine Konversion von einer etablierten Religion zu einer anderen oder weg von einer etablierten Religion auslösen. Aber es geht dem Dialog selbst nicht um derartige Konsequenzen. Sie treten außerhalb der Atmosphäre des dialogischen Forums auf, in der weiteren Welt der religiösen Praxis und Tradition.

Tatsächlich haben Menschen, die einander aggressiv angegriffen haben, ihre Position aufgrund eines engeren Kontaktes („Dialog") mit der jeweils anderen religiösen Tradition verändert. Zum Beispiel hatte John Muir (1810–1882), ein Angestellter der Ostindiengesellschaft in Kalkutta, Streitschriften in Sanskrit geschrieben und Hindus kritisiert, worauf drei bengalische Brahmanen, Somanatha, Haracandra und Nilakantha Goreh auf seine Anschuldigungen antworteten und das Christentum kritisierten. Der Krieg der Streitschriften dauerte eine ganze Weile an, aber nach einiger Zeit gaben beide Parteien ihre antagonistischen Haltungen auf. John Muir wurde ein begeisterter Anwalt originaler Sanskrittexte im Hinduismus (in fünf Bänden) und die drei bengalischen Gelehrten wurden Christen.[22]

Tatsächlich ist das Thema Konversion ein heikles Thema im indischen Kontext, eine Quelle ständiger Anklagen gegen die Christen von hinduistischer Seite. Einige Hindus nehmen die christlichen Versuche, Schulen oder

---

22 Vgl. Richard Fox Young, Resistant Hinduism. Sanskrit Sources on Anti-Christian Apologetics in Early Nineteenth Century India, Wien 1981.

Krankenhäuser zu betreiben, den Armen zu helfen usw., als indirekten Weg wahr, sie dem Christentum näher zu bringen. In einigen Staaten in Indien war Konversion gesetzlich verboten. Das kommt daher, weil im Großen und Ganzen Konversion in Indien als Machtkampf betrachtet wird. Es ist eine Frage der Wahrnehmung. Die Diskussion über die Frage dauert weiterhin an, hat aber eine andere Richtung eingeschlagen. Einige argumentieren, dass Konversion eine persönliche Angelegenheit ist und ein Grundrecht jedes Menschen, was allgemein nicht in Frage gestellt wird. Was sehr stark abgelehnt wird, sind nur die gezielten Bekehrungsversuche.

Diese Frage muss auch im allgemeinen Kontext hinduistischer Denker gesehen werden, welche die exklusiven Ansprüche christlicher Theologie in Frage stellen. Sarvepalli Radhakrishnan (1888–1978) beklagte es, dass Christen nicht bereit sind, andere als gleichwertige Partner im Dialog zu akzeptieren: „Ihr Christen scheint für uns Hindus ganz gewöhnliche Menschen zu sein, die ganz außergewöhnliche Behauptungen machen."[23] Auch Mahatma K. Gandhi (1869–1948) machte die Bemerkung, dass es eine Beleidigung gegenüber anderen Religionen sei, wenn man behaupte, dass die Menschheit nur durch Jesus Christus gerettet würde. Einerseits haben sich christliche Denker dieser Frage nicht ausreichend im Zusammenhang der Ansprüche der Weltreligionen gestellt. Andererseits darf man nicht vergessen, dass der Hinduismus im Hinblick auf das Heil selbst solche absoluten Ansprüche stellt.

Auf einem höheren Niveau wird die Frage innerhalb einer pluralistischen Plattform gestellt. Raimon Panikkar argumentiert, dass die Behauptung, entweder nur eine Religion sei wahr oder alle Religionen seien wahr, unhaltbar und nicht überzeugend sei. Denn sie gehe davon aus, dass die Gemeinschaft meiner Religion einen Zugang zur universalen Wahrheit habe, der ihr das Recht gibt, jeden auszuschließen, der in seinem Denken und Verhalten von dem Licht, das uns gegeben wurde, abweicht. Wenn wir auch davon ausgehen, dass der allwissende Gott zu uns gesprochen hat, könnten wir doch nicht den menschlichen Faktor unseres begrenzten Verstehens ausschließen, ebenso die göttliche Freiheit, zu anderen zu sprechen, auch wenn man Gott so versteht, als habe er versprochen, etwas derartiges nicht zu tun. Gott mag ein

---

23 „You Christians [...] seem to us Hindus to be rather ordinary people, making very extraordinary claims." Sarvepalli Gopal, Radhakrishnan. A Biography, New Delhi 1989, 195. Das Zitat, das ein Gespräch Radhakrishnans mit einem christlichen Missionar wiedergibt, geht wie folgt weiter: „Als der Freund antwortete, dass sie diese Behauptungen nicht für sich, sondern für Christus machen, entgegnete Radhakrishnan: »Wenn es eurem Christus nicht gelungen ist, Euch zu besseren Männern und Frauen zu machen, welcher Grund besteht anzunehmen, dass er bei uns mehr bewirken würde, wenn wir Christen würden?«"

einziges Mal gesprochen haben, aber er ist auf verschiedene Weisen und zu verschiedenen Zeiten gehört worden. Die exklusive Haltung verletzt die allgemeine menschliche Erfahrung der Verschiedenheit der Rassen, Völker, Kulturen und Denkweisen, und neigt dazu, alles auf kontrollierbare Parameter zu reduzieren. Sie ist eine zu enge Position.[24]

Pluralismus ist heute zu einem Begriff geworden, der stark missverstanden wird. Daher ist eine kurze Klarstellung dringend nötig. Eine pluralistische Denkweise ist eine Haltung, die Folgendes meint: Ich bin mir bewusst, dass ich aus meinem Fenster auf die Welt blicke, und ich weiß, dass andere durch ihre Fenster auf die Welt blicken. Ich höre auch auf die Beschreibung dessen, was sie durch ihre Fenster sehen (Raimon Panikkar). Dieser Denkprozess kann nicht in erster Linie dem Einfluss der dialogischen Initiative, die von der katholischen Kirche ausgeht, zugeschrieben werden, sondern hier sind andere Faktoren am Werk, die zu diesem pluralistischen Denkprozess beigetragen haben, sprich, die säkularen Kräfte, die in der Gestalt der interkulturellen Philosophie, im Prozess der Globalisierung usw. wirksam sind.

In diesem Zusammenhang ist es gut, selbstkritisch das traditionelle Verständnis des berühmten Diktums Tertullians, dass die Seele in ihrer Natur christlich sei (*anima naturaliter christiana*) zu untersuchen. Diese Aussage ist traditionell so interpretiert worden, dass „die Seele von Natur aus christlich" ist, woraus folgt, dass, wenn man den christlichen Glauben nicht annimmt, man gegen das, was in unserer eigenen Natur ist, rebelliert. Das Lateinische wie der ursprüngliche Kontext des Satzes fordern eine radikal andere Lesart, eine, die dem interreligiösen Dialog näher steht. Bei der Suche nach einem Berührungspunkt zwischen Gläubigen und Nichtgläubigen, die keine gemeinsame Schrift und Lehre haben, appelliert er an das *testimonium animae*: In den tiefsten Winkeln des menschlichen Herzens lassen sich alle wesentlichen Ideen und Symbole des Christentums in einem natürlichen Zustand finden. Mit anderen Worten, das Christentum ist für die Seele natürlich. Es ist nicht einfach eine Reihe von Glaubenssätzen, die von kollektiven historischen Gewalten von außen aufgezwungen werden oder den Wünschen unserer menschlichen Natur zum Trotz anzunehmen sind, sondern unsere Natur kommt gleichsam darin zum Ausdruck.[25]

---

24 Vgl. Raimon Panikkar, Religious Pluralism: The Metaphysical Challenge, in: Leroy S. Rouner (Hg.), Religious Pluralism (Boston University Studies in Philosophy and Religion 5), Notre Dame/Indiana 1984, 97-115, hier 102ff.
25 In seiner *Apologia*, die verfasst wurde, um die Kritik der Häretiker und Heiden abzuwehren, gebrauchte Tertullian den Satz nur beiläufig im ersten Sinn (Apol. 17,6; PL 1,37). Er wird weiter ausgeführt in *De testimonio animae*, wo die zweite, positivere Bedeutung zur Anwendung kommt.

Die Folge aus dieser Position ist, dass das Christentum auch für die Seelen derer, die andere Religionen bekennen, etwas Natürliches ist.[26] Die andere Seite der Medaille ist die, dass das Christentum nicht die einzige Religion ist, die diese Behauptung machen kann. So bezeugt der Dialog auch, dass der hinduistische oder buddhistische Weg nicht nur für Hindus oder Buddhisten, sondern ebenso für Christen natürlich ist. Je länger Buddhisten und Christen miteinander reden, umso stärker entsteht in beiden eine grundlegende, wenngleich oft unerwartete Vertrautheit. Wenn dies nicht so wäre, wäre der Dialog schon längst in sich zusammengebrochen oder zumindest in einen bloß intellektuellen Austausch umgewandelt worden.

Zu sagen, dass Buddhismus, Hinduismus und Christentum der Seele natürlich sind, bedeutet auch, dass sie einander natürlich sind. Wie Raimon Panikkar gerne sagt, verhalten sich die Religionen wie Sprachen. Einerseits klingen die Sprachen anderer für die, die sie nicht sprechen, wie Unsinn, und die Besonderheiten der eigenen Sprache sind einem nicht bewusst, bis man andere lernt. Andererseits gibt es trotz all ihrer Unterschiede in keiner Sprache einen allgemeinen Gedanken, der nicht auch in einer anderen verstanden werden könnte.[27] Nur durch die Erfahrung kann man wissen, was es heißt zu sagen, dass eine neue Sprache den Geist im Allgemeinen und das Verständnis der eigenen Sprache im Besonderen bereichert.

Ähnlich können die Lehren oder Schriften des Buddhismus, wenn man sie durch eine christliche Linse betrachtet oder umgekehrt, nur als Verzerrungen erscheinen, wenn man sich nicht ihrer grundlegenden gegenseitigen Natürlichkeit und einem Geist, der versucht, sie beide im Dialog in sich zu tragen, verpflichtet fühlt. Diese Bewusstheit – man kann es als eine Bekehrung zu einer anderen Religion bezeichnen, eine *metanoia* ohne den Verlust des Glaubens – erhöht wiederum die Empfindsamkeit gegenüber den Reichtümern der Vergangenheit der eigenen Tradition. Dabei tauchen Entsprechungen und Ähnlichkeiten an Ecken der Tradition auf, wo man es kaum erwarten würde.

Es gibt Formen interreligiöser Interaktion, die in den Begriffen von Gewinner und Verlierer gemessen werden. Der Krieg ist ein solches Beispiel. Das dialogische Forum ist keine solche Arena. Niemand zählt die Punkte, weil es keine Punkte zu zählen gibt. Es ist vielmehr ein Abenteuer der Ideen: durch die einzigartigen und besonderen Eigenschaften, die die eigenen religiösen Wege von anderen unterscheiden, hindurch auf das darunter liegende universale Menschsein zu schauen und zurückzukehren von dieser Universalität, um einen neuen Blick zu bekommen auf die unerforschten Potentiale der eigenen Besonderheit.

---

26   Vgl. James W. Heisig, Six Sutras (s. Anm. 3), 16-17.
27   Vgl. Raimon Panikkar, La nueva inocencia. Editorial Verbo Divino, Navarra 1993, 388.

Dialog – ein Unternehmen einiger weniger engagierter Menschen und nicht der gesamten Glaubensgemeinschaft

Die Erfahrung zeigt, dass die Arbeit des Dialogs am besten gedeiht, wenn sie frei ist von den Erfordernissen offizieller Institutionen. Das bedeutet nicht, dass man seinen Glauben an der Tür abgibt, aber man lässt die Last institutioneller Zwänge zurück. Es ist wahr, dass institutionelle Religion niemals fern ist, wenn man von Religion spricht, insofern der religiöse Diskurs eingebettet ist in Geschichte, sei es in Gestalt ihrer sichtbaren politischen und ökonomischen Strukturen, sei es in Gestalt des Bewusstseins des einzelnen Gläubigen. Aber ebenso, wie die private religiöse Erfahrung nicht zum Gegenstand rationaler Diskussion werden kann, wenn sie nicht vom erfahrenden Subjekt abstrahiert wird, genauso muss die Sorge, religiöse Strukturen zu bewahren, ausgeblendet werden, um über sie überhaupt diskutieren zu können.

Denn es dient dem Dialog mehr, wenn die Teilnehmer vom Zwang zur Fülle der Tradition entbunden sind. Wenn eine Lehrtradition einer anderen begegnet, muss man nicht zwangsläufig die Gesamtheit der Tradition ins Bild bringen. Was die Integrität kompromittieren würde in einer Erörterung der Theologie oder der vergleichenden Ideengeschichte, wo immer das gesamte Bild potentiell relevant ist, stellt für den interreligiösen Dialog nicht dieselbe Gefahr dar. Der Versuch, aus dem Gefühl, der Tradition treu sein zu müssen, die Diskussion mit Details zu überfrachten, kann einen Dialog ersticken. Solange die Bemühung um gedankliche Klarheit in Bezug auf die religiöse Dimension des Menschen im Vordergrund steht, sollte die Erläuterung der Tradition sekundär bleiben.

Denjenigen, die sich in sozialen Anliegen mit Andersgläubigen zusammentun, ist diese Art der Askese wohlvertraut. Das könnte auch auf den intellektuellen Dialog zutreffen. Der Schwerpunkt im Dialog liegt darin, die grundlegende Religiosität des Menschen in allen Quellen, selbst bei den Fundamentalisten, zu entdecken, welche allein die Wunde der Intoleranz heilen kann, und nicht darin, die Loyalitäten gegenüber der eigenen Doktrin um jeden Preis geltend zu machen.

Aus eben diesem Grund wäre es ein Fehler, Engagement im Dialog nur als Aufgabe ausgebildeter Spezialisten anzusehen. Dialog bringt mehr, wenn er ein Ergebnis der Erfahrung statt der Expertise ist. Der Versuch, spezifische „Grundregeln" für einen intelligenten Diskurs zwischen Gläubigen unterschiedlicher Glaubensweisen festzulegen, erzeugt unvermeidlich eine Priesterschaft von Experten, um die Ergebnisse solcher Begegnungen zu kontrollieren und ihren Erfolg oder Misserfolg zu beurteilen.

Teil II. Schlussfolgerung aus subjektiver Perspektive

Dieses Symposium ist für mich eine Einladung, eine Gelegenheit, dem Sinn meiner persönlichen Lebensgeschichte nachzuspüren. Indem ich der hinduistischen Philosophie und Religion ausgesetzt war, hat sich in mir ein inneres Wissen vertieft, dass jede/r sich im Universum finden könnte, wenn man an Karma oder göttliche Vorsehung glaubt. Natürlich gibt es auch unbekannte Territorien, dunkle Bereiche der Wirklichkeit.

Geboren in eine bestimmte Kultur in Zeit und Raum erkenne ich mich als Christ. Es ist nicht bloß ein Etikett, das ich ohne weiteres auswechseln könnte. Ich gehöre zu einer menschlichen geschichtlichen Tradition, die christlich ist, die angeeignet werden muss, die interpretiert werden muss und mit der man sich kritisch auseinandersetzen muss. Ich akzeptiere sehr wohl, dass die sichtbare christliche Kirche eine konkrete Form der kosmischen Gemeinschaft des gesamten Universums ist, außerhalb derer es kein Heil gibt. Ich akzeptiere, wovon ich glaube, dass es mein *karma* ist: geboren und aufgewachsen zu sein in einem hinduistischen Umfeld. Beide bilden einen Teil meines Lebens, genau so wie meine Eltern. Meine Zugehörigkeit kommt aus dieser Einwurzelung. Es ist nicht meine Wahl und Entscheidung, sondern einfach eine existentielle Wirklichkeit, die ich akzeptiere. Die Weisheit der Tradition ist von außen auf mich gekommen. Diese meine Zugehörigkeit ist eine existentielle Tatsache.

Beinahe 30 Jahre Beschäftigung mit dem Hinduismus haben bewirkt, dass ich eine Ebene der Bewusstheit erreicht habe, in der ich das Leben mit Nüchternheit betrachten kann. Mein Glaube hat sich vertieft, es ist so etwas wie „kosmisches Vertrauen" entstanden. Eine Beheimatung in zwei Traditionen ist entstanden, wo der andere keine Bedrohung ist, wo er nicht als Gegner gesehen wird.

Der Hinduismus ist wie die Natur, wie einer meiner älteren Jesuitenkollegen zu sagen pflegte; er ist unerschöpflich und unzerstörbar. Es stellt sich nicht die Frage, woher er kommt. Er ist da von Anfang an, *anadi*, wie die indische Tradition sagen würde. Er hat mein Denken all diese Jahre genährt. Inmitten von Leiden und Ungerechtigkeiten hat er mich durch die Weisheit der alten Meister gelehrt, dass das Leben nicht darin besteht, mehr oder weniger bequem auf der Erde zu leben; dass ich ohne *karma* dazu verdammt wäre, keinerlei Antwort zu haben; dass ein „allliebender Vater" niemanden überzeugen kann; dass ohne die Erkenntnis, dass diese Welt *maya* ist, keine Beurteilung der Situation möglich wäre usw.[28]

---

28 Vgl. Raimon Panikkar, A Self-Critical Dialogue, in: The Intercultural Challenge of Raimon Panikkar, hg. v. Joseph Prabhu, Maryknoll/NY 1996, 278.

Mein Gebetsleben und mein liturgischer Sinn sind unter dem Einfluss der hinduistischen religiösen Traditionen mit all ihren Texten über Meditationen und Gebete gewachsen. Zuweilen mutet der Hinduismus wie Wildwuchs draußen in der Natur an. Ich erkenne, dass ich nicht in der Lage sein würde, meinen christlichen Glauben sinnvoll zu leben, wenn ich nicht tief in der indischen Kultur und ihren religiösen Traditionen verwurzelt wäre. Dadurch kam ich zum ernsthaften Studium der hinduistischen Philosophie und der religiösen Traditionen. Die Sanskritsprache zu erlernen, stand am Anfang.

Eine Herausforderung war für mich die Gottesvorstellung im Hinduismus. Die hinduistischen Metaphern, die die Gottesvorstellung erklären – Gott als Tänzer (Nataraja – „Prinz unter den Tänzern"), um die fünf göttlichen Funktionen zum Ausdruck zu bringen, zu schaffen, zu erhalten, zu zerstören, zu verbergen und zu retten, – Gott als integrales Symbol der männlich-weiblichen Polaritäten und die mythischen Formen des Hinduismus wie Nilakanta („der Blauhalsige"), der Gott, der das Gift verschluckt hat, um die Welt zu retten, lassen sich als Modell für die Christologie benutzen und die Namen Gottes aus der indischen Tradition (die *sahasranama* Tradition der „Tausend Namen Gottes") interpretieren.

Philosophisch und theologisch wurde ich mehr und mehr davon überzeugt, dass das In-Dialog-sein mit Menschen anderer Überzeugungen eine sinnerfüllte Weise zu leben ist. Es tut der eigenen Position keinen Abbruch und ist keine Art der Unterordnung unter die anderen. Das Leben ist pluralistisch und man muss lernen, in einer pluralistischen Situation zu leben, ohne die eigene Position zu verabsolutieren oder immer danach zu trachten, die Dinge zu vereinheitlichen auf Kosten anderer Traditionen. Die Lebenssituation ist nicht immer eine logisch geordnete Struktur. Sie bringt zuweilen Missverständnis, Gefahr, Unsicherheit, manchmal sogar Chaos mit sich, insofern menschliche Faktoren mitspielen – diese sind kontingent, begrenzt, zerbrechlich, verletzlich, nicht in der Lage, das andere Ufer meines geordneten Traums zu sehen. Hier erscheint die Dimension des Glaubens, wo die Vernunft anderen Werten und Visionen Platz macht.

DAS EINE WORT UND DIE VIELEN HEILIGEN SCHRIFTEN

Sebastian Painadath SJ, Kalady / Indien

Wir leben in einem neuen Zeitalter der geistigen Entwicklung der Menschheit. Man könnte es als das Zeitalter des *Dialogs der Religionen* bezeichnen. Seit der Mitte des 20. Jahrhunderts sind die Kolonien in Afrika und Asien nach und nach freie Nationen geworden. Dadurch ist in diesen vielen Ländern ein neues Selbstbewusstsein gewachsen: nicht bloß in den politischen und wirtschaftlichen Gebieten, sondern auch in den kulturellen und religiösen Bereichen. Mit großem Eifer suchen die Menschen die religiösen Wurzel der jeweiligen Kultur. Die Stammesvölker in Afrika entdecken mit großem Selbstwertgefühl die erdverbundenen Werte ihrer Vorfahren, heben wieder die heilenden Rituale der Schamanen und Medizinmänner hervor, so auch die integrierende Funktion des Trommelns und Tanzens. Die Mitglieder der großen Schriftreligionen Asiens finden in ihren geistigen Quellen Wege zum ganzheitlichen Heil und bei ihren spirituellen Meistern die Wegweisung. In den letzten 60 Jahren ist eine weitgreifende Renaissance auf der farbenreichen Landschaft der Weltreligionen deutlich erkennbar. Die großen heiligen Schriften der Religionen werden in viele Sprachen übersetzt und die Klassiker der Spiritualität erreichen weit entfernte Sprachgebiete. Die Mystiker und Meister der Religionen üben eine große Faszination auf die suchenden Menschen über alle Grenzen der Kontinente hinweg aus. Viele religiöse Symbole und Praktiken, die bisweilen fremd erschienen, werden teilweise als Heilswege angesehen und angenommen. Ein Prozess des gegenseitig befruchtenden und bereichernden Dialogs ist weltweit im Gang.

In diesem Prozess spielen natürlich die großen heiligen Schriften eine entscheidende Rolle. Trotz der unterschiedlichen Offenbarungsauffassungen und Gottesvorstellungen stellt man oft grundlegend übereinstimmende Erfahrungsbereiche der Spiritualität fest. „Die Unterschiede zwischen den Religionen sind von geringem Gewicht, verglichen mit der Einheit, die grundlegend und entscheidend ist." (Papst Johannes Paul II., Rom 22.12.1986). Der eine Geist Gottes wirkt im Herzen aller Menschen verwandelnd. Das eine Wort Gottes schwingt in allen heiligen Schriften erhellend. Die eine Gegenwart Gottes manifestiert sich in allen Religionen in vielfältigen Formen. Die Vielfalt der Religionen ist daher zu respektieren, und gleichzeitig darf die tiefe Einheit der Spiritualität wahrgenommen werden. Wir leben in einer begnadeten Zeit, in einem *Kairos*-Moment der Geschichte. Der Kairos bedeutet eine Zeit der Gnade, aber auch eine deutliche Herausforderung: Vor allem ist hier die Herausforderung, das Spezifische im eigenen Glauben zu erkennen und dem Universalen in allen Religionen nachzuspüren. In diesem Kontext taucht die Frage nach dem theologischen Sinn der Pluralität der heiligen Schriften in der Offenbarung des einen *Wortes* Gottes auf. Vom christlichen Glauben her soll die Frage gestellt werden: Wie verstehen wir im Bezug auf die Bibel den Offenbarungscharakter der anderen heiligen Schriften?

Das II. Vatikanische Konzil hat sich ausführlich mit dieser Frage auseinandergesetzt. Jahrhundertlang hat die Kirche eine negative und verurteilende Haltung gegenüber den heiligen Schriften und Symbolen der anderen Religionen gehabt. *Außerhalb der Kirche ist kein Heil möglich* – war der Leitsatz des Umgangs mit den andersgläubigen Menschen. Nach der offiziellen Lehre ist das Christentum die einzige von Gott geoffenbarte Religion, während die anderen Religionen irgendwie unzulängliche Heilsversuche der Menschen sind. Daher hat man nur in der Bibel die wahre Offenbarung Gottes festgestellt; die anderen Schriften seien Erfindungen des gottsuchenden Menschen.

Im Konzil wurde aber die neue Einstellung der Kirche ganz anders dargelegt: „Die katholische Kirche lehnt nichts von alledem ab, was in diesen Religionen wahr und heilig ist. Mit aufrichtigem Ernst betrachtet sie jene Handlungs- und Lebensweisen, jene Vorschriften und Lehren, die zwar in manchem von demjenigen abweichen, was sie selber für wahr hält und lehrt, nicht selten einen Strahl jener Wahrheit erkennen lassen, die alle Menschen erleuchtet." (NA 2) Die Kirche sieht nicht mehr totale Finsternis in den Schriften der anderen Religionen, sondern Strahlen der göttlichen Wahrheit (NA 2). Sie erkennt „Saatkörner des [göttlichen] Wortes […] die in ihnen [den Schriften der anderen Religionen] verborgen" liegen (AG 11), „Reichtümer [, die] der gnädige Gott unter den Völkern verteilt hat." (AG 11) Sie findet „wertvolle Elemente [in den anderen …] Religionen" (GS 92). „Was immer man an Wahrheit und Gnade schon bei den [anderen Religionen findet, wird betrachtet als …] eine Art verborgene […] Gegenwart Gottes" (AG 9), „die unsichtbare Wirkung der Gnade in deren Herzen" (GS 22).

Und das Konzil sagte: „Unablässig aber verkündet die Kirche und muss sie verkündigen Christus, der ist *der Weg, die Wahrheit und das Leben,* in dem die Menschen die Fülle des religiösen Lebens finden, in dem Gott alles mit sich versöhnt hat." (NA 2). „Christus ist es, der […] die Offenbarung erfüllt und abschließt" (DV 4); er ist „der Mittler und die Fülle der ganzen Offenbarung" (DV 2); daher „ist keine neue […] Offenbarung mehr zu erwarten" (DV 4). Das II. Vatikanische Konzil hat eine deutlich christozentrische, aber ganz weltoffene Perspektive entfaltet.

In allen diesen Aussagen tritt eine positive Betrachtungsweise im Bezug auf die heiligen Schriften der anderen Religionen in Erscheinung. Durch diese dialogische Geisteshaltung hat die Kirche die Ablehnung gegenüber den Anderen zum großen Teil überwunden und die jahrhundertelangen Vorurteile beseitigt. Das, was die Kirche durch das II. Vatikanische Konzil nachgeholt hat, ist eigentlich ein erstaunlicher Schritt nach vorne. Während des Konzils sagte Papst Paul VI. „Dialog ist die neue Art Kirche zu sein" (*Ecclesiam suam* 65). Es war wirklich eine prophetische Aussage, die den Beginn einer neuen Kultur des Dialogs mit den anderen Religionen ankündigte. Inspiriert vom Konzil sind viele Dialoginitiativen der Kirche weltweit entstanden, und zwar in Bereichen der theologischen Reflexion und des sozialen Einsatzes, auf der Ebene der spirituellen Praxis sowie dem Studium der heiligen Schriften, und vor allem auf der Basis des täglichen Umgangs mit den andersgläubigen Menschen. Das alles bezeugt, dass wir heute in einer begnadeten Zeit der Kirchengeschichte leben.

Wie reagieren Gläubige der anderen Religionen auf diese dialogische Haltung der Christen? Wie empfinden sie die neue christliche Einstellung, dass wir alle, wie der Papst wiederholt gesagt hat, „mitpilgernde Schwestern und Brüder sind" (Assisi 1986)?

Grundsätzlich begrüßen sie die christlichen Dialoginitiativen und nehmen unsere Einladung herzlich auf. In vielen Orten finden gemeinsame Gebete, Schriftstudien, theologische Reflexion und soziale Einsätze statt. In solchen Momenten erkennen wir alle, wie der eine Geist Gottes die Herzen aller Menschen verwandelt, obwohl die Auffassung über diese verwandelnde Gegenwart des Geistes unterschiedlich ist. In solchen Zusammenkünften werden allerdings Anfragen an uns Christen gestellt, die uns zum Nachdenken veranlassen sollen. Ich möchte hier drei Fragen erwähnen, die die Andersglaubenden an uns stellen:

1. Ihr Christen findet in unseren heiligen Schriften nur *Strahlen* der göttlichen Wahrheit, und beansprucht für eure Schrift die Fülle der göttlichen Wahrheit. Ihr ahnt in unseren Erfahrungen nur eine *verborgene* Gegenwart Gottes, eine *unsichtbare* Wirkung der Gnade, während ihr die manifeste und sichtbare Gestalt angenommene Gnade Gottes zu besitzen glaubt! Mit welchem Recht könntet Ihr solche Unterschiede aufstellen? Wie kann die Glaubenserfahrung einer Religion ein Urteil über die Glaubenserfahrungen der anderen Religionen werden? Wie kann die Schrift einer Religion die Norm für die Schriften der anderen werden?

2. Ihr Christen erkennt geistige *Reichtümer* und wertvolle *Schätze* in unseren religiösen Traditionen. Aber gleichzeitig betrachtet ihr sie mit der „Ansteckung durch das Böse" (AG 9) vermischt. Daher fühlt ihr euch von Gott missionarisch beauftragt, „diese Reichtümer durch das Licht des Evangeliums zu erhellen [und von der Macht des Bösen] zu befreien" (AG 11). Und

die Schriften unserer Religionen sind für euch wie „Vorbereitung für den Einbruch der christlichen Botschaft" (*preparatio evangelica*). So gesehen sind wir für Euch eigentlich nur potentielle Christen und nicht gleichwertige Dialogpartner, keine mitpilgernden Schwestern und Brüder!

3. Ihr beschreibt Offenbarung als „Selbstmitteilung Gottes" in der Geschichte (DV 6). Gott ist aber ein unergründliches Geheimnis; wie kann seine Selbstmitteilung in einem Offenbarungsgeschehen ganz ausgeschöpft werden? Gott ist ein lebendiger Gott und darum kann seine Selbst-Offenbarung nur als ein lebendig fortlaufender Prozess betrachtet werden, und nicht als eine abgeschlossene Sache. Geschichte entfaltet sich immer innerhalb der Grenzen der Zeit und des Raumes; wie könnte dann ein geschichtliches Offenbarungsmoment den Anspruch erheben, die absolute und endgültige Offenbarung zu sein?

Diese und ähnliche Fragen werden von ernsthaften und wohlwollenden Dialogpartnern der anderen Religionen an uns Christen gestellt. Wie gehen wir mit solchen Fragen verantwortungsvoll um? Einerseits sollen wir in unserem Glauben an Jesus Christus, dem Fleisch gewordenen Wort Gottes, tief verwurzelt bleiben. Andererseits aber sollen wir für den Geist Gottes offen sein, „der weht, wo er will" (Joh 3,8) für das Wort Gottes, das in den Schriften der anderen Religionen sich manifestiert.

In diesem theologischen Spannungsfeld möchte ich aus meiner Erfahrung der geistigen Begegnung mit Hindus und Muslimen in Indien eine Dialogperspektive aufzeigen, die für eine Theologie des inter-religiösen Dialogs wertvoll wäre.

Vielfalt der Religionen – Einheit der Spiritualität

Zunächst möchte ich einen vorläufigen Unterschied zwischen Spiritualität und Religion aufstellen:

1. Spiritualität ist die Erfahrung des Spiritus, das Ergriffensein vom Geist Gottes, das Gewahrwerden des letzten Geheimnisses des Lebens. Spiritualität ist das Gespür für das Absolute, für das Heilige, für das Alles-Transzendierende und Alles-Durchdringende. Spiritualität ist die universale Erfahrung der Geborgenheit im tragenden Seinsgrund und die Ausrichtung auf das letzte Ziel. Sie prägt das Leben aller Menschen, denn jeder will, dass sein Leben Tiefe und letzten Halt hat. Jeder Mensch hat eine Spiritualität, ein Grundgespür für das Göttliche.

2. Glaube ist der konkrete Zugang zur Spiritualität. Oft wird der Glaube durch eine Glaubensgemeinschaft vermittelt und getragen. Durch den Glauben erhält der Mensch die innere Gewissheit, dass Gottes Geist sein Leben verwandelt und das Heil hervorbringt.

3. Offenbarung ist die Selbst-Mitteilung Gottes in einem konkreten Moment der Geschichte durch eine Person oder ein Symbol, durch ein Heilsereignis oder eine geistige Bewegung. Offenbarung ist das Heraustreten des Wortes Gottes aus der ewigen Stille, das Herausfließen des Geistes aus dem Seinsgrund. Glaube ist die sich-hingebende Annahme der Offenbarung, die Antwort des Menschen auf die Offenbarung Gottes.

4. Religion ist der kulturbedingte Ausdruck des Glaubens und dadurch der Spiritualität. Das transpersonale göttliche Geheimnis wird im religiösen Bewusstsein als personaler Gott mit Namen und Formen erfahren. Religion ist die Gestalt der Spiritualität; Spiritualität ist die Tiefendimension der Religion. Ähnlich wie der Mensch Sprache braucht, um sich auszudrücken, sich mitzuteilen und von den Erfahrungen der Anderen bereichert zu werden, so braucht der Mensch religiöse Symbole und Schriften, Rituale und Strukturen, um seine Spiritualität im Umgang mit anderen zu deuten, zu vertiefen und zu entfalten. Im Bereich religiöser Ausdrucksmöglichkeiten gibt es eine enorme Pluralität der Symbole und Worte. Daher müssen wir die Vielfalt der Religionen respektieren, und die tiefe Einheit der Spiritualität wahrnehmen.

Das Göttliche ist ein unfassbares Geheimnis

Kein Wort, kein Symbol, kein Gottesname kann dieses Mysterium ganz artikulieren. Keine konkrete Offenbarung kann dieses Geheimnis erschöpfend darstellen. Kein Heilsmoment der Geschichte kann den unfassbaren Heilsplan Gottes ganz ausführlich manifestieren. Keine Religion kann daher eine absolute Religion sein. Gott ist größer als alle Religionen und Konfessionen, größer als unsere Herzen und unsere Schriften. *Deus semper maior!* Wenn es um das Beten geht, sagte Jesus: Geh in deine innere *Kammer* und bete zu dem Vater, der in der Verborgenheit bleibt; die Zeit ist gekommen, da die wahre Anbetung nicht in den Tempeln geschieht, sondern *im Geist und in der Wahrheit*; bete zu dem Vater *in den Himmeln* (die Himmel – im Plural – ist das archetypische Bild für das Unfassbare). All diese Bilder seiner Sprache weisen auf die Unfassbarkeit des Göttlichen hin. Darum sagte Augustinus: „Si comprehendis, non est Deus", (wenn du Gott begreifst, ist es nicht mehr Gott) Sermo 52, 16: PL 38, 360.

Gott ist der lebendige Gott

Aus der geheimnisvollen, abgründigen Tiefe heraus spricht Gott die Menschen an. Denn Gott ist nicht eine tote, in sich ruhende Wirklichkeit, sondern der lebendige Gott, die Fülle des Lebens, ständig aus sich herausströmend.

Was aus der ewigen Stille des Göttlichen herauskommt, bezeichnen wir als das Wort Gottes, als Logos: „Im Anfang war der Logos, und der Logos war bei Gott, und der Logos war Gott [...] Alles ist durch den Logos geworden und ohne den Logos wurde nichts, was geworden ist." (Joh 1,1-3) Logos ist nicht eine von dem Göttlichen getrennte Wirklichkeit, nicht ein Instrument der Schöpfung oder Offenbarung. Logos ist das Selbst-Heraustreten des Göttlichen, die Selbst-Erschließung Gottes, die Aus-Strömung der göttlichen Quelle, das Heraussprossen der verborgenen göttlichen Wurzel. Der Logos ist der Selbst-Ausdruck Gottes, *eikon tou theou*, das *Ur-Imago Dei*. In und durch den Logos teilt Gott sich uns mit, und lässt uns an seinem Leben teilhaben. Logos ist der *Mittler* und Raum der Gott-Mensch-Beziehung. Der Logos manifestiert sich in vielfältigen Formen in der geschichtlichen Entwicklung des menschlichen Geistes.

Universalgeschichte ist Offenbarungsgeschichte

Gott teilt sich den Menschen von Anfang der Geschichte an mit. Gottes Geist wirkt im Herzen aller Menschen zu allen Zeiten. Gottes Wort drückt sich in vielfältigen Sprachen aus. Religionen versuchen in ihren Schriften und Symbolen dieses im Menschen offenbar werdende Wort zu artikulieren. In allen heiligen Schriften kommt das Wort Gottes in verschiedenen Intensitäten zur Schwingung. Seit dem Anfang der Menschheit ist Gott in einem fortlaufenden Dialog mit den Menschen. „Er kommt aus dem tiefen Respekt vor allem, was der Geist, der weht, wo er will, im Menschen bewirkt hat." (Johannes Paul II., *Redemptoris missio* 56). Unsere Geschichte ist Gottes Geschichte mit uns. Daher dürfen wir die gesamte Geschichte der Menschheit als Heilsgeschichte betrachten und als Offenbarungsgeschichte wahrnehmen. Diese Heilsdimension ist eigentlich die sinngebende Tiefendimension der geschichtlichen Entfaltung des menschlichen Geistes.

Jede Offenbarung ist in Relation zu Zeit und Raum vermittelt

Wenn Gott den Menschen sein Wort mitteilt, kann es nur in der Sprache des Menschen geschehen. Sonst kann der Mensch es gar nicht begreifen. Demnach ist die Selbst-mit-teilung des Wortes Gottes von der Begrenztheit der Sprache abhängig. So gesehen gibt es in jedem Offenbarungsmoment ein Stück *Kenosis*, Selbst-Entäußerung Gottes. Dies ist ganz deutlich ausgedrückt in der Grundaussage der christlichen Offenbarung: Das Wort ist Fleisch geworden. *Fleisch* ist das Symbol für das Begrenzte in der Geschichte, für das Zerbrechliche im menschlichen Sein. Gottes Wort manifestiert sich innerhalb der Grenzen der menschlichen Existenz. Offenbarung geschieht daher in tiefem Zusammenhang mit den Faktoren der Geschichte und der Kultur der jeweiligen Situation. Es gibt keine absolute Offenbarung. Kein Moment der Offenbarung dürfen wir aus dem Boden des gesamten Prozesses des Gott-Mensch-Dialogs herausreißen. Nur in *Relation* erreicht Gottes Wort die Menschen, und nur in Relation können wir es deuten. Gottes Offenbarung ist der Ausdruck der intimen Relation Gottes mit den Menschen in einem gegebenen Kontext.

Offenbarungsmomente sind miteinander verbunden

Wenn die Offenbarungserfahrungen der Menschheit als Ausdrucksformen des immerwährenden Dialogs Gottes mit den Menschen verstanden werden, dann sind sie alle tief miteinander verbunden. Der eine Gott spricht die Menschen an, die vom Wesen her eins sind. Das eine Wort Gottes manifestiert sich in der universalen Geschichte der Menschheit. Der eine Geist führt das Leben der Menschen in den einen Heilszustand. Es gibt nur eine Sonne, die uns alle beleuchtet und nur ein göttliches Licht, das uns alle erleuchtet. Es gibt nur eine Erde, die uns ernährt, und den einen Seinsgrund, der uns trägt. Es gibt nur einen Atem, der uns alle belebt, und einen Geist, der uns verwandelt. Es gibt letzlich nur einen geschichtlichen Werdegang, an dem alle Menschen teilhaben. So gesehen gehören alle unterschiedlichen Offenbarungsmomente der Geschichte zu einem einzigen fortlaufenden Vorgang der Selbst-Erschließung des göttlichen Wortes. Alle heiligen Schriften bilden das gesamte geistige Erbe der ganzen Menschheit. Mit großem Respekt für die jeweilige Glaubenstradition und mit großer Offenheit für den Geist, „der weht, wo er will" (Joh 3,8), sollen wir die heiligen Schriften der anderen lesen und dadurch von Gottes Wort bereichert und von Gottes Geist betroffen werden. Der interreligiöse Dialog ist im Tiefsten immer ein Dialog des Heils. Durch Dialog versuchen wir die Zeichen des fortwährenden Dialogs Gottes mit der Menschheit, „die Zeichen der Gegenwart Christi und des Wirkens des Geistes zu entdecken und anzuerkennen" (Johannes Paul II., *Redemptoris missio* 56).

Jede Offenbarung ist im Dialog mit den anderen zu verstehen

Wenn die heiligen Schriften der Religionen als Ausdruck der Selbst-Offenbarung des göttlichen Wortes in der einen universalen Heilsgeschichte verstanden werden, dann sollen diese Schriften eigentlich miteinander gelesen und interpretiert werden. Das Grundprinzip der menschlichen Beziehung trifft hier zu: Das Ich wird zum wahren *Ich* durch das Du: Das *Ich* versteht und verwirklicht sich dadurch, dass es in eine Relation mit dem *Du* tritt. Gilt es nicht auch für die Interpretation der heiligen Schriften der Menschheit? Verstehen wir nicht die Bibel tiefer, wenn wir sie im Dialog mit dem Koran oder den Veden lesen? Im Bezug auf die Bhagavad Gita der Hindus können wir die mystische Tiefe des Johannesevangeliums neu erkennen. Im Bezug auf die buddhistischen Suttras können wir die asketischen Forderungen Jesu ernster wahrnehmen. Im Bezug auf die taoistischen Schriften können wir die ökologische Herausforderung des Geistes Gottes besser verstehen. Auf einmal öffnen sich ungeheure Sinnhorizonte, wenn die heiligen Schriften in einem für den Geist Gottes offenen dialogischen Vorgang gedeutet werden. Das bedeutet, wir hören voneinander das Wort Gottes. Wenn ich als Christ andächtig die Veden oder den Koran lese, dann werde ich dem Wort Gottes gegenüber zunehmend sensibler. Es heißt nicht, wie manche befürchten, einen Verrat des eigenen Glaubens; im Gegenteil, unser Glaube an Jesus Christus, dem Fleisch gewordenen Wort, unsere Beheimatung in der Offenbarungserfahrung des Neuen Testaments verleiht uns das Licht, in den anderen Schriften die Offenbarung des einen Wortes Gottes wahr und ernst zu nehmen.

Jede Offenbarung ist ein einmaliges Geschehen mit einer universalen Botschaft

Wenn wir die Universalgeschichte der Menschheit als einen fortlaufenden Dialog Gottes mit den Menschen verstehen, können wir in diesem Dialogvorgang Augenblicke des verdichteten Durchbruchs des göttlichen Logos in die Welt feststellen. Sie sind die Gipfelmomente der Gott-Mensch-Beziehung, gnadenreiche Momente der gewaltigen Einwirkung des verwandelnden Geistes in der Geschichte. In solchen Momenten taucht der göttliche Unterstrom der Geschichte im menschlichen Bewusstsein auf. Gott begegnet dem Menschen im Spannungsfeld der Geschichte. Es sind die Momente der *Kairoi*, Augenblicke der spezifischen Gnade und des neuen Auftrags. In solchen Momenten entstehen die heiligen Schriften, die versuchen, diese Heilsgnade und diesen Heilsauftrag aufzufangen und in einer symbolischen Sprache zu artikulieren. Jeder solche Offenbarungsmoment ist ein einmaliges Ereignis, in dem eine spezifische Dimension des göttlichen Geheimnisses und der Heilsnähe Gottes aufgetan wird. Er hat aber eine universale Botschaft, weil jede Offenbarung Gottes im universalen Vorgang der Entfaltung der Gott-Mensch-Beziehung geschieht. Das Ereignis und die Person Jesu Christi ist eine einmalige Selbst-Mitteilung Gottes. Es vermittelt aber eine universale Heilsbotschaft für alle Menschen, für alle Zeiten. Dies gilt auch in eigener

Das eine Wort und die vielen heiligen Schriften

Weise für die anderen Offenbarungsmomente der anderen Religionen. Daher sind wir Gläubigen herausgefordert, die Heilsbotschaft, die durch die Schriften der anderen Religionen verkündet wird, ernst zu nehmen und davon bereichert und betroffen zu werden. Hier werden wir unterschiedliche Auffassungen feststellen bis zu hin Gegensätzen. Sie sollen uns aber nicht zurückschrecken, sondern uns einladen mit den andersglaubenden Menschen im Dialog zu bleiben und mit großem Respekt zu schauen, wie der Geist Gottes in den Herzen der Menschen wirkt, und zwar in einer Weise, die wir nicht vorherbestimmen können. Dem großen Geist Raum geben – dies soll der Grundansatz einer Kultur des Dialogs sein. „Durch den inter-religiösen Dialog lassen wir Gott in unserer Mitte gegenwärtig sein, denn wenn wir uns im Dialog zueinander öffnen, öffnen wir uns eigentlich zu Gott. Gottes Geist kann uns in Freiheit begleiten, nur wenn wir einander in Ehrlichkeit und Liebe begegnen." (Johannes Paulus II, Madras 5.2.1986)

Glaubenssprache ist eine Sprache der Ergriffenheit

Wenn die Heilsoffenbarung Gottes konkret in einer Gemeinschaft der Gläubigen aufgefangen wird, dann geschieht es durch eine Ergriffenheit. Der sich offenbarende göttliche Geist packt die Menschen und verwandelt ihr Bewusstsein. Es ist eine tiefgreifende Erfahrung der Erschütterung und der Verwandlung durch den Geist. Es ist eine Ekstase des Geistes. Und aus dieser Ekstase heraus teilen Menschen ihre Erfahrung mit. So wird eine heilige Schrift als eine ekstatische Aufnahme der göttlichen Offenbarung verfasst. Die Sprache der Schrift ist daher von der Intensität dieser Gottes- und Heilserfahrung geprägt. Glaubenssprache ist die Sprache der Ergriffenheit; Glaubenssprache ist Liebessprache, Sprache der Intimität zwischen dem gottsuchenden Menschen und dem Menschen umarmenden Gott. Daher befindet sich in den heiligen Schriften eine Sprache, die sehr exklusiv klingt: Worte und Sätze, die absolute Ansprüche erheben, Aussagen, die aus einem Auserwählungsbewusstsein hervorgehen. Solche Stellen sollen wir als Ausdrücke der intensiven und intimen Gotteserfahrung verstehen und deuten. Aber solche Stellen dürfen nicht aus dem Kontext der Erfahrungsdichte herausgenommen und als politisierte Parole umgedeutet werden. Denn sonst entsteht religiöser Fundamentalismus oder aggressiver Proselytismus. Dies ist nicht Gottes Weg mit uns.

Glaubensverkündigung auf dem gemeinsamen geistigen Pilgerweg

Diese Sichtweise verlangt eine neue Art, sich mit den heiligen Schriften der anderen Religionen auseinander zu setzen. Wie oben angedeutet, soll jede heilige Schrift als ein Stück der Gottesoffenbarung angesehen und als Teil des gesamten geistigen Erbes der Menschheit angenommen werden. Wir leben heute in einem ganz neuen Zeitalter der Menschheitsgeschichte, in einem dialogischen Zeitalter. Die Religionen und Kulturen rücken näher zu einander. Die heiligen Schriften aller Religionen werden allen auf der Erde zugänglich. Die Symbole der Religionen faszinieren Menschen über alle Grenzen hinweg. Die Wertsysteme der verschiedenen Religionen befruchten sich gegenseitig. Die spirituellen Meister der Religionen sprechen suchende Menschen über alle Grenzen hinweg an. Wenn wir diese *Zeichen der Zeit* theologisch deuten können, werden wir uns über die Einsicht freuen: der Geist Gottes „der weht, wo er will" (Joh 3,8); der Geist Gottes reißt die Mauern nieder, die wir Menschen auf Grund der Religion und Kultur aufstellen. Der Geist Gottes führt uns Menschen auf eine gemeinsame geistige Pilgerfahrt zusammen, in der wir uns gegenseitig als mitpilgernde Schwestern und Brüder begegnen. Auf diesem Pilgerweg teilen wir die Offenbarungserfahrungen unserer heiligen Schrift den anderen mit. Und wir werden von den Erfahrungen der anderen bereichert und begleitet. „Gott will, dass die sich entfaltende Geschichte der Menschheit zu einer geschwisterlichen Pilgerfahrt wird, in der wir uns gegenseitig auf das Ziel hin begleiten, zu dem Gott uns ruft." (Johannes Paul II., Assisi 27.10.1986). In diesem dialogischen Vorgang geschieht Glaubensverkündigung heute. Es ist keine aggressive Art der Verkündigung. Es geht hier nicht um Machtansprüche. Eine glaubwürdige Mitteilung des Glaubens geschieht nicht dadurch, dass wir uns über den Kopf des Anderen erheben, sondern in einer ständigen Bereitschaft, dem Anderen die Füße zu waschen.

5. TEIL
DIE KATHOLISCHE KIRCHE UND DER BUDDHISMUS

40 JAHRE *NOSTRA AETATE*
Die katholische Kirche und der Buddhismus

Michael Fuss, Rom

Der vierzigjährige Pilgerweg der Kirche im Kontext der Religionen mit der Erklärung *Nostra aetate* (NA) als Kompass erinnert unwillkürlich an die ebenso lange Wüstenwanderung Israels, aber auch an den Aufenthalt Jesu in der Wüste, die ja beide als eine entscheidende Zeit der Probe angesichts konkurrierender Götter und gleichzeitig als positive Chance für die eigene Identitätsfindung gelten. Nur wenige Konzilsäußerungen haben so sehr der nachkonziliaren Polemik[1] Nahrung gegeben und sind als vermeintlicher „Glaubensabfall" der Kirche und Hinwendung zu „fremden Göttern" missverstanden worden, wie die durch die tragischen Ereignisse der Shoah notwendig gewordene Abklärung der kirchlichen Haltung zu den anderen Religionen. Nach 40 Jahren erscheint es daher mehr als geboten, aus der Perspektive einer göttlichen „Pädagogik" (Dtn 8,2-5) kritische „Prüfung" zu halten angesichts der unzweideutigen Verpflichtung der Christen zum wahren Gotteslob im Angesicht anderer religiöser Überzeugungen (Dtn 2,6; Mt 4,10; Röm 15,16).

Bei dieser subtilen Gratwanderung durch ekklesiologisches Neuland hat Papst Johannes Paul II. im Zusammenhang mit der 25jährigen Erinnerung an die relevanten Konzilsdokumente gleichsam die Gegenprobe eröffnet, indem er von der andauernden Verpflichtung der Kirche zur Mission her zugleich die Universalität des göttlichen Heilswirkens anmahnt:

> Die Haltung der Kirche zu anderen Religionen ist bestimmt von einem doppelten Respekt: dem Respekt vor dem Menschen bei seiner Suche nach Antworten auf die tiefsten Fragen des Lebens und vom Respekt vor dem Handeln des Heiligen Geistes im Menschen.[2]

---

1   Johannes Oesterreicher, *Kommentierende Einleitung* zur Erklärung über das Verhältnis der Kirche zu den nichtchristlichen Religionen, in: LThK.E II, Freiburg/Basel/Wien 1967, 458-461 (Der „heilige Krieg" gegen die Erklärung). Vgl. auch: Johannes Rothkranz, Die Konzilserklärung über die Religionsfreiheit. Ein Dokument des II. Vatikanums und seine Folgen, Durach 1995.
2   Johannes Paul II., Enzyklika *Redemptoris missio* (7. Dezember 1990), 29, unter

Michael Fuss

Methodologisch werden hier drei wichtige Kommentierungshilfen angesprochen, nach denen auch die folgenden Überlegungen zum Buddhismus strukturiert sind: der aufrichtige Respekt vor den Werten der anderen Religionen, die gemeinsame anthropologische Basis der religiösen Orientierungssysteme und die pneumatologische Perspektive ihrer theologischen Interpretation. Die Verknüpfung dieser drei Aspekte erhebt die Aussage in NA 1, die zunächst wie eine nebensächliche *captatio benevolentiae* erscheinen mag, zu einem hermeneutischen Prinzip, welches in Zukunft immer mehr das theologische Denken bestimmen sollte: „[die Kirche] faßt [...] vor allem [*imprimis*] das ins Auge, was den Menschen gemeinsam ist". Weit entfernt von einem irenischen Optimismus, der nur die positiven Seiten der Religionen in Augenschein nähme, sind die Aussagen zu den einzelnen Religionen nicht rein phänomenologisch, sondern als Bausteine für eine entstehende dialogische Theologie der Religionen zu verstehen, die von ihrem Ansatz her als Theologie der Solidarität angesprochen wird.

1. Der Konzilstext über den Buddhismus

Das Bildwort von Kardinal Bea[3] über das Gleichnis vom Senfkorn, nach dem aus der Aussage über die rechte Haltung der Christen zum jüdischen Volk ein Baum geworden sei, auf dessen Zweigen die nichtchristlichen Religionen ihren Platz gefunden haben, eröffnet einen Schlüssel zum Verständnis des Satzes über den Buddhismus in der Erklärung *Nostra aetate*, nicht nur hinsichtlich seiner Textgeschichte, sondern auch, weil dieser in keimhafter Form maßgebliche Aussagen enthält, die erst von der nachkonziliaren Reflexion eingeholt werden konnten. In analoger Weise wird das bleibende Verhältnis der Kirche zur jüdischen Religion auch konstitutiv für die Begegnung mit nicht-biblischen Religionen.[4]

Die Aussagen über den gemeinsamen Ursprung und das Ziel der Menschheit (Nr. 1), die gleiche Menschenwürde und das gemeinsame Bemühen um

---

Verwendung eines Zitates aus mehreren Ansprachen bei interreligiösen Zusammenkünften. Die offizielle deutsche Übersetzung ist leider an zwei Stellen unkorrekt.

3   In seiner Erklärung vom 20.11.1964 über die erweiterte Fassung der Konzilserklärung; zitiert in: Augustin Bea, Die Kirche und das jüdische Volk, Freiburg 1966, 158.

4   Im Sinn der Triade von Relativierung, Universalisierung, Erfüllung bei Peter Knauer, Das Verhältnis des Neuen Testaments zum Alten als historisches Paradigma für das Verhältnis der christlichen Botschaft zu anderen Religionen und Weltanschauungen, in: Gerhard Oberhammer (Hg.), Offenbarung, Geistige Realität des Menschen, Wien 1974, 153-170.

Frieden (Nr. 5) bilden den weiteren Rahmen, in den – durch ein zweifaches paradigmatisches „so" gekennzeichnet[5] – die Aufzählung der beiden asiatischen Religionen eingebettet ist. Dabei ist zu beachten, dass es dem Konzil weder um eine erschöpfende religionsgeschichtliche Darstellung des Buddhismus noch um eine systematische Religionstheologie geht, sondern um eine Verhältnisbestimmung *(habitudo)* aufgrund des gemeinsamen „religiösen Sinnes." Die Aussagen über den Buddhismus sind hier einmal im Kontext aller übrigen Religionen (LG 16)[6] als Ausdruck allgemeiner anthropologischer Befindlichkeit des religiösen Menschen[7] zu sehen, andererseits bestand die Absicht, möglichst knapp die wesentlichen Tatsachen dieser Religion zum Ausdruck zu bringen. Methodologisch wird die Betrachtung des Buddhismus in den Dreischritt eines unvoreingenommenen Kennenlernens, einer demütigen Achtung des „Wahren" und „Heiligen" in den Religionen sowie einer dialogischen Christusverkündigung (NA 2) hineingestellt, wie er die ganze Erklärung durchzieht. In diesem Kontext schließt sich unmittelbar an die Erwähnung des Hinduismus ein einziger Satz zum Buddhismus an, der versucht, das Phänomen dieser von Indien aus in allen asiatischen Kulturen verbreiteten Weltreligion in eine theologische Perspektive[8] zu stellen:

> In den verschiedenen Formen des Buddhismus wird das radikale Ungenügen der veränderlichen Welt anerkannt und ein Weg gelehrt, auf dem die Menschen mit frommem und vertrauendem Sinn entweder den Zustand vollkommener Befreiung zu erreichen oder – sei es durch eigene Bemühung, sei es vermittels höherer Hilfe – zur höchsten Erleuchtung zu gelangen vermögen. (NA 2)

---

5   Die Erwähnung der beiden asiatischen Religionen in NA 2 ist von einem vergleichenden „So" *(„Ita ... Sic")* eingerahmt. Der (dritte) Textentwurf vom 20.11.1964 enthielt noch die Überschrift *„De diversis religionibus non-christianis"*.

6   Als „Nichtchristen" werden hier in vier konzentrischen Kreisen (1) die Juden, (2) die Muslime, (3) die außerhalb des abrahamitischen Glaubens stehenden Religionen, die den unbekannten Schöpfer und Erlöser „aus ehrlichem Herzen suchen und seinen im Anruf des Gewissens erkannten Willen unter dem Einfluß der Gnade in der Tat zu erfüllen trachten", und (4) Menschen, die noch nicht zur ausdrücklichen Anerkennung Gottes gelangt sind, auf den Gott des Heils und das Gottesvolk hingeordnet.

7   Darauf weist auch Paul VI., Enzyklika *Evangelii nuntiandi* (8. Dezember 1975), 53, hin.

8   Vgl. Heinrich Dumoulin, Exkurs zum Konzilstext über den Buddhismus, in: LThK.E II, 485, weist zu Recht auf die „dialogischen Themen" hin, die im Satz anklingen. Nach der Intention der Autoren handelt es sich also nicht um den Versuch einer religionsgeschichtlichen, neutralen „Definition", was bei dem Reichtum der geschichtlichen Formen des Buddhismus in dieser Kürze auch gar nicht möglich gewesen wäre.

Michael Fuss

Die knappe Beschreibung des Buddhismus muss in ihrem unmittelbaren Textzusammenhang situiert werden, da sich seine ausdrückliche Erwähnung auf diesen einzigen Satz beschränkt. Gegenüber einer von westlichen Autoren häufig geäußerten Ansicht eines nichtreligiösen Charakters dieser Weltanschauung[9] wird die buddhistische Erfahrung eindeutig den Religionen zugerechnet und ist nicht nur in ihrer klassischen Form angesprochen, sondern in ihrer reichen geschichtlichen Ausprägung, wobei wohl durchaus die in unserer Zeit entstehenden neuen religiösen Bewegungen innerhalb der buddhistischen Tradition[10] mitgemeint sein dürften.[11] Die Wertschätzung des Buddhismus erstreckt sich somit auf die Gesamtheit seiner „Lehren und Lebensregeln sowie auch heilige[n] Riten" (NA 2).

Die eigentliche Erwähnung des Buddhismus, übrigens die einzige innerhalb der Konzilstexte, ist im Übergang vom dritten Textentwurf zur endgültigen Fassung[12] noch an zwei Punkten modifiziert worden. Außer einer Erwähnung der „verschiedenen Formen" des Buddhismus wird die Beschreibung des Heilsweges entscheidend präzisiert. Somit versucht der Text das Kunststück, in kryptischer Sprache das Wesen der buddhistischen Religion in

---

9   Vgl. Helmuth von Glasenapp, Der Buddhismus – eine atheistische Religion, München 1966.
10 Die bekanntesten sind etwa die in unserem Jahrhundert entstandenen japanischen Neureligionen der Schule Nichirens (Reiyukai, Soka Gakkai, Rissho kosei-kai), aber auch der koreanische Won-Buddhismus (Won Bulgyo). Vgl. Werner Kohler, Die Lotus-Lehre und die modernen Religionen in Japan, Zürich 1962.
11 „Im Zusammenhang mit dem Fortschreiten der Kultur suchen die Religionen mit genaueren Begriffen und in einer mehr durchgebildeten Sprache Antwort auf die gleichen Fragen" (NA 2). Zur generellen Beurteilung von Neureligionen ist: Päpstlicher Rat für den Interreligiösen Dialog – Kongregation für die Evangelisierung der Völker, Dialog und Verkündigung (19. Mai 1991), 13, heranzuziehen, da sich auch einige im westlichen Kulturkreis entstandene neue religiöse Bewegungen mit „buddhistischen" Wurzeln zu profilieren suchen.
12 (1) Text vom 20.11.1964:
    In Buddhismo
    radicalis insufficentia mundi huius mutabilis agnoscitur
    et via docetur qua homines, animo devoto et confidente,
    se abnegando et purificando a rebus transitoriis liberari et statum permanentis quietis attingere valeant.
    (2) Promulgierter Text vom 28.10.1965:
    In Buddhismo
    <u>*secundum varias eius formas*</u>
    radicalis insufficientia mundi huius mutabilis agnoscitur
    et via docetur qua homines, animo devoto et confidente,
    <u>*sive statum perfectae liberationis acquirere, sive, vel propriis conatibus vel*</u>
    <u>*superiore auxilio innixi,*</u>
    <u>*ad summam illuminationem pertingere valeant.*</u>

einem einzigen Satz einzufangen. Nach dessen Auflösung ergibt sich folgendes Schema der religiösen Inhalte, die nach dem buddhistischen Selbstverständnis anhand der drei Juwelen *(triratna: Buddha, Dharma, Sangha)*[13] einzuordnen wären:

1. Die Lehre *(Dharma)*, entsprechend der „Vier Edlen Wahrheiten", wobei allerdings die zweite Wahrheit über die Leidensursache nicht erwähnt ist: (1.) Aus der Anerkennung des radikalen Ungenügens der veränderlichen Welt wird (3.) der Zustand vollkommener Befreiung oder höchster Erleuchtung erlangt, indem (4.) der Heilsweg („mit frommem und vertrauendem Sinn") beschritten wird.

2. Die Gemeinde *(Sangha)* und ihre im geschichtlichen Verlauf entstandenen Richtungen, jeweils von ihrem Erlösungsideal her definiert: (1.) Theravâda: „vollkommene Befreiung"; (2.) Mahâyâna: „höchste Erleuchtung", mit den beiden wichtigsten Zweigen, die heute vor allem im Fernen Osten verbreitet sind: (a.) durch eigene Bemühung *(jiriki,* „eigene Kraft"), (b.) vermittels höherer Hilfe *(tariki,* „fremde Kraft").

3. Bei dieser Zuordnung der Satzelemente zur traditionellen buddhistischen Gliederung fällt allerdings auf, dass die Persönlichkeit des Buddha, wie im Übrigen auch Mohammad oder Mose in den anderen Abschnitten, nicht erwähnt wird. Damit wird deutlich, dass der Konzilstext den Ansatzpunkt für einen Dialog zunächst in der existentiellen Grunderfahrung des Ungenügens an dieser Welt und dessen Übersteigen auf ein jenseitiges Heilsziel hin gegeben sieht. Die fruchtbare Entwicklung buddhistisch-christlicher Begegnungen sollte zeigen, dass über die praktische Begegnung durch Gespräch, Zusammenarbeit und geistlich-sittlichem Zeugnis hinaus in nachkonziliarer Zeit die theologische Grundfrage eines Dialogs aus der Mitte ihrer Traditionen für beide Religionen unausweichlich werden sollte. Offensichtlich war die Zeit noch nicht reif für eine Würdigung der Persönlichkeit des Gründers,[14] obgleich er den historischen Kernpunkt aller divergierender

---

13 Entsprechend dem buddhistischen Bekenntnis der dreifachen Zuflucht: „Zum Buddha als Zuflucht gehe ich. Zum Dharma als Zuflucht gehe ich. Zum Sangha als Zuflucht gehe ich." Vgl. Die Juwelen, in: Thera Nyanaponika (Hg.), Sutta-Nipâta, Konstanz 1977, 222-238.

14 Zu dieser Schwierigkeit Heinrich Dumoulin, Begegnung mit dem Buddhismus, Freiburg/Basel/Wien 1978, 62f: „Die Gestalt Buddhas, sei es in ihrer geschichtlichen oder überweltlichen Dimension, steht im Mittelpunkt des gelebten Buddhismus aller Schulen. Die Aspekte seiner Gestalt sind so vielfältig, daß sie sich kaum in eine vollständige Theologie zusammenfügen lassen. Auch läßt sich nicht die religiöse Kategorie angeben, in die die Buddha-Gestalt einzuordnen ist. Zum mindesten kann die westliche Religionswissenschaft keine fertige Kategorie für diesen Zweck anbieten. Der Buddha scheint eine dem Osten eigentümliche, besondere Kategorie zu bilden, die in der Komplexität ihrer Elemente der Transzendenz offen ist."

Entwicklungen innerhalb des Buddhismus bildet sowie, christlicherseits, sein theologischer Ort[15] die Perspektive jedes Dialogs bestimmt. Aus diesen offenen Fragen gewinnt die nachkonziliare Theologie der Religionen ihren Antrieb.

2. Der buddhistische Heilsweg

Wenn man von der Textanalyse zu einer Gesamtsicht des buddhistischen Heilsweges vorzudringen sucht, muss die Erleuchtungserfahrung des Stifters Shâkyamuni zum Ausgangspunkt der Begegnung genommen werden. Hier enthüllt sich, jenseits allen spekulativen Interesses, eine tiefe mystische Heilserfahrung. Der Buddha begegnet der transzendenten Seligkeit nicht als Gnade, sondern in mehr passiver Weise als Frucht einer harten Mühe auf dem Übungsweg zum geistlichen Erwachen. Die Erfahrung des kontingenten Seins alles Lebens („*dukkha*" – „Erleiden") und deren Überwindung in einer absoluten Unbedingtheit („*nirvâna*" – „Nicht-Vorstellung") führt zu einem Aufbrechen des Ego, welches gewöhnlich im ewigen Zyklus von leidvoller Geburt und Tod befangen bleibt, auf ein größeres Selbst hin, welches in der Wirklichkeit des *nirvâna* verwurzelt ist. Dieser Prozess der Erleuchtung bildet das zentrale Mysterium des Buddhismus. Indem er als erster diesen Weg beschritten hat, wird der Buddha Modell und geistlicher Freund *(kalyanamitra)* der Menschheit. In ihrer intuitiven Weisheit ist seine Lehre eher als hermeneutischer Schlüssel für eine Befreiung aus der Welt der Phänomene, denn als dogmatisches System anzusehen. Von daher erklärt sich sein apophatisches Schweigen über die Wirklichkeit Gottes ganz im Sinn einer dem asiatischen Denken eigenen negativen Ausdrucksweise.

Die Biographie des Buddha bildet in der Verwobenheit legendärer und geschichtlicher Elemente eine kerygmatische Verkündigung. Sein historisches Auftreten als Fürstensohn im nordindischen Stamm der Sâkya wird als Frucht des in vielen Weltzeitaltern angesammelten altruistischen *Karma* verstanden, so wie seine radikale Abkehr von weltlichen Freuden als Modell für

---

15 Vgl. Romano Guardini, Der Herr, Würzburg, [12]1961, 360: „Einen einzigen gibt es, der den Gedanken eingeben könnte, ihn in die Nähe Jesu zu rücken: Buddha. Dieser Mann bildet ein großes Geheimnis. Er steht in einer erschreckenden, fast übermenschlichen Freiheit; zugleich hat er dabei eine Güte, mächtig wie eine Weltkraft. Vielleicht wird Buddha der Letzte sein, mit dem das Christentum sich auseinanderzusetzen hat. Was er christlich bedeutet, hat noch keiner gesagt. Vielleicht hat Christus nicht nur einen Vorläufer im Alten Testament gehabt, Johannes, den letzten Propheten, sondern auch einen aus dem Herzen der antiken Kultur, Sokrates, und einen dritten, der das letzte Wort östlich-religiöser Erkenntnis und Überwindung gesprochen hat, Buddha."

die Entschiedenheit geistlicher Suche die Lösung von irdischem Anhaften ausdrückt. Auf dem „mittleren Weg" unter Vermeidung von Extremen wird die entscheidende Nacht der Erleuchtung zur umwälzenden Heilserfahrung, die im Ehrentitel „Buddha" (der Erwachte) ihre neue Identität findet. In völliger Absichtslosigkeit und Offenheit empfängt Sâkyamuni die Wirklichkeitsschau. Einsicht in vorgeburtliche Existenzen und Wahrnehmung des bedingten Entstehens *(pratitya-samutpada)* aller Phänomene als Grundgesetz des Werdens und Vergehens der unbeständigen Welt münden in die befreiende Schau der unbedingten Leere, die zugleich Fülle der Wirklichkeit *(dharma)* ist. Dieses Dharma drängt durch die unaussprechliche Freude des Buddha über solche Erkenntnis hindurch zur Verkündigung an die unwissende Menschheit und erweist das umfassende Mitleid *(karunâ)* als tiefstes Motiv buddhistischer Predigt.

Dharma zeigt sich hier in seiner vielfältigen Bedeutung als allumfassende Wirklichkeit, die zum Wort der Predigt des „Führers der Menschen und Götter" wird und welche wiederum in der rechten sozialen und moralischen Ordnung der Menschen ihre Entsprechung findet. Die radikale Bezogenheit jedes Lebens auf diese Quelle läßt in Wahrheit, jenseits der Alltagsillusion, den Menschen als ich-los *(anatta)* erscheinen, als eine funktionale Einheit ohne Selbstwert: „Die Welt ist leer von einem Selbst und ohne alles, was zu einem Selbst gehört."[16] Aus dieser Substanzlosigkeit der Wesen folgt sowohl deren Eingebundenheit in den unheilvollen Kreislauf ihrer Taten und deren Folgen *(samsâra)* wie auch die Tatsache, dass ein intuitives Erfassen des Wesens der Welt und ihrer Leerheit über den Stufenweg der buddhistischen Praxis zur befreienden Erleuchtung führt. Erlösung ist darum Erkennen der Unheilssituation der Welt und verwirklicht sich im Ausstrecken nach heilender, ganzheitlicher Bezogenheit auf die Gesamtheit aller Wesen und in der Überwindung jeglichen Dualismus'.

Ehrfurcht vor dem unaussprechlichen Geheimnis verwirklicht sich in den Grundtugenden der Güte *(maitrî)*, des Mitleids *(karunâ)*, des sympathischen Mitgefühls *(mudità)* und des Gleichmutes *(upekkha)*, die zum „Haus des Himmlischen" *(brahmavihâra)* werden. In der Bewährung des Alltags spiegelt sich die höchst dynamische Energie des Dharma wider, die letztlich als mitleidsvolle Liebe benannt werden kann. Im Vollzug ergänzen sich ethischer Altruismus und die Selbst-losigkeit der Wesen: die Figur des *bodhisattva* (Erleuchtungswesen) wird in seiner altruistischen Existenz für das Heil aller Lebewesen dessen höchstes Symbol. Hier liegt das Geheimnis des Mahâyâna, der im gesamten ostasiatischen Raum die individuelle Heilssuche des Theravâda durch einen Buddhismus für alle Menschen universalisiert. Obgleich erst ca. 500 Jahre nach dem Stifter mit neuen Texten und ethischen

16 *Samyutta-nikâya* IV, 54.

Prinzipien bekannt geworden, handelt es sich nicht um eine unabhängige Schule, sondern um eine neue Betonung ursprünglicher Ansichten. Seine Vielgestaltigkeit, die durch ihre kulturelle Ausprägung in weiten Teilen Asiens bereichert wird, kann hier wiederum nur unter dem Aspekt des Erlösungsweges betrachtet werden. Die Schulen des Zen[17] in China, Korea und Japan repräsentieren in ihrer strengen Meditationsweise ein intuitives Einschwingen in das große Selbst „durch eigene Bemühung," während vor allem in den seit dem 12. Jahrhundert verbreiteten Schulen des gläubigen Amida-Buddhismus[18] das tiefe Vertrauen auf Erlösungsgnade „durch fremde Kraft" wirksam wird.

Die eigentümliche „Dreikörperlehre" des Mahâyâna lässt den historischen Buddha Sâkyamuni als Ausfluss der transzendenten Wirklichkeit erscheinen, während das Ideal der erlösenden Dynamik sich in himmlischen *Bodhisattvas* (in Japan u.a. *Kwannon*) verkörpert. Allerdings bezieht sich die göttliche Verehrung nicht auf eine ontologische Gottesnatur, sondern auf die erlösende Mittlerfunktion. Daher ist es schwierig, über äußerliche Anklänge hinaus eine Analogie zwischen Christus und Buddha herzustellen. Ähnlich wie sich der Mond gleichermaßen im weiten Ozean wie in einem Wassertropfen spiegelt, findet sich die Buddhanatur als kosmisches Prinzip in keimhafter Form in jedem Lebewesen. Diese Natur ist absolute Leere: alles besteht nur insoweit es mit allem kommuniziert. Dringt die Meditation zum Bewusstsein dieser Identität von Leere und Daseinsform vor, verwirklicht sich in der Öffnung des eigenen Selbst eine universelle Solidarität des Mitgefühls. Der Offenheit des Menschen (*anâtta* = „nicht-ich") korrespondiert die sich gewährende Gabe der Wirklichkeit. Von daher besitzt selbst der Buddha keine Eigennatur, sondern ist zu der empfangend/mitfühlenden Existenz erwacht.

3. Der Interpretationsrahmen

Der dialogische Gehalt der Betrachtung zum Buddhismus findet sich eingebettet in ein Geflecht von konzentrischen Kreisen, die den knappen Satz weit übersteigen. Für diese Interpretation sind darum der weitere Zusammenhang der Konzilserklärung und andere, sich direkt darauf stützende Dokumente des Lehramtes heranzuziehen.

---

17 Heinrich Dumoulin, *Geschichte des Zen-Buddhismus*, 2 Bde., Bern 1985-86.
18 Henri de Lubac, Amida, Paris 1955.

3.1 Die pneumatologische Dimension

Beginn und Ende (NA 1,5) sprechen von der Einheit und den Gemeinsamkeiten der Menschheit und lesen diese im Blick auf die Suche nach der Erhellung des letzten Geheimnisses der menschlichen Existenz. Hier ist zum ersten die radikale anthropologische Wende zu betonen, die das Dokument mit *Gaudium et spes* gemeinsam hat. Es beginnt nicht mit einer dogmatischen Feststellung, sondern entwickelt die Selbstdarstellung der Kirche aus einer dialogischen Wahrnehmung des menschlichen Kontextes heraus. Dem entspricht der Ausklang der Erklärung, der sich den Menschenrechten verpflichtet weiß, die sich aus der gemeinsamen Menschenwürde ergeben. In definitiver Weise bindet sich hier die Kirche an das von den Vereinten Nationen erklärte Menschenrecht auf Religionsfreiheit. Damit ist im übrigen eine unmittelbare Verknüpfung des Textes mit der Konzilserklärung über die Religionsfreiheit *Dignitatis humanae* (7.12.1965) gegeben.

Über die praktische Anerkennung der grundsätzlichen Gleichberechtigung aller Religionen hinaus wird die Verwerfung jeglicher „Diskriminierung eines Menschen [...] um seiner Rasse oder Farbe, seines Standes oder seiner Religion willen" (NA 5) auch theologisch auf den „Geist Christi" bezogen und mit seinem Anspruch auf alleinige Heilsmittlerschaft verbunden. Das scheinbare Paradox lässt sich nur in einer pneumatologischen Dimension auflösen, die zwar im Konzilstext nicht unmittelbar angesprochen wird, aber aus dem Kontext eindeutig hervorgeht.

Die beiden Schriftzitate am Abschluss der Erklärung (NA 5) sprechen von den Geistesgaben, aus denen sich die nachösterliche Gemeinde aufbaut. Der Kontext der beiden Ermahnungen, „Mit allen Menschen Frieden halten" (Röm 12,18), und, „Söhne des Vaters im Himmel werden" (Mt 5,45), lässt sich jeweils hinsichtlich der Gewinnung eines umfassenden „Friedens" (*shalom*; neuer Gottesdienst aus dem Geist) und einer Universalität der Menschlichkeit (V. 47: „Wenn ihr nur eure Brüder grüßt, was tut ihr damit Besonderes? Tun das nicht auch die Heiden?") als befreiendes Programm einer Theologie der Religionen interpretieren. Die christliche Gemeinde ist Nachfolgerin des Tempels von Jerusalem. Der Heilige Geist, der in ihr wohnt, verleiht der Gegenwart Gottes inmitten des heiligen Volkes eine neue Dichte und bewegt die Christen, stellvertretend als berufene Söhne und Töchter des Vaters, zu einem neuen Gottesdienst im Licht der endzeitlichen Herrlichkeit Gottes (Offb 21,23).[19]

Aber auch die Schriftzitate am Beginn der Erklärung (NA 1) eröffnen eine pneumatologische Perspektive. Der Hl. Geist wirkt außerhalb und vorgängig

---

19 Vgl. den Kommentar der *Neuen Jerusalemer Bibel* zu Röm 12,1f.

Michael Fuss

zum Christusereignis,[20] wie die Gleichsetzung der Weisheit mit der *ruah* Jahwes zeigt: „Machtvoll entfaltet sie ihre Kraft von einem Ende zum andern und durchwaltet voll Güte das All" (Weish 8,1). Die Lichtmetapher in ihrem geheimnisvollen Bezug auf den Geist Jesu Christi entfaltet sich über die gesamte Heilsgeschichte (Weish 7,26; Joh 1,4; Offb 21,23), wie auch die universalgeschichtliche Perspektive der zitierten Areopagrede des Paulus (Apg 17,26)[21] die Evolution und Involution der gesamten Menschheit stellvertretend in den beiden Einzelpersönlichkeiten von Adam und Christus als Werk des göttlichen Geistes deutet. Unwillkürlich wird man hier an das patristische Bild von den „beiden Händen des Vaters" (Irenäus) erinnert, mit denen Gott die Menschheit formt und die Geschichte gestaltet.

Aus der theologischen Perspektive der Erklärung wird aber noch eine weitere Entsprechung deutlich. Sowohl in der Betrachtung der grundlegenden menschlichen Gemeinsamkeit (NA 1) wie in der geforderten „Brüderlichkeit" mit allen Menschen (NA 5) geht es um mehr als rein phänomenologisch-soziologische Feststellungen. Unter Berufung auf den Propheten Joel 3,1 („Ich werde meinen Geist ausgießen über alles Fleisch") müssen beide Dimensionen als vom Geist gewirkt angesehen werden. In ihrem Abschnitt zu den Juden (NA 4) kulminiert die Erklärung in einer Paraphrase zur Pfingstpredigt des Petrus (Apg 2,14-36), der sich ausdrücklich auf Joel bezieht. Sowohl die Dramatik der Erwartung des „Tags des Herrn" wie seine Ablehnung stehen unter dem geheimnisvollen Ratschluss des göttlichen Geistes; in gleicher Weise gilt dies von der Menschheitsfrage nach „Gott als ein und demselben letzten Ziel" (NA 1).

Die komplementäre Sicht von „Ursprung" und „Ziel" weitet eine profane Geschichtsbetrachtung zu einer heilsgeschichtlichen Perspektive. Der Gegenwart des Gottesgeistes am Beginn der Schöpfung entspricht das kontinuierliche Angerufensein aller Menschen vom Ziel der Geschichte her und auf dieses hin. Wie das geheimnisvolle Wirken des Geistes die Geschichte höchst aktiv umgestaltet („Vorsehung", „Bezeugung seiner Güte" und „Heilsratschlüsse"), so müssen sich auch die Christen als „Gottes Mitarbeiter" (2 Kor 6,1) aktiv für die Verwirklichung des Reiches Gottes engagieren. In einer fast parallelen Formulierung spricht *Gaudium et spes* 29 diese pneumatologische Anthropo-

---

20 Vgl. Alois M. Kothgasser, Die katholische Pneumatologie im Zwanzigsten Jahrhundert, in: José Saraiva Martins (Hg.), Credo in Spiritum Sanctum. Atti del Congresso Teologico Internazionale di Pneumatologia, Città del Vaticano 1983, 611-659.
21 Apg 17,26-31: „Er hat aus einem einzigen Menschen das ganze Menschengeschlecht erschaffen, damit es die ganze Erde bewohne". „Er hat einen Tag festgesetzt, an dem er den Erdkreis in Gerechtigkeit richten wird durch einen Mann, den er dazu bestimmt und vor allen Menschen dadurch ausgewiesen hat, dass er ihn von den Toten auferweckte."

logie im Blick auf die einzelnen Menschen aus, während *Nostra aetate* das Wirken der universellen Gnade in den Religionen im Blick hat:

> Da alle Menschen eine geistige Seele haben und nach Gottes Bild geschaffen sind, da sie dieselbe Natur und denselben Ursprung haben, da sie, als von Christus Erlöste, sich derselben göttlichen Berufung und Bestimmung erfreuen, darum muß die grundlegende Gleichheit aller Menschen immer mehr zur Anerkennung gebracht werden.

Nostra aetate stellt nicht nur das „Fragen," sondern auch die „Antworten," d.h. die religiösen Orientierungssysteme der Menschheit, in den universalen Advent („die Menschen erwarten ... Antwort") der Gnade und kann daher, entsprechend der positiven und aktiven Präsenz des Geistes in den Religionen, dazu ermahnen, dass die Christen „die sozial-kulturellen Werte, die sich bei ihnen finden, anerkennen, wahren und fördern." (NA 2) Wie der erste und zweite Advent Gottes in Jesus Christus die Menschheitsgeschichte in eine eschatologische Spannung stellen, so enthüllt die Allversöhnung (NA 2; 2 Kor 5,18-19) in Christus, dem einzigen Heilsmittler, den verborgenen Sinn der (Religions-)Geschichte, stellt aber gleichzeitig die Religionen in die geistgewirkte Freiheitsgeschichte der Menschheit. Die Haltung (*habitudo*) der Kirche gegenüber anderen Religionen steht daher unter dem Anspruch einer eschatologischen und adventlichen Erwartung, die zur Offenheit für ein solidarisches Engagement befähigt.

3.2 Die anthropologische Dimension

In spiegelbildlicher Weise wird die geistgewirkte Suche der Menschheit nach einem letzten Sinn des Lebens in der Enzyklika *Fides et ratio* (14. September 1998) thematisiert. Der existentiellen Befindlichkeit des „Fragens" und „Suchens" in NA 1 entsprechen hier „Glaube" und „Vernunft" als die beiden Flügel, mit denen Menschen sich zur Betrachtung der Wahrheit erheben. Religion wird hier definiert als Übergang von einem vordergründigen menschlichen Selbstbewusstsein zu einem Bewusstsein des wahren Selbst, in dessen lebendigem Vollzug sich die Wahrheit über den Menschen und die Wahrheit Gottes verbinden.[22] Wenngleich der Buddha nur kurz im Zusam-

---

22 Dazu bereits Johannes Paul II., Enzyklika *Redemptor hominis* (4. März 1979), 11: „Das Konzilsdokument, das den nichtchristlichen Religionen gewidmet ist, ist in besonderer Weise voll tiefer Wertschätzung für die großen geistigen Werte, ja mehr noch, für den Primat dessen, was geistig ist und im Leben der Menschheit in der Religion und in den moralischen Prinzipien, die sich in der jeweiligen Kultur widerspiegeln, seinen Ausdruck findet [...] Dieses Streben des Geistes drückt sich aus in der Suche nach Gott und zugleich – aufgrund seiner Hinordnung auf Gott – in der Suche nach der vollen Dimension des Menschseins oder der vollen Sinndeutung des menschlichen Lebens."

menhang mit anderen religiösen Traditionen erwähnt wird, wird man diesen Abschnitt (Nr. 1) ohne weiteres als den am meisten „buddhistischen" Text in einer lehramtlichen Äußerung ansehen dürfen. Das delphische „*Erkenne Dich selbst*", dem in vieler Hinsicht die existentielle Wachsamkeit des Buddhismus entspricht, wird als konstitutive Grundwahrheit und „Mindestregel" wahren Menschseins bezeichnet. Die christliche Offenbarung wird hier ganz in das menschliche Bemühen um Sinngebung des täglichen Lebens eingebettet. Im folgenden Lob der Philosophie wird deutlich, wie sehr sich die Suche nach Weisheit und deren gnadenhafte Selbsterschließung durchdringen. Hier darf der ausdrückliche Hinweis nicht fehlen, dass die existentiellen Fragen den Menschen nicht nur individuell in seinem persönlichen Gewissen herausfordern, sondern gerade auch vermittels der konkret verfassten Religionen.[23]

In einer Ansprache an einen buddhistischen Würdenträger hat Johannes Paul II. die soteriologische Ausrichtung der beiden Religionen von einer befreienden Lebenspraxis her aufgezeigt und damit den Ausgangspunkt einer fruchtbaren Begegnung benannt. Vor allem wegen der apophatischen Struktur des buddhistischen Denkens geht es im Dialog zunächst nicht um die Erhellung von „höchsten" Offenbarungswahrheiten, sondern, in einer anthropologischen Wende, um die Wahrheit vom Menschen, die als Frucht von intensiver Meditation und spirituellem Leben erfahren wird:

> „Frieden" und „Heil" sind zwei Ideale, die tief im Evangelium Jesu Christi, zu dessen Verkündigung wir gesandt sind, verwurzelt sind. Sie finden sich aber auch in gewisser Weise in der buddhistischen Tradition, der sie folgen. Beide verweisen uns auf das Ewige, das Überirdische (*lokuttara*), und verlangen vom Menschen eine Haltung der Loslösung, des inneren Friedens, von Wahrheit, Gerechtigkeit und Mitgefühl als unverzichtbare Bedingung zur Erlangung des wahren Friedens und Heiles.[24]

Im Zusammenhang der Enzyklika *Veritatis splendor* wird im Blick auf eine globale Ethik die klassische Unterscheidung von göttlichem und natürlichem Gesetz zugunsten einer gegenseitigen Durchdringung interpretiert und die Verschiedenheit der Religionen als Teil einer relationalen Christologie anerkannt. Diese heilsgeschichtliche Betrachtung erlaubt, die Eigenständigkeit

---

23 Vgl. Enzyklika *Redemptoris missio* 28. Auch Ebd. 55: „Er [Gott] macht sich auf vielfältige Weise gegenwärtig, nicht nur dem einzelnen, sondern auch den Völkern im Reichtum ihrer Spiritualität, die in den Religionen ihren vorzüglichen und wesentlichen Ausdruck findet".
24 Johannes Paul II., An den höchsten buddhistischen Patriarchen von Laos, in: Insegnamenti, Bd. 11, Vatikanstadt 1973, 582-584.

der ethischen und religiösen Orientierungssysteme als legitimen Ausdruck der menschlichen Freiheit anzunehmen und sie gleichzeitig als Teilnahme an der „Gestalt" Jesu Christi zu deuten:

> Die verschiedenen Weisen, wie Gott sich in der Geschichte der Welt und des Menschen annimmt, schließen nicht nur einander nicht aus, sondern im Gegenteil, sie stützen und durchdringen sich gegenseitig. Sie alle haben ihre Quelle und ihr Endziel in dem weisen und liebevollen ewigen Plan, mit dem Gott die Menschen im Voraus dazu bestimmt, „an Wesen und Gestalt seines Sohnes teilzuhaben" (Röm 8,29). In diesem Plan liegt keinerlei Bedrohung für die wahre Freiheit des Menschen; im Gegenteil, die Annahme dieses Planes ist der einzige Weg zur Bejahung der Freiheit.[25]

Hinsichtlich der Grundhaltung der Kirche (NA 1: *habitudo*) wird in *Fides et ratio* der gemeinsame Pilgerweg der Religionen in den Kontext des paulinischen Hymnus vom Charisma der Liebe (1 Kor 13,1-13) gestellt, den man von daher auch als das „Hohelied des Dialogs" bezeichnen darf. Eingebettet in die Gaben des göttlichen Geistes, deren erste die zwischenmenschliche Liebe ist, wird der interreligiöse Dialog zu einer „Diakonie an der Wahrheit", wo sich das Mitgehen mit den Anderen und die fortschreitende Vertiefung der eigenen Lebensorientierung an Christus gegenseitig durchdringen:

> Diese Sendung macht einerseits die gläubige Gemeinde zur Teilhaberin an der gemeinsamen Bemühung, welche die Menschheit vollbringt, um die Wahrheit zu erreichen; andererseits verpflichtet sie sie dazu, sich um die Verkündigung der erworbenen Gewißheiten zu kümmern; dies freilich in dem Bewußtsein, daß jede erreichte Wahrheit immer nur eine Etappe auf dem Weg zu jener vollen Wahrheit ist, die in der letzten Offenbarung Gottes enthüllt werden wird.[26]

Wenn man die vom II. Vatikanischen Konzil betonte Ekklesiologie der pilgernden Kirche ernst nimmt, eröffnet sich darin bereits eine neue Dimension,

---

25 Johannes Paul II., Enzyklika *Veritatis splendor* (6. August 1993), 45; vgl. ebd. 94: „In diesem Zeugnis für die Unbedingtheit des sittlich Guten stehen die Christen nicht allein: Sie finden Bestätigung im sittlichen Bewußtsein der Völker und in den großen Traditionen der Religions- und Geistesgeschichte des Abendlandes und des Orients, nicht ohne beständiges und geheimnisvolles Wirken des Geistes Gottes."
26 Johannes Paul II., Enzyklika *Fides et ratio* (14. September 1998), 2. Dazu auch der direkte Verweis auf die Enzyklika *Redemptor hominis* 19: „Die Verantwortung für eine solche Wahrheit bedeutet auch, sie zu lieben und möglichst genau zu verstehen zu suchen, damit sie uns selbst und den anderen in aller ihrer erlösenden Kraft, in ihrem hellen Glanz, in ihrer Tiefe und zugleich Einfachheit immer vertrauter wird."

die erst nach vierzig Jahren deutlich zutage tritt. Die Betonung ihres dialogischen Charakters war im gewissen Sinne eine Kontextualisierung des dialogischen Denkens der zeitgenössischen Philosophie, welches auf existentielle Begegnungen von Subjekten im Sinne einer Ich-Du-Beziehung abzielte. An dessen Stelle tritt in der globalen Informationsgesellschaft zunehmend ein Denken in Systemen und Netzwerken. Angesichts der buddhistischen Lehre von der gegenseitigen Abhängigkeit aller Faktoren im Universum lässt sich die neue Herausforderung an die Theologie als Übergang vom interreligiösen Dialog zu einer interreligiösen Vernetzung formulieren und damit zum Paradigma eines ganzheitlichen Bewusstseins. Ohne an dieser Stelle die neue Struktur eines holographischen Denkens detaillierter nachzeichnen zu können, seien nur plakativ etwa der christliche Anspruch, in den eucharistischen Gestalten die universale Gegenwart Christi zu schauen, mit der buddhistischen Kommunion von vernetztem Entstehen und Vergehen im Prozess der Befreiung konfrontiert. Der seit langem in Europa lebende buddhistische Mönch Thich Nhat Hanh (*1926) weist immer wieder auf ein tiefes, mystisches Schauen hin, in dem alle Dinge füreinander da sind.[27] Die heilschaffende *Pro*-Existenz Jesu Christi wäre nicht vollkommen, wenn sie die befreiende *Inter*-Existenz eines Bodhisattva[28] ausschließen würde.

3.3 Die trinitarisch-soteriologische Dimension

Wenngleich der Satz über den Buddhismus in positiven Worten die Möglichkeit bejaht, „mit frommem und vertrauendem Sinn" ... „sei es durch eigene Bemühung, sei es vermittels höherer Hilfe" ... „den Zustand vollkommener Befreiung" oder die „höchste Erleuchtung" zu erlangen, sagt er doch vordergründig nichts über die soteriologische Dimension dieses Bemühens. Es fällt

---

27 Vgl. Thich Nhat Hanh, Engagierter Buddhismus, in: Samuel Bercholz/Sherab Chödzin (Hg.), Ein Mann namens Buddha. Sein Weg und seine Lehre, Bern 1994, 288: „Ein Blatt Papier ist aus Nichtpapier-Elementen gemacht. Eine Wolke ist ein Nichtpapier-Element. Der Wald ist ein Nichtpapier-Element. Sonnenschein ist ein Nichtpapier-Element. Wenn aber das Papier aus allen Nichtpapier-Elementen gemacht ist, was dann, wenn wir alle Nichtpapier-Elemente auf ihren Ursprung zurückführen – die Wolke auf den Himmel, den Sonnenschein auf die Sonne, den Holzfäller auf seinen Vater? Dann ist das Papier leer. Leer wovon? Leer von gesonderter Ich-Wesenheit. Es ist aus all den nicht-ichwesenhaften Elementen, Nichtpapier-Elementen gemacht, und wenn wir alle diese Nichtpapier-Elemente abziehen, ist es wahrhaft leer, ohne unabhängige, eigenständige Ich-Wesenheit. Leer in diesem Sinne bedeutet aber, daß das Papier von allem erfüllt ist, vom gesamten Kosmos. Das Vorhandensein dieses kleinen Blattes Papiers beweist das Vorhandensein des ganzen Kosmos."

28 Dazu: Joseph Ratzinger, Eschatologie – Tod und ewiges Leben, Regensburg 1978, 155-157.

allerdings auf,[29] dass einerseits die verwendete Begrifflichkeit (*„animo devoto et confidente;" „superiore auxilio innixi"*) sehr wohl auch in der christlichen Spiritualität Anwendung findet und andererseits das tatsächliche Erreichen des höchsten Ziels ausdrückt. Vermutlich dürfte die „Erleuchtung" (*summa illuminatio*) hier eher unbewusst als religionsgeschichtlicher Fachterminus in die Erklärung eingeflossen sein; in den übrigen Konzilstexten wird der Begriff generell nur im Hinblick auf die göttliche Offenbarung verwendet. *Lumen gentium* 36 verbindet die „Erleuchtung" durch Christus mit seinem Heilswirken: „So wird Christus durch die Glieder der Kirche die ganze menschliche Gesellschaft mehr und mehr mit seinem heilsamen Licht erleuchten [*suo salutari lumine ... illuminabit*]."[30]

Der spannungsvolle Weg zwischen einer vorsichtigen Wahrnehmung der Heilsfrage und ihrer zuversichtlichen Anerkennung findet sich in den beiden Zitaten von Johannes Oesterreicher:

> Ohne Zweifel ist das buddhistische Verlangen, frei zu werden von der Last des Daseins, der biblischen Gedankenwelt fremd. Welcher Christ würde es jedoch wagen, dieses Verlangen rein negativ zu beurteilen, besonders wenn er die Gelassenheit des lächelnden Buddha betrachtet? –

> Wer auch immer eine religiöse Wahrheit ausspricht, hat seinen Gedanken und sein Wort vom Heiligen Geist empfangen. Wo immer Güte gelehrt und gelebt wird, dort schwebt Gottes Wohlgefallen. Wer immer Selbstsucht überwindet, kann es nur, weil sein Sieg schon auf Golgotha erwirkt worden war. Wo immer Gnade ist, dort ist auch die Kirche.[31]

Hier eröffnet der grammatische Plural der „Heilsratschlüsse" (*consilia salutis*) Gottes in NA 1 bereits die Möglichkeit, den in der Schöpfung grundgelegten Heilswillen in der Verschiedenheit seiner Bezeugungen in den Religionen und Kulturen der Menschheit anzunehmen, so wie am Ende der Zeiten wiederum die (bleibende) Vielfalt der Völker in der Heiligen Stadt als das eine Gottesvolk zusammenleben wird.

---

29 Zum Folgenden vgl. Miikka Ruokanen, The Catholic Doctrine of Non-Christian Religions According to the Second Vatican Council, Leiden 1992, 74.
30 Vgl. das pneumatologische Verständnis von „Erleuchtung" in *Lumen gentium* 1: „Christus ist das Licht der Völker. Darum ist es der dringende Wunsch dieser im Heiligen Geist versammelten Heiligen Synode, alle Menschen durch seine Herrlichkeit, die auf dem Antlitz der Kirche widerscheint, zu erleuchten, indem sie das Evangelium allen Geschöpfen verkündet." *Lumen gentium* 16: „ab Illo datum qui illuminat omnem hominem, ut tandem vitam habeat." *Lumen gentium* 51: „claritas Dei illuminabit coelestem Civitatem et eius lucerna erit Agnus." So auch *Nostra aetate* 1: „quam claritas Dei illuminabit."
31 J. Oesterreicher, Kommentierende Einleitung 453.452.

Die enorme Spannung der Heilsfrage, die zunehmend auf die einzige Heilsmittlerschaft Christi zugespitzt wird, hat gerade durch die asiatischen Traditionen ihre theologische Herausforderung erfahren. Im Blick auf das neue Jahrtausend hat Johannes Paul II. die kraftvolle Verkündigung der Einzigkeit Jesu Christi angemahnt. Hat er damit bereits die dann tatsächlich im Jahr 2000 erfolgte Veröffentlichung der Erklärung der Kongregation für die Glaubenslehre *Dominus Iesus* angekündigt?

> Das ist eine große Herausforderung für die Evangelisierung, daß religiöse Systeme wie der Buddhismus oder der Hinduismus mit einem klaren Erlösungscharakter auftreten. Es besteht also das dringende Bedürfnis nach einer Synode anläßlich des Großen Jubeljahres, die die Wahrheit über Christus als einzigen Mittler zwischen Gott und den Menschen und einzigen Erlöser der Welt erläutern und vertiefen soll, indem sie ihn klar von den Stiftern anderer großer Religionen unterscheidet, in denen auch Wahrheitselemente zu finden sind, welche die Kirche mit aufrichtiger Achtung betrachtet und darin einen Strahl jener Wahrheit erkennt, die alle Menschen erleuchtet. Im Jahr 2000 wird mit neuer Kraft die Verkündigung der Wahrheit wieder erschallen müssen: *Ecce natus est nobis Salvator mundi.*[32]

Dieser Satz wurde in der anschließenden Bischofssynode für Asien noch präzisiert, „Der Erlöser der Welt wurde für uns – in Asien – geboren,"[33] und damit konkret auf die asiatischen Kulturen und Religionen hin bezogen. In demselben Schreiben findet sich dann aber überraschend ein Satz, der die Einzigartigkeit Christi in den weiteren Rahmen einer trinitarischen Perspektive stellt: „Die Tatsache, daß auch die Anhänger anderer Religionen die Gnade Gottes empfangen und von Christus gerettet werden können, wenn auch nicht durch die Mittel, die er eingesetzt hat".[34] Diese erstaunliche Behauptung verbindet sich sowohl mit der Anerkennung „anderer Mittlertätigkeiten verschiedener Art und Ordnung, die an seiner [Christi] Mittlerschaft teilhaben"[35], wie auch mit der „gleichermaßen christologischen wie pneumatologischen Universalität,"[36] in der sich der „neue Tempel" des Leibes

---

32 Johannes Paul II., Apostolisches Schreiben *Tertio millennio adveniente* (10. November 1994), 38.
33 Johannes Paul II., Nachsynodales Apostolisches Schreiben *Ecclesia in Asia* (9. November 1999), 2: „*Ecce natus est nobis Salvator mundi – in Asia.*" Ebd., 2, fügt an das vorherige Zitat noch die selbstkritische Bemerkung an: „Es ist wirklich merkwürdig, daß der in Asien geborene Erlöser der Welt bis heute den Menschen eben dieses Kontinents weitgehend unbekannt geblieben ist."
34 Ebd. 31.
35 Enzyklika *Redemptoris missio* 5.
36 Päpstlicher Rat für den Interreligiösen Dialog – Kongregation für die Evangelisierung der Völker, *Dialog und Verkündigung* (19. Mai 1991), 21.

Christi aufbaut. Das Abrücken von einem „westlichen" Christus vermag einerseits die paradigmatische Zugehörigkeit Jesu zur jüdischen Religion in den Kontext der „asiatischen" Religionen zu stellen; andererseits vermeidet eine solche geistbetonte Christologie ein allzu enges Verständnis der alleinigen Heilsbedeutung Christi. Die Inkarnation des Gottessohnes als *universale concretum* des göttlichen Bundes mit der Menschheit wird durch die neue Wertschätzung der Religionen in der ergänzenden Fülle ihrer beiden Aspekte gesehen, als kenotische Selbstentäußerung Gottes (Phil 2,6-11) und als wirkliche Geburt aus den Menschen. Die Christologie „von oben" vollendet sich mit einer Christologie „von unten", zu der wesentlich die Vielfalt der religiösen Traditionen als legitime Konkretisierung des *homo religiosus* gehört. Analog zur patristischen Unterscheidung der doketischen Häresie, nach der Christus nur äußerlich einen menschlichen (jüdischen) Leib angenommen habe, muss eine zukünftige Christologie der Religionen das Verhältnis von Menschwerdung und Religionen dahingehend bestimmen, wie Kirche und religiöse Traditionen unvermischt in der Wirklichkeit des einen Leibes Christi bestehen können.[37]

Das wichtige Dokument der Internationalen Theologenkommission von 1997 betrachtet sowohl die Diskussion über die Heilsmöglichkeit von Nichtchristen wie auch die Frage, ob es sich dabei um einen „ordentlichen" oder „außerordentlichen" Heilsweg handelt, als weitgehend abgeschlossen und legt in einer Umkehrung der Argumentation den Akzent auf die Frage nach der Notwendigkeit der Kirche als Instrument des Heiles:

> Die wichtigste Frage ist heute nicht mehr, ob die Menschen die Rettung erlangen können, auch wenn sie nicht zur sichtbaren katholischen Kirche gehören; diese Möglichkeit kann als theologisch sicher gelten. Die Pluralität der Religionen, deren sich die Christen immer deutlicher bewußt werden, die bessere Kenntnis dieser Religionen selbst und der notwendige Dialog mit ihnen, aber nicht zuletzt auch das stärkere Bewußtsein von den räumlichen und zeitlichen Grenzen der Kirche führen uns zur Frage, ob man noch von der Heilsnotwendigkeit der Kirche sprechen kann und ob dieses Prinzip mit dem universalen Heilswillen Gottes vereinbar ist.[38]

Indem die Identität der Kirche aus dem österlichen Geheimnis entwickelt und ihre Rolle als universales Heilssakrament charakterisiert wird, findet

---

37 Ausgehend von der engen Entsprechung von Inkarnation und Inkulturation fordert Aloysius Pieris, Theologie der Befreiung in Asien, Freiburg/Basel/Wien 1986, 81, eine „Inreligionisation" des Christentums und spricht von dessen „Taufe" im Jordan der asiatischen Religionen.
38 Internationale Theologenkommission, *Das Christentum und die Religionen* (1997), 63.

sich die Kirche selbst in die universale Dynamik des Heiligen Geistes hineingestellt, der in Religionen wie Kirche am Werk ist. Das globale Streben der menschlichen Solidargemeinschaft nach Einheit, die in NA 1 als Ausgangspunkt des christlichen Interesses an anderen Religionen dient, wird hier als Vollendung des Paschamysteriums im Pfingstereignis gesehen. Die multikulturelle und -religiöse Menschheit von heute bildet den heilsgeschichtlichen Ort – durchaus im Sinne der klassischen *loci theologici* –, wo sich die Dramatik des Geistes ereignet. In der Begegnung mit den Religionen ergänzen sich gleichsam eine Christologie „von innen" und „von außen" als hermeneutischer Schlüssel des Globalisierungsprozesses. Es wird in Zukunft vonnöten sein, die „einzige Gemeinschaft" der Völker vor dem Horizont der trinitarischen „Einheit-in-liebender-Verschiedenheit" zu betrachten, um sowohl die legitime Verschiedenheit der Religionen wie ihre geheimnisvolle Hinordnung auf den einen Gott anerkennen zu können:

> Das österliche Geheimnis, in das auf die Gott bekannte Art und Weise alle Menschen einverleibt sein können, ist die Heilswirklichkeit, die das ganze Menschengeschlecht umfaßt und die Kirche mit den Nichtchristen, an die sie sich wendet, im voraus verbindet; der Offenbarung dieser Heilswirklichkeit hat sie stets zu dienen. In dem Maße, in dem die Kirche das Wahre und Gute, das der Heilige Geist durch die Worte und Taten der Nichtchristen gewirkt hat, erkennt, unterscheidet und aufnimmt, wird sie immer mehr zur wahren katholischen Kirche, welche in allen Sprachen spricht, in der Liebe alle Sprachen versteht und umfängt und so die babylonische Zerstreuung überwindet.[39]

4. Nachkonziliare Entwicklungen in den offiziellen Beziehungen

Im Gegensatz zu den übrigen indischen Religionen ist der Buddhismus sehr früh zur Weltreligion geworden und stellt von daher eine besondere Herausforderung dar. Mit seiner Botschaft von einer radikalen Umwandlung des eigenen Egoismus zu einer existentiellen Offenheit, von einer moralischen Verantwortlichkeit für die gesamte Welt lebender Wesen, von einem deutlichen Bewusstsein einer überirdischen Wirklichkeit (*Dharma*, *Nirvâna*) und der Überwindung jeglichen Dualismus' bietet er große Möglichkeiten für ein beginnendes Weltgespräch mit dem Christentum. Beiden Traditionen ist die missionarische Tendenz zu Eigen, sich unabhängig von ihrem historischen Ursprung neuen Kulturen anzupassen; beide Traditionen zielen mit univer-

---

39 Ebd. 78; vgl. *Ad gentes* 4; *Lumen gentium* 16-17; *Gaudium et spes* 22.

salem Heilsanspruch auf die Bekehrung des Einzelnen. In vielem stehen sie in einem komplementären Verhältnis. Während der Buddhismus traditionell die Weisheit stärker zugunsten der tatkräftigen Liebe betont, ist es im Christentum umgekehrt.[40] Christen richten an ihre buddhistischen Gesprächspartner berechtigterweise die Frage nach der Bedeutung der Person (des Individuums und der letzten Wirklichkeit),[41] werden dabei aber von Buddhisten mit der Frage nach der wechselseitigen Abhängigkeit allen Lebens konfrontiert. So werden beide metaphysischen Systeme füreinander zur ernsten Anfrage, wenn nicht sogar zur faszinierenden Alternative, und ihre wechselseitige Begegnung umfasst bis in die Gegenwart eine ganze Bandbreite an Reaktionen von missverstehender Ignoranz bis zu idealisierendem Enthusiasmus, von mühsamem Quellenstudium und ernsthafter Praxis bis zur modischen Imitation.

Die Wertschätzung des Buddhismus in *Nostra aetate* bildet den Höhepunkt einer langen Geschichte von Begegnungen seit der Zeit der frühen Kirche.[42] Diese wechselvolle Geschichte der zahlreichen buddhistisch-christlichen Kontakte kann hier natürlich nicht auch nur annähernd skizziert werden. Hinsichtlich der offiziellen Beziehungen in der Folge des II. Vatikanischen Konzils mag nur auf die Kontinuität einer unscheinbaren Geste hingewiesen werden. Seit 1995 spricht alljährlich der Präsident des Päpstlichen Rates für den Interreligiösen Dialog die Anteilnahme der Katholiken am buddhistischen Vesakh-Fest aus, der freudigen Erinnerung an Geburt, Erleuchtung und Hinscheiden des Buddha. In diesen kurzen Botschaften, die zunehmend von den Massenmedien in buddhistischen Ländern verbreitet werden, finden sich viele praktische Anregungen für ein konstruktives Zusammenleben. Der persönlich gehaltene Stil dieser Glückwünsche unterstreicht das wachsende Vertrauen, auf dem sich eine gemeinsame Verantwortung angesichts der je aktuellen Zeitsituation aufbauen kann, so etwa im Jahr 2005 im Blick auf die *tsunami*-Opfer. Papst Johannes Paul II. hatte bereits bei seinem Besuch in Korea 1984 seiner Mitfreude am Geburtsfest des Buddha Ausdruck verliehen: „Es sei mir gestattet, einen besonderen Gruß an die Mitglieder der buddhistischen Tradition zu richten anläßlich der Vorbereitungen zum Fest der Geburt des Herrn Buddha. Mögen Sie die Fülle der Fröhlichkeit erfahren und möge Ihre Freude vollkommen sein."[43]

40 Zum Themenkomplex: Aloyisius Pieris, *Liebe und Weisheit*, Mainz 1989, 157-194.
41 Vgl. Hans Waldenfels, Faszination des Buddhismus, Mainz 1982, 22.
42 Zeugnisse bei Clemens von Alexandrien, Stromata I.15, und vor allem in der christlich gedeuteten Buddhalegende in Gestalt der Heiligen Barlaam und Joasaf (Johannes von Damaskus; PG 96, 857). Zur Gesamtthematik: Michael von Brück/Whalen Lai, Buddhismus und Christentum, München 1997.
43 Johannes Paul II., Insegnamenti, Bd. 7/1, Vatikanstadt 1984, 1282.

Michael Fuss

Eine große Verstimmung haben mehrere abwertende Äußerungen des Papstes (1994)[44] wie des Präfekten der Kongregation für die Glaubenslehre (1997) ausgelöst. Entgegen vielen anders lautenden Stellungnahmen wurde hier der Buddhismus als Negativfolie benutzt, um die christliche Soteriologie ins rechte Licht zu rücken. Obgleich die betreffenden Ansichten nicht im offiziellen Sinne als Position des Lehramtes zu werten sind und mehr oder weniger ein Verständnis des Buddhismus wiedergeben, wie es in der europäischen Philosophie seit Schopenhauer allgemein verbreitet war, musste der Päpstliche Rat für den Interreligiösen Dialog alle Mühe aufwenden, um die Wogen zu glätten. Daraus hat sich eine Serie von offiziellen Dialogtreffen ergeben, die 1995 in Kaohsiung, Taiwan, 1998 in Bangalore, Indien, und 2002 am Hauptsitz der buddhistischen Neu-religion Rissho Kosei-kai in Tokyo veranstaltet wurden und eine Reihe von intensiven Kontakten ermöglicht haben.

Ein Sonderfall der Begegnung ist der seit 1977 stattfindende spirituelle Austausch auf monastischer Ebene, der vor allem durch den kontemplativen Mönch Thomas Merton (1915–1968) bekannt wurde. Mehr als um punktuelle Meditation geht es hier um einen anspruchsvollen Weg zur Alltagsheiligung, der in beiden Mönchstraditionen konkretisiert ist. Die in der D.I.M / MID[45] zusammengeschlossenen Klöster bieten buddhistischen Mönchen und Nonnen geistliche Gastfreundschaft, wie auch christliche Ordensleute sich für längere Zeit in buddhistischen Klöstern aufhalten. Die Zen-Mönche Yamada Roshi (1907–1989) in Japan und Taisen Deshimaru Roshi (1914–1982) in Europa haben eine ganze Generation christlicher Zen-Meister geformt, darunter Hugo Makibi Enomiya Lassalle (1899–1990). Ein Dokument der vatikanischen Kongregation für die Glaubenslehre[46] unterzieht diese Methode einer sorgfältigen Unterscheidung. Normalerweise vermitteln nicht-

---

44 In seinem Buch: Die Schwelle der Hoffnung überschreiten, Hamburg 1994. Vgl. dazu Byron L. Sherwin/Harold Kasimov (Hg.), John Paul II. and Interreligious Dialogue, Maryknoll 1999.
45 Dialogue Interreligieux Monastique (Monastic Interreligious Dialogue).
46 Kongregation für die Glaubenslehre, Schreiben an die Bischöfe der katholischen Kirche über einige Aspekte der christlichen Meditation (15. Oktober 1989). Während das Dokument (in Nr. 2) unkritisch die wertvollen Traditionen von Yoga und Zen mit problematischen Techniken wie der „transzendentalen Meditation" auf eine Stufe stellt und damit im Ganzen zu einem verzerrten Urteil kommt, problematisiert das neuere Dokument: Jesus Christus der Spender lebendigen Wassers. Überlegungen zu New Age aus christlicher Sicht (hg. von Päpstlicher Rat für Kultur – Päpstlicher Rat für den Interreligiösen Dialog, 12. Februar 2003), 6.2, nur mehr die „transzendentale Meditation" und warnt davor, „sich unwissentlich mit einer anderen Religion [...] einzulassen, trotz aller religiöser Neutralitätsbekundungen der Befürworter der »transzendentalen Meditation«."

christliche Gebetsformen auch deren Lehrinhalte, besonders bei suchenden Menschen, die in ihrem Glauben nicht sehr gefestigt sind. Da aber Yoga und Zen als Methoden bereits vorgängig zu ihren Traditionen bestehen, vermögen sie auch als wertvolle Vorbereitung zur christlichen Gottesbegegnung in Stille und innerer Erfahrung dienen, vorausgesetzt, man verwechselt nicht psychologische Technik und menschliche Anstrengung mit dem Wirken der Gnade Gottes. Vielleicht weist von allen Religionen vor allem der Buddhismus auf die Wichtigkeit der Kontemplation hin, nicht nur um in eine dialogische Kommunikation aus der „Herzmitte"[47] der je eigenen Tradition einzutreten, sondern vor allem, um die eigene Glaubensidentität aus mystischer Erfahrung zu nähren.[48] Dabei gewinnt die gemeinsame Entdeckung der „*Kenosis* des Glaubens"[49] im buddhistischen Heilsvollzug (Modelle der Heiligkeit: *arhant; bodhisattva*) wie im christlichen Glauben (Lk 1,38) Bedeutung für den Menschen, der in seinem religiösen Bemühen vor der Schwelle transzendenter Heilseröffnung steht. Hier bleibt das ehrfurchtsvolle Schweigen der Buddhisten und das christliche Sprechen von Gott angesichts der mystischen Tiefe eine gegenseitige Herausforderung.

Über seine traditionelle Verwurzelung in den asiatischen religiösen Traditionen hinaus entsteht gegenwärtig eine neue Symbiose von Buddhismus und westlicher, von christlicher Begrifflichkeit geprägter Kultur. Man ist versucht, von einem entstehenden Euroyâna zu sprechen, um zu betonen, dass es sich dabei um eine neue Konfession mit einem typisch westlichen Gesicht handeln wird, die sich den traditionellen Wegen des Hinayâna und Mahâyâna zur Seite stellt. Eine christliche Auseinandersetzung wird dieser Tendenz differenziert antworten müssen. Wie am historischen Beginn seiner Verkündigung erscheint der Buddha heute wiederum von fünf „Schülern" flankiert, die ein je unterschiedliches Verhältnis zum Christentum widerspiegeln und darauf hinweisen, dass die Äußerungen von *Nostra aetate* auch im Kontext dieser neuen Entwicklungen gelesen werden müssen. So gibt es überzeugte Buddhisten (meist asiatische Immigranten) (1) oder Christen (2), die ihre jeweilige Glaubensidentität in dialogischer Offenheit füreinander leben. Daneben finden sich „buddhistische Christen" (3), d.h. Christen, die buddhistische Elemente in ihre christliche Glaubenspraxis zu integrieren suchen, aber auch „christliche Buddhisten" (4), d.h. zum Buddhismus konvertierte getaufte Christen mit dem typischen Verhalten, das jeden Religions-

47 A. Pieris, Liebe und Weisheit 171.
48 Vgl. Enzyklika *Redemptoris missio* 91: „Der Kontakt mit Vertretern der wichtigsten nichtchristlichen Traditionen, insbesondere mit jenen Asiens, hat mich darin bestärkt, daß die Zukunft der Mission großenteils von der Kontemplation abhängt."
49 Dogmatische Konstitution *Dei Verbum* (18. November 1965), 5; Johannes Paul II., Enzyklika *Redemptoris Mater* (25. März 1987), 13.

wechsel auszeichnet. Eine weitere Gruppe bilden diejenigen Praktizierenden, die unterschiedslos jedwedes Element der beiden (oder mehrerer) Traditionen akzeptieren und ihre konfessionelle Bindung im Blick auf eine hypothetische Universalreligion „transzendieren" (5).[50]

Nachdem der Buddhismus auch in offiziellen Stellungnahmen nicht mehr nur als asiatische Religion, sondern zunehmend in seiner weltweiten Ausdehnung[51] wahrgenommen wird, ergibt sich die Notwendigkeit einer Auseinandersetzung mit den damit verbundenen philosophischen und pastoralen Herausforderungen. Hier treffen gegenseitige Inkulturationsbemühungen aufeinander, und man wird die entstehende religiöse „Landkarte" der Gegenwart nach dem Modell des Dao-Symbols mit seinen beiden interaktiven Kreishälften zeichnen müssen, wobei einerseits das Christentum im Begriff steht, in allen Kulturen der Welt heimisch zu werden, und andererseits alle religiösen Traditionen der Menschheit, klassische und neu entstehende, in jeder christlichen Ortsgemeinde zumindest virtuell präsent sind. Viele Aspekte des Buddhismus machen ihn zu einer Tradition, in der Menschen, die nach einem spirituellen Sinn des Lebens suchen, attraktive Antworten finden. Folglich sind sie von der Lehre des Zusammenhangs aller geschaffenen Wirklichkeit mit allen empfindungsfähigen Wesen beeindruckt. Dies resultiert manchmal in einem starken Engagement für ein ökologisches Bewusstsein. Doch das Festhalten an einer buddhistischen Weltsicht bringt einige ernsthafte theologische und praktische Bedenken für die Kirche. Der Dialog mit Buddhisten stellt auf der theologischen Seite Fragen an alle zentralen Themen der christlichen Theologie, besonders an die Natur Gottes, des Schöpfers, und an das Mysterium der Schöpfung und Erlösung. Mit dieser spirituellen Herausforderung haben sich der Rat der Europäischen Bischofskonferenzen (CCEE) und der Päpstliche Rat für den Interreligiösen Dialog (PCID) in zwei Symposien (1999 in Rom und 2002 in Straßburg) beschäftigt und versucht, eine pastorale Orientierung zu formulieren. Neben verschiedenen praktischen Empfehlungen würdigt das abschließende Dokument die positiven Werte der buddhistischen Spiritualität, weist aber auch darauf hin, dass interreligiöse Begegnung nicht primär auf Harmonisierung abzielt, sondern mittels einer Reifung im eigenen Glauben auf das Gewinnen einer dialogfähigen Identität:

---

50   Zitiert nach Michael Fuss, Buddhismus im Westen, in: Harald Baer u.a. (Hg.), Lexikon neureligiöser Gruppen, Szenen und Weltanschauungen, Freiburg/Basel/Wien 2005, 172-173.
51   Vgl. Johannes Paul II., To Followers of Various Religions in the United States, in: Insegnamenti, Bd. 10/3, Vatikanstadt 1987, 578-583: „Gegenüber der buddhistischen Gemeinschaft, die zahlreiche asiatische wie amerikanische Traditionen widerspiegelt, möchte ich meine Anerkennung für Euren Lebensstil aussprechen, der sich auf Mitgefühl, liebender Zuwendung und dem Wunsch nach Frieden, Wohlergehen und Harmonie für alle Wesen gründet."

Die Kirche sieht im Buddhismus einen ernsthaften Weg zu einer radikalen Umkehr des menschlichen Herzens. Von ihrer eigenen Bestimmung her und im Bewußtsein der Anwesenheit des Herrn kann die Kirche gar nicht anders als Respekt für eine Tradition zu haben, die die Aufmerksamkeit auf die Heilsmöglichkeiten hier und heute lenkt. Die Praxis des Nachdenkens schafft ein Gefühl eines tieferen Schweigens, das die Haltung des Mitleidens nährt. Diese fließt oft über in Verpflichtungen und Handeln. Diese und andere buddhistischen Praktiken ermutigen auch zu solchen „Früchten des Geistes" – inneren Frieden, Freude, Gelassenheit usw. – welche eine intensive spirituelle Disziplin mit sich bringen.[52]

5. Ausblick nach 40 Jahren

Vor allem in westlichen Ländern machen oberflächliche Charakterisierungen den Buddhismus als „Religion ohne Gott" oder sogar als „Gott ohne Kirchensteuer"[53] recht oft zu einem christlichen Alternativprogramm, während die Kulturen Asiens zutiefst von buddhistischen Werten durchdrungen sind. In der Wertschätzung etwa des buddhistischen Lotus-Sutra als „Bibel Asiens" wird der immense Einfluss deutlich, mit dem buddhistische Vorstellungen die Kunst, Kultur, Philosophie und tägliche Praxis der Menschen geprägt haben. Heute wird man sagen dürfen, dass die „asiatische" Mentalität zunehmend Teil der „westlichen" Mentalität wird. Diese Polarität lässt die klassische Völkermission (*missio ad gentes*) zunehmend zu einer globalen Volksmission (*missio inter gentes*) werden – mit der Konsequenz, dass die Mission der Kirche heute nicht mehr anders denn als Dialog konzipiert werden kann. Somit darf die Erklärung *Nostra aetate* nicht nur als methodische „Ausführungsbestimmung" des Missionsdekretes *Ad gentes* gelesen werden; die „Haltung" (*habitudo*) der Kirche zu den anderen Religionen wird vielmehr zum Ernstfall ihres Verhältnisses zu allen Menschen und zur Welt. Wenn die Kirche ihrer Natur nach missionarisch und diese Mission dialogischer Natur ist, so umschreibt die Triade des „anerkennen, wahren und fördern" (NA 2) die selbstlose „Diakonie an der Wahrheit" (*Fides et ratio* 2) im Kontext der spirituellen Pilgerschaft der Menschheit und charakterisiert somit die allgemeine Weise, „Kirche in der Welt von heute" zu sein. Die Anfangsworte der gleichnamigen Pastoralkonstitution bilden darum zugleich

---

52 Das „Domus aurea Papier" über die Präsenz des Buddhismus in Europa, 3, in: Pro Dialogo, Bulletin 102 (1999) 343.
53 Räucherstäbchen und Sinnstiftung, in: Süddeutsche Zeitung – Lokales, 27.12.2002.

eine Ausweitung wie eine präzise Verdichtung der Kernbotschaft von *Nostra aetate*. Diese Universalisierung verdeutlicht einmal mehr den radikalen Paradigmenwechsel von einer Randthematik zu einem neuen Selbstverständnis der Kirche. Mit dem konziliaren Modell einer abgestuften[54] Volk-Gottes Ekklesiologie[55] auf dem Weg einer gemeinsamen Pilgerschaft ist schließlich der epistemologische Dualismus von „Christen" und „Nicht-Christen", wie er noch störend im Titel von *Nostra aetate* aufscheint, überwunden:

> Freude und Hoffnung, Trauer und Angst der Menschen von heute, besonders der Armen und Bedrängten aller Art, sind auch Freude und Hoffnung, Trauer und Angst der Jünger Christi. Und es gibt nichts wahrhaft Menschliches, das nicht in ihren Herzen seinen Widerhall fände. Ist doch ihre eigene Gemeinschaft aus Menschen gebildet, die, in Christus geeint, vom Heiligen Geist auf ihrer Pilgerschaft zum Reich des Vaters geleitet werden und eine Heilsbotschaft empfangen haben, die allen auszurichten ist. Darum erfährt diese Gemeinschaft sich mit der Menschheit und ihrer Geschichte wirklich engstens verbunden.[56]

Indem heute die buddhistische Lebenseinstellung zu einer globalen Präsenz geworden ist, zeigt sich hier vielleicht am deutlichsten die gewandelte Herausforderung, welche die Erklärung *Nostra aetate* für die Kirche eröffnet hat und der diese selbst nach 40 Jahren unterworfen ist. Von einem abgrenzenden Verhältnis von Kirche und nichtchristlichen Religionen ist man zu einem mehr relationalen Beziehungsmodell vorangeschritten. Dies gilt sicherlich nicht im Sinn einer „doppelten Mitgliedschaft," wie sie etwa Joseph S. O'Leary aus einem Vergleich mit der ökumenischen Bewegung ableitet:

> Man pflegte zu sagen, ein guter Katholik müsse protestantisch, während ein guter Protestant katholisch sein müsse. Heute, so sollten wir hinzufügen, muß ein gesunder Christ ein Buddhist sein.[57]

Der pneumatologische Horizont, der alle Konzilstexte zu den religiösen Traditionen umgreift, verwandelt jedoch in seiner Tiefendimension eine bislang eher distanziert beurteilende „Haltung" (*habitudo ad*) zu einem lebendigen „Verhältnis" (*relatio*) der Kirche zu anderen Religionen, wie es der Titel in

---

54 Vgl. *Lumen gentium* 16. Im Licht dieser gewandelten Ekklesiologie mangelt es noch an einem theologischen Begriff der „Religionen", der die abgrenzende Kategorie von „Nicht-Christen" überwindet.
55 Vgl. *Lumen gentium* 2.
56 *Gaudium et spes* 1.
57 Joseph S. O'Leary, Toward a Buddhist Interpretation of Christian Truth, in: Catherine Cornille (Hg.), Many Mansions?, Maryknoll 2002, 42: „It used to be said that a good Catholic needs to be a Protestant, while a good Protestant needs to be a Catholic; today, we might add, a sane Christian needs to be a Buddhist."

seiner interpretierenden, aber ungenauen deutschen Übersetzung prophetisch vorwegnimmt.⁵⁸ Darum wird auch in der Rückbindung an Christus kein trennendes Element aufgerichtet, sondern die Bedingung der Möglichkeit sowohl einer Eigenständigkeit der Religionen wie ihrer gegenseitigen Verbundenheit ausgesagt. Ein missverständlicher Ekklesiozentrismus der Religionen wird im Hinblick auf einen gemeinsamen Christozentrismus von Kirche und Religionen überwunden.

In zwei programmatischen Äußerungen hat Johannes Paul II. dieses gewandelte Verhältnis präzisiert. In seiner Antrittsenzyklika *Redemptor hominis* steht der noch weithin unkommentierte Satz:

> Das II. Vatikanische Konzil hat eine ungeheure Arbeit geleistet, um jenes volle und universale Bewußtsein der Kirche heranzubilden, von dem Papst Paul VI. in seiner ersten Enzyklika schreibt. Ein solches Bewußtsein – oder besser Selbstverständnis der Kirche – entwickelt sich „im Dialog" der, bevor er zum Gespräch werden kann, die eigene Aufmerksamkeit auf „den anderen" lenken muß, das heißt auf den, mit dem wir sprechen wollen. Das ökumenische Konzil hat einen entscheidenden Impuls gegeben, um das Selbstverständnis der Kirche zu formen, indem es uns in angemessener und kompetenter Weise die Sicht des Erdkreises als einer „Karte" mit verschiedenen Religionen vermittelt hat.⁵⁹

Ausgehend von dem markanten Impuls der Enzyklika *Ecclesiam suam*, „Die Kirche wird zum Dialog,"⁶⁰ wird eine relationale Ekklesiologie im Kontext der anderen Religionen und Orientierungssysteme gefordert. Welche andere Institution ließe ihre *corporate identity* von außen her bestimmen? Hier macht eine dialogische Kirche Ernst mit dem Wort Jesu vom „Salz der Erde" (Mt 5,13), das von einer kenotischen Identität und Sendung spricht. Einerseits bezieht sich die Kirche ausdrücklich auf den Pluralismus der Religionen und weist damit auch dem Christentum einen Platz auf der Landkarte der Religionen zu, andererseits versteht sie „Religion" weniger als System-, son-

---

58 Nach Heinz Robert Schlette weist auch Roman A. Siebenrock auf die Problematik der Wiedergabe des Titels hin (Roman A. Siebenrock, Theologischer Kommentar zur Erklärung über die Haltung der Kirche zu den nichtchristlichen Religionen Nostra aetate, in: Peter Hünermann/Bernd Jochen Hilberath (Hg.), Herders Theologischer Kommentar zum Zweiten Vatikanischen Konzil, Bd. 3, Freiburg/Basel/Wien 2005, 591-693, hier 646 Anm. 8). Ähnlich ungenau erscheinen auch die italienische (*relazioni*) und französische (*relations*) Übersetzung, da es im Dokument weder um einzelne Ausführungsbestimmungen noch um ein je verschiedenes Verhältnis zu den einzelnen Traditionen geht, sondern um die eine Beziehung Christus – Kirche – Religionen.
59 Enzyklika *Redemptor hominis* 11.
60 Paul VI., Enzyklika *Ecclesiam suam* (6. August 1964), 67.

dern als Verhaltensbegriff, der das rechte Verhältnis zwischen Menschen und der allumfassenden Wirklichkeit – und folglich der „Religionen" untereinander – thematisiert.[61] Dieses gewandelte Selbstverständnis macht eine (weithin noch zu entwickelnde) Theologie der Religionen zur fundamentalen Ausrichtung der Glaubensbegründung.

Im Blick auf diesen interreligiösen Dialog hat Johannes Paul II. das Fenster zum neuen Jahrtausend mit einer gewissen Relativierung der Rolle der Kirche geöffnet, indem er die patristische Allegorie von der Kirche als *mysterium lunae*[62] aufgreift. Wenn die Kirche das Licht Christi, der Sonne, widerspiegelt und andererseits ein „Strahl jener Wahrheit" (NA 2; Joh 1,9) die Religionen durchstrahlt, so finden sich beide in Abhängigkeit von Christus, dessen Geist jeden Menschen erleuchtet. Als Ausdruck der „vielfarbigen Weisheit Gottes" (Eph 3,10) stehen die Religionen in einem ursprünglichen, nicht durch die Kirche vermittelten Verhältnis zu Christus, während die Kirche als universales Heilssakrament in einem Dialog des Hörens und Bezeugens auf die Religionen bezogen ist. Bei der Vertiefung der Offenbarungsbotschaft vermag die Kirche zunächst nur „mit innerer Bereitschaft zuzuhören", um „die wahren Zeichen der Gegenwart oder der Absicht Gottes zu erfassen" und zu erkennen, „wie viel sie auch der Geschichte und Entwicklung der Menschheit verdankt." Ihr Verkündigungsauftrag vollzieht sich im Kontext solcher Wertschätzung. Kirche und Religionen sind gleichermaßen fragend und hörend auf das eine Gnadengeheimnis Gottes bezogen:

> Denn wir wissen, daß angesichts des an Dimensionen und möglichen Folgen für das Leben und die Geschichte des Menschen unendlich reichen Gnadengeheimnisses die Kirche selbst bei dessen Ergründung niemals an ein Ende kommen wird, obwohl sie auf die Hilfe des Beistandes, des Geistes der Wahrheit (vgl. Joh 14,17) zählen kann, dem es ja zukommt, sie „in die ganze Wahrheit" (Joh 16,13) einzuführen. Dieses Prinzip liegt nicht nur der unerschöpflichen theologischen Vertiefung der christlichen Wahrheit zugrunde, sondern auch dem christlichen Dialog mit den Philosophien, den Kulturen und Religionen.[63]

---

61   Vgl. Michael Fuss, Zwischen „autonomer" und „dialogischer" Religion. Eine neue Phase der Religionskritik, in: Günter Biemer/Bernhard Casper/Josef Müller (Hg.), Gemeinsam Kirche sein, Freiburg/Basel/Wien 1992, 162-177.
62   Johannes Paul II., Apostolisches Schreiben *Novo millennio ineunte* (6. Januar 2001), 50. In diesem Zusammenhang ist der Satz, „Der Name des einzigen Gottes muss immer mehr zu dem werden, was er ist, ein Name des Friedens und ein Gebot des Friedens," einer interreligiösen Zusammenarbeit mit Buddhisten sehr entgegenkommend, indem er die Wirklichkeit Gottes in das bezeugende Engagement der Gläubigen stellt.
63   Ebd. 56; dort auch die vorhergehenden Zitate nach *Gaudium et spes* 11.44.

6. Teil:
Focus Balkan: Der interreligiöse Dialog und sein Beitrag zum Frieden
Offene Fragen und Zumutungen

Der interreligiöse Dialog und sein Beitrag zum Frieden
Vinko Kardinal Puljić, Sarajevo

1. Zum besseren Verständnis: Historische Hintergründe, kulturelle und religiöse Rahmenbedingungen

1.1 Allgemein einführende statistische Daten

Bosnien-Herzegowina umfasst eine Fläche von 51.129 km² in Südosteuropa. Nach der Volkszählung 1991 zählte es 4.366.000 Einwohner. Zehn Jahre später ist aus bekannten Gründen ein Rückgang zu verzeichnen: Für das Jahr 2001 werden noch immer inoffiziell 4,1 Millionen angeführt. Das bedeutet ca. 80 Einwohner je km². Hauptstadt von Bosnien-Herzegowina ist Sarajevo mit 465.000 Einwohnern.[1] Es gibt einen Arzt je 4.500 Einwohner. 14,5 Prozent sind Analphabeten[2], und derzeit sind 40 Prozent bis 45 Prozent arbeitslos. Im Jahr 1991 waren ca. 90 Prozent der Güter in öffentlicher Hand und das Durchschnittseinkommen pro Kopf bewegte sich um 2.000 $. Heute beträgt die Durchschnittspension rund 100 €.

In Bosnien-Herzegowina leben drei konstitutive Völker: Bosnier, Serben und Kroaten.[3] Es gelten drei Amtssprachen: Bosnisch, Kroatisch, Serbisch.

---

1   1931 gab es in Sarajevo 38 Prozent Muslime, 27 Prozent Kroaten und 23 Prozent Serben. Weitere statistische Daten über das Land vgl. Ikić, Niko, Das Recht der Religionsgemeinschaften in Bosnien und Herzegowina, in: Das Recht der Religionsgemeinschaften in Mittel-, Ost- und Südeuropa, hg. v. Wolfgang Lienemann/Hans-Richard Reuter, Baden-Baden 2005, 105-106.

2   Nach den Angaben in: Aktuell 2001, hg. v. Bodo Harenberg, Das Jahrbuch Nr.1, 464. Alle Angaben in dieser Quelle sind mit Vorsicht zu genießen. Unter den Amtssprachen wird das Bosniakische nicht erwähnt. Es ist schwer verständlich, dass es 40 Prozent Muslime und 49,2 Prozent Bosniaken geben soll.

3   Gemäß Dayton-Abkommen waren sie nicht konstitutiv im ganzen Staat. Serben waren konstitutiv in der Republika Srpska, aber nicht in der Bosniakisch-Kroatischen Föderation, dagegen waren die Bosniaken und Kroaten konsti-

Nach dem Friedensvertrag von Dayton (21.11.1995) besteht Bosnien-Herzegowina aus zwei Entitäten, der Bosniakisch-Kroatischen Föderation und der Republika Srpska. Das Parlament des Gesamtstaates Bosnien-Herzegowina umfasst zwei Kammern: das Bundeshaus der Völker mit 15 Mitgliedern – je fünf aus den drei Völkern – und das Abgeordnetenhaus mit 42 Mitgliedern – zwei Drittel, d.h. 28, aus der Bosniakisch-Kroatischen Föderation und ein Drittel, d.h. 14, aus der Republika Srpska. Die Bosniakisch-Kroatische Föderation ihrerseits ist in 10 Kantone untergliedert und hat ebenfalls ein Parlament mit zwei Kammern: das Haus der Völker mit 74 Mitgliedern und das Abgeordnetenhaus mit 140 Mitgliedern. Die Republika Srpska dagegen ist zentralisiert und hat keine Kantone.

1.2 Kulturelle Rahmenbedienungen in Bosnien-Herzegowina

Das Doppelland Bosnien und Herzegowina, das die Form eines Herzens hat, ist geschichtlich, kulturell, politisch und religiös ein komplexes Land, das sich im Laufe der Geschichte zu einem Treffpunkt verschiedener Kulturen und Religionen entwickelte. Es vermischen sich abendländische und östliche, islamische und christliche Kulturkreise. Sie bezeugen, auch wenn es schwer verständlich ist, dass Bosnien-Herzegowina gleichzeitig ein Raum von Begegnung und Kampf, von Toleranz und Turbulenz, von Koexistenz und Konflikt, von Kooperation und Konfrontation war, noch immer ist und in der Zukunft werden kann.

Nirgends auf der Welt sind Christen und Muslime, Kreuz und Halbmond einander so nahe und zugleich so fern wie hier. Ein gewisses Zusammenleben war möglich, aber selten reibungslos. Ebenso gab es brutale Religionskriege oder den Kampf der Kulturen. Kulturelle, konfessionelle und ethnische Konflikte sind nie ganz verschwunden, auch wenn eine gewisse Toleranz fast immer nachgewiesen werden kann. Das bezeugen die vier wichtigsten Sakralbauten, die sich in Sarajevo in nachbarschaftlicher Nähe finden: die jüdische Synagoge, die Gazi-Husrev-beg Moschee, die katholische Kathedrale und die Eparchialkirche der serbisch-orthodoxen Metropolie. Dabei soll man nicht vergessen, diese Toleranzzeichen stammen erst aus der österreichisch-ungarischen Zeit, das heißt seit Ende des 19. Jahrhunderts und nicht aus der osmanischen Zeit.

---

tutiv in der Bosniakisch-Kroatischen Föderation, aber nicht in der Republika Srpska. Durch die Entscheidung des Gerichtshofes im Jahre 2000 wurden sie konstitutiv auf der Ebene des gesamten Staates. Dadurch wurde das Dayton-Abkommen schon geändert, obwohl manche seine Unveränderlichkeit wie ein Dogma beschwören.

Der interreligiöse Dialog und sein Beitrag zum Frieden

1.3 Konfessionelles Bild in Bosnien-Herzegowina

In konfessionellen Kategorien gesprochen leben neben den Katholiken und Orthodoxen auch Muslime, die im 15. Jahrhundert mit den Osmanen ins Land gekommen sind, und eine sehr kleine, aber nicht unwichtige Gruppe von Juden, die im 16. Jahrhundert aus Spanien vertrieben wurden. Die katholischen Bischöfe Bosnien-Herzegowinas schrieben 1996, dass wir schon jahrhundertelang in diesen Gebieten nicht ohne den Willen Gottes miteinander leben.[4] Die konfessionelle und religiöse Vielfalt in Bosnien-Herzegowina wurde in jüngster Zeit auch durch einige kleinere protestantische und indische Religionsgemeinschaften bereichert, von denen manche durch das politische und humanitäre Engagement nach Bosnien-Herzegowina gekommen sind. Es ist jedoch offensichtlich, dass in keinem anderen Land Südosteuropas Katholizismus, Orthodoxie und Islam eine bedeutendere Rolle in der Gesellschaft spielen als in Bosnien-Herzegowina.[5]

2. Stolpersteine auf dem Weg des Dialogs

Ein Dialog ist nicht nur ein Gespräch. Vielmehr ist mit ihm ein Geist verbunden, ein Maßstab und Ideal, eine Lebenshaltung und Beziehung, ein Lebensstil, der den Anderen in seiner Identität annimmt, ehrt und schätzt.[6] Von jedem Dialog und besonders vom ökumenischen erwartet man keinesfalls, dass der Andere aufhört, das zu sein, was er ist, sondern dass man den Anderen erkennt, so wie er ist, schrieb Damaskinos Papandreou.[7] Gerade in dem Sinn formte Patriarch Atenagoras I. den Terminus „Dialog der Liebe", der unsere ökumenischen Beziehungen prägt. Hier widme ich mich dem Dialog

---

4 In ihrem Brief vom 26. Jänner 1996, vgl. Katolička crkva i rat u Bosni i Hercegovini [Die katholische Kirche und der Krieg in Bosnien und Herzegowina], hg. v. Velimir Blažević, Sarajevo 1998, 540.
5 Umgeben von der westlich-katholischen und östlich-orthodoxen Umwelt entstand im mittelalterlichen Bosnien-Herzegowina eine religiös-soziale Bewegung, die unter dem Namen „Bogomilen" oder „bosnische Christen" bekannt wurde und ein Charakteristikum dieses Landes darstellte. Vgl. Rudolf Martins, Gedanken zum bosnisch-herzegowinischen Mittelalter, Ried 1984, 9-17.
6 Vgl. Sekretariat für die Nichtchristen, Die Haltung der Kirche gegenüber den Anhängern anderer Religionen. Gedanken und Weisungen über Dialog und Mission, Dokumenti 73, KS Zagreb 1985, 5.18 [Vatikan 1984]. Dort beruft man sich auf die Gedanken Papst Paul VI., in: *Ecclesiam suam*. Enzyklika vom 6.8.1964.
7 Vgl. Damaskinos Papandreou, Die orthodoxe Kirche und der Dialog zwischen Ost und West, in: US 39 (1984) 219-223, hier 223.

mit dem Islam in Bosnien-Herzegowina im Sinn des 40-jährigen Jubiläums von *Nostra aetate*. Zunächst zu den Stolpersteinen auf dem Dialogweg. Deshalb möchte ich den Islam in Bosnien-Herzegowina kurz vorstellen.

2.1 Islam in Bosnien und Herzegowina und seine wachsende Bedeutung

Der Islam ist seit dem 15. Jahrhundert eine Realität in Bosnien und Herzegowina. Die bosnischen Muslime haben sich immer als eine europäische Volksgruppe verstanden, die den Islam angenommen hat. In der osmanischen Staatsterminologie wurden sie ethnisch und politisch als „Bosniak" (Bosnaklar, Bosnak taifesi, Bosnalu takimi, Bosnalu kavm) bezeichnet. Die Christen bezeichneten sie in einem religiösen Sinn als „Turcin", die österreichisch-ungarische Staatsverwaltung als „Mohammedaner". Seit dem 27. September 1993 bezeichnen sie sich selbst im nationalen Sinn als „Bosniaken".[8] Der Begriff „Muslime" bleibt weiterhin als religiöse Bezeichnung.

In Bosnien-Herzegowina ist der Islam zu der stärksten Glaubensrichtung geworden. Die historischen Gründe dafür sind sehr komplex. Alle Thesen in diesem Zusammenhang können eine tatsächliche Islamisierung Bosnien-Herzegowinas nicht übersehen, auch wenn man sie in keinem Fall als rein religiösen, sondern auch als einen soziokulturellen Akt verstehen muss.

Statistische Angaben aus der Geschichte dieses Landes[9] bezeugen eindeutig einen konstanten Rückgang des Anteils der Katholiken und Orthodoxen

---

8   Vgl. Enver Redžić, Sto godina muslimanske politike, u tezama i kontroverzama istorijske nauke, geneza ideje bosanske, bošnjačke nacije [Hundert Jahre der muslimischen Politik in den Thesen und Kontroversen der historischen Lehre. Eine Genese der Idee der bosnischen oder bosniakischen Nation], hg. v. Akademija nauka i umjetnosti Bosne i Hercegovine. Institut za istoriju, Sarajevo 2000, 194.

9   Zum ersten Mal wurde der Name des Landes Mitte des 10. Jhs. bei Kaiser Konstantin Porphyrogenetos erwähnt. Vgl. De administrando imperio c. 30. Im Mittelalter gab es einen relativ starken bosnischen Staat, der gewisse staatliche Unabhängigkeit genoss, sich aber ansonsten fast immer in verschiedenen Vasallen-Positionen gegenüber Kroatien, Serbien, Ungarn und Byzanz befand. Im Jahre 1463 zerfiel das mittelalterliche Königreich Bosnien und verschwand. Danach galten in Bosnien-Herzegowina über 400 Jahr lang die osmanische Staatsstruktur, Ideologie und Mentalität. Nach dem Beschluss des Berliner Kongresses 1878 kam Bosnien-Herzegowina zu Österreich-Ungarn. Im Oktober 1918 wurde Bosnien-Herzegowina in die unterschiedlichen Staatsformen des ehemaligen Jugoslawien aufgenommen. Das von den Serben boykottierte Referendum vom 1.3.1992 galt für die einen als offizielle Unabhängigkeitserklärung Bosnien-Herzegowinas, für die anderen als Kriegserklärung. Es kam daraufhin zum brutalen Krieg von 1991 bis 1995. Das Abkommen von Dayton vom 21. November 1995, das am 14. Dezember

bzw. einen konstanten Anstieg der Zahl der Moslems in Bosnien-Herzegowina. Das ist eine nachweisbare Tatsache, die einem missfallen oder die man verschieden deuten kann. Sie hat sicher verschiedene Ursachen, die hier nicht weiter ausgeführt werden können. Dominik Mandić behauptet, dass die Zahl der Katholiken in Bosnien-Herzegowina während der 420 Jahre langen osmanischen Herrschaft von ca. 85,22 Prozent auf 18,08 Prozent gesunken ist.[10] Die bloße Statistik nach der Volkszählung 1910 zeigt, dass 434.061 oder 22,87 Prozent Katholiken in Bosnien-Herzegowina lebten. Um die gleiche Zeit gab es in Bosnien-Herzegowina 825.918 oder 43,49 Prozent Orthodoxe und gleichzeitig 612.137 oder 32,25 Prozent Muslime.[11] Bei der letzten Volkszählung 1991 gab es in Bosnien-Herzegowina 760.852 Katholiken (17,40 Prozent), 1.366.104 Orthodoxe (31,20 Prozent) und 1.902.956 Muslime (43,50 Prozent).[12] In 80 Jahren ist ein Zuwachs der muslimischen Bevölkerung im gesamten Bosnien-Herzegowina von mehr als 10 Prozent und ein Rückgang der Christen von mehr als 17 Prozent (5 Prozent Katholiken und 12 Prozent Orthodoxe) – aus welchen Gründen immer – nachweisbar. Neuere statistische Daten bestätigen dies. Auf dem Territorium, das vor dem jüngsten Krieg die heutige Föderation umfasste, befanden sich 1991 ca. 52 Prozent Muslime, heute sind es ca. 72 Prozent. Die Tageszeitung „Oslobođenje" veröffentlichte eine Statistik, nach der in ganz Bosnien-Herzegowina 50 Prozent der Bevölkerung Muslime sind.[13] In jedem Fall wurde der konstante Rückgang der Christen, vor allem der Katholiken, in Bosnien-Herzegowina durch den jüngsten Krieg katastrophal beschleunigt.[14]

    1995 offiziell in Paris unterzeichnet wurde, ermöglichte ein Ende des Krieges, aber kein Ende der Tragödie.

10   Vgl. Dominik Mandić, Etnička povijest Bosne i Hercegovine [Die ethnische Geschichte von Bosnien und Herzegowina], Toronto u.a. 1982, 173.

11   Vgl. Tomo Vukšić, Bosna i Hercegovina – Prostor povijesnog sretanja, suživota i sukoba pripadnika različitih vjera [Bosnien-Herzegowina – ein Raum der geschichtlichen Begegnung, des Zusammenlebens und der Konflikte der Angehörigen verschiedener Konfessionen], in: Raspeta Crkva u Bosni i Hercegovini, Banja Luka/Mostar/Sarajevo/Zagreb 1997, 16.20.22. Vgl. für das Jahr 1910 ähnliche Zahlenangaben bei Seton-Watson/Robert William, Die südslawische Frage im Habsburger Reich, Berlin 1913, 8.

12   Harenberg erwähnt die Katholiken überhaupt nicht und führt daher 29 Prozent Sonstige an. Vgl. Das Lexikon der Gegenwart. Aktuell 2001. 300.000 aktuelle Daten zu den Themen unserer Zeit, hg. v. Bodo Harenberg, Redaktion Nils Havemann, Dortmund 2000, 464.

13   Vgl. Oslobođenje, vom 18.10.2004, 7.

14   Die Katholische Kirche in Bosnien-Herzegowina, die seit 1992 in einer eigenen Bischofskonferenz organisiert ist, hatte beim Zerfall des kommunistischen Staates ca. 760.000 Katholiken in vier Diözesen: Trebinje, Mostar, Banja Luka und Sarajevo. Mein Erzbistum, Vrhbosna Sarajevo, zählte Anfang 1991 noch 528.000 Katholiken, 144 Pfarreien, 208 Diözesan- und 240 franziskanische

2.2 Kriegszeit 1991–1995: Ein Requiem für den Dialog[15]

Die Kriegsfolgen sind katastrophal auf allen Seiten. Es liegen zwar keine sicheren Daten vor, doch wurden nach neuesten Erhebungen mehr als 150.000 Menschen getötet, massakriert, oder gelten als vermisst. Dazu kamen ca. 2,5 Millionen Flüchtlinge und Vertriebene. Etwa eine halbe Million Menschen gingen durch ca. 900 Konzentrationslager. Über 20.000 Frauen wurden vergewaltigt. Mehr als 150 Massengräber wurden im Land gefunden. Mehrere hunderttausend Minen wurden verlegt. Allein diese Tatsachen sprechen für sich und gegen jeglichen Dialog. Die Rolle der Religionsgemeinschaften im Krieg war nicht immer tadellos. Sie begannen und führten zwar keinen Krieg, das ist klar. Aber manche taten manchmal zu wenig, um nicht politisch missbraucht zu werden.

Der Islam in Bosnien-Herzegowina war bis zum letzten Krieg im Grunde nicht fundamentalistisch. Aber importierte radikale islamische Einflüsse stellten eine ernsthafte Gefahr dar. Politische Parteien[16] übernahmen quasi eine religiöse Identität. Ihr Programm war stark mit der Idee einer Re-Islamisierung Bosnien-Herzegowinas verknüpft. Diesen Einfluss spürte man am stärksten im Bereich der Armee. Während des Krieges (1994) haben manche Theologen den Dschihad[17] ausgerufen, was für diese Gebiete eher ungewohnt war.[18] Für den christlich-islamischen Dialog waren solche Gedanken eher

> Priester, 4 Jesuiten und 2 Dominikaner, dazu viele Ordensschwestern in 24 Klöstern, von denen drei Ordensgemeinschaften ihre Provinzialverwaltung im Erzbistum hatten. Nach dem Krieg sind wir etwas mehr als 215.000 Katholiken, viele von ihnen leben nicht mehr in ihrem Heimatort. 62 Pfarreien sind zerstört. Im Erzbistum wirken noch ca. 110 Diözesan- und 140 Ordenspriester und ca. 150 Schwestern. An die Tausend kirchliche Einrichtungen wurden im gesamten Bosnien-Herzegowina zerstört, davon 185 Kirchen, 168 Filialkapellen, 226 Pfarrhäuser, 30 Klöster und 164 Friedhöfe. Schätzungen nach leben heute im ganzen Bosnien-Herzegowina an die 466.000 Katholiken.
15 Vgl. Niko Ikić, Islamische Tendenzen im Dialog der Religionen und Kulturen in Bosnien und Herzegowina, in: Johannes Kandel/Ernst Pulsfort/Holm Sundehausen (Hg.), Religionen und Kulturen in Südosteuropa. Nebeneinander und Miteinander von Muslime und Christen, Berlin 2002, 87-97, hier 91.
16 Vor allem die moslemische Partei der demokratischen Aktion (SDA).
17 Was ist „Dschihad"? Nach einer Definition von Hasan El-Benna ist Džihad ein Kampf auf dem Weg Allahs, vgl. die Übersetzung von Prof. Hasan ef. Makić, hg. v. Udruženja ilmije/Bosnien-Herzegowina Sarajevo, in: Jahrbuch, Takvim 1994, 17.22f.
18 Vgl. Takvim 1994, 31. Sie versprachen von der theologischen Seite her einen „doppelten Lohn" für denjenigen, der von der christlichen Seite abfallen sollte. Sie proklamierten ausdrücklich, dass Dschihad nicht allein gegen die Heiden gerichtet ist, sondern auch gegen alle Nichtmuslime. Dschihad wurde als ein Kampf gegen die Ungläubigen ausgelegt und alles, was er mit einbezieht: sie zu prügeln, ihr Eigentum wegzunehmen, ihre Gebetsstätte zu zerstören, religiö-

Der interreligiöse Dialog und sein Beitrag zum Frieden

ein tödlicher Schuss. Dialog wurde tatsächlich inoffiziell mit Waffen geführt. Trotzdem gab es, auch während des Krieges, religiöse Begegnungen an der Spitze.

Die jüngsten Kriegsereignisse waren leider eine große Erschwernis, zweifellos ein Stolperstein für den Dialog in Bosnien-Herzegowina, und hatten ohne weiteres den Anschein eines Religionskrieges: So viele sakrale Objekte waren eine beliebte Zielscheibe der jeweils gegnerischen Seite; Gefangene wurden gezwungen, die religiösen Handlungen der gegnerischen Seite zu vollziehen; die Soldaten trugen gerne religiöse Gegenstände; offizielle Vertreter der Religionsgemeinschaften (Priester und Imame) wurden schwer misshandelt, und umgekehrt griffen manche Imame und orthodoxen Priester selbst aktiv in akuten Kämpfen zu den Waffen. Trotz alldem möchte ich betonen, dass doch nicht die christlichen Dogmen auf die Säulen des Islams geschossen haben und umgekehrt. Die Glaubensartikel beider Religionen werden weder als Waffen noch als Munition verwendet. Auch wenn viele religiöse Instanzen und Strukturen politisch manipuliert, instrumentalisiert und missbraucht wurden, handelte es sich in Bosnien-Herzegowina nicht um einen Glaubenskrieg. Allein schon die Tatsache, dass es unterschiedliche Kriegskoalitionen in den einzelnen Gebieten gab, spricht dagegen. Andererseits ist sicher, dass die religiösen Gefühle der Menschen leider oft genug missbraucht wurden und die Folgen eine negative Auswirkung auf den Dialog haben. Manchen erscheint der Dialog zwischen Christen und Muslimen in Bosnien-Herzegowina der Nachkriegszeit genauso unmöglich wie eine Verbindung von Feuer und Wasser. Der momentane Kurs mancher Kreise in Bosnien-Herzegowina, nicht allein moslemischer, führt eher zur Konfrontation als zu Kooperation und Dialog. Es gibt aber auch andere Kräfte in Bosnien-Herzegowina. Die Muslime unter ihnen berufen sich auf Koranverse, wie Sure 3,64, in der die anderen Buchgläubigen eingeladen werden, sich um das eine Wort zu versammeln, das allen gemeinsam ist. Das ist ein direkter Aufruf zum Dialog, den der Koran eigentlich ständig mit dem Christentum pflegt.

---

se Statuen zu zermalmen usw. Muslimische Soldaten hätten, nachdem sie die Christen zum Islamübertritt eingeladen haben, diese anzugreifen, auch wenn sie von ihnen nicht angegriffen werden. So steht es in einer Broschüre für den islamischen Soldaten.

2.3 Islamische Tendenzen in der Nachkriegszeit

Es ist gewiss, dass der Islam in Bosnien unter dem österreichisch-ungarischen Kultureinfluss bestimmte europäische Züge, oder wie sich Smail Balić äußerte, Züge eines „Euro-Islam" oder „Europa-konformen" Islam angenommen hat, der sich nach seiner Grundbotschaft der allgemeinen Ethik, dem Vorrang der Menschenrechte, den bürgerlichen Freiheiten und der Demokratie verpflichtet fühlt.[19] Während des Krieges (1991–1995) und gleich nach ihm war manchen Muslimen in Bosnien-Herzegowina auf einmal zu viel „Euro"-Dimension am Islam festzustellen. Die begonnene starke Kriegs-Re-Islamisierung Bosniens wurde in der Nachkriegszeit auf verschiedene Arten fortgesetzt. Am stärksten sieht man sie am übermäßigen Moscheenbau. Während die christlichen Länder des Westens Fabriken, Brücken, Wohnhäuser und Infrastrukturen in Bosnien-Herzegowina aufbauen, konzentrieren die islamischen Länder ihre Hilfe in Bosnien-Herzegowina auf den Wiederaufbau und hauptsächlich den Neubau von Moscheen. Im Rahmen des Programms „1.000 Moscheen für Bosnien" wurden bis Ende September 2004 bereits 565 errichtet. Davon sind 265 Moscheen auf alten Grundstücken gebaut worden, und 300 dort, wo vor dem Krieg noch keine Moscheen waren.[20] Allein im Bezirk Sarajevo sind dies mehr als 50 neue Moscheen. In gewissem Sinn handelte es sich nach der kommunistischen Zeit bestimmt um einen Nachholbedarf an Baumaßnahmen religiöser Einrichtungen. Genauso sicher ist es jedoch, dass unter diesem Deckmantel die Gunst der Stunde von mancher Religionsgemeinschaft genutzt wird. So sind manche neue Sakralbauten (nicht nur Moscheen) eher ein Zeichen der ethnischen Selbstbehauptung als ein Zeichen des Himmels. Durch die zahlreichen neuen Moscheen scheint das bereits islamisierte Land einen noch stärkeren islamischen Charakter zu bekommen. In gewisser Hinsicht ermöglichen bestimmte politische Strukturen oder in manchen Gebieten die Kriegsfolgen eine verstärkte Islamisierung Bosniens, so z.B. in Sarajevo mit einem muslimischen Bevölkerungsanteil von 85 Prozent. In manchen Bezirken Sarajevos ist der Prozentsatz noch größer. Im Bezirk Stari Grad (Altstadt) stellen beispielsweise die Muslime 97 Prozent der Bevölkerung dar, im Bezirk Centar (Zentrum) immerhin 87 Prozent. Angesichts dieser Statistik ist die Frage berechtigt: Ist Sarajevo überhaupt noch eine multiethnische und multireligiöse Stadt? Die Stadt Wien hat heute prozentmäßig viel mehr Muslime als Sarajevo Christen. Die erfolgreiche Islamisierung bestätigt auch die Tatsache, dass auf dem Gebiet das heute die Föderation Bosnien-Herzegowina

19   Vgl. Balić Smail, Vision 2001 – Der vergessene Islam oder Euro-Islam, Lovran, 2001. B. Smail ist im März 2002 in Wien gestorben.
20   Vgl. Oslobođenje, 29.01.2005, 6.

genannt wird, vor dem Krieg 52 Prozent der Bevölkerung Muslime waren und man auf dem gleichen Territorium heute 72 Prozent Muslime zählt. Wird auch die Föderation Bosnien-Herzegowina aufhören, ein multiethnisches Gebilde zu sein?

Sehr viel Intoleranz zeigt auch ein öffentlicher Brief, der zum katholischen Weihnachtsfest 1997 in Sarajevo als Werbematerial an die Mitglieder der „Organisation der aktiven islamischen Jugend" verteilt wurde. Unter dem Titel: „Muslime sollen in keinem Fall mit den Christen ihr Fest feiern" verbirgt sich ziemlich viel Hass. Darin werden die Christen z.B. als Feinde, Bewohner der Hölle, Heiden, Diener der Lüge, Irrende und Kreuzfahrer, diejenige, die dem Satan gehorchen, bezeichnet.[21] Den Muslimen wird darin verboten, auf irgendeine Weise den Christen zu ihrem Fest zu gratulieren. Man beschuldigt die Christen pauschal, Millionen von Muslimen in der Welt getötet und Tausende ihrer Frauen und Mütter vergewaltigt zu haben usw. Man darf solch einer Aktion nicht all zu viel Bedeutung beimessen. Sie wurde offiziell auch vom muslimischen Oberhaupt in Sarajevo verurteilt. Diese Aktion zeigt aber einen antidialogischen Geist bei manchen Muslimen in Bosnien-Herzegowina. Das heißt in keinem Fall, dass die Anderen nicht voll und ganz für den Dialog sind. Aber viele Köpfe in Bosnien-Herzegowina sind noch immer mit Hass vermint, so dass ihre Entminung notwendig ist.

Viele freiwillige, meist fundamentalistische Kriegshelfer sind in Bosnien-Herzegowina geblieben. Sie versuchen weiterhin gegen jeden Dialog aufzutreten und sorgen für fundamentalistische Tendenzen, auch wenn sie nicht mehr von allzu großer Bedeutung sind. Neben solchen Kräften gibt es immer mehr junge Studenten, Stipendiaten islamischer Organisationen, die nach ihrer Rückkehr nach Bosnien einen sehr starken kämpferischen Geist in ihren Predigten zeigen. Dabei stützen sie sich auf die extremistische Literatur islamischer Theologen, wie Mustafa Schachin aus Ägypten, der in seinem Buch „Das Christentum" den christlichen Glauben einseitig allein auf Grund des Korans darstellt und die christlichen Dogmen, wie z.B. die Gottessohnschaft Jesu oder seinen Tod am Kreuz usw., als „nachweislich" widerlegt ansieht. Im Vorwort des Buches, das das Saudische Kommissariat in Sarajevo in 100.000 Exemplaren drucken ließ und kostenlos verteilt hat, wird gesagt, dass das heutige Christentum und Judentum so verfälscht worden seien, dass von ihrer ursprünglichen Lehre nichts übrig geblieben sei.[22] Solche Töne unterstützen nicht den wahren Dialog und klingen in keinem Fall einladend.

---

21 Vgl. N. Ikić, Expiatio i reconciliatio, in: Vrhbosniensia 2 (1998) 258.
22 Vgl. Mustafa Šahin, Kršćanstvo. Istina o kršćanstvu kroz historiju, vjerovanje ... knjige, pravce i učenje (studija, analiza i rasprava) [Das Christentum. Wahrheit über das Christentum durch die Geschichte, Bekenntnisse ... Bücher, Strömungen und Lehre, (Studie, Analyse und Diskussion)], El-Mudžahidin [o.J.].

2.4 Reaktionen nach dem 11. September 2001

Sowohl führende islamische Politiker als auch die hohen Vertreter der Islamischen Gemeinschaft verurteilten die Ereignisse vom 11. September 2001 in New York und Washington. Dem gegenüber konnte man auch eine gewisse Billigung auf der Straße und unter dem Volk spüren. Einige freuten sich richtig und betrachteten die Terroranschläge als eine gerechte Strafe. Als klar wurde, dass die Vergeltung sicher kommen würde, stieg in der Bevölkerung die Sympathie mit den Afghanen als ein Zeichen der islamischen Zugehörigkeit und Solidarität. Die Islamische Gemeinschaft von Bosnien-Herzegowina veröffentlichte am 17. November 2001, nach dem Bombardierungsbeginn in Afghanistan, eine Resolution, in der u.a. steht – ohne sie kritisch zu analysieren –, dass sie den Angriff auf New York und jeden anderen Terrorismus verurteilt. Auf der anderen Seite verurteilt sie genauso die antiislamische Hysterie und Kampagne gegen den Islam und gegen die Muslime in der Welt. Sie billigten nicht die Bombardierung Afghanistans, weil unschuldige Menschen leiden müssten. Die Wurzeln des internationalen Terrorismus – so die Resolution – liegen großteils in Hypokrisis, Ungerechtigkeit und im internationalen System. Sie befürchtet, dass die amerikanische Aktion gegen Afghanistan in Wirklichkeit gegen den Islam und gegen die Muslime gerichtet sei. Sie befürchtet, dass zukünftig ein anderes islamisches Land an die Reihe kommen könnte. Die Islamische Gemeinschaft sei besonders um die Lage in Bosnien-Herzegowina besorgt. Sie wirft der Regierung vor, sich im Rahmen der internationalen Antiterrorkampagne direkt an der antiislamischen, antibosniakischen und antibosnischen Kampagne zu beteiligen. Sowohl die bosnischen als auch die internationalen Medien seien völlig unkritisch, einseitig und ohne Argumente. Sie klagen sowohl in der Welt als auch in Bosnien-Herzegowina allein die Muslime an. So werden beispielsweise nur die Muslime in Bosnien-Herzegowina eingekerkert und die Bürger aus den islamischen Ländern vertrieben. Nach den Terroristen werde allein unter den Bosniaken gesucht und so die Aufmerksamkeit von den wahren Kriegsterroristen in Bosnien-Herzegowina abgelenkt. Denen, die diese verheimlichen, werde kein Ultimatum gestellt. Die Welt habe gegen diese Terroristen keine Koalition gebildet. Es werde also offen nach zwei Maßstäben gehandelt. So steht es in der Resolution der Islamischen Gemeinschaft von Bosnien-Herzegowina.[23]

Der Angriff auf New York und Washington, die Reaktion der Antiterrorkoalition, der Krieg im Irak und die Resolution der Islamischen Glaubensgemeinschaft in Bosnien-Herzegowina stellen keine positiven Impulse für den Dialog in der Welt und in Bosnien-Herzegowina dar.

---

23 Vgl. Preporod, Amtsblatt der Islamischen Gemeinschaft Bosnien-Herzegowina 21 (1. November 2001) 12.

3. Christlich-islamischer Dialog: Divergenzen und Möglichkeiten

Der Islam ist in Wesen und Wurzel sehr eng mit der christlichen Tradition verbunden und verwoben. Trotzdem bleibt er dem Christentum auch fern. Die Offenbarung des Korans versteht sich oft als ein Filter und Richter der Bibeltexte. Ähnliche Überlieferungen werden im Sinn einer Ergänzung oder Bestätigung verstanden, aber auch kritisch verurteilt. Gegenüber der Bibel nimmt der Koran oft eine zweifelnde, verurteilende, anders deutende und manchmal negierende Position ein. Die gleichen Begriffe haben nicht den gleichen Inhalt.

Die Grundhaltung des Islams gegenüber den Christen bringt der Koran selbst zum Ausdruck. Es scheint, dass der Koran zwei Christenarten unterscheidet: die Guten und die Bösen.[24] Das Unterscheidungskriterium ist die Ablehnung oder die Annahme der Dreifaltigkeit Gottes. Da der richtige Glaube allein der Islam sei, seien die Christen den Muslimen keine Freunde, sondern ihre Feinde. In dem Geist ruft eine Sure: „Kämpfet wider diejenigen aus dem Volk der Schrift, die nicht an Allah und an den Jüngsten Tag glauben und die nicht als unerlaubt erachten, was Allah und Sein Gesandter als unerlaubt erklärt haben, und die nicht dem wahren Bekenntnis folgen, bis sie aus freien Stücken den Tribut entrichten und ihre Unterwerfung anerkennen." (9,29)

Solche Verse zeigen einen kämpferischen Geist und sie können leicht zu einer Quelle der Intoleranz und des Fundamentalismus werden. Auf der anderen Seite möchte ich gleich erwähnen, dass man im Koran auch solche Verse finden kann, die grundsätzlich die Gläubigen von Ungläubigen, Monotheisten von Polytheisten unterscheiden (Sure 22,17). Pluralismus im Glauben lässt der Koran also zu (5,48). Christen können nach dem Koran gerettet werden: „Wahrlich, diejenigen, die glauben, und die Juden, die Christen und die Sabäer, wer an Gott und den Jüngsten Tag glaubt und Gutes tut – diese haben ihren Lohn bei ihrem Herrn und sie werden weder Angst haben noch werden sie traurig sein." (2,62; vgl. 5,69) Manche Koranverse ermöglichen den Dialog, so z.B. die Sure: „Kommt ihr Inhaber des Buches, damit wir uns versammeln um das eine Wort, das sowohl uns als auch euch gemeinsam ist." (3,64) Nach dem Koran wäre der Dialog wohl möglich, aber es überwiegt eine spürbare Überzeugung, dass dieser nicht notwendig sei, weil der Islam der richtige Glaube ist. Dieses Bewusstsein, den richtigen Glauben zu haben, ist aber charakteristisch für alle Weltreligionen.

---

24   Vgl. Adel Theodor Khoury, *Begegnung mit dem Islam*. Eine Einführung [Susret s islamom], Freiburg 1980, 111. Vgl. die Suren 17,108; 24,49; 28,51-53; 2,18; 4,17; 5,19; 3,72.85; 9,29 usw.

Neben psychologischen, religionssoziologischen und geschichtlichen gibt es auch viele theologische Hindernisse für den Dialog. Die Verschiedenheiten auf allen Ebenen sind zweifellos riesig groß. Trotzdem nimmt das II. Vatikanum klar eine Haltung des Dialogs gegenüber den Muslimen ein. „Mit Hochachtung betrachtet die Kirche auch die Muslime, die den alleinigen Gott anbeten, den lebendigen und in sich seienden, barmherzigen und allmächtigen, den Schöpfer Himmels und der Erde, der zu den Menschen gesprochen hat", (NA 3) steht im Konzilsdokument. Weiters ermahnt das Konzil alle dazu, „das Vergangene beiseite zu lassen, sich aufrichtig um gegenseitiges Verstehen zu bemühen und gemeinsam einzutreten für Schutz und Förderung der sozialen Gerechtigkeit, der sittlichen Güter und nicht zuletzt des Friedens und der Freiheit für alle Menschen." (NA 3)[25] Neben den Unterschieden erkennt das Konzil auch deutlich bestimmte Gemeinsamkeiten an. Im gleichen Geist richtet Papst Paul VI. zum Monat Ramadan 1972 seinen Gruß an die islamische Welt und hebt hervor, dass wir imstande sein müssen, jeder auf seine Art und Weise, auf einer höheren Ebene für Gerechtigkeit und Frieden in der Welt zusammen zu arbeiten.[26] Geleitet von der Hochachtung des Konzils gegenüber den Muslimen besuchte Papst Johannes Paul II. am 7. Mai 2001 die Omayyaden-Moschee in Damaskus.

Der theologische Dialog zwischen Christen und Muslimen ist nicht leicht, aber möglich und notwendig. Zahlreiche und große theologische – trinitarische, christologische, soteriologische, ekklesiologische, sakramentale ... – Unterschiede kommen zum Ausdruck.[27] Trotzdem oder gerade deswegen nimmt das Zweite Vatikanum in der Erklärung über das Verhältnis der Kirche zu den nichtchristlichen Religionen, also im Dokument *Nostra aetate*, dessen 40-jähriges Jubiläum wir feiern, eine klare Dialogposition gegenüber dem Islam ein.[28]

---

25 Die Muslime erwähnt das Konzil noch in der Konstitution *Lumen gentium* 16: „Der Heilswille umfasst aber auch die, welche den Schöpfer anerkennen, unter ihnen besonders die Muslime, die sich zum Glauben Abrahams bekennen". Das Engagement im sozialen Feld nennt das Sekretariat für die Nichtchristen „Stummer Dialog, der stärker als die Sprache ist": Dokument 9, Zagreb 1968, 44. Kardinal Franz König bezeichnet ihn als den „Dialog der praktischen Zusammenarbeit", vgl. Sekretariat für die Nichtgläubigen, Dialog mit denen, die nicht glauben, Nr. 22, KS Zagreb 1968, 22.
26 Vgl. A. Th. Khoury, Begegnung mit dem Islam 119.
27 Christen haben Probleme mit der Sendung von Mohammed und der Offenbarung des Korans, der Anwendung des Titels „Parakletos" auf Mohammed und nicht auf den Heiligen Geist etc. Muslime lehnen die Dreifaltigkeit, Inkarnation, Göttlichkeit Jesu, seine Erlöser- und Heilsvermittlerrolle, die Verbindung des Heils mit dem Kreuz, Erbsünde, Sakramentenlehre etc. ab.
28 Vgl. *Nostra aetate* 3.

4. Zehn falsche Dialog-Regeln in Bosnien-Herzegowina

Die Kriegs- und Nachkriegszeit in Bosnien-Herzegowina ist von falschen Dialogshandlungen und -prozessen überflutet worden. Sie betreffen sowohl die Christen als auch die Muslime. Die hier angeführten falschen Regeln gelten speziell für Bosnien-Herzegowina und beziehen sich nicht primär auf den theologischen Dialog, haben aber sicher negative Folgen für diesen. Nach meiner persönlichen Formulierung wären dies folgende „falsche Regeln":

- Schuldverschiebung auf die Anderen
- das Gefühl ständiger Bedrohung der eigenen Religion oder Nation durch die Anderen
- Schaffung einer xenophobischen Atmosphäre
- Friede mit Gott und Krieg gegen andersartige und andersgläubige Menschen
- Entfaltung einer dreifachen Idolatrie: eigene Religion, Nation und Staat als höchstes Gut
- Vorrang des nationalen „Dekalogs" vor dem moralischen
- Höherstellung der Gruppenidentität über die individuelle Identität
- Vorrang des nationalen Kollektivs vor religiöser Verantwortung
- alleinige Konzentration auf die Reziprozität des Negativen und Revanchedenken
- Mangel an Differenzierung und Selbstkritik

Dagegen wäre es notwendig, anstatt zu satanisieren zu humanisieren, statt Köpfe mit Hass zu verminen, die Herzen mit Toleranz zu entminen, und statt nur das eigene Leid zu sehen, das Leid des Anderen zu teilen.

Was den Dialog in Bosnien-Herzegowina jedoch immer noch erschwert, ist die große Unkenntnis über den Anderen. Aus diesem Grunde haben wir gemeinsam ein Handbuch veröffentlicht, damit wir uns besser und im richtigen Licht kennen lernen. Trifft die Unkenntnis des Anderen mit etwas schlechtem Willen zusammen, ist sicher damit zu rechnen, dass ein Aufruf zum Zusammenleben oder zumindest zur aufrichtigen und ehrlichen Koexistenz unmöglich wird. Anstelle von Koexistenz entstehen Konflikte, anstelle von Zusammenarbeit Konfrontation, anstelle des Aufeinanderzugehens Bekämpfung. Die Gegensätze zwischen Ost und West, vor allem Christentum und Islam, sind auf dem bosnisch-herzegowinischen Boden wegen der verschiedenen Mentalitäten und Kulturen vielfach brisanter als sonst. Da und dort potenziert man bewusst die Gegensätze und sieht die Gemeinsamkeiten und ihre Kompatibilitäten nur schwer oder gar nicht. Ich wiederhole: Nirgendwo auf der Welt fühlen sich Christen und Muslime, Kreuz und Halbmond so nahe und zugleich so fern wie in Bosnien-Herzegowina. So ist es auch mit dem Dialog in diesem Land. Es sprechen viele Gründe dafür, aber es gibt auch viele, die ihn erschweren. Mit Paulus sage ich, diesen Schatz, diesen Dialog in Bosnien-Herzegowina tragen wir „in zerbrechlichen Gefäßen" (2 Kor 4,7).

5. Trotzdem: Kooperation statt Konfrontation

Das „bosnische Gefäß" beinhaltet sowohl die Befürworter als auch die Gegner des Dialogs. Dies ist nicht als ein Zeichen eines gesunden Pluralismus sondern eher eines krankhaften, dialogischen Chaos' zu verstehen. Zum gleichen Zeitpunkt und im gleichen Raum krachen Gedankenprozesse aus dem Mittelalter und der Neuzeit aufeinander.

In manchen Gegenden Bosnien-Herzegowinas ist die Kreuzfahrerzeit wieder erwacht. Der Begriff „Kreuzfahrer" umfasst in seiner Bedeutung alle drei der in Bosnien-Herzegowina beheimateten Weltreligionen. Darunter sind nicht nur politische „Kreuzfahrer", sondern auch die kirchlichen Hardliner zu finden. Von ihnen werden die ethnischen Säuberungen betrieben, weil man die Anderen als Gegner sowohl in politischer als auch religiöser Hinsicht versteht. Sie lieben die Manipulation des Religiösen zu politischen Zwecken und umgekehrt. Sie benützen heute noch Worte für die Anderen wie z.B. Gottlose, Götzenanbeter, Ungläubige und Antichristen.[29] Diese suchen und rufen skrupellose Konfrontation hervor.

Im „bosnischen Gefäß" sind auch die Andersdenkenden zu finden. Sie zeigen eine gewisse Akzeptanz und Anerkennung des Gemeinsamen auch bei den Anderen. Das bezeugen die gegenseitigen Besuche, einige Festanlässe, Kooperationen auf verschiedenen Ebenen usw. Die Unterschiede werden ausreichend respektiert. Diese Menschen sehen im Dialog keine Gefahr für die nationale Identität. Sie setzen auf Zusammenarbeit.

Bis heute gelang es uns nicht, die kulturelle und religiöse Verschiedenheit zu unserem Reichtum zu machen. Sie geriet uns eher zu unserem Fluch im Lande. Gerade dies ist unsere religiöse und pastorale, interkulturelle und interkonfessionelle Herausforderung zu Beginn des dritten Millenniums: Mit Vernunft und Herz zu diskutieren heißt einander mit Sympathie zu begegnen. Louis Massignon, Kardinal Lavigerie, Charles de Foucauld geben uns ein Beispiel davon.[30]

---

29 Vgl. Atanazije Jeftić, Vapaj Srba Kosova i Metohije [Weinen der Serben von Kosovo und Metohija], Gračanica 1999, 10.11.14. Die westliche Zivilisation war ehemals christlich (16). Auf der islamischen Seite gibt es auch solche Hardliner. Vgl. Anm. 21.

30 Vgl. die Reaktion des algerischen Präsidenten Ahmed Ben Bella auf die Ankündigung aus Rom, ein Sekretariat für die Nichtchristen zu gründen: Stjepan Doppelhammer, Kršćani i islamski svijet [Christen und die islamische Welt], in:

Anlässlich seines Pastoralbesuches in Sarajevo (12./13. April 1997) spornte Papst Johannes Paul II. die katholischen Bischöfe an: „Mit herzlichen Worten und ehrlichster Einstellung sucht die Anlässe für Zusammenkünfte und die Verständigung mit den Anhängern des Islams, so dass ein friedliches Zusammenleben in gegenseitiger Hochschätzung der Rechte eines jeden Einzelnen und eines jeden Volkes ausgebaut werden kann."[31] Er kam auch mit dem muslimischen Oberhaupt zusammen. Dabei sagte er, dass der Augenblick des wahren Dialogs gekommen ist durch die Bitten um Versöhnung und deren Annahme, durch die Ablehnung des Hasses und der Rache.[32]

6. Quanta est nobis via? – Dialog ohne Alternative!

In diesem Sinn ist es für die Katholiken und Muslime in Bosnien-Herzegowina klar, dass es keine Alternative zum Dialog gibt. Von dieser Überzeugung geleitet gab es in Bosnien-Herzegowina auch in der Kriegszeit gegenseitige Kontakte. Diese wurden dann nach dem Krieg im Rahmen des Interreligiösen Rates von Bosnien-Herzegowina etwas institutionalisiert. Vier Religionsgemeinschaften, die islamische, orthodoxe, katholische und jüdische, gaben am 9. Juni 1996 eine „Erklärung über gemeinsame moralische Verpflichtungen" heraus.[33] Wir glauben, ein wenig zur Beruhigung der nationalen Gemüter beigetragen zu haben. Der Dialog in Bosnien-Herzegowina ist von einem Bach zu einem kleinen Strom und die Atmosphäre des Dialogs etwas besser und fruchtbarer geworden.

Für die Katholiken in Bosnien-Herzegowina könnte Ökumene und besonders der Dialog mit dem Islam ein erkennbares, charakteristisches Kennzeichen in Europa werden. Darin sehen wir unseren Weg und unsere Sendung zu Beginn des 21. Jahrhunderts. Unser Motto dabei ist: Christsein, das nicht vom Geist des Dialogs geprägt wäre, widersetzt sich dem wahren Humanismus und dem Geist des Evangeliums.[34]

Bogoslovska smotra 35 (1965) 247. Zu den angeführten Beispielen vgl. 249-257. Massignon hat den islamisch-christlichen Kult der Sieben Schlafenden aus Ephesus in einer gemeinsamen Wallfahrt nach Vieux-Marche in Bretagne belebt. Lavigerie verbot seinen Priestern in Algier die direkte Missionierung. Eine muslimische Frau sagte Charles de Foucauld, dass es für sie ein unmöglicher Gedanke sei, dass so ein guter Mensch in die Hölle komme, nur weil er kein Muslim ist (250-253).

31 Vgl. Papa u Sarajevu [Papst in Sarajevo], hg. v. Ivo Tomašević/Tomo Vukšić, Sarajevo 1997, 71.
32 Vgl. ebd. 77-79.
33 Vgl. Vrhbosniensia 2 (1997) 287f. Das Dokument ist in englischer Sprache abgefasst und in den drei Landessprachen unterschrieben worden.
34 Vgl. Die Haltung der Kirche gegenüber den Bekennern der anderen Religionen.

"Welcher ist unser Weg?", fragte sich Papst Johannes Paul II. in seiner Ökumene-Enzyklika „Ut unum sint". Unser Weg des Dialogs in Bosnien-Herzegowina ist sicher eine „via dolorosa", ein schmerzvoller Weg, aber er muss ein Weg der Liebe, der Wahrheit und des Glaubens werden. Diesen Weg müsste eine spezifische Mentalität und ein eigener Geist, eine besondere Elastizität und Offenheit, Akzeptanz, Ehre und Geduld kennzeichnen. Der Weg zum Dialog in diesen Gebieten darf kein Weg der Polemik und Kontroverse oder ein Weg des Belehrens der Anderen, sondern muss ein Weg der gegenseitigen Bereicherung werden.

Ich schließe mit einem Gedanken aus der Deklaration von Brüssel, die von Juden, Muslimen und Christen beider Traditionen ausgearbeitet wurde. Im Punkt 8 wird gesagt: „Wir lehnen einmütig die Voraussetzung ab, nach der die Religionen unvermeidlich zum Kampf der Kulturen beitragen. Wir behaupten im Gegenteil, dass die Religionen konstruktiv und instruktiv zum Dialog der Kulturen beitragen."[35]

Dokument des Sekretariats für die Nichtchristen, das Papst Paul VI. am Pfingsttag (19.5.1964) gründete. Hier zitiert nach der kroatischen Ausgabe: Dokument 73, KS, Zagreb, 18.

35 Brussels Declaration from the International Conference on „Peaceful coexistence between the great monotheistic religions" 19.-20. Dezember 2001. http://www.wcc-coe.org/wcc/behindthenews/us135.html.

DER INTERRELIGIÖSE DIALOG UND SEIN BEITRAG ZUM FRIEDEN AM BALKAN*

Reisu-l-Ulema Mustafa Čerić, Sarajevo

François-Marie A. Voltaire beschrieb Europa 1751 als „eine Art große Republik, die aus mehreren Staaten besteht; einige monarchisch, andere gemischt [...] aber alle stehen sie im Austausch miteinander. Sie alle haben dieselbe religiöse Wurzel, wenngleich sie durch verschiedene Bekenntnisse unterschieden sind. Sie alle haben dieselben Prinzipien des öffentlichen Rechts und der Politik, was es in anderen Teilen der Welt nicht gibt."[1]

In seinem Versuch die Einheit der europäischen Kultur aufzuzeigen schreibt Thomas S. Eliot 1946:

> Das dominierende Merkmal in der Etablierung einer gemeinsamen Kultur der Völker, von denen jedes seine bestimmte Kultur besitzt, ist die Religion [...] Ich spreche von der gemeinsamen Kultur der Christenheit, die Europa dazu gemacht hat, was es ist, und über die gemeinsamen kulturellen Elemente, die diese gemeinsame Christenheit gebracht hat [...] Innerhalb des Christentums haben sich unsere Künste entwickelt; innerhalb des Christentums liegen – bis heute – die Wurzeln der Gesetze Europas. Vor dem Hintergrund des Christentums haben all unsere Gedanken ihre Bedeutung. Ein einzelner Europäer mag vielleicht nicht glauben, dass der christliche Glaube wahr ist; und dennoch hängt alles, was er sagt, macht und tut am Sinn (des christlichen Erbes). Nur eine christliche Kultur konnte einen Voltaire oder einen Nietzsche hervorbringen. Ich glaube nicht, dass die Kultur Europas das Verschwinden des christlichen Glaubens überleben könnte.[2]

---

*   Aus dem Englischen von Josef Sinkovits.
1   „[A] kind of great republic divided into several states, some monarchical, the others mixed [...] but all corresponding with one another. They all have the same religious foundation, even if divided into several confessions. They all have the same principle of public law and politics, unknown in other parts of the world." Norman Davies, *Europe. A History*, London 1997, 7.
2   „The dominant feature in creating a common culture between peoples, each of which has its own distinct culture, is religion [...] I am talking about the common tradition of Christianity which has made Europe what it is, and about the

Im Blick auf das Verhältnis Europas zu den anderen Kulturen und Religionen wählt Hugh Seton-Watson 1985 einen inklusiveren Zugang, wenn er schreibt: „Die Verwobenheit der Nationen Europas und des Christentums ist eine historische Tatsache, die selbst die brillanteste Klügelei nicht aufzulösen vermag [...] Aber es ist nicht weniger zutreffend, dass es in der europäischen Kultur auch nicht-christliche Fasern gibt. Das Römische, das Hellenische, wohl auch das Persische und (in modernen Jahrhunderten) das Jüdische. Ob es auch eine muslimische Faser gibt, ist schwieriger zu sagen."[3]

Ich denke, die Frage ist nicht: „Wie viel Religion braucht Europa?", sondern vielmehr: „Wie viele Religionen soll Europa als zu ihm gehörend anerkennen?" Die Vorstellung, Europa sei seinem Selbstverständnis nach ein christlicher Kontinent, ist nicht richtig. Es ist eine historische Tatsache, und viele Länder geben davon Zeugnis, dass Juden und Muslime jahrhundertelang in Europa lebten und leben und wesentlich zum Leben in Europa und zur europäischen Kultur beigetragen haben.

Wir meinen deshalb, dass die Zukunft Europas eine der vielen Religionen ist. Je früher wir erkennen, wie dringend es ist, die Geschichte der Feindschaft unter den Gleichen, Judentum, Islam und Christentum zu überwinden, umso besser wird es für uns alle sein. Die Muslime müssen den „Menschen des Buches" in ihren Überlegungen einen angemessenen Platz einräumen. Umgekehrt müssen Christen verstehen, dass der Islam eine Geschichte in Europa hat, und der Tatsache Rechnung tragen, dass viele europäische Länder einen großen muslimischen Bevölkerungsanteil aufweisen. Dringender noch erscheint, dass die vorhandenen Vorurteile gegen den Islam sich von einer Mischung aus politischen Geschehnissen, kulturellen Differenzen und Ignoranz nähren. Natürlich müssen Muslime selbst dazu fähig sein, ihre Anliegen in einer verstehbaren wie auch für die europäische Gesellschaft annehmbaren Weise zu präsentieren. Der Islam wurde immer wieder in einer so komplexen und akademisch komplizierten Weise präsentiert, dass ihn der

    common cultural elements which this common Christianity has brought with it [...] It is in Christianity that our arts have developed; it is in Christianity that the laws of Europe – until recently – have been rooted. It is against the Background of Christianity that all our thought has significance. An individual European may not believe that the Christian Faith is true; and yet what he says, and makes, and does, will all [...] depend on (the Christian heritage) for its meaning. Only a Christian culture could have produced a Voltaire or a Nietzsche. I do no believe that the culture of Europe could survive the complete disappearance of the Christian Faith." Ebd. 9.

3 „The interweaving of the nations of Europe and of Christendom is a fact of History which even the most brilliant sophistry cannot undo [...] But it is no less true that there are strands in European culture that are not Christian: The Roman, the Hellenic, arguably the Persian, and (in modern centuries) the Jewish. Whether there is also a Muslim strand is more difficult to say." Ebd. 15.

Großteil der Bevölkerung nicht verstehen konnte. Manchmal wurde der Islam aber auch in einer so brutal vereinfachten Weise dargestellt, dass er die Herzen redlicher Menschen nicht erreichte.

Die Schwierigkeit eines klaren Verständnisses des Islam und das Fehlen einer eindeutigen Ausrichtung für Muslime in Europa schaffen unnötige Missverständnisse und ein Misstrauen zwischen dem Islam und Europa, welche oft zu bitterer Feindschaft geführt haben.

Wir müssen verstehen, dass Religion nicht einfach eine abstrakte Idee oder einfach eine Meinung ist. Religion ist ein wichtiger, konkreter und identitätsstiftender Faktor für Menschen als einzelne Individuen und als Gemeinschaften. Deshalb ist es unsere Pflicht, einen Weg zu finden, das Potenzial der Religionen dafür zu nutzen, ihre Gläubigen zu einem Streben nach Frieden, Gerechtigkeit und Toleranz im alltäglichen Leben zu motivieren.

Religion ist einer der Faktoren, der eine persönliche Identität und Gruppenidentitäten stiftet: Die Frage ist, wie religiöse Identität vor dem Missbrauch bewahrt werden kann, andere Ziele als Frieden, Gerechtigkeit und Toleranz im alltäglichen Leben anzustreben.

Wir leben heute nicht für uns alleine in getrennten Welten. Wir sehen, dass in einem relativ kurzen Zeitraum der Geschichte das Telefon, das Radio, das Fernsehen, Filme, und noch aktueller der Computer, E-Mail und das „World Wide Web" unsere Wahrnehmung von Zeit, Raum und unsere Wahrnehmung voneinander verändert haben.

Dennoch, diese Werkzeuge der modernen Technologie, die Menschen in einem physischen Sinne enger miteinander verbinden, bringen keine Früchte im Bestreben, die Menschen wirklich einander näher zu bringen. Von Nordirland bis zum Mittleren Osten zeigt sich, dass die blutigen ethnischen und religiösen Konflikte weitergehen und fern friedlicher Lösungen sind.

Was ist der Unterschied zwischen Adam und Sokrates? Ersterer hat das Gesetz des allmächtigen Gottes gebrochen, weshalb er den friedlichen Garten Eden verlassen musste und in den turbulenten Garten der Erde kam. Letzterer hat die Namen der Götter der griechischen Mythologie angegriffen und dann beschlossen, sich selbst das Leben zu nehmen.

Die erste Sünde brachte ein neues menschliches Leben auf die Erde, weil Adam aufrichtige Reue gezeigt hat. Die zweite Sünde verursachte den menschlichen Tod, weil Sokrates keine Reue gezeigt hat. Diese beiden Geschichten erzählen uns von der Demut, die einen neuen Sinn in unser menschliches Leben gebracht hat, und von der menschlichen Arroganz, in der die Wurzel unserer alten Sorge um die Gründe des Suizids liegt.

Wo findet sich die Menschheit heute wieder? Auf der Seite der Demut, die uns zu einem neuen Sinn menschlichen Lebens auf diesem Planeten führt, nachdem viele Sünden begangen wurden, oder auf der Seite der Arroganz, die uns zum alten Suizid führt? Wer sind wir heute? Adam, der Reue zeigt vor seinem gnädigen Gott, oder Sokrates, der auf seine Exekution durch die Gnadenlosen wartet?

Die Meinungen der „Alten Zeit", wie die Friedrich Nietzsches, „Gott ist tot", die Martin Heideggers „Gott ist abwesend", die Martin Bubers, „Gott verdunkelt sich", und die Jean-Paul Sartres, dass „Gott tot in dem Sinne ist, dass er nie lebendig war"[4], sind als philosophisches Abenteuer sowie als theologische Provokation „ausgetragen".

Das Europa von heute glaubt mehr dem Wort François Guizots: „Die europäische Zivilisation ist in die ewige Wahrheit eingetreten, in den Plan der Vorsehung. Sie entwickelt sich gemäß den Absichten Gottes."[5] Als europäischer Muslim nehme ich mir die Freiheit zu sagen, dass ich an die Vorsehung einer besseren Zukunft Europas glaube, die von den Religionen getragen wird,

– damit das Argument der Macht der großen Nationen durch das Argument des Rechtes der kleinen Nationen ersetzt wird,
– damit das Argument historischer Mythen durch das Argument historischer Verantwortung ersetzt wird,
– damit das Argument ärmlicher politischer Kompromisse durch das Argument eines starken moralischen Engagements ersetzt wird,
– damit das Argument sündhaften Verhaltens durch Adams demütige Reue ersetzt wird,
– damit das Argument der Lüge durch das Argument der Wahrheit Abrahams ersetzt wird,
– damit das Argument der Rache durch das Argument der Liebe Jesu ersetzt wird, und
– damit das Argument der Ungerechtigkeit durch das Argument der Gerechtigkeit Muhammads ersetzt wird.

---

4 Vgl. Dom Aelred Graham, The End of Religion, New York/London 1971, 15.
5 „European Civilization has entered […] into the eternal truth, into the plan of Providence. It progresses according to the intentions of God." N. Davis, Europe 16.

UMBRÜCHE, TRANSFORMATIONSPROZESSE UND SOZIALER WANDEL IN SÜDOSTEUROPA

Valeria Heuberger, Wien

Südosteuropa zählt zu den Regionen Europas, die in der mehr als eine Dekade umfassenden Periode seit dem europäischen Umbruchsjahr 1989 eine vielfach dramatische politische Entwicklung genommen haben. In Zusammenhang mit diesen, die in einigen der Länder der Region von Kriegen, inneren und äußeren Konflikten, Massakern, der Vertreibung hunderttausender Menschen aus ihren Siedlungsgebieten, wirtschaftlichem und sozialem Niedergang und dadurch hervorgerufenen Flüchtlings- und Migrationswellen gekennzeichnet waren, wird häufig die Bezeichnung „Umbruch" verwendet,[1] und Umbrüche haben in diesem Teil Europas ja mehr als genug stattgefunden: vom blutigen Umsturz in Rumänien Ende Dezember 1989 (Hinrichtung von Nicolae und Elena Ceauşescu am 25.12.1989) bis hin zu in Europa seit dem Ende des Zweiten Weltkriegs ungekannten Massenmorden und Massakern an der Zivilbevölkerung wie etwa in Bosnien-Herzegowina während des Krieges von 1992 bis 1995.

Welche Rolle kommt nun Südosteuropa auf einer „kognitiven Landkarte" Europas[2] nach den politischen Umbrüchen von 1989 und den darauf folgenden Jahren zu?

Beginnen wir bei der Betrachtung dieser Frage mit einem Rückblick auf die historische Dimension, die dem Balkanraum als Teil der europäischen Geschichte zukommt. Durch seine Lage an einer Schnittstelle der großen europäischen Religionen und Kulturen[3] – der lateinisch-abendländischen, der orthodoxen und der islamisch-orientalischen – waren die Länder dieser Region im wahrsten Sinne des Wortes heiß umstritten. In den südosteuropä-

---

1   Der deutsche Sozialwissenschaftler Anton Sterbling weist darauf hin, dass für den grundlegenden sozialen Wandel, wie er sich in den Staaten Südosteuropas vollzogen hat bzw. noch vollzieht, der Begriff „Umbruch" zutreffender wäre als „Transformation". Anton Sterbling, Aktuelle Identitätsprobleme in Südosteuropa, in: Südosteuropa Mitteilungen 45 (2005-2) 6-15, hier 8.
2   Gabriella Schubert, Südosteuropäische Identität in einem sich wandelnden Europa, in: Südosteuropa Mitteilungen 45 (2005-2) 30-40, hier 31.
3   Vgl. Edgar Hösch, Kulturgrenzen in Südosteuropa, in: Südosteuropa 47 (1998-12) 601-623.

ischen Historiographien wird dergestalt bis heute die jahrhundertelange osmanische Herrschaft als die große, wirkmächtige Zäsur für die Entwicklung der Region wahrgenommen, als „Türkenjoch" empfunden und auf diese Weise auch nach wie vor etwa in Schulbüchern präsentiert.[4]

Die Lage an einer Kontaktzone zwischen verschiedenen Kulturen bedeutete für die Regionen Südosteuropas und ihre Bewohner sowohl Chance und Herausforderung als auch Konfliktpotential und Gefahrenquelle. Historisch betrachtet lag der Balkanraum an der Peripherie „Europas". Der deutsche Südosteuropahistoriker Holm Sundhaussen weist in diesem Zusammenhang aber zu Recht darauf hin, dass der Begriff „Europa" bloß eine Chiffre darstellt, die im Laufe der Geschichte – ebenso wie die Begriffe „Ost" und „West" – einen Bedeutungswandel erfahren hat.[5] Werden „Europa", der „Westen", die „Europäische Union" häufig deckungsgleich verwendet, so trifft das in einem noch viel stärkeren Sinn auf den Begriff „Balkan" zu. Dieser wird für den durchschnittlich belesenen und das politische Tagesgeschehen zumindest oberflächlich verfolgenden West- oder Mitteleuropäer mit einer Reihe von Klischees verbunden:[6] Der Balkan als Brutstätte von Königsmord, Verschwörungen und Attentaten, als Hort von Geheimorganisationen und Gruppierungen nationalistischer und religiöser Fanatiker – diese Bilder prägten das *image* vom „blutigen Balkan" in den Medien und in der Öffentlichkeit West- und Mitteleuropas. Die Auflösung Jugoslawiens mit den darauf folgenden blutigen Kriegen zwischen seinen Nachfolgestaaten in den 1990er Jahren wirkte auf Europa wie ein Schock. Der zumeist gewaltlose Übergang von der kommunistischen Herrschaft zu demokratischen Strukturen in Ost- und Ostmitteleuropa hatte die Hoffnung geweckt, dass das Jahr 1989 nicht nur den Fall der totalitären Regime bedeutet hatte, sondern es rief vielmehr auch die Hoffnung auf eine friedliche Zukunft in einem nach Jahrzehnten der politischen Teilung nunmehr zusammenwachsenden Europa hervor. Der Ausbruch von Kriegshandlungen in den Nachfolgestaaten Jugoslawiens ging mit Gewaltexzessen in Kroatien, Bosnien-Herzegowina und dem Kosovo einher und brachte in Europa seit 1945 ungekannte Gräueltaten an der Zivilbevölkerung mit sich.[7] Die seit einigen Jahren erfolgenden, ver-

---

4   Clio in the Balkans. The Politics of History Education, ed. Christina Koulouri (Center for Democracy and Reconciliation in Southeast Europe), Thessaloniki 2002.
5   Vgl. Holm Sundhaussen, Pro- und anti-westliche Diskurse und Identitäten in Südosteuropa, in: Südosteuropa Mitteilungen 45 (2005-2) 16-29.
6   Siehe dazu die Debatte um den Begriff „Balkan", z.B. bei Maria Todorova, die den Balkan als eine von „Europa" konstruierte Projektionsfläche von Vorurteilen und Klischees sieht. Maria Todorova, Imagining the Balkans, New York 1997.
7   Vgl. Wolfgang Höpken, Performing Violence. Soldiers, Paramilitaries and Civilians in the Twentieth-Century Balkan Wars, in: *No Man's Land of Violence*.

stärkten Bestrebungen der Europäischen Union, die Staaten des Balkanraums „an Bord zu holen", das heißt sie in die EU einzubinden und dadurch Prosperität für die Länder und ihre Bewohner zu erwirken, sind mit ein Ergebnis aus den schrecklichen Erfahrungen des Krieges im ehemaligen Jugoslawien und seiner politischen, wirtschaftlichen und sozialen Auswirkungen auf die gesamte Region.

Die politische Entwicklung der letzten Jahre, insbesondere der Prozess der Erweiterung der Europäischen Union seit dem 1. Mai 2004 hat insbesondere für die Staaten des Westbalkans neue Perspektiven eröffnet. Die Aufnahme der zehn neuen Mitglieder in die EU hatte bedeutende Auswirkungen auf die gesamte südosteuropäische Region. Mit dem Jahr 2007, spätestens 2008, sollen auch Rumänien und Bulgarien in die EU eingebunden werden und auch für die noch außerhalb der EU verbliebenen Staaten zeichnen sich Optionen für den Beitritt ab. Der Stabilisierungs- und Assoziierungsprozess [SAP] stellt einen neuen Weg der Annäherung der EU an den Balkanraum dar. Die in München lehrende Jugoslawienexpertin Marie-Janine Calic weist hierfür auch auf die demographische Dimension der EU-Erweiterung hin: Nach einer Aufnahme Bulgariens und Rumäniens, unter Umständen auch Kroatiens im Jahr 2007 würde in Europa – ohne die übrigen südosteuropäischen Staaten – sozusagen ein weißer Fleck auf der politischen Landkarte übrig bleiben. Mehr als zwanzig Millionen Menschen in vier bzw. – nach einem möglichen Zerfall der Staatengemeinschaft Serbien und Montenegro [Srbija i Crna Gora, SCG] und einer eventuellen Unabhängigkeit des Kosovo – auch mehreren staatlichen Einheiten würden, so Calic, einem Block von 28 Mitgliedsstaaten der Europäischen Union mit rund 500 Millionen Einwohnern gegenüberstehen.[8]

Nicht nur im Verhältnis der wirtschaftlichen und gesellschaftlichen Entwicklung zwischen Mittel- und Westeuropa und Südosteuropa bestehen massive Unterschiede zuungunsten des Balkanraums, sondern es gibt ebenso ein starkes Nord-Süd-Gefälle in der Region des westlichen Balkans. Hier tragen vor allem die häufig ineffizienten Verwaltungsstrukturen Schuld an der schleppenden Durchsetzung wirtschaftlicher und sozialer Reformen. Allerdings haben sich in der Staatenwelt Südosteuropas in den letzten Jahren doch auch unterschiedliche Geschwindigkeiten bei der Modernisierung herausge-

---

Extreme Wars in the 20th Century. With contributions by Richard Bessel, Joanna Bourke, Janet Cherry, Michael Geyer, Wolfgang Höpken, Alan Kramer, Alf Lüdtke, Gyanendra Pandey and Bernd Weisbrod, ed. Alf Lüdtke u. Bernd Weisbrod (Göttinger Gespräche zur Geschichtswissenschaft 24), Göttingen 2006, 211-249.

8 Vgl. Marie-Janine Calic, Strategien zur Europäisierung des Westlichen Balkan. Der Stabilisierungs- und Assoziierungsprozeß auf dem Prüfstand, in: Südosteuropa 53 (2005-1) 1-37, hier 2.

bildet. So sollen Bulgarien und Rumänien, ungeachtet von der EU immer wieder aufs Neue eingemahnter Forderungen wie der nach der Bekämpfung der Korruption im staatlichen Bereich, doch 2007, spätestens 2008 Mitglieder der EU werden. Auch im Fall von Kroatien verläuft der Prozess der Annäherung an Brüssel nun rascher, vor allem seit dem 3. Oktober 2005 ist der Stein ins Rollen gekommen und hat sich die Bereitschaft der kroatischen Regierung zur Zusammenarbeit mit dem Internationalen Strafgerichtshof für das frühere Jugoslawien in Den Haag verstärkt (so im Fall der Festnahme von Ante Gotovina am 7.12.2005 auf Teneriffa), was z.b. in Serbien nicht der Fall ist. In politischer und vor allem in wirtschaftlicher Hinsicht viel schlechter sieht die Situation aber in Albanien und auch in Serbien, insbesondere in seinen besonders instabilen Regionen wie dem Kosovo oder auch im Sandžak von Novi Pazar, aus.

Zwischen den einzelnen Staaten der Region bestehen also aus verschiedenen – außen- und innenpolitischen, wirtschaftlichen, gesellschaftlichen, kulturellen – Gründen Unterschiede hinsichtlich des Grades der Modernisierung von Staat und Gesellschaft.

Eine Komponente, die für die meisten Länder der Region mehr oder weniger zutrifft, liegt in der inhomogenen Zusammensetzung der jeweiligen Staatsbevölkerung, die unterschiedlich hohe Anteile an ethnischen und/oder religiösen Minderheiten aufweist[9]. Hinzu treten zum Teil wirtschaftliche und gesellschaftliche Strukturen, die Hindernisse auf dem Weg zur weiteren Modernisierung darstellen. Dazu zählt z.B. ein tief verwurzeltes, oftmals innovationsfeindliches Clan-Denken, das die Weiterentwicklung von Wirtschaft und Gesellschaft behindert und dessen Wurzeln häufig weit in die Geschichte zurückreichen. Ein weiteres Problem besteht in dem oftmaligen Missbrauch von Geschichte, die zum Schüren eines radikalen Nationalismus[10] und Chauvinismus herangezogen wird. Ebenso ist die Instrumentalisierung der in der Region beheimateten Religionen ein häufiges Phänomen, das immer wieder maßgeblich zu Forcierung von Konflikten beigetragen hat.[11] Dabei stellen die verschiedenen Glaubensgemeinschaften der Region prinzipiell ein wichtiges Segment des gesellschaftlichen Lebens dar. Ihre heutige politische, soziale und kulturelle Bedeutung ist größer als es nach dem politischem Umbruch von 1989 und den frühen 1990er Jahren zunächst den Anschein haben sollte. Ihnen kommt durchaus eine Rolle hinsichtlich der

---

9   Vgl. Gerhard Seewann, Die Ethnostruktur der Länder Südosteuropas aufgrund der beiden letzten Volkszählungen im Zeitraum 1977-1992, in: Südosteuropa 42 (1993-1) 78-82.
10 Vgl. Mojmir Križan, Postkommunistische Wiedergeburt ethnischer Nationalismen und der Dritte Balkan-Krieg, in: Osteuropa 45 (1995-3) 201-218.
11 Vgl. Bernd Weisbrod, Religious Languages of Violence. Some Reflections on the Reading of Violence, in: No Man's Land of Violence 251-276.

Ausformung bzw. Festigung der Zivilgesellschaft in dem jeweiligen Land zu. Die jahrzehntelange kommunistische Herrschaft in Südosteuropa, die ihre Kontrolle auch auf die Kirchen ausdehnte bzw. ständig daran arbeitete, hatte dazu beigetragen, den Eindruck zu erwecken, dass konfessionelle Zugehörigkeit in den Ländern des Balkanraums nach 1945 bzw. auch nach 1989 keine oder nur eine geringe Rolle spielen sollte. Was allerdings von den früheren kommunistischen Machthabern zu gering eingeschätzt wurde, war die enge Verbindung zwischen kultureller und religiöser Identität in den Gesellschaften des Balkanraums, die ihrerseits eine weit in die Geschichte zurückreichende Dimension besitzt und im „Millet-System" des Osmanischen Reiches mit seinem Zusammenfall von ethnischer und religiöser Identität wurzelt. Das kirchliche Leben, vor allem aber Volksreligiosität und religiöses Brauchtum in verschiedenen Ausformungen hatten die Jahrzehnte unter kommunistischer Herrschaft nicht nur überdauert, sondern es sollte sich sogar im Fall des unter Enver Hoxha besonders anti-religiös agierenden Albanien zeigen, dass Religiosität in Form von Volksglaube und -brauch unter der albanischen Bevölkerung erhalten geblieben war und beispielsweise die bei den Albanern eine wichtige Rolle im nationalen und sozialen Leben spielende muslimische Bruderschaft der Bektaşi in einem „resurfacing"-Prozess[12] wieder an die Öffentlichkeit trat. Wir können also festhalten, dass das Phänomen „Religion" ungeachtet der kommunistischen Herrschaft bzw. des Säkularisierungsprozesses weiterhin gesellschaftliche Bedeutung besitzt und die Glaubensgemeinschaften und ihre Führer daher auch wichtige Anstöße für Innovationsschübe für das gesellschaftliche und soziale Leben ihres jeweiligen Landes zu bieten imstande sind. Die Erinnerungskulturen sowie die historisch geprägten und gewachsenen Wertesysteme der Bevölkerungen Südosteuropas sind bis heute auch mehr oder weniger stark religiös und damit auch auf subtile Weise kulturell geprägt.

Die einzelnen Länder des Balkanraums standen in den Jahren nach dem politischem Umbruch und dem Zerfall der kommunistischen Regime nach 1989 vor unterschiedlichen Ausgangsbedingungen hinsichtlich ihrer ökonomischen und gesellschaftlichen Neugestaltung. Die notwendigen Umgestaltungsschritte wurden allerdings durch die sich verschärfenden Konflikte im Zusammenhang mit den ethnischen und religiösen Minderheiten des jeweiligen Landes erschwert bzw. unmöglich gemacht. Ein übersteigerter Nationalismus und die Mobilisierung der Mehrheitsbevölkerung gegen Minoritäten als Mittel zur Herrschaftssicherung besitzen nicht nur in Südosteuropa eine lang zurückreichende Genese, doch haben sich in dieser Region in den vergangenen Jahren solche Konflikte mit zum Teil fürchterlichen Folgen

---

12 Frances Trix, The Resurfacing of Islam in Albanian, in: East European Quarterly 28 (1995-4) 533-549.

entladen. Im Fall Rumäniens und Bulgariens blieben die Konfrontationen zwischen Mehrheit und Minderheit – in Rumänien die Magyaren, in Bulgarien die Türken betreffend – nicht nur auf eine ausschließlich innerstaatliche Angelegenheit beschränkt, sondern riefen vielmehr auch bei deren Nachbarstaaten, also in Ungarn bzw. der Türkei, schwere Verstimmung ob des rücksichtslosen Umgangs mit den Konnationalen jenseits der Landesgrenzen hervor. Internationale Organisationen wie die OSZE sowie andere Institutionen versuchten zur Konfliktlösung beizutragen und zu vermitteln. Nicht nur den Kirchen, sondern auch den ethnisch/religiösen Minderheiten und ihren Vertretungskörperschaften kam daher eine wichtige Rolle beim Übergang von kommunistischer Einparteienherrschaft zu einem pluralistischen System zu, ebenso wie für die Etablierung und Festigung der Zivilgesellschaft[13] im jeweiligen Land.

Ein besonderes Problemfeld im Hinblick auf ethnische Spannungen und Konflikte stellte Jugoslawien dar. Der seit Jahrzehnten vor sich hinbrodelnde Konflikt zwischen albanischer Mehrheitsbevölkerung und serbischer Minderheit im Kosovo verschärfte sich in den 1980er und zu Beginn der 1990er Jahre immer mehr. Der serbisch-albanische Konflikt war allerdings nur ein Beispiel – wenngleich mit besonderer Tragweite – im Rahmen der im Balkanraum allgemein vorhandenen ethnonationalistischen Strömungen. Diese sollten von den 1990er Jahren bis in die Gegenwart eine schwere Hypothek für die weitere politische und wirtschaftliche Entwicklung der südosteuropäischen Staatenwelt darstellen. So sind etwa die Entwicklungsperspektiven für den Balkanraum geradezu überschattet von den Nachwirkungen bzw. Auswirkungen der Kriegshandlungen im ehemaligen Jugoslawien.

Einen eigenen Themenbereich stellt in diesem Zusammenhang die Frage der Flüchtlinge und „displaced persons" im ehemaligen Jugoslawien dar. Die Gesellschaften der Nachfolgestaaten Jugoslawiens, die vor allem wirtschaftlich stark an den Folgen des Zerfalls des früheren jugoslawischen Staats litten, mussten wie Serbien oder Kroatien mit der zusätzlichen Belastung durch das massenhafte, panische Einströmen von hunderttausenden Entwurzelter, durch die Kriegsereignisse traumatisierter Konnationaler fertig werden. Hierbei ist allerdings auch festzuhalten, dass die Regierungen in Belgrad [Beograd] und in Zagreb ein gerüttelt Maß an Mitschuld am Zustandekommen dieser Flüchtlingswellen trugen, hatten sie doch zuvor durch Hetzpropaganda das Zusammenleben zwischen den verschiedenen Bevölkerungsgruppen, etwa in Bosnien-Herzegowina, vergiftet.

Die Probleme, vor denen die Regierungen der Staaten Südosteuropas nach 1989 standen, waren also äußerst vielfältig: Wegen der zum Teil katastropha-

---

13 Vgl. Frank Adloff, Zivilgesellschaft. Theorie und politische Praxis, Frankfurt 2005.

Umbrüche, Transformationsprozesse und sozialer Wandel in Südosteuropa

len wirtschaftlichen Lage als Erbe des Kommunismus bzw. aus der Zeit bereits vor dem Zweiten Weltkrieg herrührender Strukturschwächen der Wirtschaft wären tief greifende Reformen notwendig gewesen, zu denen sich die politisch Verantwortlichen aber häufig nicht aufraffen konnten oder wollten. Dazu kam eine weitere Hypothek aus der Vergangenheit: Die oft ungenügende Auseinandersetzung mit der kommunistischen Herrschaftsperiode und die – vorsichtig ausgedrückt – häufig allzu große Nähe zwischen post-kommunistischen Politikern und Wirtschaftsführern mündete in eine schwer durchschaubare Verknüpfung zwischen Angehörigen der früheren kommunistischen Eliten und den „neuen Eliten", den Profiteuren alter Seilschaften, sowie in Korruption. Da wirksame Wirtschaftsreformen der Bevölkerung noch größere Opfer abverlangt hätten als sie diese bereits ohnedies aufgrund der allgemein schlechten ökonomischen Lage zu bringen hatten, wurden Umgestaltungsmaßnahmen daher oft nur zaudernd und halbherzig angegangen.

Dass die Bevölkerungen sich daher von den neuen Regierungsinhabern oft geradezu verraten und verkauft fühlten, fand seinen Niederschlag in einer oft geringen Wahlbeteiligung bzw. in hohen Ergebnissen für Parteien mit politisch radikalen, ja extremistischen Programmen und Parolen. Allein die Anzahl der politischen Parteien, die nach 1989 und in den frühen 1990er Jahren entstand, war dazu angetan, den Wähler – auch wenn es sich um einen politisch durchaus interessierten und wachen Menschen handelte – zu verwirren. In Slowenien waren so z.B. 1994 123 Parteien registriert. Die Flut an Parteigründungen nahm allerdings ab; in Slowenien waren 2001 nur mehr – bzw. immerhin noch – 34 Parteien registriert.

Neben den von Kriegen und ihren Auswirkungen schwer betroffenen Ländern und Regionen in Südosteuropa wie Bosnien-Herzegowina oder Kosovo gab es in den 1990er Jahren aber auch Staaten mit einer derart hoffnungslosen wirtschaftlichen und sozialen Lage, dass der Bevölkerung nur mehr die massenhafte Flucht ins Ausland zu helfen schien. Albanien ist ein Beispiel dafür. Dort kam es im Frühjahr 1997 nach dem Zusammenbruch von Kapitalanlagegesellschaften (Pyramidengesellschaften), die von vornherein nur auf den Betrug der Anleger ausgerichtet waren, zu Unruhen und immer gewalttätiger werdenden Ausschreitungen, die in politische Morde und eine Staatskrise mündeten. So wurde beispielsweise Azem Hajdari, ein Führungsmitglied der Demokratischen Partei [Partia Demokratike ë Shqipërise] und Hoffnungsträger für politische Reformen in Albanien, am 12. September 1998 ermordet. Die große Anzahl von Albanern, die vor den harten Lebensumständen ins Ausland flüchteten, stellten nicht nur Albaniens unmittelbare Nachbarstaaten wie Griechenland oder Italien vor große Probleme, sondern auch in mittel- und westeuropäischen Ländern nahm die Zahl der Asylbewerber aus Albanien zu. Vor allem aber vor Italiens Küsten spielten sich wahre Flüchtlingsdramen ab. Geldgierige und gewissenlose

Valeria Heuberger

Schlepper in Albanien packten ihre Klientel für die Fahrt in eine vermeintlich bessere Zukunft auf vielfach seeuntüchtige Boote. Diese Gefährte gerieten dann nicht bloß in Seenot, sondern rissen die an Bord befindlichen Menschen häufig in den Tod. Ein gravierender und die weitere Entwicklung Albaniens nachhaltig beeinflussender Faktor liegt auch in dem *brain drain*, den die massenhafte Emigration ausgelöst hat. Der Grazer Südosteuropahistoriker Karl Kaser weist etwa darauf hin, dass seit 1990 an die 15,6 Prozent der albanischen Bevölkerung (3,2 Millionen zu Beginn der 1990er Jahre) das Land verlassen haben.[14] Das Phänomen des *brain drain* stellt für Südosteuropa, aber auch für Osteuropa, ein ernstes gesellschaftliches Problem dar.

Ebenso wie im ehemaligen Jugoslawien besitzt die Frage der Flüchtlinge und Migranten auch für Albanien eine sehr wichtige Bedeutung. So hat das Land Ende der 1990er Jahre tausende Konnationale aus dem Kosovo temporär aufgenommen, die vor den Übergriffen serbischer Milizen und Militärs über die Grenze nach Albanien – aber auch nach Makedonien – flüchteten. Ein charakteristisches Element der politischen Entwicklung Südosteuropas liegt in der destabilisierenden Wirkung der großen Flüchtlingsströme auf die ohnedies oft armen und ihrerseits unter wirtschaftlichen Problemen und ethnischen Spannungen leidenden jeweiligen Nachbarländer.

Makedonien ist ein Beispiel für solch eine Entwicklung. Das Land stand nach seiner Unabhängigkeit von Jugoslawien (Unabhängigkeitserklärung am 25. Januar 1991) verstärkt vor dem bereits jahrzehntealten Problem, dass seine Nachbarn Bulgarien und Griechenland die Existenz einer eigenen makedonischen Nation nicht nur negierten, sondern wie etwa Griechenland auch auf der internationalen Bühne zunächst heftig gegen den alten/neuen Staat in seiner Nachbarschaft opponierte.[15] Auch wenn 1995 eine gewisse Beru-

14 Karl Kaser, Albanische Migration, in: Denken und Glauben. Zeitschrift der Katholischen Hochschulgemeinde der Universität Graz, Nr. 126/127, Oktober/November 2003, 37-40.

15 Makedonien – im Sinne einer geographischen und kulturellen Großregion – besitzt eine wechselhafte Geschichte. Der Norden, das so genannte Vardar-Makedonien, wurde nach dem Zweiten Balkankrieg auf dem Frieden von Bukarest [Bucureşti] (10. August 1913) Serbien zugeschlagen, während hingegen der Süden – Ägäis-Makedonien – zu Griechenland kam. Vardar-Makedonien wurde 1944 eine der Teilrepubliken Tito-Jugoslawiens. Ab diesem Zeitpunkt wurde die seit 1913 betrieben Serbisierungspolitik durch den Prozess der makedonischen Nationsbildung abgelöst. In dem zu Griechenland gehörenden Teil Makedoniens erfolgte hingegen im Prozess der ethnischen Homogenisierung und Assimilierung der nicht-griechischen Bevölkerungsgruppen im Sinne Athens. In den 1990er Jahren, nach der Unabhängigkeit der ehemaligen jugoslawischen Republik Makedonien, resultierten diese Spannungen zwischen Athen und Skopje in einem politischen Konflikt zwischen den beiden Staaten,

Umbrüche, Transformationsprozesse und sozialer Wandel in Südosteuropa

higung in der Beziehung zu Griechenland eintrat (Internationales Abkommen zwischen den beiden Staaten vom 13. September 1995), so war doch auch im Lande selbst mehr als genug Konfliktpotential vorhanden. Dazu zählten die sich verstärkenden Forderungen der albanischen Bevölkerungsgruppe in Makedonien nach politischen und kulturellen Autonomierechten. Die Albaner in Makedonien sind bei einer Gesamtbevölkerung des Staates von etwas mehr als zwei Millionen Einwohnern mit rund 510.000 Angehörigen die größte ethnische Minderheit; die zweitgrößte Gruppe stellen die ca. 77.000 Türken dar. Die genauen Absichten der Führer der politischen Parteien der Albaner in Makedonien blieben häufig nebulos, bzw. reichten sie bis hin zu Forderungen nach der Bildung eines großalbanischen Staates, zu dem dann auch der Kosovo und die albanisch besiedelten Landesteile Makedoniens gehören sollten.

Ende der 1990er Jahre eskalierte schließlich die Lage im Kosovo endgültig. Albanische Guerilla-Einheiten hatten in diesen Jahren vermehrt mit Attacken auf serbische Polizisten, Militärs und auch Zivilisten begonnen, 1998 und zu Beginn 1999 kam es zu Massakern und Vertreibungsaktionen an der albanischen Bevölkerung durch serbisches Militär bzw. paramilitärische Einheiten. Zehntausende Albaner flüchteten über die Grenze nach Makedonien. Dies sollte das Land in eine schwierige Lage bringen, da es auf die rasche Unterbringung und Versorgung so vieler Flüchtlinge, darunter zahlreiche alte und kranke Menschen sowie Kinder, nicht vorbereitet war. Dazu kam weiters, dass das ohnedies fragile ethnische Gleichgewicht im Lande durch das Hinzukommen und die doch zum Teil länger währende Verweildauer so vieler Albaner aus dem Kosovo – deren Anzahl phasenweise an die 300.000 Personen ausmachte – in eine bedrohliche Schieflage geriet. Obwohl der Großteil der Kosovo-Albaner so rasch als möglich in ihre Heimatdörfer und -städte zurückkehren wollte und dies auch tat, so blieb doch eine Anzahl von ihnen in Makedonien zurück. Unter ihnen befanden sich auch Guerilla-Kämpfer, die zur Befreiungsarmee des Kosovo [Ushtria Çlirimtare e Kosovës, UÇK] gehörten und die zur politischen Radikalisierung von Gruppierungen der makedonischen Albaner beitragen sollten. Ab 2000 kam es dann auch in Makedonien immer häufiger zu bewaffneten Zusammenstößen zwi-

---

da Griechenland durch den Staatsnamen sowie durch staatliche Symbole Makedoniens (Streit um die Flagge mit dem Symbol des Sterns von Vergina) einen Anspruch Skopjes auf Ägäis-Makedonien herleitete. Siehe zur Geschichte und aktuellen Lage Makedoniens die entsprechenden Einträge im Lexikon zur Geschichte Südosteuropas, ed. Edgar Hösch, Karl Nehring, Holm Sundhaussen. Redaktion Konrad Clewing, Wien/Köln/Weimar 2004, 421-428. Zum Prozess des makedonischen nation-building und der Rolle des Makedonischen dafür: Christian Voss, Makedonische Identitäten und die Parameter Sprache, Ethnos und Nation, in: Südosteuropa Mitteilungen 45 (2005-2) 52-65.

schen Vertretern der makedonischen Staatsmacht und albanischen bewaffneten Gruppen, die erst durch das Friedensabkommen von Ohrid vom 13. August 2001 beendet wurden.

Die Fragmentierung der staatlichen Macht war und ist somit eines der Grundprobleme der Region. In einer Reihe südosteuropäischer Länder spielte für die Entwicklung staatlicher Strukturen nach dem Fall des Kommunismus ein stark ausgeprägtes familiär-regionales Denken eine wichtige Rolle. Auf die – erweiterte – Familie ausgerichtete, stammesähnliche Gesellschaftsstrukturen bildeten ein Hindernis bei der Ausbildung des für die Modernisierung von Staat und Gesellschaft zentralen staatlichen Gewaltmonopols und der staatlichen Macht. Aufgrund der vielfach negativen historischen Erfahrung mit dem Phänomen „Staat" stößt die Etablierung der Strukturen der Zivilgesellschaft auf große Hindernisse, die bis zur Implosion des Staats wie im Fall von Albanien führen können. Auch trägt dies zur Festigung von zum Teil vor-modern anmutenden gesellschaftlichen Strukturen bei, die das Zustandekommen von negativen gesellschaftlichen Phänomenen wie etwa der organisierten Kriminalität erleichtern.

In Südosteuropa bestehen nach wie vor virulente politische Konfliktherde, unter denen die Fragen der weiteren staatlichen Einheit Serbien-Montenegros sowie nach dem zukünftigen politischen Status des Kosovo Priorität besitzen. Die Prozesse von Demokratisierung, Ökonomisierung und Europäisierung, auf die der in Budapest lehrende Politikwissenschafter Jürgen Dieringer im Fall des post-kommunistischen Ostmitteleuropas hinweist,[16] sind in den Ländern des Balkanraums zum Teil auf sehr unterschiedliche Weise verlaufen. Es bleibt nur zu hoffen bzw. den Menschen dieser Region zu wünschen, dass – nach all den Schwierigkeiten und Widrigkeiten der Vergangenheit – die in den Ländern Südosteuropas vorhandenen großen Potentiale an sowohl humanen als auch wirtschaftlichen Ressourcen endlich zu einer besseren Zukunft für diese Länder in einem größeren europäischen Rahmen führen.

---

16 Vgl. Jürgen Dieringer, Demokratisierung, Ökonomisierung und Europäisierung: Dezentralisierungsprozesse in Ostmitteleuropa, in: Südosteuropa 53 (2005-4) 483-499.

DER BALKAN – EUROPÄISCHER KULTURRAUM
Katholiken, Orthodoxe und Muslime auf der religiösen Wasserscheide

Anne Herbst-Oltmanns, Wien

1. Okzident und Orient

Quer durch die südslawischen Gebiete verläuft eine der markantesten Kulturgrenzen Europas. Diese Trennlinie zwischen Okzident und Orient entstand mit der Teilung des Römischen Reiches in eine oströmische (Byzanz) und eine weströmische (Rom) Hälfte. Später vertieften sich die Gegensätze durch die Kirchenspaltung in die Orthodoxe und die Römisch-Katholische Kirche, was somit zu einer kulturellen Teilung führte. Diese drückt sich schon in der Verwendung verschiedener Sakralsprachen aus: Wurde im Westen Latein die Sprache der Liturgie und der Gelehrten, so hielt sich der Osten an das Griechische und das Kirchenslawische. Zwei Schriften, das lateinische und das kyrillische Alphabet, verdeutlichen die fortschreitende Differenzierung.

Die Kluft zwischen beiden Glaubensrichtungen verbreiterte sich ein weiteres Mal mit dem Aufkommen des Islam im Osmanischen Reich, das den Balkan endgültig zur Nahtstelle zwischen abendländisch-katholischem Denken und der orientalisch-orthodoxen Welt werden ließ. Ist von „Kluft" die Rede, die Vorstellungen von Trennung, Absonderung und Feindschaft suggeriert, so assoziiert das Wort „Nahtstelle" die entgegengesetzten Begriffe wie Zusammenfügen, Überlagern und Aussöhnen. Für beide Phänomene lassen sich Beweislinien verfolgen, die die Geschichte des Balkans durchziehen. Die jüngst wieder aufgeflammten religiösen Antagonismen im jugoslawischen „Heimatkrieg" sind nicht der Gegenbeweis dafür, dass der im Balkandiskurs strapazierte Begriff der „Grenze" nicht ebenso mit dem der „Brücke" austauschbar wäre. Vielmehr soll in beidem – der Grenze wie der Brücke – der Schlüssel zum Verständnis der Verhaltensweisen in der letzten Katastrophe gefunden werden.

Mit den folgenden kirchenhistorisch ausgerichteten Ausführungen soll versucht werden, die unentwegt miteinander streitenden, in Konkurrenz verstrickten geistlichen Auseinandersetzungen auch als das erscheinen zu lassen, was sie im Rückblick hätten sein können – ein Angebot an kultureller Vielfalt und Breite des Bewusstseins.

2. Zwischen Rom und Byzanz

Zwischen dem 3. vorchristlichen Jh. und dem Jahre 14 n. Chr. eroberten die Römer den Balkan und besiegten die dort siedelnden Stämme der Illyrer, Daker und Thraker. Neben dem Bau eines verzweigten Straßennetzes gründeten sie Städte wie Naissus (Nis), Emona (Ljubljana), Siscia (Sisak) und Scupi (Skopje). Sirmium an der Save und Spalatum/Split waren zeitweilig kaiserliche Residenzen. Prachtvolle Baudenkmäler wie das Amphitheater in Pula, der Kaiserpalast des Diokletian in Split und die Stadt Stobi in Makedonien zeugen von der hochstehenden Kultur der Römer am Balkan.

Zugleich brachten sie auch das Christentum vermutlich nur einige Jahrzehnte nach seinem Entstehen mit auf den Balkan. Der Apostel Paulus schreibt im Jahre 67 in Rom seinen zweiten Brief an Timotheus, dass sein Schüler Titus nach Dalmatien gereist sei. Damit bezeichnete man damals ein Gebiet, das einen geraumen Teil des heutigen Bosnien-Herzegowina umfasste. Aus den Dokumenten der Regionalsynoden im damaligen Salonae (bei Split, 6. Jh.) ist ersichtlich, dass zu jener Zeit mindestens vier Diözesen auf dem genannten Gebiet bestanden haben, deren Bischöfe alle Salonae unterstanden. Diese alte christliche Kultur wird unter dem Ansturm der heidnischen slawischen Stämme größtenteils verschwinden, mit der späteren Christianisierung dieser Stämme jedoch werden das Christentum und die kirchliche Organisation wieder aufgebaut.

Bei der Teilung des Hl. Römischen Reiches im Jahr 395 ergab sich eine Trennlinie, die von enormer historischer Bedeutung war. Sie verlief in Nord-Süd Richtung von der Save bei der römischen Stadt Sirmium (Sremska Mitrovica) die Drina entlang bis zum Skutarisee an der adriatischen Küste. Diese Scheidelinie zwischen zwei Kulturen blieb durch all die Jahrhunderte erhalten. Nach dem Zusammenbruch des Weströmischen Reiches 476 führte Konstantinopel/Byzanz noch nahezu tausend Jahre die römische imperiale Tradition, basierend auf dem griechischen Kulturerbe, weiter. Die Reichstradition, die Prachtentfaltung des byzantinischen Kaisers und seinen Anspruch auf Weltherrschaft nahmen sich viele Herrscher des Balkan und des östlichen Europa zum Vorbild.

3. Die Orthodoxe Kirche

Der endgültige kirchliche Bruch zwischen Rom und Byzanz erfolgte im Jahr 1054. Konstantinopel wurde das Zentrum des östlichen Christentums, der orthodoxen („rechtgläubigen") Kirche. Der Unterschied der beiden Kirchen bestand infolge der früheren Konzilien weniger in ihrer Lehre, als in der Ausgestaltung des Rituals. Die Orthodoxe Kirche unterstrich ihre Kontinuität mit dem ursprünglichen Christentum (Betonung der Kirchenväter) und die Wahrung der Traditionen.

Die weltliche Staatsmacht fand in der Orthodoxen Kirche eine mächtige Stütze. Deren Nähe zum Staat wiederum ist in dem Begriff der „Symphonia" umschrieben. Im Gegensatz zu den Katholiken, die im Papst ihr Oberhaupt sahen, war die Macht des Patriarchen von Konstantinopel beschränkt, da jeder Nationalkirche („Griechisch-orthodox", „Serbisch-orthodox", „Russisch-orthodox") ein eigener Patriarch vorstand, der seinerseits im Nationalstaat über Einfluss verfügte. Die byzantinische Baukunst, Fresken- wie Ikonenmalerei wurden für die orthodoxe Bevölkerung des Balkan zum Modell.

4. Slawische Einwanderung

Im Verlauf des 7. Jh. wanderten slawische Stämme aus den Gebieten nördlich der Karpaten auf die Balkanhalbinsel, wo sie die ursprüngliche Bevölkerung assimilierten (außer den Albanern und Walachen). Danach dominierten drei Stämme – die Slowenen, die Kroaten und die Serben – die jeweils eigene Reiche gründeten: Die Slowenen siedeln südlich der Alpen; Kroaten siedeln auf weströmischem Gebiet (Dalmatien/Illyrien) und werden römisch-katholisch/lateinisch; Serben siedeln auf oströmischem Gebiet (Sandschak, Kosovo und Zeta/Montenegro) und werden griechisch-orthodox; auf umstrittenen Gebieten in Bosnien (Oberlauf der Bosna) und Herzegowina lassen sich kroatische und serbische Siedler nieder.

Schon zur Zeit Karls des Großen wurden die Slowenen und Kroaten von fränkischen Missionaren des Bistums Salzburg christianisiert. Die Kroaten Dalmatiens nahmen den Glauben der dort bereits siedelnden Christen an. 811 schlossen Karl der Große und der byzantinische Kaiser einen Vertrag über die Grenze ihrer Einflussbereiche. Diese verlief entlang des Flusses Cetina südlich von Split. Die Slowenen und Kroaten hatten somit an der Entwicklung des westlichen Christentums Anteil, die Serben fielen in die byzantinische Einflusssphäre.

5. Kyrill und Method

Die Verbreitung des Christentums unter den Slawen ist mit den Namen Kyrill (genannt „Der Philosoph", mit Mönchsnamen Konstantin) und Method, zweier gelehrter Mönche aus Saloniki, verbunden. Sie begründen die slawische Orthodoxie mit eigener Sprache und eigenem Alphabet. 863 wurden sie vom mährischen Fürsten ins Land gerufen, um ein Gegengewicht zur deutschen Geistlichkeit und ihrer Mission herzustellen. (Nach neuester Forschung lag dieses mährische Fürstentum nicht im heutigen Mähren in Tschechien, sondern reichte von Pannonien bis zur serbischen Morava. Method residierte in der späteren Diözese Srem, also in Serbien!) Sie übersetzten Teile des Neuen Testaments ins Slawische. Die ältesten Texte slawischer geistlicher Literatur wurden im glagolitischen Alphabet geschrieben, das Kyrill entwickelt hatte. Gegen Ende des 10. Jh. wurde die Glagolica durch das kyrillische Alphabet ersetzt, das durch Übernahme griechischer Buchstaben gebildet wurde. Die daraus entstandene Schriftsprache nennt man „Altkirchenslawisch". Sie findet heute noch in der orthodoxen Liturgie Anwendung und hat für die orthodoxen Slawen die gleiche Bedeutung wie das Lateinische für die Katholiken. Verwendeten die Slowenen schon in ältester Zeit das lateinische Alphabet, so entwickelten die Kroaten der adriatischen Küste, wo der byzantinische Einfluss stark war, eine slawische Liturgie und hielten am alten Alphabet, der Glagolica, fest. (Neuere Forschungen vermuten hier einen Zusammenhang mit Schülern der Slawenapostel, die nach Süden geflohen waren und Teile der orthodoxen Basiliusliturgie samt Glagolica in die römisch-katholische Regel eingeführt haben könnten, was sich in der Isolation bewahrte.)

Als die katholischen Kreuzfahrer 1204 Konstantinopel plünderten, schürte dieser Überfall den Hass der Orthodoxen auf die „Lateiner" und „Franken", wie sie die Katholiken nannten. Durch eigene Staatsgründungen der südslawischen Völker vertiefte sich die politische und kulturelle Kluft zwischen ihnen. Die Anhänger der Orthodoxie, Serben und Bulgaren, rezipierten die an Literatur, Malerei, Architektur und Philosophie reiche byzantinische Kultur. Die Slowenen und Kroaten wurden endgültig Teil der westlichen Kultursphäre mit ihren Bauwerken der Romanik, Gotik und Renaissance; die an Italien geschulte Renaissance-Literatur von Dubrovnik brachte es zu einmaliger Blüte.

6. Die „Bosnische Kirche" der Bogomilen

Bosnien wurde um 900 von Dalmatien aus erneut christianisiert. Die Päpste errichten eigene Bistümer in Trebinje (vor 1022), Oberbosnien (etwa 1067) und Duvno (um 1300). Unter dem legendären Ban Kulin wird ab 1180 erstmals ein bosnischer Staat gegründet, der zwischen Save, Drina und Bosna eine stabile Grenze erhält. Seine Herrschaft fällt zusammen mit dem Erstarken der sogenannten „Bosnischen Kirche" – einer unabhängigen, autochthonen Volks- und Klosterkirche, in der die Messe nach der glagolitischen Liturgie in der altslawischen Sprache gelesen wurde. Diese auf den Einfluss der Schüler Methods (durch dessen Reise zu den Chasaren) zurückgehende Volkskirche war alsbald unter den Druck der sich immer weiter ausbreiten-

Der Balkan – Europäischer Kulturraum

den Sekte der Bogomilen geraten, die um 950 in Bulgarien Fuß gefasst und dort grausam verfolgt wurden. Nach ihrer Flucht nach Bosnien verbanden sie sich mit der Volkskirche und blieben mindestens 150 Jahre ein entscheidender Faktor der Selbstbehauptung des bosnischen Staates – vom einfachen Volk wie der herrschenden Adelsschicht getragen.

Als im 13. Jh. unter ihrem Druck der bosnische Bischof nach Djakovo/Slawonien und der von Trebinje nach Dubrovnik vertrieben wurde, werden die Franziskaner im Lande tätig, um die Volkskirche von den bosnischen Häretikern zu befreien. Sie übernehmen in der nunmehr bischofsfreien Ordnung die Leitung der Kirche, führen überall Latein als Liturgiesprache ein und verdrängen die glagolitischen Weltpriester. Die Anhänger der Bosnischen Kirche, die zum Symbol der nationalen Identität des mittelalterlichen bosnischen Staates geworden war, erlebten nun eine langanhaltende Inquisition. Ihre Zahl begann erheblich zu schrumpfen, bis kurz vor der Ankunft des Islam in Bosnien 80 Prozent der Priester der bosnischen Volkskirche bereits zum Katholizismus übergetreten war. Die Serbisch-orthodoxe Kirche unternahm in der Herzegowina ähnliche Versuche, die Bogomilen zur Mutterkirche zurückzuführen. Die theologische Nähe der Bogomilen zu den protestantischen Oppositionsbewegungen der Katharer, Albigenser und Hussiten in Westeuropa ist von besonderer Tragweite.

Die Lehre der Bogomilen stützte sich auf den Manichäismus, einer aus christlichen, gnostischen und zoroastrischen Elementen aufgebauten Häresie, die in Kleinasien als Paulikianer und armenische Tondrakier auftauchten und das byzantinische wie das römische Christentum zu spalten drohten. Daher wurden sie vom Kaiser von Byzanz als Wehrbevölkerung nach Thrakien verbannt, von wo sie auf den Balkan gelangten. Seither widersetzte sich diese Randgruppe den Vereinnahmungsversuchen durch Römer wie Orthodoxe. Ihr religiöser Ansatz basiert auf dem Dualismus, dem Widerspruch zwischen Gut und Böse, Geist und Materie, die zugleich im menschlichen Körper verankert sind. Durch den Hl. Geist ist die Verbindung zur nichtmateriellen Welt gewährleistet.

Ein Denkmal dieser spezifisch bosnischen Kultur sind die ca. 60.000 Bogomilengrabsteine (skr. „stecci", von Ez. „stecak") – auch im Volksmund „Griechengräber" genannt (Hinweis auf ihre byzantinische Herkunft!). Nicht zuletzt wegen der Verfolgung bleibt auch deren Zuordnung umstritten. Diese „Stecci" befinden sich nur in dem bosnischen Dreieck zwischen Zadar, Dubrovnik und Tuzla, dem Raum der größten Ausdehnung des Reiches um 1390. Sie sprechen eine eigene Sprache, die über das kanonische Christentum hinausweist. Sie bedienen sich einer Formen- und Bildersymbolik, wie man sie auf armenischen Chatschkaren (Flachrelief-Grabsteine) antrifft: Trauben, die in Lebensbaum-Kreuze hineinragen; Kleeblattranken wechseln sich mit Doppelspiralen und anthropomorphen Kreuzen ab. Es findet sich ein ganzes

Anne Herbst-Oltmanns

Inventar gnostisch-manichäischer Metaphern: Sternen – Sonnen – Mondschalen, oder altindischen Swastika-Zeichen. Bei Mostar trifft man auf einen Spiralenmenschen mit einem Sonnenhaupt. Eine Schlange leckt an einem Sonnensymbol. Bis zu bekannten Motiven der zentralasiatischen Uighuren, die Manichäer waren, weist eine Menschenprozession mit gespaltenen Kopfhauben, die mit erhobenen Händen das Mondschiff anbeten (die sogenannten „Vollkommenen" oder „Erwählten"). Jüngst wurde die Lilie der bogomilischen Grabsteine, die Blume der Auferstehung, zum Symbol und Emblem des neuen Bosnien erkoren. Diese Grabsteine sind Bosniens bedeutendster Beitrag zur europäischen Kunst.

7. Islamisierung

Die Unterschiede zwischen Katholiken und Orthodoxen verschärften sich, als die Türken den Balkan eroberten. Die Niederlage der Balkanvölker in der Schlacht am Amselfeld (1389) besiegelte den Untergang des unabhängigen Serbien. Der endgültige Fall Serbiens (1459) öffnete den Türken die bosnischen Gebiete: So fielen Bosnien (1463) und die Herzegowina (1482) unter osmanische Herrschaft. Bald darauf erfolgte die Eingliederung Ungarns und des südöstlichen Teils Kroatiens in das türkische Reich. Von da an blieb die Nordgrenze des Osmanenreiches relativ stabil, was die Scheidelinie zwischen West und Ost zementierte. Interessanterweise behielten die meisten Bewohner des Balkans trotz der jahrhundertelangen Okkupation ihren christlichen Glauben bei, lediglich in Bosnien und Albanien kam es zu nennenswerten Übertritten zum Islam.

Ab jenem Datum 1463 war Bosnien kirchenpolitisch ein Vakuum, die meisten Katholiken und Orthodoxen suchten in Kroatien und Slawonien – in der sogenannten „Militärgrenze" – Schutz. Obwohl der Sultan die Franziskaner unter seinen Schutz stellte, bleiben im 16. Jh. von 35 franziskanischen Klöstern nur drei erhalten. Die Türken siedeln stattdessen orthodoxe Serben in Ostbosnien an. Damit beginnt die für Bosnien typische Durchmischung von muslimischen, orthodoxen und franziskanischen Gemeinden.

Die Zahl der islamischen Gläubigen nahm rasch zu, so dass es nach Expertenmeinung bereits 1489 in Bosnien rund 55.000 Moslems gab. Die meisten von ihnen waren ursprünglich sogenannten Bosnische Christen gewesen, die, wie oben erläutert, noch vor der Ankunft der Osmanen durch die franziskanische Missionierung für den Katholizismus gewonnen wurden. Es gilt deshalb einer in den jüngsten Kriegsjahren wieder aufgewärmten These entgegenzutreten, wonach die Ächtung der bosnischen Häretiker diese „direkt" und „massenweise" in die Arme des Islam getrieben hätte. Es mögen allerdings überwiegend jene Neo-Katholiken gewesen sein, die nun für den Islam

Der Balkan – Europäischer Kulturraum

anfällig wurden. Nach neuen Hochrechnungen könnten etwa zehn bis zwölf Prozent der heutigen bosnischen Moslems direkt von Bogomilen abstammen. Die häufigsten Übertritte gab es aber von jener Gruppe, die damals auch die größte war – bei den Katholiken. Auch wenn dieses Faktum noch immer nicht ausreichend untersucht ist, schätzt der Historiker Dominik Mandic die Zahl der heutigen Abkömmlinge islamisierter, ehemals katholischer Kroaten auf 70 bis 75 Prozent. Die verbleibenden rund 15 Prozent sind Nachfahren von aus den umliegenden Gebieten zugezogenen Moslems und ein verschwindender Teil Nachfahren von islamisierten Walachen. Lediglich rund drei Prozent sind Nachkommen von türkischen und asiatischen Moslems, die als türkische Soldaten und Staatsdiener damals mit ins Land kamen.

Unter der türkischen Herrschaft (1463–1878) waren die Katholiken ständiger Verfolgung ausgesetzt, in dem Maße, dass ihr Anteil an der Gesamtbevölkerung von rund 90 Prozent gegen Mitte des 15. Jh. – kurz vor Einnahme Bosniens durch die Türken – auf runde 18 Prozent ein Jahr nach Abzug der Türken sank.

Seit Mitte des 15. Jh. konnte sich die Orthodoxie, die bis dahin lediglich im Osten der Herzegowina ansässig war, unter dem Schutz des osmanischen Reiches in starkem Maße über ganz Bosnien und über seine Grenzen hinaus ausbreiten, und zwar als Folge von Zuwanderungen von Orthodoxen aus dem Osten des Balkans und als Folge von Kirchenübertritten einheimischer verfolgter Katholiken.

8. Muslime und Christen

Der türkisch-orientalische Einfluss wirkte nicht nur auf die zum Islam übergetretene Bevölkerung, sondern auch auf die Christen ein. Außerhalb von Bosnien gab es keine nennenswerte Zahl von Muslimen. Beamte und Großgrundbesitzer waren meist türkischer Herkunft, aber im Laufe der Zeit konnten die Übergetretenen in diese Oberschicht wechseln, so dass Muslime über die breite Masse christlicher Bewohner herrschten. Diese Nichtmuslime zahlten eine eigene Kopfsteuer und waren überwiegend Angehörige der unteren Schichten. Eine der gefürchtetsten Abgaben war die sogenannten „Blutsteuer" (devsirme), bei der junge Christen ihren Eltern weggenommen wurden, um in Istanbul zu moslemischen Beamten oder Soldaten (meist Janitscharen) erzogen zu werden.

Die Türken übernahmen das byzantinische Rechtssystem und übertrugen die Leitung der religiösen Gemeinschaften deren eigenen Anführern, die als Ethnarchen für die Aufrechterhaltung der Ordnung und die Eintreibung der Steuern Sorge tragen mussten. Diese religiöse Selbstverwaltung einer Kirchennation nannte man „Millet". Damit arbeitete die osmanische Politik, welche Kirche und Nationalität gleichsetzte, gleichsam der großserbischen Idee vor, indem sie die Voraussetzungen dafür schuf, dass das Serbentum seine geistige Einheit zunächst auf dem Boden der rechtgläubigen Kirche verwirklichte. Auf dem Wege über die geistliche Jurisdiktion brachte die orthodoxe Geistlichkeit auch das bürgerliche Leben des Volkes unter ihre Kontrolle: Der Patriarch fühlte sich als Repräsentant seiner nationalen Gemeinschaft gegenüber dem Sultan. So bestanden die beiden slawischen autokephalen Kirchengemeinschaften, die bulgarische mit Sitz in Ohrid und die serbische mit Sitz in Pec, unter den Türken mit Unterbrechungen fort, bis sie im 18. Jh. aufgelöst und dem Patriarchen in Konstantinopel unterstellt wurden. Doch die Serben waren unter kirchlicher Führung fast schon zu einem Volk geworden. Die christlichen Bauern, die mehrheitlich als Leibeigene eines Großgrundbesitzers arbeiteten, hielten so an ihrer Welt der Kreuze und Ikonen, aber auch an den Mythen einer angeblich glorreichen Vergangenheit fest. Daher bevorzugten die meisten Orthodoxen die osmanische Herrschaft, zumal sich ihre Führung ihrer Privilegien erfreute. Man ging von der Überzeugung aus, dass das Christentum letztendlich doch den Islam besiegen werde.

Fazit

Der Religionsunterschied zwischen dem katholischen, teils protestantischen Zentraleuropa und dem islamisch-orthodoxen Balkan war wesentlich, zumal er fast fünfhundert Jahre entlang derselben Nahtstelle über Bosnien verlief. Wirksam wurde er aber erst durch die Tatsache, dass der Balkan aufgrund jahrhundertelanger Isolation und Unterdrückung durch die Türken zur Randzone Westeuropas wurde und somit nicht an den kulturellen Entwicklungen wie Humanismus, Renaissance, Aufklärung und der Industrialisierung teilhaben konnte. Zugleich nahm der Westen kaum an den Errungenschaften des byzantinischen Erbes durch Griechenland, Serbien, Bulgarien etc. teil und isolierte sich selber von den Vorgängen und Bestrebungen in den muslimisch regierten Gebieten des Balkan, indem er durch Teilnahme an Kriegen gegen die eine oder andere Volksgruppe Partei ergriff und so die Abgrenzung verstärkte.

RELIGIONEN UND KIRCHEN IN KRIEG UND FRIEDEN
Versöhnungsbemühungen in Bosnien-Herzegowina

Anne Herbst-Oltmanns, Wien

Dem Beitrag möchte ich als Motto ein Zitat des serbisch-orthodoxen Patriarchen Pavle aus seiner Weihnachtsbotschaft von 1992 voran stellen:
> „Es kommen und gehen verschiedene Emissäre aus der ganzen Welt, um uns zu versöhnen, aber das gelingt ihnen nicht."

Bevor wir für den Balkan das Stichwort „Versöhnung" in den Mund nehmen, sollten wir zunächst einige weitaus zutreffendere Vokabeln nennen: Wie die Dinge heute, fast zehn Jahre nach dem Schweigen der Waffen mit dem Abkommen von Dayton liegen, rangieren immer noch an erster Stelle Worte wie *Verbitterung, Hass, Wut, Groll, Angst* und *Misstrauen*. Die Schwerarbeit, die Angehörige der Völker aus Ex-Jugoslawien heute zu leisten haben, ist – neben dem Wiederaufbau – der *innere Kampf*, um mit dem Aufruhr, der eigenen Abwehr fertig zu werden, sich überhaupt wieder auf Kommunikation einzulassen.

Man könnte fragen, warum denn gerade auf dem Balkan das Pulverfass explodierte, wo doch die übrigen Nachbarstaaten seit der Wende ebenfalls mit Verunsicherung und dem Zwang zu eigener Verantwortung zu kämpfen hatten. Auch die anderen postsozialistischen Länder suchten ihre Zuflucht in der neuen Religion des Nationalismus. In Jugoslawien lag die größte Hypothek jedoch in der nahen Vergangenheit, die im Tito-Staat einfach übergangen wurde. Die Geschichte des Zweiten Weltkriegs mit seinem Dreifrontenkrieg auf dem Balkan wurde nie aufgearbeitet. Es gab weder eine seriös aufgestellte Opferbilanz der Konzentrationslager im kroatischen Ustascha-Staat, noch untersuchte man die Rolle der serbischen Tschetnik-Freischärler oder die Racheakte der Tito-Partisanen. Das Nationalitäten-Problem hatte das alte Jugoslawien nur zum Schein gelöst. Alle diese Fragen waren zu Tabus erklärt worden, die im zerfallenden Jugoslawien zu einem egozentrischen Umgang mit der je eigenen Geschichte führten. Mit der serbischen Machtergreifung baute man auf den Erfahrungen und Versatzstücken der unbewältigten Vergangenheit die neuen Feindbilder bis zum Exzess auf. Die propagandistische Selbstdarstellung brachte in jeder Nation ein fehlgeleitetes Bewusstsein hervor.

Dazu kam der ideologische Einfluss der Kirchen – mehr als der Religion als solcher: Denn im Selbstverwaltungssozialismus waren es die Kirchen, die als einzige Instanz die nationale Identität aufrecht erhielten. Als besonders wirksam erwiesen sich hier die ererbten Formen einer nationalistischen Überhöhung der eigenen Ekklesiologie – d.h. der Rolle der Kirche und ihrer Hierarchie in der nationalen Tradition; so besonders bei den Serben, die aufgrund historischer Erfahrung im Osmanenreich bis in die Gegenwart eine Vermischung von Mythos, Geschichte und orthodoxer Theologie betreiben. Wogegen die andere große Kirche der kroatischen Katholiken zwar auch ihre Nation als identitätsstiftende Stütze in den Vordergrund stellte, während sie aber die eigene Konfession universalistisch und damit eher grenzüberschreitend machtorientiert versteht.

Ein Katalog der Demagogie

Um zu verstehen, dass nicht nur eine Propagandamaschine am Werk war, die das Klima zwischen den Kirchen vergiftete, sondern tief in den Mentalitäten bereits etwas herangezüchtet war, möchte ich in einer Art „Sündenregister" die herausragenden Merkmale vorstellen, die den Anteil der christlichen Kirchen des Balkans – (oder war es vielleicht doch nur eine bestimmte Kirche?) – an der Eskalation bzw. einer Anstiftung zur Gewalt in der vergangenen Tragödie belegen.

Noch im Vorfeld des Krieges bis weit nach dem Abschluss des Friedensabkommens von Dayton hinein produzierten jene beiden Großkirchen, die Orthodoxen wie die Katholiken, ein umfangreiches Arsenal an mündlichen und schriftlichen Aussagen, mit denen sie den Konflikt begleiteten. Dabei traten Kriterien zutage, die das Potential an Demagogie wie pathologischer Abwehr bloßlegten, mit denen sich die westlichen Kirchen bei ihrem Bemühen um Vermittlung konfrontiert sahen. Jener Katalog umfasst sieben Punkte:

1. Religiös-kulturelle und ethnische Unterschiede zwischen den Konfessionen und damit Nationen werden verabsolutiert. Indem man diese Unterschiede als unüberbrückbar und damit als unzugänglich für eine friedliche Koexistenz darstellt, führt man auch die Kirchen in die Konfrontation.

2. Politische Konzepte werden sakralisiert, um sie emotional und religiös zu überhöhen und damit der Kritik zu entziehen: Da heißt es, „Gott schütze die Serben", „Kosovo – heilige Erde des Serbentums", „unser heiliger Krieg geht weiter", der „heilige Wille der Nation, einen Krieg zu führen" (von serbischer Seite).

Oder man sagt: „Heiliges Kroatien" oder „Gott und die Kroaten".

3. Ein Manichäismus, welcher – nach dem Prinzip der radikalen Schuldzuweisung – die eigene Religion als Personifikation des Guten, die der Anderen als Verkörperung des Bösen darstellt.

Da heißt es von Seiten der Serben über die Adventisten: „Religiöse Verwüster" und „Wölfe im Schafspelz" mit ihrer „seelenmordenden Propaganda"; oder gegen den Vatikan: das „römisch-katholische Toben" etc. Nach orthodoxer Vorstellung besitzen sogenannte „Häretiker" und „Schismatiker" (wie Katholiken und Protestanten) keine gültigen Sakramente, keine Eucharistie. Der Ausweg bestehe für sie nur darin, „sich in voller Buße zur wahren Orthodoxen Kirche Christi zu bekehren". Solch elitärer Ansatz geht konform mit einem aggressiven Anti-Ökumenismus und damit einer antiwestlichen Haltung, – beides Momente, die gerade für die Kirchen aus dem Westen den Zugang enorm erschweren.

Da findet sich zu Beginn des Krieges im Sommer 1991 im offiziellen Kirchenblatt des Serbischen Patriarchats in Belgrad folgende Empfehlung: „Durch unsere Teilnahme am sog.»Dialog der Liebe« sind wir am Abgrund einer verlogenen Einheit unter den Christen angelangt [...] Mit Häretikern und Schismatikern kann man nicht gemeinsam beten, dies führt zu einem neuen geistlichen Babylon [...] Wenn ihr das begreift, müsst ihr dieses verdammte Gebilde [gemeint ist der Weltkirchenrat in Genf – Anm. A.H-O.] so schnell wie möglich verlassen, solange es noch Zeit ist!"

4. Die eigene Geschichte wird in Begriffen einer Martyrologie ausgelegt, einer Sonderrolle mit Hingabe an ein Ziel von überlegenem Wert: Da ist die Rede vom „besonderen Auserwähltsein des serbischen Volkes"; oder von „Wir sind mit Christus gekreuzigt", „zum vierten Male ans Kreuz genagelt"; „Wir haben unter den Türken länger gelitten als Christus am Kreuz"; „unser millionenfaches Märtyrertum für die Orthodoxie"; „zum zweiten" /auch: „zum dritten"/ „Mal in diesem Jahrhundert sind die Orthodoxen Opfer eines Massenmordes" [gemeint ist die Verfolgung a) im Ustascha-Staat, b) unter Tito im Kosovo, und c) beim Exodus aus der Krajina zu Kriegsende 1995]; weiter heißt es: „unser Golgatha", die „Ausrottung eines gesamten Volkes"; der „Opfergang der Serben unter kroatischem Genozid und muslimischem Weltmachtstreben"; ja sogar: „Wir sind die Palästinenser Europas" und dergleichen mehr.

Ebenso bedenklich ist die ständig wiederholte „direkte Parallele zwischen der Verfolgung und dem Mord am jüdischen Volk durch Nazi-Deutschland und den" – wie man wähnt – „damals wie heute an den Serben begangenen Gräueltaten."

5. Die eigene Nation wird als eine Art „Urvolk" mit übergeschichtlich gültigen, ewigen Merkmalen ausgestattet; ein teilweise theologisch begründeter Volkstumsbegriff wird mit historischen Versatzstücken religiös überhöht. Es heißt z.B.: die „Stellung der Serben im Heilsplan Gottes" oder „wir

als das verkirchlichte Gottesvolk", sodann die „drei ethnopsychologischen Grundtypen des serbischen Volkes" mit ihren Merkmalen „Opferbereitschaft, Leidensfähigkeit und Unbesiegbarkeit".

6. Eigene wahnhafte Wahrnehmungen und Ängste interpretiert man als Resultat teuflischer Verschwörungen anderer Glaubensrichtungen gegen die eigene Konfession: „Die vereinigten Mächte des Vatikans und der Muslime" traten auf mit der Absicht, die „Serben auszulöschen, total zu vernichten" – und dies „nur wegen ihres orthodoxen Glaubens". Oder in einer Polemik gegen die „sog. Menschenrechte", in deren Namen „der Westen ganze Völker isoliert und verurteilt, wie z.B. Serbien."

7. Im Zusammenhang mit Punkt 6. ist ein kollektives Phänomen zu sehen, das die Psychologie als „Projektion" bezeichnet. Danach werden eigene negativ zu bewertende Eigenschaften oder Handlungen der anderen Seite unterstellt, wobei in diesem Krieg vorwiegend aggressive bzw. militärische Termini anfallen: Weil z.B. für die Serbisch-Orthodoxe Kirche der Balkankrieg als „Verteidigungs-Befreiungskrieg" gilt, spricht sogar der Patriarch von der anderen Seite als „unseren Feinden" oder „den Verbrechern", denen man aber nicht „mit gleicher Münze heimzahlen" dürfe. Man sah die katholische Kirche „in einem Feldzug" gegen die Orthodoxie, und wähnt die Serben einem „Kreuzzug des Papstes" und einem „Heiligen Krieg des Islam" ausgesetzt.

Sogar eine offensichtliche Kausalität wird umgedreht, wenn es heißt, die „anderen betreiben Genozid, Massenmord und ethnische Säuberung", nämlich, „es waren die Muslime, die serbische Frauen vergewaltigten, da sie erst kürzlich die Polygamie abgeschafft haben" usw.

An den eben gehörten Zitaten ist auffällig, dass sie fast alle aus dem Munde höchster kirchlicher Würdenträger stammen, nur wenige von römisch-katholischer Seite sind dabei. Die kroatische katholische Kirchenführung hatte hierzu nicht das absolute, ideologisch untermauerte „Gegenstück" zu bieten, mal abgesehen von dem häufig zitierten Slogan der Verteidigung Kroatiens als „antemuralis christianitatis" sowie den gewiss national gefärbten, triumphalistischen Tönen beim „niederen Klerus", bzw. bei einigen Presseorganen der Franziskaner, die jedoch meist ohne dämonisiertes Feindbild auskamen.

Während ein gewisser kroatischer Chauvinismus erst mit zunehmender Kriegsdauer aufflammte, jedoch eher weltlich-nationalem Eifer entsprang, erweist sich der serbische Messianismus als theologisch untermauert. Dies fällt bei der Beurteilung des Blickwinkels der orthodoxen Serben umso schwerer ins Gewicht, als deren kirchlichen Aussagen zum politischen Geschehen auf dem Balkan bislang vor allem westliche protestantische Kreise ein gewisses Verständnis entgegen brachten. Dabei wollte man wohl nicht wahrhaben, dass die bisweilen an Verfolgungswahn grenzenden Rechtfertigungen der Serbisch-Orthodoxen Kirche, was den Völkermord an den bosnischen Muslimen oder die Visionen für die radikale Durchsetzung eines Großserbien angeht, letztlich auch gegen alle nicht-orthodoxen Kirchen im Westen abzielten. Hatten doch die Spitzenfunktionäre fast aller westlichen Großkirchen die serbischen Bischöfe auf ungezählten Versöhnungsgipfeln als scheinbar friedenswillig und einsichtig erlebt – und kräftig Unterstützung nach Belgrad fließen lassen.

Krieg entzweit auch Kirchen

Mit der Zuspitzung des Verhältnisses zwischen Serben und Kroaten gehen die beiden christlichen Kirchen zunächst noch aus eigenen Stücken aufeinander zu: Der serbisch-orthodoxe Patriarch Pavle und Kroatiens Primas, Kardinal Kuharic, appellieren im ersten Halbjahr 1991 an die beiden Volksgruppen, „auf menschliche und christliche Art eine gerechte Lösung" zu suchen und „der Propaganda des Hasses nicht auf den Leim zu gehen". Seit ihrer letzten Begegnung von 1968 bezeichnen sich nun die Delegationen des Hl. Synods und der römisch-katholischen Bischofskonferenz im Mai 1991 in Sremski Karlovci erstmals als „Schwesterkirchen" und erklären „Gewaltlosigkeit und Toleranz [...] als einzig gangbaren Weg in die Zukunft". Auch ein erneutes Treffen der beiden Kirchenoberhäupter in Slavonski Brod/Kroatien, bei dem alle katholischen und orthodoxen Bischöfe der betroffenen Regionen zugegen waren, schloss mit einer – wegen der verschärften Feindseligkeiten – eher zaghaften Erklärung.

In letzter Minute versucht als einzige Instanz außerhalb Jugoslawiens die katholische Stiftung „Pro Oriente", den Polarisierungen zwischen Orthodoxen und Katholiken vorzubeugen: In Wien lässt sie beide Kirchen eine Verpflichtung unterschreiben, sich in den Medien nicht gegenseitig anzugreifen, ökumenisch besetzte Räte bei ihren Bischofskonferenzen einzurichten sowie bei der theologischen Ausbildung, im Religionsunterricht und der Erwachsenenbildung Ökumene einfließen zu lassen. Eine gemischte Historikerkommission solle die belastete Vergangenheit aufarbeiten und im Ergebnis zu gegenseitigen Schuldbekenntnissen und Bitten um Vergebung führen. Dieses erste von außen eingeleitete Unterfangen wurde durch den Krieg unterbrochen und ist im Sommer 1996 in Wien von allen Beteiligten aus Serbien, Bosnien und Kroatien mit gewisser Reserve erneut aufgegriffen worden.

Mit Ausbruch des Krieges öffnet sich endgültig der Graben zwischen den beiden Kirchen, als das Belgrader Patriarchat mit den höchsten Politikern Serbiens die Militärstrategie „für das Überleben des serbischen Volkes" berät. Vereinzelte ökumenische Friedensgebete in Belgrad gegen „Gewalt und Krieg als Mittel der Politik" sowie die Kritik von serbischen Gläubigen in den eigenen Reihen, die ihrer Kirche vorwerfen, sie treibe das Volk in einen Angriffskrieg, vermögen den Kurswechsel der orthodoxen Kirche nicht mehr aufzuhalten.

Kirchliche Gipfeldiplomatie

Es setzt nun aus westlichen Kirchen fünf Jahre lang ein wahrer Versöhnungstourismus ein: Die vier Kirchenbünde in Genf geben sich in Belgrad, Zagreb und Sarajevo die Klinken in die Hand. Der Vatikan und viele römisch-katholischen Diözesen ebenso wie Lutheraner und Reformierte wetteifern darin, zum Teil einzeln oder im Verbund mit anderen Konfessionen, bei ihren christlichen Glaubensbrüdern sowie bei Muslimen das völlige Auseinanderbrechen in antagonistische Interessenlager aufzuhalten. Doch die entsprechenden Treffen auf höchster Ebene und gemeinsam verabschiedete Erklärungen und Beteuerungen ihres Friedenswillens vermochten den Gang der Dinge nicht mehr zu beeinflussen.

Auch nicht, als infolge der Kriegshandlungen die Gipfeldiplomatie ins Ausland verlegt wurde. Federführend waren nun die KEK (Konferenz Europäischer Kirchen) und die CCEE (Katholische Europäische Bischofskonferenz), die das erste offizielle Treffen der Dialogkommission der Serbisch-Orthodoxen Kirche und der ehemaligen Jugoslawischen Bischofskonferenz 1992 nach St. Gallen/Schweiz einberiefen. Seitdem trafen sich unter der Schirmherrschaft von KEK und CCEE zwischen 1992 und 1996 die religiösen Führer der bosnischen, kroatischen und serbischen Länder regelmäßig zu Gesprächen in Bossey bei Genf, auf Zypern, dann dreimal im ungarischen Pécs, erneut in Genf und in Assisi. Dazu gesellten sich interkonfessionelle Begegnungen, die durch andere kirchliche oder freie Träger vermittelt waren: So gab es das Treffen von Wolfsberg bei Zürich, das Theologenseminar von Maribor in Slowenien, den Religionsgipfel von Bern und eine Konferenz von Kecskemét. Der Papst lud darüber hinaus alle Konfessionen erneut nach Assisi sowie zu einem katholischen Balkangipfel in den Vatikan.

Denkwürdig war der Religionsgipfel von 1992 bei Genf, auf dem es der Muslimischen Gemeinschaft aus Sarajevo vorbehalten blieb, ihre christlichen Mitbrüder an die Krankheit des Nationalismus zu gemahnen, die auch die Kirchen befallen habe. Allen Beteiligten bleibt die Stellungnahme der Rijaset, der Islamischen Gemeinschaft, sowie die nicht gehaltene, eindringliche Rede des Großmufti dieser Gemeinschaft in tiefer Erinnerung. Diese Texte konnten dem Gipfel nur per Fax zugeschaltet werden, da den Muslimen die Ausreise aus Bosnien verwehrt worden war.

Offen bleibt die Frage, ob die Kirchen auf dem Balkan genügend beharrlich und glaubwürdig und vor allem früh genug ihre Friedensbotschaft verkündet haben. Da wurde für Kroatien bemängelt, dass jene Appelle kaum bis zum Kirchenvolk gelangt seien. Mehrere kroatische Angebote zum Dialog Ende 1990 hatte die serbische Kirchenleitung im Vorfeld ausgeschlagen. Diese verhielt sich vielmehr kontraproduktiv, ja sie verfolgte m.E. in voller Absicht eine Doppelstrategie: So konnte die orthodoxe Kirche wohl kaum erwarten, dass die gemeinsamen Friedensaufrufe in der Gesellschaft ernst genommen wurden, wenn der Patriarch, wie viele seiner Bischöfe, parallel dazu – wegen der 50 Jahre zurückliegenden Verbrechen des Ustascha-Staates – gegen Kroatien und dessen katholische Kirche, einschließlich des Vatikans, eine maßlose Hetze betrieb.

Ähnlich zweideutig war die Haltung der Serbischen Kirche gegenüber den westlichen Regierungen, der Europäischen Gemeinschaft, der UNO u.ä., die pauschal als Antreiber der Zerstörung Jugoslawiens verdächtigt wurden. Ja, selbst auf internationalen ökumenischen Konferenzen, wie auf der 10. Vollversammlung der KEK in Prag 1992, traten serbische Bischöfe mit janusköpfigen Statements auf, etwa dergestalt, dass – neben dem Westen – „alle schuldig und alle Opfer" seien, um gleich darauf die Serben zu den wahren Opfern zu erklären. Denn den Serben drohe ein „neuer Völkermord" durch Kroaten und Muslime. Daher hätten, so damals Bischof Danilo Krstic von Buda, serbisch-orthodoxe Christen ein verbrieftes „Recht und die Pflicht zu töten".

Zweideutige westliche Ökumene

Durch solche Ambivalenz fühlen sich die internationalen ökumenischen Organisationen ihrerseits allzu eilfertig veranlasst, als Vermittler den Parteien nach dem Munde zu reden. Mit zunehmender Radikalisierung der Serbisch-Orthodoxen Kirche wird schließlich allen Gesprächspartnern klar, dass der Wille, gemeinsame Vereinbarungen einzuhalten, gar nicht vorhanden war. Darum verlieren letztlich alle Stellungnahmen und Appelle der ökumenischen Zusammenkünfte an Glaubwürdigkeit und damit an Wirkung auf die verfeindeten Parteien.

Die großen kirchlichen Dachorganisationen der Ökumene in Genf sahen sich bei ihrer Vermittlung zwischen den Kirchen und Konfessionen einer doppelten Falle ausgeliefert:

1. Die Gräben zwischen den Kirchenführern im ehemaligen Jugoslawien verliefen parallel zu den politischen, ethnischen und konfessionellen Lagern. Gerade vonseiten des eigenen Mitglieds, nämlich der Serbisch-Orthodoxen Kirche, schlug dem Weltkirchenrat/ÖRK und der Konferenz Europäischer Kirchen/KEK ein militanter, theologisch untermauerter Antiökumenismus entgegen.

2. Dennoch verzichtete man in Genf wegen angeblicher „Gefährdung ökumenischer Interessen" (sprich: Rücksichtnahme auf die eigene Klientel) auf Ursachenforschung bei den verfeindeten Kontrahenten: Man half den Kirchen nicht, die enge nationalistische Verhaftung mit ihrer jeweiligen Volksgruppe zu durchbrechen und pochte auch nicht auf ein Eingeständnis der eigenen kollektiven Mitverantwortung für das Kriegsklima.

3. Die Katholiken des Balkans besaßen – als Nicht-Mitglieder in den Genfer Kirchenbünden – hier kein entsprechendes Gegengewicht. An den Aktivitäten der KEK beteiligte sich die Katholische Europäische Bischofskonferenz/CCEE ja nur ergänzend. Daher mussten die Katholiken eigene Wege suchen. So hielten sie ihre eigenen Kirchengipfel mit Vertretern aus den Balkanländern ab, gründeten eigene Friedensorganisationen und -stiftungen.

Die bilateralen katholisch-orthodoxen Symposien der Stiftung „Pro Oriente" in Wien trugen beispielhaft zur Verbesserung des konfessionellen Klimas bei. Erste Früchte trägt auch das Versöhnungsprojekt der Deutschen Bischofskonferenz, das auf Initiative des Hildesheimer Bischofs Joseph Homeyer seit 1993 katholische und orthodoxe Geistliche, Theologen und Historiker aus Serbien, Kroatien und Deutschland zusammenführt. Und je- mand hat errechnet, dass der Papst sich seit Ausbruch des Krieges bis zum Daytoner Abkommen rund 150 Mal für Frieden und ein Ende des Blutvergießens aussprach.

Bilanz: Der Harmoniekurs der Genfer Ökumene verhinderte lediglich, dass auch der Kontakt zwischen den Konfessionen am Balkan restlos abbrach. Die unverbindlichen Erklärungen, welche die interkonfessionellen Gipfeltreffen im Stile von Katalogen mit menschenrechtlichen Maximalforderungen abgefasst hatten, konnten eine Versöhnung kaum einleiten. Es fehlte in den Texten jeglicher Rückbezug auf eine Eigenverantwortung. Ein Lernprozess setzte daher bei den Beteiligten vorerst nicht ein. Stattdessen führte die Konfliktscheu der Vermittler zur Zerreißprobe mit ihren eigenen kritischen Mitgliedern.

Heute wirken nur die Alleingänge unabhängiger Einzelinitiativen in ökumenischen Begegnungen auf regionaler Ebene erfolgreich weiter, die sich teilweise schon zu Kriegszeiten ihre Kontakte an der Basis gesucht und sie vernetzt hatten. Einen nicht unbeträchtlichen Beitrag leistete dabei der katholische Bischof von Banja Luka, Dr. Franjo Komarica.

In der Vorbereitung auf die Zweite Europäische Ökumenische Versammlung von Graz 1997 hat der Wiener evangelische Theologe Ulrich Körtner davor gewarnt, die Rolle der Kirchen als Friedensstifter zu überschätzen. Sein Argument lautete: Gerade weil sie mit der Politik und Geschichte ihrer eigenen Völker verflochten sind und deshalb teilhaben an deren Konflikten und Widersprüchen, sei die biblische Botschaft von der Versöhnung zunächst einmal den Kirchen selber zu predigen.

Versöhnung nach Dayton

Zehn Jahre sind inzwischen seit dem Friedensschluss von Dayton ins Land gegangen, und die Glaubensgemeinschaften in Bosnien-Herzegowina treten heute noch immer auf der Stelle. Zwar taten sie manche Schritte der Annäherung, doch vereitelten andauerndes Misstrauen und Identitätsängste echte Übereinkünfte zwischen den Konfessionen untereinander sowie zwischen ihnen und dem Staat.

Kontroversen um den Rechtsstatus

Grund dafür ist letztlich der nach wie vor ungeklärte Staatsaufbau mit einem undurchsichtigen politischen, wirtschaftlichen und gesellschaftlichen System; Umstände, die eine Bewahrung der Identität und Gleichberechtigung aller drei konstitutiven Völker in Bosnien-Herzegowina nur schlecht gewährleisten können.

Dabei hatten gleich nach Kriegsende alle vier dominierenden Konfessionen (Muslime, Orthodoxe, Katholiken, Juden) vorsichtig ihre Fühler zueinander ausgestreckt. Unter Vermittlung der in New York ansässigen Weltkonferenz „Religionen für den Frieden" hatten sie den „Interreligiösen Rat" (MRV) ins Leben gerufen. Man präsentierte umfangreiche Vorhaben zur Umsetzung des Versöhnungsgedankens. Doch dieser sollte bald seine Bewährungsprobe erhalten.

Im gemeinsamen Bemühen um einen anerkannten Rechtsstatus jeder Konfession hatte man dem Staat schließlich einen Entwurf für ein „Gesetz über Religionsfreiheit und Status der Glaubensgemeinschaften in Bosnien-Herzegowina" abgerungen. Mit diesem Gesetz, das das alte jugoslawische Gesetz der Siebziger-Jahre ablöst, kann eine religiöse Vereinigung nun als Rechtsperson handeln, sich registrieren lassen, Bankkonten eröffnen etc.

Als sich herausstellte, dass einige Bereiche weiter ausgeklammert blieben (wie etwa die Renten- und Krankenversicherung für Geistliche oder die Rückgabe verstaatlichten Eigentums), da besann sich die Katholische Kirche auf ihre überall, selbst in Kroatien gültige Regelung nach kanonischem Recht, also per Konkordat. Einen entsprechenden Entwurf hatten Bosniens Oberhirten für den Papstbesuch im Jahre 2003 in Banja Luka ausgearbeitet. Doch es sollte nicht zur Unterschrift des Staates unter das Konkordat kommen. Stattdessen verlangte das Staatspräsidium, der Interreligiöse Rat solle in die Sache eingeschaltet werden. Diesem Gremium gehörten damals jeweils die Oberhäupter der vier Religionsgemeinschaften an.

Das Oberhaupt der Islamischen Gemeinschaft, Reis-ul-Ulema Mustafa Čerić, vertrat den Standpunkt, durch den Abschluss eines Vertrages mit dem Vatikan werde die Katholische Kirche in Bosnien-Herzegowina in eine privilegierte Lage versetzt. Um das Maß voll zu machen, legten drei der vier Mitglieder des Interreligiösen Rates ihr Veto gegen die Vorlage ein. Der Eklat im MRV war perfekt. In der Folge kühlten sich die Beziehungen der Religionsführer untereinander beträchtlich ab.

Kardinal Puljić ließ sein Amt im MRV für einige Zeit ruhen mit der Begründung: „Der Interreligiöse Rat in Bosnien-Herzegowina begann als Prozess eines Dialogs, aber er kann und darf nicht zu einer Art »Superkörperschaft« werden, der der Staat und die internationale Gemeinschaft ihre Prinzipien aufzwingen." Versöhnlich sprach sich der Kanzler der Bosnischen Erzdiözese, Ivo Tomaševic, dafür aus, dass „innerhalb des Rates der Dialog wieder auflebt und dies in gegenseitiger Toleranz geschieht". Mit dem Zugeständnis, den Text des Konkordates noch einmal zu revidieren, erhofft sich die Katholische Kirche in Bosnien vom Staat endlich ein Abkommen mit dem Vatikan.

Noch im Juli des Jahres (2005) lag das Gesetz über die Religionsfreiheit brach, da es zwar vom Parlament verabschiedet ist, aber die gesetzlichen Durchführungsbestimmungen noch nicht in Kraft getreten sind – auf absichtliches Hintertreiben der Regierung, heißt es. Der Vorsitzende der Bischofkonferenz, Bischof Franjo Komarica von Banja Luka, bat daher die Weltkonferenz „Religionen für den Frieden", sich für einen Abschluss beider auf Eis liegenden Verträge mit dem Staat Bosnien-Herzegowina einzusetzen.

Christen und Muslime

Der Dialog mit den Muslimen wurde auf eine besonders harte Probe gestellt. Als Hauptleidtragende in den Kriegen von 1992–1995 verspürten sie ein verständliches Bedürfnis nach Rache, das sich in den Jahren nach Dayton Luft machte, und zwar überwiegend in der bosnjakisch-kroatischen Föderation. Hier befindet sich die muslimische Bevölkerung in der Übermacht, die somit ungestörter ihren ehemaligen Gegnern, den katholischen Kroaten, die Kirchen sprengen konnte, ohne von den Behörden Verfolgung zu befürchten. Die Serben, als „Herrenvolk" der Republika Srpska, befanden sich da in einer geschützteren Lage. So waren in den ersten Nachkriegsjahren mehrere hundert Einbrüche und Sprengstoffattentate gegen katholische Kirchenobjekte zu vermelden, die alle ungesühnt blieben.

Eine wahre Woge von Anschlägen setzte allerdings erst nach dem 11. September 2001 sowie mit dem jüngsten Irakkrieg ein, als auch das islamische Bosnien drohte, ein Opfer des Propagandafeldzuges in Nahost zu werden. (Auf amtlich-religiöser Seite machte man sich in Mostar die Sicht zu eigen, wonach es gar nicht feststehe, dass die Kamikaze-Attentäter von New York tatsächlich Muslime seien und nicht etwa vom Westen aus gesteuerte Täter.)

Seit dem Winter 2002/2003 verzeichnet die katholische Minderheitsbevölkerung Serien von Friedhofsschändungen (z.T. auch orthodoxer Gräber), von Angriffen gegenüber Passanten (Priester, Nonnen und Gläubige) mit Automobilen; da reißen Hooligans jungen Novizinnen das Brustkreuz ab, sie verwüsten Kirchenräume auf das Obszönste oder lassen eine öffentlich aufgestellte Weihnachtskrippe in Flammen aufgehen. Besonders gefährlich leben katholische Rückkehrer in Minderheitsregionen der Herzegowina, wo ganze Familien von muslimischen Fanatikern ausgelöscht werden. Dieser Vandalismus wird begleitet von Provokationen, Telefondrohungen und Beschimpfungen aller Art. Selbst Imame lassen es sich nicht nehmen dazu aufzurufen, „die Kreuze zu zerschlagen und diese Schweine zu vertreiben". Der Krieg um die zulässige Kreuzeshöhe auf dem Hum in Mostar ist noch in guter Erinnerung.

Der Interreligiöse Rat belegte einmal mehr seine Hilflosigkeit, indem er lediglich Einspruch erhob „gegen jedwede Gewalt im Namen des Glaubens und gegen den Glauben". Kardinal Puljić beklagte in diesem Zusammenhang eine gewisse Heuchelei, „wenn die Glaubensführer nicht gleichzeitig genügend dazu beitragen, um die Toleranz unter den Gläubigen zu verbreiten".

Langsam glätten sich die Wogen nach den Exzessen. Vor allem die katholischen Würdenträger wurden nicht müde, sich an die internationalen Gremien in Bosnien um Vermittlung zu wenden. Doch die geistlichen Führer haben selber ihre Rolle als Vorbilder der Gesellschaft erkannt: Im September 2004 vereinbarten der Erzbischof von Sarajevo, Kardinal Puljić, und der Reis-ul-Ulema, Mustafa Čerić, eine Zusammenlegung ihrer theologischen Fakultäten, der islamischen und katholischen, an der Hochschule von Sarajevo mit dem Ziel: eine bilaterale Absprache der Professoren beider Fakultäten in den einzelnen theologischen Disziplinen. Denn nur so könne man sich von gewissen islamischen Strömungen abgrenzen. Diese würden nämlich bestimmte Broschüren und Bücher einzelner islamisch-theologischer-Vereinigungen finanzieren, mit denen „die Toleranz, das Zusammenleben und der Dialog auf dem Gebiet von Bosnien-Herzegowina vernebelt" würden.

Ebenfalls verabredeten sich die beiden Religionsführer zu größerer Volksnähe, indem sie gemeinsam ihre Gemeinden in Bosnien-Herzegowina besuchen und die Menschen auf lokaler Ebene zum Dialog ermuntern wollen. Parallel dazu wurde ein Projekt ins Leben gerufen, das in der muslimischen Kulturzeitschrift „Preporod" (Wiedergeburt) und in der franziskanischen Familienrevue „Svjetlo rijeci" (Licht des Wortes) gegenseitiges Kennenlernen, Verständnis, Zusammenwirken und Achtung unter den jeweiligen Andersgläubigen im Raum Bosnien-Herzegowina fördern soll.

Anne Herbst-Oltmanns

Öffnung zur Orthodoxie

Dass der Kontakt zur Serbisch-Orthodoxen Kirche während des Krieges, trotz verschärfter Verbalinjurien der Orthodoxen gegen die „Römer" nicht abbrach, ist vor allem der Hartnäckigkeit der Katholischen Kirche zu verdanken. Wie wir gesehen haben, trug Papst Johannes Paul II. einen beträchtlichen Anteil bei mit seinen Friedensinitiativen, beschwörenden Botschaften und spektakulären Reisen in die betroffenen Balkanregionen (neben Kroatien besuchte er Bosnien zweimal, 1997 und 2003). Dagegen nahm sich die Kurzvisite des Moskauer orthodoxen Patriarchen Alexij in der Republika Srpska eher unscheinbar aus, der das Echo versagt blieb. Dennoch war dem Papst bis zuletzt daran gelegen, einen offiziellen Empfang bei Patriarch Pavle in Belgrad zu erwirken – der Synod wusste dies stets erfolgreich zu verhindern, hatte er doch nur einige wenige Delegationen der Serben in Rom zugelassen. Selbst unter dem heute vorzüglichen Klima zwischen Orthodoxen und Katholiken im Balkanraum blieb dem Papst dieser letzte Wunsch versagt. Nach dem Ableben von Johannes Paul II. besuchte der serbische Patriarch die katholische Nuntiatur in Belgrad und bezeugte diesem in einer eigenen Urkunde Dank und Anerkennung.

Bereits seit der Jahrtausendwende wird offensichtlich, dass sich Orthodoxe und Katholiken erfolgreich füreinander öffnen. Als Beleg dafür steht jenes historisch denkwürdige erste Zusammentreffen der Katholischen Bischofskonferenz Serbiens und Montenegros mit dem Hl. Synod der Serbisch-Orthodoxen Kirche in Belgrad. Es begann im April 2003 mit der gemeinsamen Osterliturgie in der orthodoxen Kathedrale. In seiner Predigt sagte Patriarch Pavle: „In einem Geiste, mit einem Munde und einem Herzen feiern wir Christus im Sinne der Einheit, die der Herr Jesus Christus wünscht, indem Er seinen Vater bittet, dass alle eins werden [...] Bei uns zugegen sind die Brüder in Christo, die römisch-katholischen Bischöfe aus Serbien und Montenegro, um gemeinsam jene Schwierigkeiten zu beraten, die in dieser schweren Zeit vor uns allen liegen."

An der gemeinsamen Messe in der katholischen Kirche des Hl. Antonius von Padua, an der erstmals der serbische Patriarch mit den Mitgliedern des Hl. Synods teilnahm, waren auch der katholische Nuntius und der serbische Religionsminister neben katholischen Bischöfen benachbarter Bischofskonferenzen aus Bosnien-Herzegowina und Slowenien anwesend sowie der unierte Bischof aus Križevci und der Provinzial der bosnischen Franziskaner. Der Belgrader Erzbischof Stanislav Hočevar begrüßte die Anwesenden mit dem Wunsch: „Möge diese Zusammenkunft zwischen uns und allen anderen neue Wege eröffnen, Wege der Begegnung von Himmel und Erde, von Gott und den Menschen, von Ost und West, von Freiheit und Liebe, Wahrheit und Frieden!"

Der Erzbischof, der als einer der Motoren für diese Annäherung „von Ost und West" gelten darf, hatte eingangs das feierliche Motto geprägt, dass diese Begegnung „das Öl der Liebe in unsere gegenseitigen Beziehungen gießen" möge. In der Pressekonferenz nach der Arbeitssitzung verkündete man ein gemeinsames Vorgehen „in Fragen des Religionsunterrichts, der Rückgabe des enteigneten Kircheneigentums" etc.

Wo sich früher die Serbisch-Orthodoxe Kirche einem gemeinsamen *Vater unser* mit Katholiken verweigerte, heißt es neuerdings: „Identität und Unterschiede zwischen der Orthodoxen und der Römisch-Katholischen Kirche dürfen nicht begriffen werden als Vorwand zur Unduldsamkeit, sondern als Grundlage zu gegenseitiger Achtung und Zusammenarbeit vor den Herausforderungen der heutigen Zeit, insbesondere des Säkularismus."

Es hat den Anschein, als ob zusätzlich in Bosnien-Herzegowina der islamische Bedrohungsfaktor seine Hand im Spiel der Annäherung von Katholiken und Orthodoxen habe. Das bisher Unerhörte geschah am 11. November 2004, als sich die Bischöfe beider Kirchen in der orthodoxen Residenz von Trebinje (Diözese Zahum/Herzegowina) zu einer gemeinsamen Arbeitssitzung trafen.

Mit Blick auf die völlig offene Rechtslage der Konfessionen formuliert man einen flammenden Mahnbrief an die inländischen wie Protektoratsbehörden in Bosnien-Herzegowina, denen man vorhält, jene Gesetze zu blockieren, die sie selber eingebracht hätten: „Wir begreifen und fassen es nicht, dass das erlassene Gesetz über Glaubensfreiheit und Rechtsstatus der Kirchen und Glaubensgemeinschaften selbst nach acht Monaten noch nicht in Kraft ist. Daher wurde es erst möglich, dass [...] auch zehn Jahre nach dem Krieg fortgesetzt und ungesühnt Menschen physisch angegriffen, dass Kirchen und Ordensbedienstete grundlos beleidigt und dass Kirchen, Kapellen, Friedhöfe und andere religiöse Stätten geschändet werden." Obwohl man „offen sei für ein Zusammenwirken mit den anderen traditionellen Glaubensgemeinschaften in Bosnien-Herzegowina", beklage man „voller Sorge die hartnäckige und vorsätzliche Misshandlung und Verleumdung des Christentums wie seiner Werte, die über Jahrhunderte in das Leben dieses Landes verwoben sind".

Die Beteiligten in diesem Schutz- und Trutzbündnis fügen ihrer Erklärung gemeinsame Eigentumsforderungen bei, um so ihren Anliegen tieferen Nachdruck zu verleihen.

Vier Wochen später geschieht noch Unerhörteres, als sich zum Weihnachtsfest 2004 Kardinal Puljić und der bosnische Metropolit Nikolaj auf eine gemeinsame katholisch-orthodoxe Weihnachtsbotschaft verständigen. Erstaunt nimmt der Leser die Bekenntnisse zum „Reichtum der westlichen und östlichen Kirchentradition" zur Kenntnis, die „in ihrer Vielfalt zur festen existentiellen und moralischen Richtschnur für unsere beiden christlichen

Völker" wurde. Unerhört, weil erstmalig, werden hier die „Gnade der Taufe und die Gabe des Glaubens" beiden „Völkern, dem kroatischen und serbischen", als gleichwertig an die Seite gestellt, welche sie „untereinander verbinden und zu einer zugleich doppelten christlichen Gemeinschaft verpflichten".

Die Weihnachtsbotschaft wiederholt Teile eines öffentlichen Schuldbekenntnisses, das die beiden Kirchen bereits in Tuzla (am 17. März 1998) abgaben:

„Gemeinsam verurteilen wir jegliches Unrecht, das den Menschen zugefügt wurde, und jegliche Zerstörung heiliger Stätten [...] Wir bereuen und beklagen das Böse, das in diesem Krieg einige Mitglieder unserer Gemeinschaften begangen haben, obwohl sie es nicht im Namen unserer Kirchen verübten. Wir verzeihen allen, die uns Böses zufügten, und wir bitten im Namen des Evangeliums gegenseitig um Vergebung."

Im Hinblick auf mögliche Selbstkritik fügen die Bischöfe an: „Das soll nicht bedeuten, dass wir um eines Scheinfriedens oder eines beschönigten Selbstbildes willen bereit sein sollen, die Wahrheit über uns selbst zu opfern [...] Denn die Wahrheit wird uns endlich frei machen, so schlimm und bitter sie auch sein mag."

Ist die Versöhnung misslungen?

Die seelische Verfassung der Bevölkerung ist auch heute, zehn Jahre nach Kriegsende, noch am treffendsten in der oben genannten Botschaft der christlichen Bischöfe umschrieben: „Die Kriegsgräuel sowie der ungerechte Frieden warfen den Schatten des Todes auf die Menschen und säten den Samen des Bösen und der Hoffnungslosigkeit." Und an anderer Stelle heißt es: „Die Menschen und Volksgruppen in unserer Heimat sind gezeichnet von vielerlei Wunden. Viele sind innerlich vor Angst gelähmt und fühlen sich äußerlich unverstanden."

Unter solch unsicheren Umständen ist es kein Wunder, dass seit Kriegsende eine Ghettobildung nach Nation bzw. Religion erfolgt ist. Eine Normalität im religiösen Zusammenleben liegt noch in weiter Ferne, jedenfalls auf der unteren Ebene. Halbwegs erfolgreich gestalten sich, wie oben erwähnt, nur die ökumenischen Kontakte auf oberster Ebene. An die gebildeten und informierten Würdenträger ist daher auch der höchste Maßstab anzulegen. Waren hier bis vor zwei Jahren noch überwiegend bilaterale Kontakte die Regel, so ergreift zusehends ein Geist der umfassenden Ökumene die Religionsszene in Bosnien-Herzegowina.

Da lädt die 5. Bischofskonferenz der Länder Südosteuropas im Februar 2005 als teilnehmende Beobachter ebenfalls die Orthodoxe Kirche, die Muslime und Juden ein. Kurz darauf sind ein orthodoxer und ein muslimischer

Theologe Referenten an einem katholischen Seminar „Jugend, Glaube und die Medien" in Sarajevo. Es ist üblich geworden, zu den Pressegesprächen der Katholischen Kirche Bosniens über die Umsetzung des Versöhnungsgedankens auch Vertreter der Orthodoxen, der Muslimischen Glaubensgemeinschaft und der Jüdischen Kultusgemeinde zu bitten. Hierbei geht es vordringlich darum, die vom vergangenen KP-Regime zu verantwortende religiöse Ignoranz zu überwinden. Dem dient ein umfangreiches Buchprojekt, das kürzlich vollendet wurde: In einem Sammelband werden theologische Grundbegriffe, Riten, Feste und Bräuche der verschiedenen in Bosnien-Herzegowina beheimateten Religionsgemeinschaften vorgestellt. Das Buch soll sogenannten Multiplikatoren und allen, die ihre Klischees über die anderen Glaubensrichtungen ablegen wollen, seriöses Wissen bereitstellen.

Schon länger ist die Laienvereinigung „Abraham" in Sarajevo aktiv. Unter ihrem deutschen theologischen Leiter Christof Ziemer arbeitet der Verein an einem Lehrmittelprojekt für den Religionsunterricht unter dem Motto: „Ein Platz für andere in unserem Glauben und Leben". Mit seiner multireligiösen Equipe hat „Abraham" manch praktische Projekte mit allen Religionen in Bosnien umgesetzt.

Das jüngste Vorhaben stammt vom Leiter der Jüdischen Kultusgemeinde, Jakob Finci. Er bemüht sich um die Bildung einer Versöhnungskommission nach südafrikanischem Vorbild, in der die Feinde von einst, Täter und Opfer, von Angesicht zu Angesicht miteinander reden und direkt, ohne Vermittlung von außen, ihre Vergangenheit aufarbeiten können. Dies wäre ein Weg, der am Ende zu einer kollektiven Reinigung des Bewusstseins und zu einer Säuberung des historischen Gedächtnisses bei den ehemaligen Kriegsteilnehmern führen könnte. Darin gipfelt ein wohlverstandener Dialog, der zur allgemeinen Aussöhnung führt.

Weiterführende Literatur[*]

Beiträge von Anne Hebst-Oltmanns in:
Glaube in der zweiten Welt
G2W – Glaube in der 2. Welt. Ökumenisches Forum für Religion in Ost und West, Zürich (ISSN 0254-4377)

... Und sagten kein einziges Wort. Der ÖRK und sein gespaltenes Verhältnis zu Osteuropa, Jg. 18/5 (1990) 15f.
Aufbrüche im Osten aus Frauensicht, Jg. 19/3 (1991) 15f.

---

[*] Angefügt von den Herausgebern als Verweis auf das umfangreiche historische Material, das die Autorin in ihrem Beitrag verarbeitet hat.

Anne Herbst-Oltmanns

Religiöser Nationalismus im balkanischen Bürgerkrieg, Jg. 20/6 (1992) 14f.
u.a., Orthodoxe Machtpolitik. Serbische Kirche gegen Milosevic, Jg. 20/10 *(1992) 23ff.*
Jugoslawischer Religionsgipfel ohne Muslime, Jg. 20/11 (1992) 13-15.
Gewalt gegen Frauen als Mittel der Kriegsführung. Wie eine Schreckensmeldung aus Bosnien ihren Lauf nahm, Jg. 21/1 (1993) 16-19.
Tod und Verklärung. Die Orthodoxe und die Katholische Kirche im südslawischen Konflikt, Jg. 21/4 (1993) 14-18.
u.a., Historische Aspekte des Krieges in Bosnien-Hercegovina. Krieg zwischen drei Zivilisationen, Jg. *21/9 (1993) 21ff.*
25 Jahre Kampf für Menschenrechte, Jg. 21/12 (1993) 10f.
Bosnisches Roulette Teil III, Jg. 22/1 (1994) 29.
zus. mit Gerd Stricker, *Nation und Kirche im mazedonischen Geschichtsbild, Zum Problem des nationalen Selbstverständnisses von Kirchen in neuen Staaten*, Jg. 22/4 (1994) 15f.
Kein Anfang, sondern Erneuerung der Kirche. Montenegros orthodoxe Laien kehren Belgrad den Rücken, Jg. 22/4 (1994) 20-22.
Ein Mittler ohne Mitte. Patriarch Aleksij II. auf Friedensfahrt in Ex-Jugoslawien, Jg. 22/7-8 (1994) 18-20.
Vom „wandernden Katholikat" zum Schisma. Chronik einer zweigeteilten Kirche, Jg. 22/10 (1994) 16-19.
Augenzeugen des Völkermordes. Jugoslawien vor dem Ständigen Tribunal, Jg. 23/4 (1995) 13-15.
Die Bischöfe und die UNPROFOR, Jg. 23/4 (1995) 22-25.
„Heiliger Krieg" in Serbiens Süden?, Jg. 23/9 (1995) 16.
Hat das Modell Bosnien ausgespielt? Fazit eines Bosnien-Kongresses, Jg. 23/10 (1995) 10f.
Serbische Bischöfe gegen Patriarchen, Jg. 24/3 (1996) 14.
Nationalismus und Menschenrechte, Jg. 24/7-8 (1996) 28-32.
„Zajedno" – „Gemeinsam". Ein ökumenisches Friedenszentrum für Bosnien, Jg. 24/7-8 (1996) 33ff.
„Vertriebene den Henkern ausgeliefert". Nachlese zu den Wahlen in Bosnien, Jg. 24/11(1996) 13-15.
Die Serbische Kirche – Anwalt der Opposition?, Jg. 25/1 (1997) 14.
„Sarajevo – Symbol der Tragödien Europas im 20. Jahrhundert. Zum ersten Besuch des Papstes in Bosnien, Jg. 25/6 (1997) 12-15.
Bischof Artemije von Kosovo gründet ein Kirchenvolkskonzil, Jg. 25/7-8 (1997) 30-31.
Appell serbisch-orthodoxer Geistlicher zum Verlassen des Weltkirchenrats, Jg. 25/7-8 (1997) 32f.
Ist der Austritt der Serben aus dem ÖRK beschlossene Sache? Bischof Artemije erläutert die Motive für einen Rückzug der Serben aus dem Weltkirchenrat, Jg. 25/10 (1997) 26-27.
Kosovo – autonome Insel für Serben und Albaner?, Jg. 26/5 (1998) 11-13.
20 Jahre für die Menschenrechte. Schweizerische Helsinki-Vereinigung feiert Jubiläum, Jg. 26/10 (1998) 13-14.
Religion und Menschenrechte auf dem Prüfstand. Bosniens Konfessionen verbünden sich, Jg. 27/1 (1999) 18-20
Menschenrechtsseminar in Sarajewo, Jg. 27/1 (1999) 20f.
Zusammen mit S. Balić, *Zwei Wiener Konferenzen. Identität – Nation und Konfession auf dem Balkan*, Jg. 27/1 (1999) 21f.

Religionen und Kirchen in Krieg und Frieden

Warum wurde das Herz von Kardinal Stepinac verbrannt?, Jg. 27/4 (1999) 21f.
Ideologische Enge in Slowenien. Zum Kirchenkampf in Slowenien, Jg. 27/4 (1999) 23.
Absolut heuchlerisch und tragisch! Die orthodoxen Kirchen und die Nato-Einsätze gegen Jugoslawien, Jg. 27/5 (1999) 11-16.
Bei den Internet-Mönchen im „serbischen Jerusalem", Jg. 27/5 (1999) 20ff.
Die einzige glaubwürdige Institution? Die Serbisch-Orthodoxe Kirche im ratlosen Widerstand, Jg. 27/11 (1999) 14-16.
Die Freiheit steht auf dem Spiel. Zum Tode von Präsident Tudjman, Jg. 28/2 (2000) 12f.
Kosova – Islamic Country. Wer steht hinter den Attentatsserien im Kosovo?, Jg. 28/10 (2000) 14-19.
Belohnter Widerstand. Die Serbisch-Orthodoxe Kirche und der Machtwechsel, Jg. 28/11 (2000) 11-12.
Den eigenen Weg selber finden! Interreligiöse Friedensarbeit ABRAHAM, Jg. 29/ 3 (2001) 16f.
Gedemütigte Kroaten, verunsicherte Kirche. Wird das kroatische Volk in Bosnien-Hercegovina „stigmatisiert"?, Jg. 29/ 9 (2001) 18-20.
Ein „falscher" Bischof für Medjugorje? Entsteht in der Hercegovina eine katholische Sekte?, Jg. 29/9 (2001) 21-22.
Bogomilen, Jg. 29/10 (2001) 20.
Unierte Katholiken in Vukovar, Jg. 32/7-8 (2004) 36f.
Kulturkampf auf Bosnisch, Jg. 33/4 (2005) 28-29.
Versöhnung in Bosnien-Hercegovina?, Jg. 33/11 (2005) 26-27.

GIBT ES EINEN WEG ZUR VERSÖHNUNG?*

Thomas Seiterich-Kreuzkamp, Oberursel

Was unterscheidet einen Serben von einem Kroaten? Eine Bosnierin von einer Serbin? Nicht die Sprache. Nicht die Hautfarbe, sondern die Religion. Und die mit der jeweiligen Religion einhergehende kulturelle Prägung, das tief in der Geschichte der eigenen Gemeinschaft verankerte kulturelle Gedächtnis sowie eine meist wehrbereite kollektive Identität.

Und was verbindet die Muslime, Katholiken und Orthodoxen in Bosnien miteinander? Viel Bitterkeit: Die Erschöpfung durch vier lange Jahre Krieg; die Erinnerung an viele Gewaltexzesse; eine Erziehung mit dem fatalen Hang, sich in den Leiden der Vorfahren zu suhlen und aufzurechnen. Sowie die Erfahrung: Der Einzelne gilt nichts. Individuelle Rechte sind kaum durchsetzbar. Umso mehr wiegt die Kraft der Ethnie, der konfessionell gestifteten Gemeinschaft.

Es ist für den Besucher aus dem ökumenisch gesinnten Westeuropa bestürzend zu lernen, wie sehr die drei Religionen zur Kriegsbarbarei 1991–1996 beitrugen. Und die Gegenwart? Ist sie viel besser? Derzeit wird nicht mehr geschossen. Doch serbische Orthodoxie, Katholizismus und Islam sind in den heutigen Hass sowie in die fortdauernde Gewaltkultur tief verstrickt.

Sarajevo, Bosniens Hauptstadt, die unter dem Krieg und der 1425-tägigen Belagerung vom 5. April 1992 bis 29. Februar 1996 durch serbische Armee und Privatkrieger litt wie keine andere Großstadt in den Nachfolgestaaten Ex-Jugoslawiens, ist eine Metropole der monotheistischen Religionen. Ganz ähnlich wie Jerusalem. Dicht an dicht, in Nachbarschaft erheben sich alte osmanische Moscheen, Synagogen, serbisch-orthodoxe Gotteshäuser sowie katholische Kirchen.

Sarajevo ist eine schöne, von hohen Bergen umgebene, alteuropäische Stadt. Jedoch verwundet und gezeichnet. Teils noch vom Krieg zerstört, teils schon mit Geld aus Arabien oder der EU wieder aufgebaut. Wenn da nur die vielen neuen Friedhöfe nicht wären. Wie „Schneezungen" im Spätwinter

---

* Der Beitrag ist ein für diese Publikation überarbeiteter Auszug aus dem Dossier „Bosnien zwischen Krieg und Frieden. Gibt es einen Weg zur Versöhnung?" in: Publik Forum Nr. 14/2005, 28-34.

schieben sich grell weiße Gräberfelder von den Bergen herab in die Stadt, zwischen die Häuser. Und auch in Parks und Gärten finden sich muslimische Gräber. Ihr glänzend weißer Kalkstein tut dem Auge weh. Er ist noch nicht verwittert. Eine schmale Stele aus Stein am Kopfende, eine weitere Stele am Fußende jedes Beerdigten. Die Jahresdaten der Getöteten schmerzen. Denn die meisten der über 11:000 Menschen, die die serbischen Belagerer in Sarajevo töteten, starben jung.

Europa – die Regierungen, die Militärs und auch die Friedensbewegung – schaute der langsamen Vernichtung Sarajevos zu; der tödlichen Belagerung einer wehrlosen, tief im Tal gelegenen Großstadt, einem Morden, das ähnlich lang währte wie rund vier Jahrzehnte zuvor die kriegsverbrecherische Belagerung und Aushungerung Leningrads durch Hitlers Wehrmacht. – Weshalb? Die politische Klasse Frankreichs und Großbritanniens sympathisierte „historisch" mit den Aggressoren, mit der serbischen Kriegspartei. Denn Serbien war im Ersten und Zweiten Weltkrieg treuer Kriegsverbündeter der West-Alliierten gewesen. Deutschlands Politiker dagegen sympathisierten mit Kroatien. Bundesaußenminister Genscher und Kanzler Kohl drückten eiligst die Anerkennung Kroatiens durch, eines Staates, dessen Vorläuferregime mit Hitlerdeutschland im Bunde gewesen war. War das, unabsichtlich, ein früher Schritt zum Bosnienkrieg? EU-Europa blockierte sich nach Kräften.

Erst die US-Regierung durchschlug 1995 den gordischen Knoten. Nachdem rund 70 hungernde bosnische Frauen und Männer auf dem Blumenmarkt, mitten in der Altstadt Sarajevos, beim Anstehen um Nahrung und Trinkwasser Opfer eines serbischen Granatvolltreffers geworden waren, erhielten die Kampfhubschrauber der US-Kavallerie Befehl, den Belagerern im Tiefflug mittels ihrer Bordkanonen den Garaus zu machen. Es war ein Gemetzel. Frankreichs Fremdenlegion „säuberte" anschließend im UN-Auftrag im Bodenkampf die von Serben besetzten Berge rund um die Stadt. Zum Beispiel den tannenbestandenen Berg Igman, auf dem sich Sprungschanzen der Winterolympiade 1984 erheben. (Neun Goldmedaillen gewannen damals die DDR-Athleten, zwei gingen an Westdeutsche. Leider starten die Olympiasieger nicht eine Hilfsinitiative für das kriegszerstörte Sarajevo. Weshalb nicht?).

„Ziehen die Eufor-Truppen sowie die Nato-Verbände aus Bosnien-Herzegowina ab, dann brächen die Hardliner vermutlich binnen eines Vierteljahres den nächsten Krieg vom Zaun." So sagen muslimische, jüdische und katholische Theologen, Kirchenoberhäupter, EU-Diplomaten, serbische und bosnische Journalisten sowie Offiziere der deutschen Bundeswehr.

Die Bundeswehr hilft als stärkster Partner in der internationalen Eufor-Streitmacht, den Zustand des Nichtkriegs in Bosnien erfolgreich Monat um Monat zu festigen. Sie bedient sich dabei neuerdings einer sparsamen Taktik, wie sie auch der Weltkirchenrat und die Internationale Friedensbewegung

(ISM) zum Schutz palästinensischer Dorfbewohner gegen fundamentalistische Siedler in der Westbank anwendet: Kleine LOT-Teams (Liaison and Observation-Teams), rund ein halbes Dutzend möglichst sprachkundiger Militärs, wohnen als „Nachbarn auf Zeit" in den Dörfern der religiös gemischten Regionen Bosniens und der Herzegowina. Modernste Feuerkraft sowie Kampftruppen auf Abruf sollen diese „softe" Taktik mit dem benötigten Droh- und Abschreckungspotenzial absichern.

Auf die Frage, wie lange denn der nun schon bald zehn Jahre währende internationale Einsatz weitergehen muss, entgegnen Gesprächspartner unter EU-Diplomaten und Militärs mit der kühlen Gegenfrage: Ist der möglicherweise über eine Generation fortzusetzende Frieden-sichernde Auslandsmilitäreinsatz für Deutschland, ja für Westeuropa nicht weitaus „kostengünstiger" als eine neuerliche Versorgung hunderttausender Bosnienflüchtlinge im Falle eines erneuten Kriegs?

Bosnien-Herzegowina präsentiert sich – neben Albanien und dem Kosovo – als das zurückbleibende Armenhaus Europas. Die Sozialdaten sind erschütternd. Im Schnitt hat jeder Bürger – 48 Prozent Muslime, 37 Prozent Orthodoxe, 14 Prozent Katholiken – rund einhundert Euro im Monat zum Leben. Die Arbeitslosigkeit liegt offiziell bei 42 Prozent. Fährt man auf der Überlandstraße von der Saave-Brücke über Doboj und die Stahlarbeiterstadt Zenica nach Sarajevo, so geht die Reise im serbischen Teil Bosniens durch sterbendes Land: Die Häuser der ehedem hier lebenden Kroaten sind zerstört, viele Felder wegen Minen unbetretbar. Selbstversorgerlandwirtschaft. In harten Wintern wie 2004/05 verhungern in Bosnien Leute.

Rund zwei Drittel des Staatshaushaltes gehen für die Gehälter einer mehrheitlich nationalistischen Politikerkaste sowie der Staatsbediensteten drauf. Denn viele Posten sind – welch bizarre „Dreifaltigkeit"! – dreifach besetzt. Sarajevos muslimische Oberbürgermeisterin Samiha Borovac beispielsweise erscheint zum Interview selbstverständlich in Begleitung ihrer zwei Mitbürgermeister.

Für dringend nötige Investitionen in Minenräumung, Arbeitsplätze, Krankenhäuser und Schulen bleibt kaum Geld. Und die Eufor-Truppen, die im Winter Schnee räumen und im Sommer Brücken reparieren, werden aus Kostengründen Zug um Zug reduziert.

Dayton in den USA ist der Geburtsort dieses Staatsgebildes. Durch den Vertrag von Dayton, der 1995 den Bosnienkrieg beendete, wurde Bosnien-Herzegowina als gemeinsamer Staat von drei „konstitutiven Völkern" – Bosniaken (Muslime), Serben und Kroaten – in zwei etwa gleich große „Entitäten" geteilt, die Bosniakisch-Kroatische Föderation (BKF) sowie die Republika Srpska (RS). Neben den zentralen Institutionen des Gesamtstaates – Staatspräsidium, Zweikammernparlament, Regierung und Ministerien, in denen die drei Volksgruppen jeweils angemessen vertreten sind – verfügen die zwei Gebietseinheiten über einen entsprechenden Aufbau. Darüber hinaus genießen in der BKF die zehn Kantone und der mit einem Sonderstatus versehene Distrikt Brcko eine weit reichende Autonomie, die sie mit eigenen Parlamenten, Regierungen und Verwaltungen ausfüllen. Das auf vier Ebenen mit Parallelstrukturen versehene Institutionensystem des künstlich geschaffenen Staates zählt rund 140 Minister bei rund 3,5 Millionen Bürgern.

Wo bleibt die Zivilgesellschaft? Dino Abazovic, Religionssoziologe an der Universität Sarajevo und einer der wenigen Gesprächspartner, die sich weigern, sich religiös zu definieren, antwortet: „Es gibt kaum eine Zivilgesellschaft. Denn die drei Religionen besetzten den öffentlichen Raum." Im Bruderkrieg seien viele der Mischehen zerbrochen. „So genannte Jugoslawen, die sich nicht konfessionell definierten, gibt es kaum mehr." Innerhalb der Gesellschaft regiere neuerdings Suzivot – man zieht in religiös homogenen Gemeinschaften zusammen. Ein großer Teil der Katholiken wandere als Armutsflüchtlinge aus nach Kroatien. Mit Mühe, jedoch mit zunehmendem Erfolg wehrten sich die muslimischen Bosnier gegen die intolerante „Hilfe" aus Petrodollarstaaten wie etwa Saudi-Arabien. Serben sowie in der Großstadt Mostar auch katholisch-kroatische Nationalisten hatten im Krieg gezielt Moscheen demoliert, um das gemeinsame kulturelle Erbe der Muslime in Bosnien zu zerstören. Seit dem Krieg nun kommen Petrodollar-Hilfswerke, finanziell potent, theologisch jedoch dem reaktionären saudischen Wahhabismus verpflichtet. Sie zerstörten bosnische Moscheen vollends, um an ihrer Stelle protzig-kalte Moscheen im saudischen Stil zu errichten, mit glattpoliertem Stein. Dieser Moschee-Baustil passt zwar in die arabische Wüste, jedoch nicht in die südosteuropäische Berg- und Slivovitz-Landschaft Bosniens. Der Kampfruf bosnischer Muslime gegen dampfwalzige Helfer aus Arabien lautet: „Bei uns wachsen Pflaumen, keine Datteln!"

Die ländliche Republika Srpska schließlich ist im Hinblick auf eine Zivilgesellschaft der am wenigsten entwickelte Landesteil. Die Anklägerin am Internationalen Kriegsverbrechertribunal (ICTY) in Den Haag, die Schweizer Staatsanwältin Carla del Ponte, berichtet, „die serbisch-orthodoxe Kirche" verstecke den Kriegsverbrecher Karadzic.

Serbisch-orthodoxe Popen segnen auch heute serbische Waffen. Die Geistlichen sind im serbisch dominierten Teil Bosniens seit vielen Generationen die Seelsorger einer wehrhaften ländlich-antistädtischen Gesellschaft. Die Kirche deckt und stützt eine Kultur der Waffen und der Militanz. Am verhängnisvollsten wirkt Serbiens Orthodoxie durch ihr autistisches, rückwärts gewandtes Selbstbild und Geschichtsbild. Die eigene Nation wird zum immer währenden christlichen Opfer stilisiert. Dies widerspricht dem über-ethnischen Geist sowie der endzeitlichen Zukunftsorientierung des Neuen Testaments („Keiner, der die Hand an den Pflug gelegt hat und nochmals zurückblickt, taugt für das Reich Gottes" (vgl. Lk 9,62)). Und der Genfer Weltkirchenrat, bei dem Serbiens Orthodoxie Mitglied ist, versagt seit langem bei der Aufgabe, die Serbenkirche aus ihrer Verstocktheit zu bekehren.

Lichtblicke

Lichtblicke? Sie sind nicht zahlreich. Doch es gibt welche. Einige Brückenbauer der Hoffnung leben in allen verfeindeten Lagern. Sie sind mutig und erfinderisch. Diese Frauen und Männer riskieren viel, während Nachkriegs-Bosnien im Griff einer serbischen, einer kroatischen und einer muslimischen Politikerkaste zu erstarren droht. Die „Oberen" in der Politik neigen zu Nationalismus und Autoritarismus. Sie hängen mit ihren jeweiligen so genannten „Sicherheitsapparaten" eng zusammen. Vielerlei Verbindungen zur Organisierten Kriminalität gelten als offenkundig. Bosnien dient laut Interpol als Drehscheibe für Waffen und Drogen.

Gesuchte Kriegsverbrecher wie die bosnischen Serbenführer Radovan Karadzic und „General" Ratko Mladic, Mörder von rund 8.000 wehrlosen muslimischen Jungen und Männern 1995 in Srebrenica, werden nicht an den Internationalen Gerichtshof für Ex-Jugoslawien in Den Haag (ICTY) ausgeliefert. Für diese Nichtkooperation zahlen die Staaten Kroatien, Bosnien-Herzegowina und Serbien einen hohen Preis. Anders herum: Promi-Kriegsverbrecher, vom schlecht informierten Teil ihrer jeweiligen Nation als „Helden" verehrt, nehmen den Staat als Geisel. Dabei fungieren nationalistische Kirchenleute zuweilen als Stichwortgeber.

Doch es gibt gleichzeitig Lichtblicke: Serbisch-orthodoxe Mönche und Popen wie Krstan Bjeljac und Avakum Rosic riskieren ihre Gesundheit, ja ihr Leben im tätigen Widerspruch gegen die selbstgerechte Verblendung und den wehleidigen historischen Kollektivwahn ihrer Kirche.

Muslimische Theologieprofessoren wie Ernes Karic und Haris Silajdzic entfalten einen betont europäischen, bosnischen, interreligiös gesprächsfähigen Islam. Sie tragen Krawatte, das ist eine Demo wider alle Islam-Hardliner! Sie brauchen Hilfe von Aufgeschlossen, etwa der Europäischen Gesellschaft für Katholische Theologie. Und hell leuchtet die Zivilcourage bosnischer Franziskaner. Theologen wie Mile Babic oder Ivo Markovic riskieren für ihre kritische Theologie das Leben. An der Franziskanerhochschule in Sarajevo wird eine antinationalistische katholische Theologie gelehrt, plus guter Partnerschaft mit dem bosnischen Islam. Ein Ort kritischer Theologie als Ideologiekritik, wider den Nationalismus.

„Um die zerstörten Seelen zu heilen und um wieder etwas Schönes in die zerstörte Welt zu bringen", gründete gleich nach dem Krieg der ehemalige Sarajevoer Theologieprofessor und Rockpianist Ivo Markovic OFM den interreligiösen Chor Pontanima. Katholiken, Juden, Muslime, Orthodoxe singen gratis in Zagreb und Belgrad – und an den Orten der Massaker, in Srebrenica, Prijedor ...

Allein, der Weg des Chores Pontanima ist steinig: Wenn Pater Ivo Markovic in der Kutte mit dem Ökumene-Chor unter anderen Musikstücken etwa den vertonten Gebetsruf der Muslime, das islamische „Allahu eqber" singt, „Gott ist größer als alles", dann drohen ihm anonyme Anrufer mit Mord.

DER INTERRELIGIÖSE CHOR „PONTANIMA"
Eine Kurzgeschichte der Versöhnung in Bosnien-Herzegowina[*]

Ivo Markovic OFM, Sarajevo

Die Anfänge

Die Idee zur Gründung eines interreligiösen Friedenschors entstand um Ostern 1996. Die Friedensverträge von Dayton haben den Krieg beendet und in gewisser Weise den Beginn eines neuen Lebens ermöglicht. Ich bin aus meinem Exil in Zagreb, im Glauben an die Möglichkeit der Heilung und Versöhnung, in das zerstörte Bosnien zurückgekehrt. Sarajevo war zu diesem Zeitpunkt verwundet, traurig und hatte viele Narben. Die Häuser waren zerstört, die Strassen waren schmutzig und von Granatmörsern durchlöchert. Die Nächte waren dunkel und die Menschen waren ausgelaugt, unglücklich, misstrauisch, sie gingen langsam und gebeugt. Ostern sollte festlicher als sonst mit Liedern gefeiert werden, und ich machte mich auf die Suche nach Sängern, die diese auch singen könnten. Josip (Pepi) Katovic war der Erste, der mich in diesem Anliegen unterstützte. Ich erwähnte ihm gegenüber, dass es für mich eine Art pastorales Hobby sei und ich es sehr genießen würde mit Musik zu arbeiten. Jeder sollte gegenwärtig in Bosnien nach seinen Möglichkeiten versuchen, etwas zur Heilung und Versöhnung beizutragen. Josip wollte mit einem Chor arbeiten und beide bemühten wir uns, Freunde zu finden, um einen Chor in der Kirche zum Heiligen Antonius zu gründen. Josip würde den Chor leiten und die Orgel spielen. Das erste Problem, dass wir nicht genug katholische Sänger fanden um einen Chor zu gründen, war zentral. Die Lösung des Problems war zukunftsweisend für den Chor und dessen Anliegen. Josip schlug vor, auch jene einzuladen, die nicht katholisch waren oder keine religiöse Zugehörigkeit empfanden. Sarajevo war genau der Ort für solch ein innovatives und richtungweisendes Vorhaben: Mit der Spiritualität der Musik könnten wir heilen, versöhnen, uns besser kennen lernen und zusammenwachsen. Wir, die wir unterschiedlich sind, könnten Lieder singen, die zu allen von uns gehören. Während vielerorts leere Ge-

---

[*] Aus dem Englischen von Josef Sinkovits

spräche über Dialog, Inkulturation und Kooperation stattfanden, wollten wir dieses Anliegen einfach leben.

Ich bat die ersten Chormitglieder, vor allem jene, die nicht katholisch waren, bei uns zu bleiben und uns zu helfen, die liturgischen Lieder für die Messe in der Kirche zum Heiligen Antonius zu singen. Gemeinsam könnten wir ein Vorhaben entwickeln, bei dem die musikalische Spiritualität der Religionen für die Heilung und Versöhnung der Menschen in Bosnien Einsatz fände. Das könnte Perspektiven der Kooperation und der Wiederherstellung der Beziehungen zwischen den Religionen ermöglichen.

Diese ersten Chormitglieder schätzten die Aktivitäten der bosnischen Franziskaner und vertrauten ihnen grundsätzlich, was wiederum zur Annahme des Projektes innerhalb unserer Klostergemeinschaft selbst beitrug. Ich machte ihnen ein Angebot:

„Wir Franziskaner des Klosters zum Heiligen Antonius bemühen uns spirituelle Menschen zu sein. Wir beten, lesen, schreiben, reden, hören und helfen, um Antworten zu finden auf alle möglichen Fragen. Dies alles geschieht gerade aus unserer eigenen Perspektive. Unsere Gemeinschaft muss jedoch bereichert werden. In derselben Weise, wie wir euch für den Austausch und die Inspiration benötigen, um unseren Auftrag besser zu erkennen, können wir einander ein Segen sein."

Dragec, Dragana, Jasmin, Mirjana, Sanja, Željko & Željko, Mario, Daniela, Zdenka, Žana und andere trafen sich mit den Brüdern Vitomir, Perica, Luka, Thomas und vor allem mit den Studenten, den Brüdern Zdravko, Ilija (Kico) und Nue. Von dieser Gemeinschaft ging eine gesegnete dynamische Perspektive aus. Von Anfang an haben wir beschlossen, unsere Arbeit auf der Wertschätzung und dem Respekt für jede Person zu begründen. Der Chor sollte eine Gemeinschaft sein, die auf diesen Prinzipien beruht. Für diese Art der offenen Gemeinschaft war es wichtig, keine Konflikte zu meiden, sondern sie zu bereden und gemeinsam zu lösen. Zeitweise erzeugten Konflikte schwerwiegende Spannungen, die die Gemeinschaft als solche ernsthaft bedrohten. Dennoch schafften wir es immer, durch diese Konflikte hindurch zu kommen und damit zu einem besseren Verständnis von uns selbst und anderen.

Die Idee und das Anliegen

Die Idee des Chores war es, Menschen aus allen Religionen und Überzeugungen anzusprechen, die glaubten, dass es möglich war, mit der spirituellen Kraft der Musik und dem Potential der Religionen zum Frieden, Bosnien zu heilen und wieder zu versöhnen. Wir wollten interreligiöse Beziehungen und Friedensaktivitäten fördern und dies gerade nicht nur im eigenen Land. Wir wollten ein Vorbild und eine Herausforderung für die Welt sein, in der wir leben.

Zunächst begannen wir mit „katholischer Musik" und versuchten dann, orthodoxe Musik, Musik der gesamten christlichen Ökumene und schließlich auch jüdische und muslimische Musik zu integrieren. Auf diesem Wege weiteten wir uns auch zum abrahamischen/ibrahimischen Dialog, der uns zu einer wachsenden Integration anderer Weltsichten führte.

In dieser Pluralität war es unser Ziel, Konzerte für Juden, orthodoxe Christen, Muslime, Katholiken und Protestanten zu geben. Soweit als möglich wollten wir in das Herz des Gebetes und der Verehrung von all diesen Religionen vordringen, um vom Vertrauen, der Zusammenarbeit und dem Frieden zu singen und Zeugnis zu geben. Als nächsten Schritt versuchten wir dann spirituelle Erfahrungen zu teilen, indem wir spirituelle Lieder einer Tradition innerhalb der religiösen Feiern einer anderen Religion sangen.

Uns war bewusst, dass wir in einem Umfeld lebten und agierten, in dem die traditionellen Religionen durch eine aggressive Apologetik, durch eine imperialistisch gefärbte Mission und besonders durch Nationalismus bestimmt waren. In diesem Nationalismus galten sie als die Seelen der ethnischen Nationen. Deshalb bestanden wir auch darauf, dass unsere Bemühungen in den Prinzipien und Standards des ökumenischen Dialoges gründeten.

Am Anfang war unsere Idee nur schwer zu realisieren, da es einen großen Mangel an Vertrauen unter den Menschen, Nationen und Religionen in Bosnien-Herzegowina gab. Zunächst bereiteten wir eine katholische Weihnachtsfeier mit ausgewiesener katholischer Musik vor. Der einzige Schritt vorwärts war dabei unser Anspruch, ein Programm zu entwickeln, das mehr christlich denn kroatisch-nationalistisch war. Zu dieser Zeit überwogen nämlich nationalistische Konnotationen in allen „ethnischen Religionen".

Es erschien am einfachsten, den abrahamischen Dialog mit christlich-orthodoxen Liedern zu beginnen. In der Zeit nach dem Krieg konnten muslimische Lieder negative Reaktionen erwecken, was wir berücksichtigen wollten. Das erste orthodoxe Lied, das wir sangen, war „Tebe Poem" von S. Mokranjac. Symptomatisch hatten einige Mitglieder des Chores einige Probleme damit, ein Lied ihrer Unterdrücker zu singen. Sie waren an der Front gewesen, hatten Freunde und Verwandet sterben sehen und eine lange und demütigende Belagerung überlebt. Ihre Trauer und ihr Zorn konnten einzig durch die Vornehmheit unseres Ideals geheilt werden. Das bewegendste Beispiel dabei war, dass ein muslimisches Mitglied unseres Chores sagte: „Am Anfang machte es mich krank das zu singen, mittlerweile genieße ich es. Es ist schön." Dieses Bekenntnis bedeutete viel für unsere Chorgemeinschaft.

Schritt für Schritt bereicherten wir die katholische Liturgie in der Kirche zum Heiligen Antonius durch serbisch-orthodoxe Lieder, die Altkirchenslawisch gesungen wurden, und begannen nach und nach, die kyrillischen Texte in unsere Konzertprogramme zu drucken. Dies erzeugte Unstimmigkeiten um uns herum. Es gab jene, die erkannten, welche Botschaft des Friedens in dieser Geste lag und die uns unterstützen. Bruder Luka und Bruder Vitomir bestanden hartnäckig auf unserem Konzept und unterstützten es. Einige wendeten sich ab und meinten, dass es nicht die richtige Zeit dafür sei und es ein Angriff und nationaler Verrat sei, so etwas zu tun. Natürlich konnte das, was wir taten, bei denen nicht ohne Reaktion bleiben, deren Geist durch Zorn und Leidenschaft verdunkelt war.

Ein gutes Beispiel dafür war 1997 unser Konzert in der Franziskanerkirche von Zagreb (Kaptol), wo wir zwei Kompositionen von S. Mokranjac sangen. Zunächst empfingen uns die Franziskaner sehr freundlich und betrachteten unsere Arbeit sehr wohlwollend. Als sie jedoch das Programm sahen, bestanden sie darauf, dass wir diese beiden „serbischen" Lieder nicht singen, da dies einer Provokation gleichkomme. Ich musste nachgeben, doch als die Messe begonnen hatte, änderte ich meine Meinung und ließ die Programme austeilen. Wir sangen das komplette Programm. Keiner beschwerte sich. Im Gegenteil, viele waren glücklich und fühlten die friedvolle Kraft in unserem Anliegen.

Die Brücke zwischen Christentum und Islam

Trotz der Spannungen der Nachkriegszeit zwischen Kroaten und Serben erschien die Frage der Zulässigkeit orthodoxer Lieder im Lichte der gegenwärtigen Trends zu Pluralismus, Zusammenleben, Dialog und Ökumene nicht als unlösbare Herausforderung. Muslimische Lieder jedoch stellten eine gänzlich andere Herausforderung dar.

Obwohl die Menschen in Bosnien wissen und bestätigen würden, dass Christen und Muslime an denselben Gott glauben, halten sich tief liegende innere Abwehrmechanismen. Diese Abwehrmechanismen haben sich über Jahrhunderte in Form einer problematischen historischen Erinnerung aufgebaut, die durch den letzten Krieg wieder geweckt wurde.

Diese Mechanismen erlauben keine positiven Erfahrungen der Interaktion und Inkulturation, sondern nur Abwehrhaltungen und Misstrauen.

Wir begannen diese Spannungen mit unserem ersten jüdischen Lied „Mašpil Geim" von S. Vinaver zu lösen.

Dragana sang die zarte semitische Melodie, die der arabischen Tonalität sehr ähnelte, mit viel Gefühl. Der Chor antwortete der Zartheit mit alttestamentarischer Kraft und Geschmeidigkeit. Das Lied wurde zur Grundlage des musikalischen abrahamischen/ibrahimischen Ökumenismus. Inzwischen suchten unsere musikalischen Pioniere Mario und Josip mit einigen anderen nach einer Möglichkeit, muslimische Lieder in unseren musikalischen Ökumenismus zu integrieren. Diesmal diente eine indische Melodie, „Tu Hi Allahu Ekber", als Brücke zu den muslimischen Liedern. Die östliche Spiritualität erkennt alle religiösen Elemente als potenzielle Wege zu Gott an. Obwohl dies ein wesentlicher Teil der Religionen ist, wurde dieses Potenzial von den traditionellen abrahamischen/ibrahimischen Religionen vergessen.

Trotz der synkretistischen Konnotation legten wir Wert darauf, dass es ein indisches Lied war, welches als Vorspiel zu einer vollen abrahamischen/ibrahimischen Ökumene gelten konnte.

Unser Komponist und Arrangeur Mario Katavic erkannte unser Dilemma und die Chance des Augenblicks. Er reagierte mit profundem musikalischem Instinkt. Aus der feinsten und ehrerbietendsten muslimischen Musik Bosnien-Herzegowinas schuf er sein „Allahu Ekber" und erwies sich dabei als wahrer Kenner dieser musikalischen Tradition, die sich in seinen weiteren Werken, besonders aber in seinem „Bosnischen Te Deum" widerspiegelt. Die Tatsache, dass Mario als Christ ein muslimisches Lied komponierte, war ein echter Fortschritt in unserem Anliegen.

Ausgehend von diesem Beispiel gaben wir weitere Werke einer bestimmten Tradition, deren Komponist einer anderen angehörte, in Auftrag.

Die Proben zum „Allahu Ekber" Marios, Mitte 1998, führten jedoch zu weiteren Konflikten innerhalb unseres kleinen Chores. Das am häufigsten gebrauchte Argument war, dass es zu früh sei, dieses Stück aufzuführen, da dieses „Allahu Ekber" auch der Schlachtruf islamischer Soldaten war. Wir mussten uns alle in Verstehen und Geduld üben und die Bedeutung unseres Ziels nochmals in Erinnerung rufen.

Der Großteil des Chores war sich jedoch dieses Anliegens und seiner Wichtigkeit bewusst. Widerstände kamen mehr von Einzelnen und waren eher die Ausnahme denn die Regel.

Es war vor allem auch interessant zu erleben, dass Menschen zu Beginn mit Ablehnung und Widerstand reagierten und uns gar „alte orthodoxe Sänger", „einen Chor von Muezzinen" oder „die Heiligen Antonius Winsler" nannten. Später wurden sie glühende Unterstützer des interreligiösen Dialogs, spiritueller Offenheit und Inkulturation. Am Schluss dieser Entwicklungen hatten wir also erstmals ein muslimisches Lied in den abrahamischen/ibrahimischen Dialog zu integrieren. Die Gelegenheit dazu bot sich bei unserem interreligiösen Treffen „Geist von Assisi" 1998, das an das Treffen der Vertreter der Weltreligionen in Assisi am 27. Oktober 1986 erinnern sollte. Zusammen mit der franziskanischen Kommission für Gerechtigkeit, Frieden und Ökologie, die Bruder Luka Markešic leitet, organisierten wir diese interreligiöse Feier. Ein Treffen auf „höherer" Ebene war zu diesem Zeitpunkt nicht möglich, da unsere offiziellen Religionsvertreter nicht nebeneinander beten wollten. An den interreligiösen Feiern nahmen gelegentlich der orthodoxe Kirchenchor, der „Gazi-Husrev Bey's medresa Chor", einige Musikgruppen der Baptisten sowie verschiedene andere Gruppen teil. 1998 war jedoch kein muslimischer Chor zum interreligiösen Treffen angemeldet. Dies war die Gelegenheit für „Pontanima" das „Allahu Ekber" aufzuführen. Der offene Fernsehkanal (OBN TV) filmte die gesamte Veranstaltung und strahlte sie wiederholte Male aus, so dass es in ganz Bosnien gesehen werden konnte. Diese Ausstrahlung war auch die erste wichtige Werbung für „Pontanima" in Bosnien, die uns viele neue Unterstützer, aber auch leidenschaftliche Gegner und Drohungen einbrachte. Diese Ablehnung kam jedoch von wenig anerkannten gesellschaftlichen Gruppen, so dass deren negative Kommentare vernachlässigt werden konnten.

Der Name „Pontanima"

Anfang 1998 beschlossen wir einen passenden Namen für unseren Chor zu suchen, der gleichzeitig auch sein Anliegen repräsentieren sollte. Wegen der verschiedensten problematischen Konnotationen war es nicht leicht sich auf einen Namen zu einigen. Nachdem Bruder Vitomir Slugic vorgeschlagen hatte sich „Pontifices musica" zu nennen (lat.: „Musikalische Brückenbauer" oder „Musikalische Priester") prägte er schließlich den Namen, der sich aus zwei lateinischen Nomen zusammensetzt: „pons, pontis" (lat.: Brücke) und „anima" (lat.: Seele). Mit der Übernahme dieses Namens „Pontanima" (Spirituelle Brücke) gaben wir den toten lateinischen Worten eine neue, kreative und lebendige Bedeutung. Wir beschlossen, dass „Pontanima" ein echter interreligiöser Chor werden sollte, der als Gemeinschaft von Frauen und Männern, die fest im eigenen Glauben und den eigenen Überzeugungen stehen, andere in ihren Differenzen zu umfangen und in ihrer ganzen Identität zu akzeptieren vermag.

Der Chor sollte eine Gemeinschaft sein, die durch die Annahme der großartigen musikalischen Schönheit der Religionen, besonders jener des abrahamischen/ibrahimischen Ökumenismus', Zeugnis von der kreativen Kraft der Vielfalt gibt. Die Vielfalt formte ein schönes, ökumenisches Mosaik, das Misstrauen und Fremdenfeindlichkeit beseitigte und Kommunikation, Kooperation, Dialog Koexistenz, Pluralismus, „Empowerment" und Inkulturation wieder herstellte.

„Pontanima" möchte dazu beitragen, die Religionen aus den Fängen negativer säkularer Interessen zu befreien, um die positiven Friedenspotentiale der Religionen zu fördern, die zu Katalysatoren für gesündere Menschen und eine gesündere Welt werden können.

„Pontanima" sucht dabei gerade die Unterstützung der Religionen selbst, vor allem deren ausgeprägte spirituelle Kraft. Wenn die Religionen erst ein-

Der interreligiöse Chor „Pontanima"

mal von den belastenden traditionellen Ideologien befreit sind, können sie die Gegenwart beeinflussen und die Zukunft der Region gestalten.

Wir sind uns bewusst, dass unser positiver Schritt nach vorne ein Hindernis und Stein des Anstoßes für alle jene ist, die mit dem Status Quo zufrieden sind. Diese jedoch sind kein Grund an unserem Anliegen zu zweifeln, sondern vielmehr vertreten sie ein schwaches Argument, das die Wichtigkeit unseres Anliegens prüft und uns zu einem verantwortlichen Handeln verpflichtet.

Bereits 1998 hatten wir unseren Auftrag, unseren Stil und unser vollständiges Programm geklärt. Unsere Konzerte umschlossen die abrahamische/ ibrahimische Ökumene und bereicherten die Gottesdienstfeiern der Katholiken und Protestanten mit Liedern des Judentums, der orthodoxen Christen sowie der katholischen und protestantischen Tradition. Unser Name wurde durch unsere zahlreichen Konzerte und Tourneen in ganz Bosnien-Herzegowina bekannt.

Die Überschreitung der Grenzen

Das Jahr 1999 war geprägt vom „Bosnischen Te Deum" Mario Katavics und der Grenzüberschreitung zur Republika Srpska. Wir hatten verschiedene Optionen und Kontakte in der Republika Srpska. Die beste Gelegenheit jedoch war das „Bosnische Te Deum" selbst, dessen zweite Aufführung in der Republika Srpska stattfinden sollte. Wir probten zusammen mit dem Orchester „Arion" von Banja Luka, welches von Muharem Insanic dirigiert wurde und eine ebenso bunte Gemeinschaft war wie wir. Wir planten, das „Bosnische Te Deum" zum katholischen Weihnachtsfest in Sarajevo und am Beginn des nächsten Jahres, zum Weihnachtsfest der orthodoxen Christen, in der Republika Srpska aufzuführen. In Lukavica trafen wir auf einige engagierte Leute der Kulturszene und jene, die versuchten zurückzukehren. Sie unterstützten unsere Aktivitäten und organisierten unsere Unterkunft. Der Ortspriester der Orthodoxen Kirche erlaubte jedoch nicht, dass wir „Ilahijas" (traditionelle islamische Lieder) während unseres Auftrittes sangen. Deshalb stornierten wir unser Vorhaben in Lukavica und warteten auf eine andere Möglichkeit. Wir versuchten es auch in Brèko und Banja Luka, waren damit jedoch bis Anfang des Jahres 2001 erfolglos, bis wir in Banski Dvor in Banja Luka ein volles Konzert – einschließlich „Ilahijas" – gaben.

Nur zwei Monate nach unseren gescheiterten Bemühungen waren die Besucher bei der Grundsteinlegung des Wiederaufbaus der Ferhadija Moschee islamfeindlichen Attacken ausgesetzt. Im Gegensatz dazu hatte „Pontanima" bereits erfolgreich die abrahamische/ibrahimische Ökumene ins Herz der Republika Srpska gebracht und Möglichkeiten und Wege der Versöhnung gezeigt.

Mario Katavics „Bosnisches Te Deum" war wohl das beste kulturelle Ereignis des Jahres 1999 in Sarajevo. Durch die Erfahrungen in Sarajevo und Bosnien erlaubte uns Mario den christlichen Hymnus „Wir preisen dich, Herr" zusammen mit Kirchenglocken, muslimischen Gebetsrufen und dem Geist der Inschriften alter bosnischer Grabinschriften erklingen zu lassen.

Die musikalische Erinnerung an das „Bosnische Te Deum" hallte von den bosnischen Hügeln und den Gotteshäusern wider und sendet eine herausfordernde Botschaft von Bosnien in die Welt. In der Zukunft eines gesunden Bosniens werden die Menschen das „Bosnische Te Deum" aus der Perspektive der Musik, des Friedens, der Ökumene und des Dialogs bewerten und überrascht sein.

Das „Bosnische Te Deum" wurde im „Dom Armije" in Sarajevo zusammen mit dem Kammerorchester „Arion" von Banja Luka aufgeführt. „Arion" war das erste Gastorchester der Republika Srpska, welches die Bosnische Föderation nach dem Krieg besucht hat.

Viele spirituelle Menschen haben einen Weg gefunden, dieses großartige künstlerische und friedensfördernde Unternehmen zu schätzen. Einige offizielle Vertreter der Religionen können es bis heute nicht akzeptieren. Ihre Ansicht darüber ist offensichtlich anders. Sie kümmern sich lieber um den Schutz und die Isolation ihrer eigenen Gruppen als um das Wachstum und die Inspiration ihrer Gemeinschaften durch den Austausch mit ihren Nachbarn.

Nach den Enttäuschungen der grenzüberschreitenden Initiativen im Jahre 1999 beschlossen wir, vier verschiedene Konzerte im Jahr 2001 mit jeweils jüdischer, christlich-orthodoxer, katholischer, protestantischer sowie muslimischer Musik zu geben.

Auf diesem Weg wollten wir unseren Respekt und unsere Bewunderung für jede dieser großartigen Spiritualitäten zum Ausdruck bringen und damit der Angst vor Kooperation und Kommunikation begegnen. Es war eine große Herausforderung für den Chor, doch gleichzeitig auch eine Chance der Inkulturation. Nach dem Konzert mit den schönsten Liedern aus der katholischen und protestantischen Tradition zum Weihnachtsfest 2000 bereiteten wir ein besonderes Konzert mit orthodoxer Musik für das Weihnachtsfest der Orthodoxie 2001 vor. Der Programmschwerpunkt lag dabei auf S. Mokranjacs „Liturgie des Heiligen Chrysostomus" sowie auf den bekanntesten Liedern der russischen, serbischen und mazedonischen Orthodoxie. Das Konzert war sehr gut vorbereitet und fand im „Dom Armije", in Anwesenheit vieler Vertreter aus Politik, Gesellschaft und Kultur, jedoch ohne hohe Repräsentanten der Orthodoxen Kirche statt. Sogar die Medien ignorierten das Ereignis.

Das jüdische Konzert fand in der Halle der jüdischen Gemeinde von Sarajevo zum Pesachfest im April 2001 statt. Es war eines der intimsten Konzerte für uns. Die kleine jüdische Gemeinde in Sarajevo und ihre Gäste waren durch unsere Geste des Respekts und der Anerkennung aufrichtig berührt.

Das muslimische Konzert war aufgrund der unterschiedlichen Zugänge der christlichen und muslimischen Tradition zur Musik die größte Herausforderung für uns. Wir hatten das Konzert für „Kurban Bajram" [Opferfest] 2001 geplant. Wir mussten jedoch das Konzertprojekt im Blick auf die musikalische Qualität der vorangehenden Konzerte aufgeben. Islamische Musik gewichtet den Text und setzt auf die Kraft der Worte. Die Musik selbst wird dabei marginalisiert. Christliche Musik ist vergleichsweise unabhängiger und mit ihrer Ausdrucksstärke interpretiert sie den Text. Wir wollten, dass bosnische Muslime unseren Respekt für sie erfahren konnten und waren gleichzeitig betroffen, dass unser muslimisches Programm nicht angemessen entwickelt war. Wir verschoben das Projekt, ohne jedoch das Proben aufzugeben. Ein Teil des Chores schlug vor, einfach nur „Ilahijas" zu singen. Ein anderer Teil bestand jedoch auf der Idee, Werke im Geiste muslimischer Spiritualität und ihrer Tonalität zu arrangieren. Was auch immer „Pontanima" mit muslimischer Musik tun wird, es wird eine Bereicherung für den Chor sein. Dies zeigte sich auch durch die ausnehmende Komposition heiliger, bosnisch-muslimischer „Ilahijas", die Mario Katavic arrangierte. Aus rein künstlerischen Gründen wurde das muslimische Konzert bis 2001 nicht veranstaltet und sollte die erste Herausforderung für den Chor im ersten Halbjahr 2002 sein.

Anders als im Bereich der abrahamischen/ibrahimischen Ökumene und den anderen Aktivitäten von „Pontanima" waren wir durch traditionalistische Kreise auch mit der Frage nach dem konkreten Ort der Konzertaufführung beschäftigt. Es wurde argumentiert, dass die heiligen Lieder alleine innerhalb eines Gebetskontextes und dabei nur von Mitgliedern der religiösen Gemeinschaft selbst gesungen werden können. Weiters bestanden sie darauf, dass diese Lieder nicht im öffentlichen Raum, sondern nur in „Gotteshäusern", Familien und eigenen religiösen Gemeinschaften gesungen werden. In den verschiedenen religiösen Traditionssträngen gibt es unterschiedliche Gewichtungen zu diesem Thema, wenn auch die Argumentationen ähnlich sind. Manche empfanden das Singen der heiligen Lieder durch „Pontanima" gar als imperialistischen Gewaltakt. Wir haben oft gehört, dass wir nicht „ihre" Lieder singen sollen, wir sie umgekehrt jedoch einladen könnten, damit sie ihre eigenen Lieder singen. Dieses Vorhaben fördert jedoch nur die Fremdenfeindlichkeit und ist auch hinsichtlich der Universalität ihrer Standpunkte, die den Kern ihres Anliegens darstellen, nicht haltbar.

Die Lieder unserer Nachbarn betreffen uns. Wir empfangen sie und wachsen dadurch. Umgekehrt werden unsere Lieder zum Erbe unserer Nachbarn, was auch sie fördert. In dieser verwobenen Spiritualität und in der Entdeckung unseres eigenen Spiegelbildes in anderen gibt es keine Verlierer. Es ist vielmehr der einzige Weg um zu wachsen.

Ivo Markovic

Die Herausforderung der Tourneen

Viele unserer Freunde im Ausland haben erkannt, dass die Botschaft von „Pontanima" auch für ihre Länder relevant sein könnte. Aus diesem Grund besteht auch großes Interesse daran „Pontanima" einzuladen, was unsere Chorgemeinschaft immer wieder motiviert und herausgefordert hatte. Die Tourneen ermutigten uns, sich der musikalischen Herausforderungen anzunehmen und diese auch zu meistern.

„Pontanima" war in Österreich, Kroatien, Italien und der Jugoslawischen Föderation auf Tournee. Die größte Herausforderung jedoch war unsere Tournee in den USA im April 2000. „Pontanima" hatte die Möglichkeit an der Harvard University, dem Boston College, der B'nai Jeshurun Synagoge an der Hofstra University in New York City, auf der Millenniums-Bühne des Kennedy Centers und auf den Stiegen des U.S. Capitol in Washington D.C. sowie in Chicago zu singen.

Die insgesamt 18 Konzerte waren eine einmalige Gelegenheit für unseren einzigartigen Chor. Das gemeinsame Interesse der Chormitglieder an ähnlichen Konzertreisen wuchs, und so nahmen wir auch eine Tournee in England und Deutschland an. „Pontanima" lebt und arbeitet sehr dynamisch und nimmt die verschiedensten konkreten Gelegenheiten als Chancen an. Unter der Leitung von Josip Katavic hat „Pontanima" einen perfekten Rhythmus in diesen Dingen entwickelt. Mit Enthusiasmus und klarem persönlichem Engagement formte Josip Katavic den familiären Zusammenhalt des Chores, der wiederum seine Arbeit beflügelte.

Andrija Pavlic aus Sarajevo, die heute in Wien lebt, hatte als Freundin und Kooperationspartnerin einen großen Einfluss auf „Pontanima". Bruder Thomas Anthony, ein anglikanischer Franziskaner aus England, spielte eine entscheidende Rolle im Leben von „Pontanima". Wie diese beiden waren viele Freunde und LiebhaberInnen Bosniens, die einige Jahre ihres Lebens in Bosnien verbracht haben, für „Pontanima" von großem Wert. Amy Gopp, eine charismatische Amerikanerin, die sich so sehr in Bosnien eingelebt hat, dass sie zu einer echten Bosnierin wurde, hatte in den Jahren 1997 und 1998 prägenden Einfluss auf den Chor. John und Karin Kaufman Wall, ein kanadisches Ehepaar, haben die Last der Entwicklung des Chores getragen und den Chor zu einer Organisation und einer echten Bewegung gemacht. In diesem zerstörten Bosnien hätten wir nicht ohne fremde Hilfe wieder aufstehen können. Wir bedurften einer helfenden Hand, die uns aufhob. Oft beschuldigen wir in undankbarer Weise diese Hand und alles was wir aus ihr empfangen haben. Dabei vergessen wir, dass sie menschlich ist und atmet und uns Sinn gegeben hat. In gleicher Weise fanden Gastarbeiter in Bosnien-Herzegowina in „Pontanima" eine Gemeinschaft für ihre spirituellen Bedürfnisse und erhielten Anteil an unserem Wachstum. Michael, Zelah, Amy

Meyer, Jan, Nick, Ruth, Jean-Claude und David halfen „Pontanima", in einer globalisierten Welt Fuß zu fassen.

In den neun Jahren seines Bestehens wurde der interreligiöse Chor „Pontanima" zu einem der wichtigsten Akteure in der interreligiösen Friedensarbeit in Bosnien-Herzegowina, geprägt von der Verbindung außergewöhnlicher künstlerischer Leistungen und der kraftvollen Vision einer Zukunft, in der Religionen nicht länger Orte der Spaltung, sondern der Begegnung sind, an denen die Verschiedenheit als eine Quelle der Heilung, Hoffnung und Freude kultiviert wird.

Im März 2004 erhielt der Chor den „Common Ground Award" von „Search for Common Ground". Ein Jahr später wurde der Chor durch die Stadt Sarajevo für sein künstlerisches Engagement, seinen Beitrag zur Förderung einer Kultur des Friedens und des kulturellen Erbes Bosnien-Herzegowinas geehrt. Im Mai 2005 nahm „Pontanima" erstmals an einem internationalen Chor-Festival („Zlatna Vila") in Prijedor/Bosnien-Herzegowina teil und erhielt die Auszeichnung in der Kategorie „beste Interpretation früher Sakralmusik" („best interpretation of an early sacred work").

„Pontanima" ist mittlerweile mehr als 200-mal in Bosnien-Herzegowina, Kroatien, Serbien, Montenegro, Slowenien, Italien, Österreich, Deutschland, Frankreich und den USA aufgetreten. Der Chor wird immer wieder im Kontext interreligiöser und gesellschaftlicher Veranstaltungen eingeladen, verfolgt dabei jedoch auch seine eigenen Prioritäten. Diese sind vorrangig das Singen für interreligiöse Anliegen sowie die Kooperation mit Künstlern und Gruppen, die in der Region die Anliegen „Pontanimas" teilen. Durch die Regelmäßigkeit des Singens und der Verschiedenheit der Sänger und Sängerinnen ist der Chor zu einem kraftvollen Zeugen und Boten der Hoffnung geworden, die aus dem Herzen der „abrahamischen Spiritualität" entspringt.

1998 nahm „Pontanima" seine erste CD „The Mystery of Peace" auf. 1999 wurde das „Bosnische Te Deum" auf CD produziert, im fünften Jahr des Chores 2001 die CD „The Power of Diversity". 2005 wurde die jüngste CD „Pontanima – Seelenbrücke" veröffentlicht.

Ivo Markovic

Das Umfeld der Arbeit von „Pontanima"

1. Der Dialog der Religionen

Wir leben gegenwärtig in einer Welt, in der sich in der letzten Dekade mehr als 100 Kriege ereignet haben. Jeder dieser Kriege führte in gewisser Weise auch zu einer Ausbreitung der Religionen. Seit es ein tiefes Vertrauen in die positive Kraft der Religionen vieler Menschen guten Willens gibt, wurden diese Konflikte auch zu einem Hindernis für den wesentlichen Auftrag jeder dieser Religionen. Es ist eine Tatsache, dass religiöser Exklusivismus zu einem generellen Zweifel an den Religionen führen kann und gerade jenen zum Hindernis wird, die Gott aufrichtig suchen. Es wird von den Religionen erwartet, dass sie einen positiven Einfluss auf das Finden von Lösungen zu den brennenden Fragen, wie der Kluft zwischen Arm und Reich, der ökologischen Krise, zu gesellschaftlichen, kulturellen und religiösen Konflikten in unserer globalisierten Welt haben. Deshalb brauchen wir heute eine neue Vision und Inspiration für eine globale Verantwortung, die wiederum von den Religionen erwartet wird.

Es ist wesentlich, dass Religionen einander respektieren und verstärkt zusammen arbeiten, um diesen Erwartungen auch gerecht werden zu können. Fälschlicher Weise meinen religiöse Menschen manchmal, dass sie Gott angehören, dessen Antlitz sie jedoch nach den eigenen Vorstellungen verzerren, und so in der Anbetung ihrer eigenen Idole fanatisch und irrational werden. Sie ziehen sich zurück, verweigern Kommunikation, werden abgrenzend, apologetisch und fremdenfeindlich.

Konflikte treten zwischen den Religionen in unterschiedlichster Weise zu Tage: Gewalttätigkeiten; Slogans wie „Vernichtung oder Konversion"; das Publizieren von polemischen Schriften; die Denunziation des Glaubens als „Opium für das Volk"; seine Verdrängung aus dem Leben der Menschen und sein Verbot; Verwüstungen von Gotteshäusern; Bücherverbrennungen sowie die Zerstörung zivilisatorischer und kultureller Schätze sind einige konkrete Beispiele dafür.

Am schlimmsten ist wohl, dass Millionen von Menschen aufgrund ihrer religiösen Überzeugung getötet oder durch Formen der gewalttätigen Konversion gedemütigt werden. In diesen Kontexten entwickeln Menschen innere Abwehrmechanismen, die größtenteils irrational, unbewusst und mythisiert sind. Diese Mechanismen sind ein gefährliches Material für Konflikte. Ihre zerstörerische Kraft kann leicht herausgefordert werden, was der Balkan, Teile der früheren Sowjetunion und andere Beispiele eindrücklich belegen.

Unsere Welt braucht Heilung, die Reinigung des Gedächtnisses und den Mut zur Kommunikation.

2. Traditionen des Zusammenlebens und des Dialogs

Es gibt aber auch Gläubige, die durch ihre Religion inspiriert Frieden stiften und das Zusammenleben und die Zusammenarbeit mit anderen Religionen fördern. Jede Religion trägt in sich ein großes Maß an Respekt und Wertschätzung für die/den Nächste/n, besonders jenen gegenüber, mit denen wir zusammen leben. Aus diesem Reichtum der spirituellen Inspiration hat sich ein friedvolles Zusammenleben der Religionen und Überzeugungen in der Gesellschaft entwickelt. In unserer Welt ist der interreligiöse Dialog eine imperativische Notwendigkeit für das Überleben der Welt und der Religionen selbst geworden. Viele Einzelne, Vereinigungen und Institutionen in allen Religionen geben der Welt durch den interreligiösen und ökumenischen Dialog ein neues Antlitz.

Wir leben in einer Zeit, in der Mitglieder verschiedener Religionen mehr Kontakt, Austausch und tiefere zwischenmenschlichere Beziehungen haben, so dass es möglich ist, die Schätze der jeweils Anderen zu entdecken.

Die gegenwärtigen Prozesse der Globalisierung und des kulturellen Pluralismus wurden jedoch auch zu einer Quelle tiefer liegender unterbewusster und unterdrückter Vorurteile, falscher Schlüsse und Haltungen, von Missverständnissen, Verdrehungen der Fakten, Ressentiments, Mangel an Empathie, Hass und Konflikten. Im Kontrast zu den Bedrohungen der totalen Selbstzerstörung, des Konsum-Nihilismus und der Kultur des Todes sind in unserer Zeit der Bewegungen für Frieden und Leben, der Befreiung von Frauen und Männern und der Versöhnung mit der ganzen Schöpfung entstanden. Wir sollten nicht vergessen, dass diese Bewegungen besonders in ihrem Kern, dem Hören auf die zuvorkommende Gnade, ihre entscheidende Inspiration aus den Religionen empfangen.

Das Zusammentreffen von Religionen ermöglicht den Austausch von Erfahrungen und positiven Einflüssen, das „Abschauen" guter Modelle, die Entdeckung und Beschreibung der eigenen Identität in der Reflexion des Anderen, gesteigerte Selbstwahrnehmung und eine innere Dynamik unserer eigenen Gemeinschaft. Es gibt keine Religion, die nicht etwas von einer anderen gelernt und übernommen hätte. Die Bereicherung jeder Identität resultiert zuerst und vor allem aus der Kommunikation mit anderen.

DIE AUTORINNEN UND AUTOREN

Dr. Anand Amaladass, *Chennai*
* 1943 in Tamil Nadu in Indien; Jesuit, Professor für Sanskrit und Indische Philosophie und Direktor am Sacred Heart College – Satya Nilayam der Universität Madras sowie Professor an der Jesuit Faculty of Philosophy und dem Research Institute for Philosophy and Sanskrit in Chennai / Indien; seit 1990 regelmäßig Gastprofessor an der Universität Wien; seit 1988 Mitherausgeber des *Hindu-Christian Studies Bulletin*, Victoria / Kanada; seit 1993 Herausgeber von: *Sahrdaya. Bulletin of the Jesuit Artistes Association*; seit 2002 *Satya Nilayam Chennai Journal of Intercultural Philosophy*; Publikationen (Auswahl): *Philosophical Implication of Dhvani*, Wien 1984; *Siva, der tanzende Gott*, in: Im Kontext 24, 2004; *Mein Gott ist ein Dieb. Vishnu-Hymnen der tamilischen Alvar-Tradition*, in: Im Kontext 23, Bonn 2004; *Abhirami Antati. Die weibliche Dimension der Gottheit*, in: Im Kontext 22, Bonn 2004; *Introduction to Aesthetics (*Satya Nilayam Publications), Chennai 2000; *Indian Exegesis: Hindu – Buddhist Hermeneutics* (Satya Nilayam Publications), Chennai 2003; (Hg): *Indian Christian Thinkers* (Satya Nilayam Publications), Chennai 2005; (Hg): *Political Thinkers of India* (Satya Nilayam Publications), Chennai 1998; (Hg): *A Crosscultural Look at Conscience* (Satya Nilayam Publications), Chennai 1999; *(Hg): Towards National Integration* (Satya Nilayam Publications), Chennai 2001.

Dr. Dirk Ansorge, *Köln*
Akademiedozent und Lehrbeauftragter für Katholische Theologie an der Universität zu Köln. Studium der katholischen Theologie, Philosophie und Physik in Bochum, Jerusalem und Strasbourg. Promotion in Tübingen mit einer Studie über die Offenbarungs- und Geschichtstheologie bei Johannes Scotus (1994 mit dem Karl-Rahner-Preis ausgezeichnet). Assistent am Tübinger Lehrstuhl für Dogmatik. Seit 1993 Dozent für Theologie, Philosophie, Religionsgeschichte und Fragen des Nahen Ostens an der Katholischen Akademie des Bistums Essen „Die Wolfsburg" in Mülheim an der Ruhr; Initiator der „Mülheimer Nahostgespräche" zur politischen Entwicklung und zum Religionsdialog im Nahen Osten sowie zum Verhältnis Orient-Okzident (seit 2000).
Veröffentlichungen (Auswahl): *Johannes Scottus Eriugena. Wahrheit als Prozess. Eine theologische Interpretation von „Periphyseon"* (Innsbrucker theologische Studien 44), Innsbruck 1996; *Dio tra Misericordia e Giustizia. La Provocazione di Auschwitz e la Speranza di Riconciliazione universale*, in: Il Bene e il Male dopo Auschwitz. Implicazioni etico-teologiche per l'oggi. Atti del Simposio Internazionale (Roma 22-25 settembre 1997), hg. v. E. Baccarini / L. Thorson, Milano 1998, 124-141; D. Ansorge / D. Geuenich / W. Loth, *Wegmarken europäischer Zivilisation*, Göttingen 2001; *Vergebung auf Kosten der Opfer? Umrisse einer Theologie der Versöhnung*, in: SaThZ 6 (2002) 36-58; *Das Wagnis der Liebe. Theologische Überlegungen zur Endlichkeit des Menschen und zur Idee Gottes*, in: Liebe und Tod.

Brennpunkte menschlichen Daseins, hg. v. T. Trappe, Basel 2004, 169-187; *Der Horizont der Freiheit. Säkularisierung als theologisches Postulat*, in: „Wer Religion verkennt, erkennt Politik nicht". Perspektiven der Religionspolitologie, hg. v. C. E. Bärsch / P. Berghoff / R. Sonnenschmidt, Würzburg 2005, 254-277.
www.die-wolfsburg.de; www.dirk-ansorge.de

Carla A. Baghajati, *Wien*
Medienreferentin der „Islamischen Glaubensgemeinschaft Österreichs" (IGGÖ), Lektorin an der Islamische Religionspädagogische Akademie (IRPA) in Wien. Mitbegründerin der „Initiative Muslimischer ÖsterreicherInnen".

Prof. Dr. Petrus Bsteh, *Wien*
Rektor der Kontaktstelle für Weltreligionen der Österreichischen Bischofskonferenz; Herausgeber der Zeitschrift „Religionen unterwegs". Zeitschrift der Kontaktstelle für Weltreligionen in Österreich; Veröffentlichungen (Auswahl): (Hg): *Dialog als Hoffnung der Zeit*, Wien 1998; (Hg): *Welt in Bewegung – die Welt in Begegnung*, Wien 1999; (Hg): *Friede mit friedlichen Mitteln – neue Herausforderungen für die Religionen*, Innsbruck / Wien 2002.
www.weltreligionen.at

Reisu-l-Ulema Ph.D. Mustafa Čerić, *Sarajevo*
* 1952 in Visoko / Bosnien-Herzegowina; Groß-Mufti von Bosnien-Herzegowina; studierte an der Madrasa Universität in Sarajevo und an der Al-Azhar Universität in Kairo. Danach war er Imam am „Islamic Cultural Center" in Chicago und graduierte zum Ph.D. in islamischer Theologie an der University of Chicago; 1985, Dozent am American Islamic College in Chicago; 1986 wurde er Groß-Imam von Zagreb; seit 1987 Dozent an der Fakultät für Islamische Studien in Sarajevo; 1991–1992 Professor am International Institute of Islamic Thought and Civilisation in Kuala Lumpur; seit 1998 Groß-Mufti von Bosnien-Herzegowina; Diplomatische Dienste für Bosnien-Herzegowina in Saudi Arabien, Iran und Malaysia; Mitglied im European Council for Fatwa and Research in Dublin; Kuratorium der International Islamic University in Islamabad, Mitglied des Interreligiösen Rates in Sarajevo, des European Council of Religious Leaders (ECRL) und der World Conference of Religions for Peace. 2004 UNESCO-Preis „Félix Houphouet-Boigny-Friedenspreis 2003" für Verdienste um den Dialog der Religionen und ihren Einsatz für Frieden und Völkerverständigung. Veröffentlichungen (Auswahl): *Roots of Synthetic Theology in Islam. A Study of the Theology of Abu Mansur al-Maturidi*, Kuala Lumpur 1995.
http://www.rijaset.ba
http://www.fin.ba

Prof. Dr. Francis X. D'Sa SJ, *Pune*
Jesuit, Professor am Institut für Praktische Theologie / Fach Missionswissenschaft und Dialog der Religionen, Universität Würzburg; Studien der indischen Philosophie und Religionen, Pontificium Athenaeum und Poona Universität in Pune / Indien; Studium der Theologie in Innsbruck. Studium der Indologie in Wien. Dort von 1971–1972 wissenschaftlicher Assistent. 1973 Promotion mit einer Arbeit zur Offenbarung

Die Autorinnen und Autoren

ohne Gott in der hinduistischen exegetischen Schule (Purva – Mimamsa). Jahrelang Lehrauftrag an der Theologischen Fakultät Innsbruck, Gastprofessor für interkulturelle Theologie in Frankfurt (1986) und Salzburg (1993); Gastvorlesungen und Teilnahme an zahlreichen Konferenzen in Afrika, Asien, Europa, Korea und USA. Emeritus Professor für Systematische Theologie und indischer Religionen am Pontificium Athenaeum, Pune. Begründer des Institute for the Study of Religion, Pune. Veröffentlichungen (Auswahl): *Sabdapramanyam in Sabara and Kumarila. Towards a Study of the Mimamasa Experience of Language* (Publications of the De Nobili Research Library 7), Wien 1980; (Hg): *Word-Index to Sankara's Gitabhasya* (Institute for the Study of Religion), Poona 1985; *Gott, der Dreieine und der All-Ganze. Vorwort zur Begegnung zwischen Christentum und Hinduismus*, Düsseldorf 1987; *Karmische und Anthropische Geschichte*, in: Zeitschrift für Missions- und Religionswissenschaft 87 (2003) 163-180; *Missionarisch Kirche sein in Asien. Dialog der Religionen als Herausforderung*, in: A. Gerth / S. Rappel (Hg): *Global Message – Weltmission heute*, München 2005, 53-74.

Prof. Dr. DDr. h.c. Ernst Ludwig Ehrlich, *Riehen/Basel*
* 1921 in Berlin, lebt heute in Basel; Judaist, Historiker, Mitglied des „International Jewish Committee for Interreligious Consultations"; Ehrenvizepräsident des B'nai B'rit; Student bei Leo Baeck; 1942–1943 Zwangsarbeit; Flucht in die Schweiz; Lehraufträge für Judaistik an den Universitäten Frankfurt/M., Zürich, Bern und Basel; 1958–1996 Genersäkretär der Christlich-Jüdischen Arbeitsgemeinschaft der Schweiz; 1961–1994 Direktor des Europäischen Distrikts von B'nai B'rith; seit 1972 Co-Präsident der christlich-jüdischen Abeitsgemeinschaft beim Schweizerischen Evangelischen Kirchenbund; seit 1990 Mitglied der von der Schweizerischen Bischofskonferenz beauftragten Jüdisch-Römisch-Katholischen Gesprächskommission; Veröffentlichungen (Auswahl): seit 1996 (Hg): *Studia Judaica*, Berlin/New York; mit W. P. Eckert, *Judenhass – Schuld der Christen?! Ein Versuch eines Gesprächs*, Essen 1964; mit C. Thoma, *Gibt es eine Holocaust-Theologie*, Wien 1979; Mitautor, *Die Katholische Kirche und das Judentum. Dokumente von 1945–1982*, Freiburg/Basel/ Wien 1982; mit F. König, *Juden und Christen haben eine Zukunft*, Zürich 1988; *Der Umgang mit der Schoah. Wie leben Juden der zweiten Generation mit dem Schicksal der Eltern?*, Gerlingen 1993; mit H. Erler: *Jüdisches Leben und jüdische Kultur in Deutschland. Geschichte, Zerstörung und schwieriger Neubeginn*, Frankfurt/New York 2000; *Reden über das Judentum*, Stuttgart 2001

Erzbischof Michael L. Fitzgerald MAfr., *Kairo*
*1938 nahe Birmingham/UK als Sohn irischer Eltern; Studien der Theologie und Arabistik in Rom, London, Tunesien; 1961 Ordination zum Priester der Missionare Afrikas (White Fathers); Lehrtätigkeit für christliche und muslimische Theologie in Uganda; zweijähriger Aufenthalt im Sudan; 1972–1978 Direktor des Pontifical Institute for Arabic and Islamic Studies in Rom; seit 1987 Sekretär des Pontifical Council for Interreligious Dialogue (PCID); 2002 Ernennung zum Erzbischof; von 2002–2006 Präsident des PCID; seit 2006 Apostolischer Nuntius in Kairo.
http://www.vatican.va/roman_curia/pontifical_councils/interelg/index_ge.htm

Die Autorinnen und Autoren

Prof. Dr. Michael Fuss, *Rom*
Professor für Buddhismus und Neue Religionen an der Päpstlichen Universität Gregoriana in Rom; Studium der Theologie, Missionswissenschaft und Religionswissenschaft in Bonn und Rom; Spezialstudien in Indologie in London und Sri Lanka. 1981 Promotion in Fundamentaltheologie mit einer vergleichenden Studie zur Schriftinspiration. 1991–1996 Hochschuldozent für Religionsgeschichte an der Universität Freiburg; 1996–2001 Konsultor des Päpstlichen Rates für den Interreligiösen Dialog; Mitglied verschiedener buddhistisch-christlicher Dialoginitiativen, darunter der *International Buddhist-Christian Theological Encounter* (IBCTE; 2Cobb-Abe Group2 / USA; Gastvorlesungen in Basel und Salzburg; Projektleiter eines weltweiten Forschungsprojektes der Internationalen Föderation der katholischen Universitäten (F.I.U.C.) zu neuen religiösen Bewegungen; 1998 und 2002 Moderation der theologischen Dialoge zwischen Tenrikyô und Christentum; publiziert als *Tenrikyô-Christian Dialogue*, (Tenri University Press) Tenri 1998 u. 2005; Buchveröffentlichungen (Auswahl): *Buddhavacana and Dei Verbum*, Leiden 1991; *Le grandi figure del Buddhismo*, Assisi 1996; *Rethinking New Religious Movements*, Roma 1998; Zahlreiche Fachbeiträge in Deutsch, Englisch, Italienisch, darunter: *Diakonie an der Wahrheit. Dialog zwischen Pluralismus und Populismus,* in: R. Hempelmann / U. Dehn (Hg); Dialog und Unterscheidung, Berlin 2000, 50-63; *Der Stellenwert der Religion im Globalisierungsprozess moderner Wirtschaft. Buddhismus,* in: W. Korff u.a. (Hg); Handbuch der Wirtschaftsethik (Bd. 1), Gütersloh 1999, 596-605; *Neue Götter für eine neue Zeit? Gottesvorstellungen in neuen Religionen,* in: V. Strocka (Hg): Fragen nach Gott, Frankfurt/M. 1996, 35-58; *Die Familie der Wahrheiten. Fragmentarische Skizzen zu einer Theologie der Religionen,* in: G. Risse u. a. (Hg): Wege der Theologie: an der Schwelle zum dritten Jahrtausend, Paderborn 1996, 381-393; *Zwischen „autonomer" und „dialogischer" Religion. Eine neue Phase der Religionskritik,* in: G. Biemer u.a. (Hg): Gemeinsam Kirche sein, Freiburg/Basel/Wien 1996, 162-177; *„Ich bete an die Macht der Liebe". Zur gegenwärtigen Gesprächslage der Religionen,* in: Veröffentlichungen des Japanisch-Deutschen Zentrums Berlin 53 (2005) 20-34.

Dr. Hans Hermann Henrix, *Aachen*
* 1941; Direktor der Bischöflichen Akademie in Aachen; 1961–1964 Studium der Wirtschaftswissenschaften an der Albert-Magnus-Universität in Köln; wechselte 1964 ins Fach der Philosophie bzw. Theologie an den Universitäten Frankfurt, Innsbruck und Münster; der Schwerpunkt seiner theologischen Arbeit liegt im Bereich der Ökumene und hier besonders zu Fragen des Verhältnisses von Kirche und Christentum zum jüdischen Volk bzw. Judentum; seit 1977 Mitglied im Gesprächskreises Juden und Christen beim ZdK; seit 1978 Gastmitglied der Arbeitsgemeinschaft Juden und Christen beim Deutschen Evangelischen Kirchentag; 1985–1987 katholischer Vorsitzender des Deutschen Koordinierungsrates der Gesellschaften für christlich-jüdische Zusammenarbeit; seit 1979 Berater der deutschen Bischofskonferenz in Fragen des Judentums; seit 1990 Mitglied der vatikanischen Delegation bei den offiziellen Treffen des Internationalen Verbindungskomitees zwischen der römisch-katholischen Kirche und dem jüdischen Volk; am 25. Mai 2000 erhielt er gemeinsam mit Rabbiner em. Erwin Schild M.A. D.D. Toronto / Kanada vom Fachbereich Erziehungs- und Kulturwissenschaften der Universität Osnabrück den Ehrendoktor Dr. phil. h.c.; seit 2003 Konsultor der Kommission für die religiösen Beziehungen zum Judentum beim Päpstlichen Rat für die Einheit der Christen. Veröffentlichungen (Auswahl): *Juden-*

tum und Christentum: Gemeinschaft wider Willen? Regensburg 2004; *Gottes Ja zu Israel. Ökumenische Perspektiven christlicher Theologie* (Studien zu Kirche und Israel 23 / Aachener Beiträge zu Pastoral- und Bildungsfragen 21), Berlin / Aachen 2005; mit W. Kraus (Hg), *Die Kirchen und das Judentum. Band II: Dokumente von 1986 bis 2000*, Paderborn/Gütersloh 2001; mit A. Gerhards (Hg): *Dialog oder Monolog? Zur liturgischen Beziehung zwischen Judentum und Christentum* (Quaestiones Disputatae 208), Freiburg 2004.
www.herixhh.de

Dr.[in] Anne Herbst-Oltmanns, *Wien*
Geb. in Berlin; derzeit pensioniert und freie Autorin in Wien; Studium der Slawischen Philologie, Anglistik und Soziologie in Heidelberg, Hamburg und Bochum, Promotion über ein südslawisches Thema (Das Akzentsystem bei Della Bella in Dalmatien und Bosnien). Zwei Jahrzehnte journalistisch tätig in deutschen Verlagshäusern und Rundfunkanstalten mit den Schwerpunkten: Politik, Ideologie und Menschenrechte (insbes. OSZE) in den sozialistischen Staaten. Vierzehn Jahre im überkonfessionellen Ost-Kircheninstitut „Glaube in der 2. Welt" / „G2W" in Zürich als Redakteurin für die Bereiche Kirchen, Konfessionen und Minderheiten während und nach dem Kommunismus am Balkan, in der Sowjetunion, im Kaukasus und in China (jeweils Reisen in diese Gebiete); Veröffentlichungen in anderen Zeitschriften (Auswahl): Ausführliche Berichterstattung und Analysen über die Nationalkirchen und Konfessionen im Balkankonflikt in der institutseigenen Zeitschrift „G2W"; *„Vermittler ohne Mitte – Die ambivalente Rolle der Ökumene im Balkankonflikt"*, in: Kirchliche Zeitgeschichte/KZG (Bürgerkrieg und Religion) 1 (1997), 138-157; *Stumbling-blocks to Ecumenism in the Balkans* in: Religion, State & Society, Vol. 26, No. 2 (1998) 173-180; *Versöhnungsbemühungen von Kirchen und Konfessionen im Kosovo-Konflikt*, in: Südosteuropa (Südost-Institut/München), 11-12 (2000) 598-604.

Mag.[in] Dr.[in] Valeria Heuberger, *Wien*
wissenschaftliche Mitarbeiterin am Österreichischen Ost- und Südosteuropa-Institut in Wien. Studium von Geschichte, Volkskunde und Kunstgeschichte an der Universität Wien. 1986–1989 Mitarbeiterin am Institut für Kirchenrecht, Rechtswissenschaftliche Fakultät der Universität Wien; Veröffentlichungen (Auswahl): *Gedenktage in Bosnien-Herzegowina*, in: E. Brix / H. Stekl (Hg): Der Kampf um das Gedächtnis. Öffentliche Gedenktage in Mitteleuropa / Wien-Köln / Weimar 1997, 355-375; *Der Islam in Bosnien-Herzegowina*, in: Bernd Rill (Hg): Aktuelle Profile der islamischen Welt (Berichte und Studien der Hanns-Seidel-Stiftung 76), München 1998, 114-134; *Politische Institutionen und Verwaltung in Bosnien und der Hercegovina von 1878 bis 1918*, in: H. Rumpler/P. Urbanitsch (Hg): Die Habsburgermonarchie 1848–1918 (Band VII: Verfassung und Parlamentarismus. 2. Teilband), Wien 2000, 2383-2425; *Die Habsburgermonarchie und der Islam in Bosnien-Herzegowina*, in: R. Potz zum 60. Geburtstag, Österreichisches Archiv für Recht und Religion 50 (2003) 213-233; *Zwischen Wien und Budapest. Der Einfluß der deutschen Sprache und Kultur auf das Westungarische Judentum*, in: W. Kriegleder / A. Seidler (Hg): Deutsche Sprache und Kultur, Literatur und Presse in Westungarn/Burgenland (Presse und Geschichte, Neue Beiträge 11), Bremen 2004, 47-59.
www.osi.ac.at

Die Autorinnen und Autoren

Dr.ⁱⁿ Barbara Huber-Rudolf, *Frankfurt/M.*
Wiss. Mitarbeiterin der Arbeitsstelle des Sekretariates der Deutschen Bischofskonferenz für den interreligiösen Dialog mit Muslimen (CIBEDO), Studium der Theologie in München und Bonn (Dr. theol.), Studium der Islamwissenschaften in Rom, Tunis und Alexandrien (lic.sc. isl.); seit 1983 bei CIBEDO (von 1998 bis 2005 Leiterin); seit 1997 Lehrbeauftragte der Goethe-Universität Frankfurt und der assoz. Technischen Universität Darmstadt. Veröffentlichungen (Auswahl): *Von Gottesstaat in die Religionsfreiheit. Beobachtungen zur Reformfähigkeit der Muslime in Europa*, Bonn 1995; *Der Islam im Spiegel muslimischer Schriftsteller. Ein Lesebuch*, Frankfurt/M. 2000; *Religiöse Sozialisation in der Begegnung mit Muslimen. Ein Projekt zur Förderung der Dialogbereitschaft.* In: *katholischen Gemeinden*, in: Christwerden im Kulturwandel, hg. v. Th. Schreijäck u.a., Freiburg / Basel / Wien 2001, 395- 415; *Die Christlich-Islamische Ehe im Kontext des Interreligiösen Dialogs*, in: Münchener Theologische Zeitschrift Jg. 52 / H. 1 (2001) 56-66; *Muslimische Kinder im Kindergarten. Eine Praxishilfe für alltägliche Begegnungen*, München 2002; *Von Missionaren, Managern und Mediatoren – eine Typologie interreligiös Lernender*, in: P. Schreiner / U. Sieg / V. Elsenbast (Hg): Handbuch interreligiöses Lernen, Gütersloh 2005, 101-112.
www.huber-rudolf.de

Prof. Dr. Alois Kothgasser SDB, *Salzburg*
Erzbischof von Salzburg (seit 2002); Orden der Salesianer Don Boscos; 1969–1977 Dozent für Dogmatik an der Università Pontificia Salesiana in Rom, 1978–1982 a.o. Professor ebenda, in den 70er Jahren mehrfach Gastprofessor für Dogmatik in Benediktbeuern (Bayern) und zwei Semester an der Salesianerhochschule in Bethlehem; ab 1982 in verschiedenen akademischen Funktionen an der Philosophisch-Theologischen Hochschule der Salesianer Don Boscos in Benediktbeuern tätig, 1982–1988 sowie 1994–1997 Rektor dieser Hochschule. 1997 Bischof von Innsbruck, 2002 vom Dom- und Metropolitankapitel von Salzburg zum Erzbischof von Salzburg gewählt, Amtseinführung am 19.1.2003. Aufgaben in der Bischofskonferenz: u.a. Mitglied der Glaubenskommission und der Finanzkommission. Referate: u.a. Priesterseminare, Theologische Fakultäten und Hochschulen, Laientheologen.
http://www.bischofskonferenz.at

Ivo Markovic OFM, *Sarajevo*
* 1950 in Bosnien-Herzegowina; Lektor für praktische Theologie am Franziskanischen Seminar in Sarajevo; Friedensaktivist, Gründer von „Pontanima". Während des Krieges in Bosnien-Herzegowina half er bei der Etablierung von Friedensaktivitäten. Nach dem Krieg, Anfang 1996, engagierte er sich für die Überwindung der Feindschaft, für Versöhnung und Rückkehr. Eines seiner Projekte war „Pontanima". 1998 wurde er als Erster mit dem Peace Activist Award des Tanenbaum Center of Interreligious Understanding in New York ausgezeichnet.

Prof. Dr. Dr. h.c. P. Josef Neuner SJ, *Pune/Indien*
* 1908; Mitarbeit am Text der Konzilserklärung *Nostra aetate*, Mitautor des *Neuner-Ross (Neuner/Dupuis) – Der Glaube der Kirche in den Urkunden der Lehrverkündigung;* 1926, nach Abschluss der Studien, Eintritt in das Jesuitennoviziat der Ober-

Die Autorinnen und Autoren

deutschen Provinz; 1938 Ausreise nach Indien, um am Aufbau eines Theologates mitzuarbeiten; 1938–1946 Gefangenschaft in Indien; 1950 Doktorat an der Gregoriana / Rom, mit einer Arbeit über die Opferlehre der Bhagavadgita; Lehrtätigkeit in Puna; Teilnahme am II. Vatikanischen Konzil als Peritus in den Kommissionen über Priesterausbildung, Verhältnis der Kirche zu den nichtchristlichen Religionen und Mission; Biographie: *Der indische Joseph. Erinnerungen aus meinem Leben*, Feldkirch 2005. Laudatio von Dekan Prof. Dr. Dr. h.c. Joszef Niewiadomski anlässlich der Verleihung des goldenen Ehrenzeichens des Landes Vorarlberg an P. Neuner im Juni 2005.
http://theol.uibk.ac.at/leseraum/kommentar/581.html

P. Dr. Sebastian Painadath SJ, *Kalady/Indien*
Indischer Jesuit, Leiter des Zentrums *Sameeksha*, Centre for Indian Spirituality in Kalady / Süd-Indien; Gastdozent an den theologischen Hochschulen in Pune, Delhi und Bangalore; Referent für Themen des Dialogs der Religionen bei Seminaren der Asiatischen Bischofskonferenz. Alljährlich leitet er in Zusammenarbeit mit *Missio* Meditationskurse und Dialogseminare in Österreich und Deutschland; tätig in der theologischen Ausbildung von Laien in der indischen Kirche; Studium: Literatur (B.A.) und Philosophie (Lic.phil., 1961–1968) in Indien; 1970–1973 Theologiestudium in Innsbruck (Mag. theol.); 1974–1977 Promotion in Tübingen mit einer Arbeit über Grundfragen des Gebetes (Dr. theol.); 1978–1986 Leiter des Bildungszentrums der Jesuiten in Cochin / Indien; 1987 gründete er den Ashram *Sameeksha*, der zu einem geistlichen Begegnungsort für Hindus und Christen wurde. Dort hält er regelmäßig Dialogseminare und Meditationskurse. Schwerpunkt der Forschung: Dialog der Religionen, besonders: Dialog zwischen christlichem Glauben und hinduistischer Spiritualität. Veröffentlichungen (Auswahl): *Dynamics of Prayer*, Bangalore 1980; *Der Geist reißt Mauern nieder*, München 2002; *Solitude and Solidarity* (ISPCK), Delhi 2004; *We are Co-pilgrims. Towards a Theology of Inter-religious Harmony* (ISPCK), Delhi 2005; *The Spiritual Journey. Towards an Indian Christian Spirituality* (ISPCK), Delhi 2005; *Befreiung zum wahren Leben. 50 Meditationen zur Selbsterkenntnis*, München 2006.
spainadath@jesuits.net

Kardinal Vinko Puljić, *Sarajevo*
* 1945 in Prijećani, in der Diözese Banja Luka als 12. von 13 Kindern; Studium der Philosophie und Theologie in Djakovo; 1970 Priesterweihe im Dom zu Djakovo; 1970–1973 Kaplan in Banja Luka; 1990 Ernennung zum Erzbischof von Sarajevo durch Papst Johannes Paul II.; 1–3 Oktober 1993, Interreligiöses Treffen mit Vertreter der Katholiken, der Orthodoxie, der Juden und der Muslimen in Sarajevo; 17. Mai 1994, Treffen am Flughafen von Sarajevo mit Alexis II., dem Patriarchen der Russisch Orthodoxen Kirche, mit Pavle, dem Patriarchen der Serbisch Orthodoxen Kirche und mit Kardinal Franjo Kuharić, dem Erzbischof von Zagreb; während des Krieges riskierte er auf seinen Pastoralreisen durchs Land öfter sein Leben und wurde auch vom Serbischen Militär festgenommen; 1997 Empfang Papst Johannes Paul II. während dessen Pastoralreise, die bereits für 1994 geplant war aber wegen des Krieges nicht stattfinden konnte; 1994 Ernennung zum Kardinal; 1995–2002 sowie wieder seit 2005 Vorsitzender der Bischofskonferenz von Bosnien-Herzegowina.
http://www.vrhbosanska-nadbiskupija.com

Die Autorinnen und Autoren

Prof. DDr. Hans-Joachim Sander, *Salzburg*
*1959 im Saarland in einer Bergarbeiterfamilie; 1979–1985 Studium von Katholischer Theologie, Mathematik, Geschichte an den Universität Bonn, Trier und Würzburg sowie an der Dormition Abbey in Jerusalem; 1987–1988 visiting scholar am Center for Process Studies in Claremont / Kalifornien; 1990 Promotion in kath. Theologie an der Universität Würzburg; 1990–2001 wissenschaftlicher Assistent und Oberassistent am Institut für Systematische Theologie der Universität Würzburg; 1997 Habilitation für Fundamentaltheologie und vergleichende Religionswissenschaft an der Universität Würzburg: Habilitationsschrift: *Glauben im Zeichen der Zeit. Die Semiotik von Peirce und die pastorale Konstituierung der Theologie*; 1997–2002 Privatdozent in Würzburg; Lehrstuhlvertretungen in Bamberg, Eichstätt, Salzburg; seit 2002 Univ.-Prof. für Dogmatik an der Universität Salzburg; seit 2005 Leiter des Themenbereichs I für den Deutschen Katholikentag 2006: Gerechtigkeit vor Gottes Angesicht; Veröffentlichungen (Auswahl): *Nicht verschweigen. Die zerbrechliche Präsenz Gottes*, Würzburg 2003; *Nicht ausweichen. Die prekäre Lage der Kirche*, Würzburg 2002; *Nicht verleugnen. Die befremdende Ohnmacht Jesu*, Würzburg 2001; *Macht in der Ohnmacht. Eine Theologie der Menschenrechte* (*Quaestiones disputatae 178*), Freiburg / Basel / Wien 1999; *Natur und Schöpfung – die Realität im Prozeß. A.N. Whiteheads Philosophie als Fundamentaltheologie kreativer Existenz* (Würzburger Studien zur Fundamentaltheologie 7), Frankfurt 1991; *Theologischer Kommentar zur Pastoralkonstitution über die Kirche in der Welt von heute Gaudium et spes*, in: Herders Theologischer Kommentar zum II. Vatikanischen Konzil, hg. v. P. Hünermann und B. J. Hilberath, Bd. 4, Freiburg / Basel / Wien 2005, 581-886; *Einführung in die Gotteslehre*, Darmstadt 2006.
http://www.uni-salzburg.at/syt/hans-joachim.sander

Dr. Thomas Seiterich-Kreuzkamp, *Oberursel*
Redakteur der Zeitschrift „Publik-Forum. Zeitschrift kritischer Christen"; (1974–1980) Studium der Theologie und Geschichte in Freiburg, Fribourg, Jerusalem, Frankfurt/M.; 1985 Promotion (Dr. theol.): „Links, frei und katholisch" – Walter Dirks. Ein Beitrag zur Geschichte des Katholizismus in der Weimarer Republik, Frankfurt/M. [u.a.] 1986; Auslandsaufenthalte in Lateinamerika, Asien, Afrika, Osteuropa; Veröffentlichungen (Auswahl): F. Boll / M. Linz / Th. Seiterich (Hg): *Wird es denn überhaupt gehen? Beiträge für Walter Dirks*, Mainz 1980; N. Copray / H. Meesmann / Th. Seiterich (Hg): *Die andere Kirche. Basisgemeinden in Europa*, Wuppertal 1982; Th. Seiterich-Kreuzkamp (Hg): *Briefe an den Papst. Beten allein genügt nicht*, Reinbeck 1987; N. Copray / Th. Seiterich (Hg): *Suchende sind wir. Gottesbilder heute*, Oberursel 1989; Th. Seiterich, *Der Mut hat eine Schwester. Trauern und Trösten*, Freiburg/Br. 1989; E. Ringel / F. Schorlemmer / Th. Seiterich-Kreuzkamp u.a. (Hg): *Widerstehen. Wer, wenn nicht ich? Wann, wenn nicht jetzt?*, Oberursel 1992; Th. Seiterich-Kreuzkamp, *Helden oder Schurken? „Richtig" im „Falschen" gelebt? Kirchen in der DDR. Das Ringen um die Wahrheit*, Berlin 1992; Th. Seiterich-Kreuzkamp / D. Sölle / F. Steffensky u.a. (Hg): *Beten – Die Tore des Herzens öffnen*, Oberursel 1999; E. Baumann-Lerch / R. Schutz / Th. Seiterich-Kreuzkamp u.a. (Hg): *Taizé. Den Geist Gottes atmen und leben*, Oberursel 2004;
www.publik-forum.de

Die Autorinnen und Autoren

Prof. Dr. Roman A. Siebenrock, *Innsbruck*
* 1957; Abteilung für Fundamentaltheologie und Religionswissenschaft der Universität Innsbruck; Zweiter Vorsitzender der Internationalen Deutschen Newmangesellschaft; Mitglied im Komitee „Karl Rahner-Preis für theologische Forschung"; Mitglied in der Forschungsgruppe „Alberigo" zur historischen Erforschung des Zweiten Vatikanischen Konzils; Mitglied in verschiedenen wissenschaftlichen Vereinigungen: „Rahner-Society" (U.S.A.); Görres-Gesellschaft (Deutschland); Österreichische Gesellschaft für Philosophie; Mitarbeit am DFG-Projekt: Theologischer Kommentar zum II. Vatikanischen Konzils (Prof. Dr. Hilberath, Katholisch-Theologische Fakultät der Universität Tübingen); Veröffentlichungen (Auswahl): *Wer sich Gott naht, dem naht sich Gott. Studien zur Interpretation und Rezeption des Werkes Karl Rahners SJ in einer Zeit der „anima technica vacua"*, Innsbruck 2000; *Wahrheit, Gewissen und Geschichte. Eine systematisch-theologische Rekonstruktion des Wirkens John Henry Kardinal Newmans*. Internationale-Cardinal-Newman-Studien, Folge XV. hg. v. H. Fries / G. Biemer, Sigmaringendorf 1996; *Theologischer Kommentar zur Erklärung über die Haltung der Kirche zu den nichtchristlichen Religionen Nostra aetate*, in: Peter Hünermann/Bernd Jochen Hilberath (Hg.), Herders Theologischer Kommentar zum Zweiten Vatikanischen Konzil, Bd. 3, Freiburg/Basel/Wien 2005, 591-693.
http://bibfutheol.uibk.ac.at/siebenrock/

Rabbiner Prof. Ph.D. Michael A. Signer, *Notre Dame, Indiana / USA*
Seit 1991 Abrams Professor of Jewish Thought and Culture am Department of Theology der University of Notre Dame in Indiana; Direktor des Notre Dame Holocaust Project; 1974–1990 Professor of Jewish History am Hebrew Union College – Jewish Institute of Religion in Los Angeles / Kalifornien; 1978, Ph.D. Medieval Studies an der University of Toronto (Pontifical Institute of Medieval Studies); Mitglied des Gesprächskreises Juden und Christen beim ZDK; Stv. Vorsitzender der Commission on Interreligious Affairs – Union for Reform Judaism (U.S.A). Veröffentlichungen (Auswahl): *Humanity at the Limit. The Impact of the Holocaust Experience on Jews and Christians* (Indiana University Press), Bloomington 2000; *Memory and History in Judaism and Christianity* (University of Notre Dame Press), Notre Dame 2000; mit J.v. Engen, *Jews and Christians in Twelfth-Century Europe* (University of Notre Dame Press), Notre Dame 2000; *Andreas de Sancto Victore. Expositio in Ezechielem* (Corpus Christianorum Continuatio Medievalis 53), Turnhout 1998.
www.nd.edu/~msigner

MMag. Josef Sinkovits, *Salzburg*
Theologe, Religionspädagoge; (1993–2000) Studium der Theologie in Graz und Innsbruck (Mag.theol); Studium der Selbständigen Religionspädagogik in Graz (Mag. theol.); seit 2002 Studienleiter in *St. Virgil Salzburg*, dem Erwachsenenbildungszentrum der Erzdiözese Salzburg; Arbeitsschwerpunkte: Dialog der Religionen, Migration, ChristInnen und Politik in Europa, Medizin-Ethik; 2002–2005 Organisatorischer Leitungsbeirat des Universitätslehrganges „Spirituelle Theologie im interreligiösen Prozess" (MAS) an der Universität Salzburg; 2005–2006 Moderation der Konzeption des Universitätslehrganges „Migrationsmanagement" (MAS) an der Universität Salzburg; 2005 nominiert für den Staatspreis für Erwachsenenbildung des BMBWK, mit der Arbeit: *Dialog – Orientierung – Beteiligung. Interreligiöses Lernen als Bei-*

trag zur Interkulturellen Kompetenz am Beispiel von St. Virgil Salzburg; Gründungsmitglied der Diözesankommission für Interkulturellen und interreligiösen Dialog der Erzdiözese Salzburg; seit 2004 Mitglied des Redaktionskomitees der Zeitschrift „Religionen unterwegs" der Kontaktstelle für Weltreligionen der Österreichischen Bischofskonferenz; Veröffentlichungen: *Christentum und Islam im zukünftigen Europa. Lehrgangsbericht*, in: Religionen unterwegs. Zeitschrift der Kontaktstelle für Weltreligionen in Österreich, hg. v. P. Bsteh, Jg. 11 / Nr. 1 (1. Februar 2005) 30-31; K. Baier/J. Sinkovits (Hg), *Spiritualität und moderne Lebenswelt*, erscheint 2006. www.virgil.at

Metropolit Michael Staikos, *Wien*
* 1946 in Athen, lebt seit 1964 mit seinen Familienaugehörigen in Wien; Metropolit von Österreich und Exarch von Ungarn und Mitteleuropa; Studium der Theologie an der Universität Thessaloniki (Dr. theol.); 1965 Eintritt in den Dienst der Griech.-Orient. Metropolis von Austria; am 5.11.1991 wählte die Heilige Synode in Konstantinopel in ihrer ersten Sitzung unter dem Ökumenischen Patriarchen Bartholomaios I. Bischof Michael zum Metropoliten von Austria und Exarchen von Mitteleuropa und Ungarn. Als Metropolit von Austria arbeitet er für die Koordination des orthodoxen Zeugnisses in Österreich (Pastoral, Orth. Religionsunterricht, soziales Engagement usw.) und als Exarch in Ungarn hat er sich nach dem Fall des Eisernen Vorhanges für die Wiederbelebung der unter dem Kommunismus ausgerotteten griechischen Orthodoxie erfolgreich eingesetzt. Lektor am Institut für Byzantinistik und Neogräzistik in Wien und an der Evangelischen Fakultät; (1996–1999) Vorsitzender des Ökumenischen Rates der Kirchen in Österreich. Als Legat des Ökumenischen Patriarchen hat er oft die Kirche von Konstantinopel bei panorthodoxen und ökumenischen Ereignissen und in der Konferenz Europäischer Kirchen vertreten (u. a. Ökumenischen Rat der Kirchen, Ökumenische Morgenfeier); Konsultor der Stiftung Pro Oriente seit 1965. Forschungsschwerpunkte: Ökumene, Kirchengesichte, insbesondere die Geschichte der historischen Gemeinden in Österreich und Ungarn sowie die Rolle der Laien in der Orthodoxen Kirche. Für seine pastorale und ökumenische Tätigkeit hat Metropolit Michael Auszeichnungen des Ungarischen Staates, der Stadt Athen und von mehreren Orthodoxen Kirchen erhalten. Veröffentlichungen (Auswahl): *Auferstehung. Von erlebter orthodoxer Spiritualität*, Wien 2000. http://www.agiosgeorgios.at

Ass.Prof. Dr. Ulrich Winkler, *Salzburg*
Fachbereich Systematische Theologie / Fach Dogmatik, Universität Salzburg. Studien der Theologie in Linz, Jerusalem und Salzburg. Dort 1988–2001 wissenschaftlicher Assistent, anschließend Assistenz-Professor. 1995 Promotion mit einer Arbeit zur Ökologischen Schöpfungstheologie und Bonaventura; Begründer der Salzburger Theologischen Zeitschrift, 2001 Gründungsmitglied des Institutes für Theologie Interkulturell und Studium der Religionen an der Universität Salzburg; Forschungsschwerpunkt Religionstheologie. Veröffentlichungen (Auswahl): *Vom Wert der Welt. Das Verständnis der Dinge in der Bibel und bei Bonaventura – Ein Beitrag zu einer Ökologischen Schöpfungstheologie* (Salzburger Theologische Studien 5), Wien/Innsbruck 1997; „*Wer nur das Christentum kennt, kennt das Christentum nicht."*, in: K. Huber / G. M. Prüller-Jagenteufel/U. Winkler (Hg), Zukunft der Theologie – Theologie der Zukunft, Thaur/Wien/München 2001, 62-102; *Ökumenisch leben. Neuer-*

scheinungen für die Praxis, in: SaThZ 7 (2003) 72-99; U. Winkler / B. Bäumer / Ch. Hackbarth-Johnson (Hg), Henri Le Saux / Swami Abhishiktānanda. *Innere Erfahrung und Offenbarung. Theologische Aufsätze zur Begegnung von Hinduismus und Christentum* (Salzburger Theologische Studien 22 – interkulturell 2), Innsbruck/Wien 2005; *Die unwiderrufene Erwählung Israels und das Wahre und Heilige anderer Religionen. Von der Israeltheologie und Religionstheologie zur Pluralismusfähigkeit der Religionen als interreligiöse Kriteriologie,* in: Reinhold Bernhardt/Perry Schmidt-Leukel (Hg.), Kriterien interreligiöser Urteilsbildung (Beiträge zu einer Theologie der Religionen 1), Zürich 2005, 233-265; Hg.: *Ein Testament katholischer Religionstheologie. Jacques Dupuis: Gesammelte Aufsätze aus den letzten Lebensjahren 1999–2004.* Aus dem Englischen und Französischen übersetzt von Christian Hackbarth-Johnson. Zugleich „Salzburger Theologische Zeitschrift" (SaThZ 10), Eigenverlag der SaThZ, Salzburg 2006.
http://www.uni-salzburg.at/syt/ulrich.winkler

Prof. Dr. Josef Wohlmuth, *Bonn*
* 1938 in Laibstadt, Studium der kath. Theologie in Eichstätt und Innsbruck, Promotionsstudien in Tübingen, Bologna, Nijmegen, Regensburg und Bonn. 1964 Priesterweihe in Eichstätt. 1980 Habilitation an der Katholisch-Theologischen Fakultät der Universität Bonn im Fach Dogmatik und Dogmengeschichte. 1981 bis 1986 Professor für Theologie und ihre Didaktik an der Erziehungswissenschaftlichen Fakultät der Universität zu Köln, von 1986 bis 2003 Professor für Dogmatik an der Rheinischen Friedrich-Wilhelms-Universität Bonn. 1984/85 und 2003/04 Studiendekan am Theologischen Studienjahr an der Abtei Hagia Maria Sion in Jerusalem. Seit 1. Mai 2004 Leiter des Cusanuswerks. Forschungsschwerpunkte: Dogmen- und Konzilsgeschichte, ökumenische Fragen, christlich-jüdischer Dialog sowie Auseinandersetzung mit zeitgenössischer Philosophie und moderner Ästhetik. Veröffentlichungen (Auswahl): *Realpräsenz und Transsubstantiation im Konzil von Trient. Eine historisch-kritische Analyse der Canones 1-4 der Sessio XIII,* Bd. I: Darstellung; Bd. II: Anmerkungen und Texte, Quellen- und Literaturverzeichnis, Tafeln (Europäische Hochschulschriften Reihe XXIII Theologie 37), Bern / Frankfurt 1975; *Verständigung in der Kirche. Untersucht an der Sprache des Konzils von Basel* (Tübinger Theologische Studien 19), Mainz 1983; *Jesu Weg – unser Weg. Kleine mystagogische Christologie,* Würzburg 1992; *Im Geheimnis einander nahe. Theologische Aufsätze zum Verhältnis von Judentum und Christentum,* Paderborn / München/Wien/Zürich 1996; *Die Tora spricht die Sprache der Menschen. Theologische Aufsätze und Meditationen zum Verhältnis von Judentum und Christentum,* Paderborn / München/Wien/Zürich 2002; *Mysterium der Verwandlung – Eine Eschatologie aus katholischer Perspektive im Gespräch mit jüdischem Denken der Gegenwart,* Paderborn/München/Wien/Zürich 2005.
http://www.cusanuswerk.de/html/gesch/fr_mitarb.html